法文化(歴史・比較・情報)叢書 ⑬

貨幣と通貨の法文化

林　康史 編

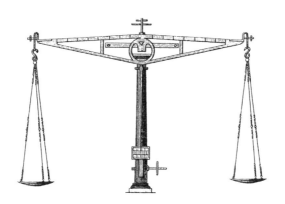

国際書院

Law and Culture Series ⑬

Money and Legal Culture

by

Yasushi Hayashi (ed.)

Copyright © 2016 by Society for the Study of Legal Culture

ISBN4-87791-275-8 C3032 Printed in Japan

叢書刊行にあたって

法文化学会理事長　真　田　芳　憲

　世紀末の現在から20世紀紀全体を振り返ってみますと、世界が大きく変わりつつある、という印象を強く受けます。20世紀は、自律的で自己完結的な国家、主権を絶対視する西欧的国民国家主導の時代でした。列強は、それぞれ政治、経済の分野で勢力を競い合い、結局、自らの生存をかけて二度にわたる大規模な戦争をおこしました。法もまた、当然のように、それぞれの国で完全に完結した体系とみなされました。学問的にもそれを自明とする解釈学が主流で、法を歴史的、文化的に理解しようとする試みですら、その完結した体系に連なる、一国の法や法文化の歴史に限定されがちでした。

　しかし、21世紀をむかえるいま、国民国家は国際社会という枠組みに強く拘束され、諸国家は協調と相互依存への道を歩んでいます。経済や政治のグローバル化とEUの成立は、その動きをさらに強めているようです。しかも、その一方で、ベルリンの壁とソ連の崩壊は、資本主義と社会主義という冷戦構造を解体し、その対立のなかで抑えこまれていた、民族紛争や宗教的対立を顕在化させることになりました。国家はもはや、民族と信仰の上にたって、内部対立を越える高い価値を体現するものではなくなりました。少なくとも、なくなりつつあります。むしろ、民族や信仰が国家の枠を越えた広いつながりをもち、文化や文明という概念に大きな意味を与え始めています。その動きを強く意識して、「文明の衝突」への危惧の念が語られたのもつい最近のことです。

　いま、19・20世紀型国民国家の完結性と普遍性への信仰は大きく揺るぎ、その信仰と固く結びついた西欧中心主義的な歴史観は反省を迫られています。すべてが国民国家に流れ込むという立場、すべてを国民国家から理解するというこれまでの思考形態では、この現代と未来を捉えることはもはや不

可能ではないでしょうか。21世紀を前にして、私たちは、政治的な国家という単位や枠組みでは捉え切れない、民族と宗教、文明と文化、地域と世界、そしてそれらの法・文化・経済的な交流と対立に視座を据えた研究に向かわなければなりません。

このことが、法システムとその認識形態である法観念に関しても適合することはいうまでもありません。国民国家的法システムと法観念を歴史的にも地域的にも相対化し、過去と現在と未来、欧米とアジアと日本、イスラム世界やアフリカなどの非欧米地域の法とそのあり方、諸地域や諸文化、諸文明の法と法観念の対立と交流を総合的に考察することは、21世紀の研究にとって不可欠の課題と思われます。この作業は、対象の広がりからみても、非常に大掛かりなものとならざるをえません。一人一人の研究者が個別的に試みるだけではとうてい十分ではないでしょう。問題関心を共有する人々が集い、多角的に議論、検討し、その成果を発表することが必要です。いま求められているのは、そのための場なのです。

そのような思いから、法を国家的実定法の狭い枠にとどめず、法文化という、地域や集団の歴史的過去や文化構造を含み込む概念を基軸とした研究交流の場として設立されたのが、法文化学会です。

私たちが目指している法文化研究の基礎視角は、一言でいえば、「法のクロノトポス（時空）」的研究です。それは、各時代・各地域の時空に視点を据えて、法文化の時間的、空間的個性に注目するものです。この時空的研究は、歴史的かつ比較的に行われますが、言葉や態度の表現や意味、交流や通信という情報的視点からのアプローチも重視します。また、この研究は、未来に開かれた現代という時空において展開される、たとえば環境問題や企業法務などの実務的分野が直面している先端的な法文化現象も考察と議論の対象とします。この意味において、法文化学会は、学術的であると同時に実務にとっても有益な、法文化の総合的研究を目的とします。

法文化学会は、この「法文化の総合的研究」の成果を、叢書『法文化—歴史・比較・情報』によって発信することにしました。これは、学会誌ですが

学術雑誌ではなく、あくまで特定のテーマを主題とする研究書です。学会の共通テーマに関する成果を叢書のなかの一冊として発表していく、というのが本叢書の趣旨です。編者もまた、そのテーマごとに最もそれにふさわしい研究者に委ねることにしました。テーマは学会員から公募します。私たちは、このような形をとることによって、本叢書が 21 世紀の幕開けにふさわしいものになることを願い、かつ確信しております。

　最後に、非常に厳しい出版事情のもとにありながら、このような企画に全面的に協力してくださることになった国際書院社長の石井彰氏にお礼を申し上げます。

1999 年 9 月 14 日

貨幣と通貨の法文化

［法文化（歴史・比較・情報）叢書 ⑬］

目　次

序　貨幣と通貨の法文化の諸相………………………………林　康史　9

第1章　仮想通貨と法的規制
　　　　―ビットコインは通貨革命の旗手足りうるか―………畠山久志　21

第2章　価値尺度と租税法………………………………………浅妻章如　79

第3章　共通通貨ユーロの法と文化
　　　　―ゲルマン文化の優位と問題点―……………………田中素香　109

第4章　ドイツにおける通貨偽造罪について…………………友田博之　133

第5章　エクアドルの通貨制度
　　　　―ドル化政策の社会的・制度的要因―………………木下直俊　167

第6章　1930年代の欧米各地におけるスタンプ紙幣の法的側面
　　　　……………………………………………………………歌代哲也　191

第7章　ジャン・ボダンの国家の貨幣鋳造権といわゆる“プリコミットメン
　　　　ト”理論について………………………………………中野雅紀　221

第 8 章　憲法と法貨
　　　—アメリカのグリーンバックの合憲性をめぐる司法と政治の関係—
　　　………………………………………………………大林啓吾　253

第 9 章　イギリスのピックス裁判にみる貨幣鋳造の法的規律
　　　—金属貨幣をめぐる国王大権と議会制定法—………岩切大地　275

第 10 章　明治初年期における"紙幣"の法秩序
　　　—断罪無正条条例の規範形成機能—………………髙田久実　317

第 11 章　貨幣とは何か
　　　—私的／非政府のコミュニティにおける"お金"—
　　　………………………………………………………林　康史　347

索引…………………………………………………………………375

序　貨幣と通貨の法文化の諸相

林　康　史

　"マネーとは何か"という本質的な問いは、人類史上でも指折りの難問である。では、その機能についての認識は明解なのかといえば、通説／主流派説はあるものの、これも同定するのは簡単ではない。辛うじて容易に答えられるのは存在理由のみかもしれないが、それでは社会を成立させるために「存在しないと極めて非効率」「存在すると便利」という素朴な"道具"論に堕しかねない。本書は"マネーとは何か"を考えるためのテーマについて書かれた論考を集めたものであり、具体的にはマネーを法文化の側面から考えるための書物である。

　いま私はマネーと述べたが、書名は『貨幣と通貨の法文化』である。まず、その理由から述べることにしたい。本書が射程とするのはモノとしての形ある「お金／マネー」である。一方で、「お金／マネー」と呼ばれるものは、少し格式ばった言い方だと「貨幣」が一般的であり、紙幣と硬貨を併せた概念である。日常語としては「貨幣」と「お金／マネー」は等値であるが、しかし、わが国の法律では、貨幣は硬貨という意味しかもたず[1]、それと銀行券を併せたものを通貨と呼ぶ。つまり法律の観点からは『貨幣の法文化』では硬貨のみを射程としていることになる。片や、『通貨の法文化』では、通貨は流通しているマネーの意味で、狭義には現金（キャッシュ）通貨を指すものの、広義には決済機能をもつ預金通貨をも含む[2]ことから、本書の射程よりも広がってしまう。また、そもそも私たちの通常の単語の使い分けでは、貨幣はモノを指し、制度やシステムといった動態的なものを指すときは通貨の語を

用いることから、この点でも馴染まない。かといって、『マネーの法文化』『現金の法文化』では易きに流れている感が拭えない。結局、お金／マネーに関して一般の概念に合わせつつ、また、包括的なタイトルとした。

こうした呼称の定義をめぐる混乱はわが国ばかりの問題ではなく、さまざまな国でも程度の差こそあれ、多少の錯綜はある[3]。この問題の背景は、量目貨幣<実質貨幣>と制度貨幣<名目貨幣>の区別の名残[4]と思われる。

一方、消費者の立場から見たお金に関する単語は、歴史的に多く存在[5]し、かつ、多元的に用いられる。所有したいという動機や欲望、関わりを避けたいという意識、等々が背景に見て取れるが、いずれにせよ、そうした単語の豊富さは、畢竟、人類の貨幣に対する関心の高さ・アンビバレントな憎愛を示しているといえよう[6]。お金／マネーに関する単語の語源や由来も興味深い[7]。

次に、信用貨幣という言葉を考えてみよう。文字通り、信用によって成り立つ貨幣という意味であるが、具体的には、二つのものを指している。一つは貨幣としての役割以外の使用価値がほとんどない、または、まったくないモノとしてのお金／マネー、すなわち私たちがお金／マネーと信じている紙幣やコインである。もう一つは、銀行に預けられた本源的預金[8]をもとに信用創造された預金通貨を指す。ある金融論学者は、研究者が金融論の世界に歩を踏み入れるようになるのは、多くはモノとしての紙幣やコインへの興味からであり、信用創造というシステムそのものが契機となる研究者は少数派だという[9]。なるほどと思いつつも、この二つの信用貨幣は、モノとシステムの違いがあるとはいえ、フラクタルとはいわないまでも少なくとも相似の関係にあるのではないかと考える。

お金／マネーは、経済学や法学ばかりでなく、歴史学・人類学といった分野においても、呪術性や、古今東西の貨幣制度など、古くからのテーマとなってきた。現代では、経済のグローバル化が進み、却って国家とコミュニティの関係が再考されるようになり、フィールドワークのような実践的課題

からのアプローチ、また、マネーについての認知を取り扱う行動経済学からのアプローチも盛んとなっている。お金／マネーは、非常に古くからのテーマであるとともに、アドホックで最先端のトピックでもある。

現金通貨は、法律に基づく強制通用力をもつ。ただし、法律で定められていなくても、一般受容性があれば、通貨は流通する。逆に、法律で定めていても、社会的に信認がなければ通用しない。エクアドルやエルサルバドルでは、21世紀になって自らの文化に由来する法貨を廃し、米国ドルを通貨としており、また、英国では、スコットランドと北アイルランドにおいて法貨は5ポンド未満のイングランド銀行券のみと定められている[10]ことから、1998年以降、法貨は不存在となっている。

法貨は国家主権やシニョレッジ（通貨発行権益）の問題とも関わってくる。この観点から、共通通貨ユーロ（ユーロ成立の法文化）、途上国におけるドル化の進展、通貨偽造（特に外国の通貨の偽造）を考える必要があろう。さらには電子マネー・企業マネーや、仮想通貨、また、いわゆる地域通貨についても、構造を理論的に整理し、制度面の課題に実践的に取り組むことが求められよう。

法文化学叢書第13巻は、「貨幣と通貨の法文化」を統一テーマに2013年に立正大学で開催された法文化学会第16回研究大会での報告をもとに、その後の研究も踏まえ執筆された論考集である。お金／マネーに関する研究領域は、さまざまな学問分野にまたがっており、法学の通説／主流派経済学では、貨幣・通貨の成立と変遷・変容は、経路依存で、再帰的に相互に影響を及ぼし合っていると考えられているが、文化の視座からは、例えば、有名なグレシャムの法則「悪貨は良貨を駆逐する」が、前提条件を無視して語られるような確立したセオリーではないことも指摘される[11]。

法文化の視座から貨幣・通貨に関する問題・現象を捉えなおすことは、刺激的で、学問的にも、実務面においても意義あることであり、その研究成果の出版の意味も大きい。

第1章・畠山論文「仮想通貨と法的規制―ビットコインは通貨革命の旗手足りうるか―」は、貨幣・通貨の概念について通説／主流派説を整理し、新しく登場した仮想通貨について考察している。仮想通貨の代表的モデルであるビットコインは、一般的に挙げられる通貨としての機能を有している。これまでの現実通貨のように物質としての実体をもたず、まったく新しいタイプの数値による情報単位とその伝達システムであり、デジタル決済システムとも呼ばれる。

　ハイエクの貨幣発行自由論では、民間発行による通貨を認め、複数の通貨による通貨競争を奨励しているが、仮想通貨の登場はハイエクの思想に基づく通貨論に依拠したものなのか、それとも単に情報通信技術（ICT）の進展の結果なのか、については議論の余地があるとしたうえで、バーチャルゲームの派生または延長に展開されたものと位置づける。

　また、論文では比較法の観点から仮想通貨の各国の取り扱い状況について述べ、マネーロンダリングやテロ資金供与防止を目的とする国際機関である金融活動作業部会（FATF）が公表したガイダンスと、その加盟国であるわが国の対応状況についても分析し、今後の取るべき方向を提言している。

　第2章・浅妻論文「価値尺度と租税法」は、前半で仮想通貨での所得等に関しての課税の問題を取り上げる。ビットコイン等の通貨あるいは通貨らしきものと租税法との関わりを概観している。所得税法上は、ビットコイン等が譲渡損益の基因たる「資産」（所得税法33条）にあたるかという所得分類の問題を取り上げ、課税対象となり得るのかという問題に言及している。

　論文後半では、流山訴訟（「ふれあい切符」なる地域通貨を発行している公益法人が法人税の課税対象となるかの事例）を取り上げ、所得概念と帰属所得との関係を考察している。少子化対策及び高齢化対応策において、家事役務等の時間（とりわけ、育児・介護等、労働集約的で規模の経済も効きにくい役務の時間）を誰に負担させるかという問題は今後も重要になり続けるであろうことから、帰属所得に関する問題は、課税の公平性のみならず課税

の効率性の観点からも重要であり、帰属所得を市場価値に照らして計測すべきか機会費用に照らすべきか議論が必要であるとする。

　第3章・田中論文「共通通貨ユーロの法と文化―ゲルマン文化の優位と問題点―」は、ユーロを材料にその問題を取り上げる。

　2015年1月にギリシャで発足した急進左派連合（SYRIZA）政権は、当初、ユーロ圏諸国と対立する姿勢を示したが、その後、ユーロ圏諸国の求めに応じ、15年7月、前政権が受け容れた諸条件の遵守に合意した。そのプロセスにおいて、ギリシャ問題を超えて、これまで統合を主導してきた独仏2大国の間の文化的、イデオロギー的な摩擦が生じている。

　論文では、まず、通貨統合を促進した諸要因が示される。次に、通貨協力のスタートを促進した基軸通貨ドルと周辺国通貨の対立、また、西欧内の基軸通貨マルクを保有する西ドイツとフランスの対立の打開策として通貨統合の提案がなされたことが説明される。ユーロ出発時点では、ドイツ主導で法制度が作成され、ユーロ制度の原型「ユーロ1.0」が形成され、それがユーロ危機の激化・長期化を招き、新ユーロ制度「ユーロ2.0」に改革される。「ユーロ1.0」は自己責任制、財政非連帯制（救済条項）によって特徴付けられていたが、「ユーロ2.0」はブリュッセル＝フランクフルトの中枢が周縁を監視・処置する帝国型の制度に転換したことを指摘する。

　第4章・友田論文「ドイツにおける通貨偽造罪について」は、通貨偽造について考察するものである。一定の価値を表象し、価値物として市場を輾転流通することを目的として生み出された通貨は、その偉大さゆえに重大な法益侵害を惹起しうる犯罪を創出する。通貨偽造罪は「嘘の罪」から分化し、特に、国家（君主）が独占するとされた「通貨高権」を侵害する重罪であると位置づけられており、重く禁圧されてきたという歴史がある犯罪でもある。

　論文は、主としてユーロ導入以降のドイツの通貨偽造罪に関する学説と判

例の動向を概観する。一方、わが国の現行の通貨偽造罪はドイツ刑法典を模範にしたものであるが、ドイツ刑法典が改正されたこともあって、現在のドイツ刑法とは条文の体裁および規定の手法が異なっている。このような相違点について中心に紹介し、通貨偽造罪の保護法益が国家的法益か社会的法益かといった伝統的な争いや、主観的構成要件要素としての超過的内心傾向を認めるかという議論についても言及している。

　最後に、国家・社会に対する反逆といった大それたものではなく、スキャナーとプリンターを用いて単なる利欲目的で安易に模造してしまうという「通貨偽造罪の現代的変容」の観点から、近時のわが国の判例を紹介する。

　第5章・木下論文「エクアドルの通貨制度—ドル化政策の社会的・制度的要因—」は、国家独自の通貨をもたず米ドルを通貨とするドル化政策の事例について検証する。中南米では、パナマ、エクアドル、エルサルバドルがドル化政策を実施しているが、論文では、エクアドルの事例を取り上げ、なぜドル化に至ったのかという問題意識を軸に、19世紀後半のスクレ導入から、2000年のドル化政策実施に至るまでの、エクアドルの経済および金融の歴史を概観するとともに、これまで十分に分析されてこなかった政策実施にともなう法の手当てという側面からドル化政策を考察している。

　エクアドルのドル化政策は、長年にわたる政策運営の失敗、外部環境の変化にともなう経済ファンダメンタルズの悪化、通貨当局の通貨管理能力の欠如に一因があったとしつつも、社会的・制度的要因にも留意すべきという。債務危機、金融危機が発生すると、政府が民間債務を肩代わりする歴史が幾度となく繰り返されており、ドル化政策は、ナショナリズムの欠如、脆弱な法制度にともなうモラルハザードによってもたらされた当然の帰結であったと述べる。

　第6章・歌代論文「1930年代の欧米各地におけるスタンプ紙幣の法的側面」は、いわゆる地域通貨の発展が見られた1930年代のスタンプ紙幣の事

例について考察する。現代の地域通貨は、1983年に考案されたLETSが嚆矢となり、世界各地に伝播した。地域通貨の仕組みは非常に多様であり、流通の方式、実施の目的、想定する流通範囲、販売や告知の方法、法定通貨との換金性などの基本的な要素を列挙しただけでも多岐にわたる。地域通貨の仕組みは地域の実情に沿ったものであることが肝要であるが、そもそも選択した仕組みが法制度上実施することが可能であるかどうかは、各国の通貨制度により許容範囲が異なる。

こうした各国での法制度の違いを検討するためには、1930年代に欧米各地で試みられたスタンプ紙幣の事例にアプローチすることが有効であると述べる。スタンプ紙幣の仕組みはいずれも類似したものであったが、国家や中央銀行による通貨高権およびシニョレッジの独占との兼ね合いからスタンプ紙幣を禁止した欧州各国と、州法レベルでは差異があったもののスタンプ紙幣の譲渡を合法的なものとみなし地域によっては市町村や郡レベルで積極的に関与していった米国では、対応が分かれたことを指摘している。

第7章・中野論文「ジャン・ボダンの国家の貨幣鋳造権といわゆる"プリコミットメント"理論について」は、国王の貨幣鋳造権の自己制約に焦点をあて、君主主権論において国王の貨幣鋳造権について論じるジャン・ボダンを取り上げるものである。ボダンは、貨幣鋳造権が国王の専権であることを認めつつも、貨幣鋳造権の濫用を控えることを説いている。論文は、ボダンの説を幾つかのプリコミットメント理論の立場から研究し、改めて捉えなおしている。プリコミットメント理論は、英米では1990年以降、constitutional economicsという学問・研究の枠で語られてきたが、プリコミットメント議論と、国王の貨幣鋳造権の問題を検討するならば、価格革命以降、形成されたと言われている「貨幣数量説」との兼ね合いで、法律学とconstitutional economicsの「集合関係」を検討すべきとしている。そもそも"プリコミットメント"理論は「経済学等を中心に個人の行動戦略として発展した」記述的・分析的道具を憲法学へ応用しようとするものであるが、適用の

限界もあると述べる。

第8章・大林論文「憲法と法貨—アメリカのグリーンバックの合憲性をめぐる司法と政治の関係—」は、アメリカにおける法貨の形成について、憲法の観点から分析している。グリーンバックは米ドルの綽名であるが、ドル紙幣が登場したのは南北戦争時であり、戦費調達のために発行されたものである。今日、ドル紙幣は当たり前のように流通しているが、合衆国憲法は紙幣に関する規定を直接には置いておらず、連邦議会は、課税権、金銭借用権等とともに貨幣鋳造権を有するものの、紙幣の発行は認められないという解釈も有力であった。長らく憲法解釈をめぐる司法と政治の交錯があり、最終的に認められるようになった。論文は、Hepburn 判決では違憲、Legal Tender Cases 判決と Juilliard 判決では合憲と、ドル紙幣が合憲的存在となっていく過程を検討している。現在では連邦準備制度理事会がドル紙幣の発行を指揮するシステムになっているが、このような動態的憲法秩序に鑑みると、今後も揺れ動く可能性があることを指摘する。

第9章・岩切論文「イギリスのピックス裁判にみる貨幣鋳造の法的規律—金属貨幣をめぐる国王大権と議会制定法—」は、イギリスにおける貨幣の規格検査である「ピックス裁判」に着目し、その歴史的経緯を 1971 年貨幣法から遡って、イギリスにおいて貨幣鋳造権に対する議会の規律がどのようにして行われてきたのかを検討している。現在の制度では、検査の対象となるのは流通貨幣の一部のみであり、実体としては意味をなさないように見えるが、歴史的に見て、貨幣鋳造権を法律化することで、「正統」かつ「正確な」貨幣鋳造権限を遵守させ、国王大権による貨幣価格の決定が放縦になされないように規制してきたのであるという。ピックス裁判という古式めいた儀式は、貨幣鋳造権、今でいえば金融政策全般に対する権限が、議会に対して忠実かつ正確に従属するということを示す場として機能していると指摘する。

貨幣鋳造に対する権限を法律で規律し、金属の重量に結びつけようと努力

した時代に中央銀行という新たな経済的権力が登場し、やがて金本位制が放棄されるが、その後も過去の努力が儀礼として残ったのである。それらは形骸化した過去の遺物ではなく、儀式が経済金融権限全般に対するコンプライアンスの役割を果たしていることを示唆する。

第10章・髙田論文「明治初年期における "紙幣" の法秩序—断罪無正条条例の規範形成機能—」は、明治初め、わが国の通貨をめぐる法秩序が形作られていく様相を明らかにしている。当時、旧幕下の「三貨」や藩札に代表される地域通貨などが人々の間では依然として流通しており、中央集権を目指す政府は自身の通貨高権を確固たるものとすべく、政策を重ね、法制度を整えていく。

明治政府が当初に掲げた王政復古のスローガンのもとに定められ、律に起源を有する新律綱領・改定律例における "紙幣" の法的評価を検討している。「宝貨錯乱」ともいわれる状況から、遅くとも明治10年以降は政府が管掌する紙幣のみが「宝貨」であるという判断が形成され、その後、明治9年国立銀行条例第88条を根拠とし、国立銀行券に類する機能をもつ "紙幣" が改定律例断罪無正条条例第99条により処罰されたこと等を検討し、明治政府は、自身の管掌する紙幣を法制上の保護の中心に位置付けたうえで、その周縁に位置づけられる "紙幣" に関する法的評価を整理しながら、貨幣制度を築いていったと述べる。

第11章「貨幣とは何か—私的／非政府のコミュニティにおける "お金" —」は、貨幣・通貨、就中「近代以降の政府」以外の組織により発行された貨幣・通貨について考えるために研究ノートを再構成したものである。貨幣・通貨が誕生する状況を描いた小説二篇を紹介し、カロリン諸島のヤップ島の石貨フェイについてのケインズとフリードマンの考察を取り上げる。次に、筆者が実際に旅したフィールドで見たこと考えたことを記述する。中米コスタリカのコーヒートークン、つまり、いわゆるトラックシステムにお

ける貨幣を訪ね、トークン鍛造の背景を探る。大農園をさらに高度化した企業の城下町であった戦前の大東島で使われていた南北大東島通用引換券は、シニョレッジの問題、法定通貨以外の貨幣または貨幣らしきモノによる収益への課税、また、貨幣ではないモノの模造の罪について考えさせられる。エクアドルとエルサルバドルの地域通貨等々も訪ねる、紙のうえの見学ツアーである。

〈注〉

1　通貨とは、貨幣及び日本銀行法の規定により日本銀行が発行する銀行券をいう。通貨の単位及び貨幣の発行等に関する法律 第2条第3項。

2　決済できるのは、預金者が要求すれば直ちに引き出したり他者の口座に振り替えたりできる要求払い預金のみである。例えば、定期預金は準通貨であり、通貨ではない。

3　多くの国では、わが国の一般的な概念と同じく、貨幣は銀行券と硬貨を併せた概念であり、通貨という場合は決済性預金も含めたものを指す。ただし、米国でもカレンシーは通貨を指す場合と紙幣を指す場合がある。

4　一般に、最初に正貨としての地位を獲得したのが紙幣でなく、硬貨であったことが背景にあるのかもしれない。また、紙幣と硬貨の発行体が同一の国と異なる国があるのも同様の理由が考えられる。

5　お金／マネーは、空間的（言語・民族）にも歴史的にも呼称・方言・符牒（隠語）など多種多様な表現（単語）を獲得してきた。例えば、N.ファーガソン『マネーの進化史』には、bread［食いぶち］、cash［現金］、dosh［ゼニ］、dough［現なま］、loot［余禄］、等々が列挙されている。Niall Ferguson, "*The Ascent of Money*", 2008, p.Ⅰ。中国でも、口語では、通貨単位の元は块、補助通貨単位の角は毛とも呼ばれる。わが国でも、例えば、明治以降の呼称と思われている円という通貨名称も、実は、江戸期に一部の知識人は書簡などでは両の隠語として円を使用していたという。三上隆三『円の誕生 増補版─近代貨幣制度の成立』1989年。

6　単語の豊富さは、その民族・集団の高い関心度を示す。例えば、日本語では牛肉・豚肉・鶏肉は2つの単語から作られるが、英語ではそれぞれまったく別の単語である。逆に、めし（ごはん）とコメの違いを認識できない日本人はいないが、英語では rice に修飾語を付けて2つの単語でないと調理済みか生かは表現

序　貨幣と通貨の法文化の諸相　19

できない。江戸時代には茶系統の色彩には細分化された呼称が当てられており、ほぼ全員が識別できていた。つまり、豊富な表現は民族・文化の関心のバロメーターたりうるが、時空を超えて普遍的にこれほどの名称のバリエーションを獲得したモノはお金／マネー以外にはほとんど存在しないであろう。

7　ここでは詳細には触れないが、マネーの語源についてのみ記しておく。money は偶然の所産だという。ローマの貨幣鋳造所（mint）は Juno Moneta の神殿の付属機関であったが、Moneta は助言する（monere）から生じた語で「助言者」としてのユノ神の通り名が鋳造所に移された。moneta がフランス語では monnaie、ドイツ語では Münze、英語では mint となって広まった。フランス語とドイツ語では今も三つの意味「造幣所」「貨幣」「釣銭」が残っている。英語はフランス語 monnaie を借用し、お金の意味を付与した。ちなみに、ドイツ語の Geld（お金／マネー）は英語の gold とはまったく関係がなく、英語の yield（産出（する）、利回り）の同族語という。アーネスト・ウィークリー（寺澤芳雄・出淵博訳）『ことばのロマンス—英語の語源』1987 年、288-289 頁。

8　ケインズは、受動的に創造された預金と呼ぶ。

9　ちなみに、知恵の宝庫と言われるケインズの『貨幣論』は、貨幣を「銀行貨幣」（市中銀行の預金）とそれ以外の「法定不換紙幣」「管理貨幣」「商品貨幣」（この 3 つを国家貨幣と呼ぶ）に大別し、銀行貨幣が典型であると考え、国家貨幣を二次的なものとして取り扱うほうが混乱がないとしている。つまり、一般的な認識とは逆に、紙幣やコインは、銀行の信用創造と不可分であるばかりでなく、信用創造というシステムのうえに存在していると認知するわけである。これらの紙幣や貨幣の違いは、金の裏付けが 100 パーセントのものが商品貨幣で、0 パーセントのものが法定不換紙幣で、両者の中間に位置するのが管理貨幣ということになる。法定不換紙幣はそれ自身以外のものとは兌換されず、客観的に標準物で測られる価値は確定しないと述べている。本書で主に議論するのは、ケインズ流に言えば、二次的な貨幣ということになる。ちなみに、代表貨幣とは、貨幣としての用途しかもたないもので、法定不換紙幣と管理貨幣が該当し、代表貨幣と対峙する概念である商品貨幣は、管理貨幣と金の裏付けが 100 パーセントのもの、すなわち商品貨幣（金）に該当する。

10　1954 年通貨・銀行券法（Currency and Bank Notes Act 1954）第 1 条第 2 項。Charles Proctor, *"Mann on the Legal Aspect of Money"*, Oxford University Press, 7th ed., 2012, pp.75-78. 他。1984 年以降、5 ポンド未満の銀行券は発行されておらず、既発行の額面 1 ポンドの銀行券も 1998 年に消却され、現在は流通していな

い。

11 黒田明伸『貨幣システムの世界史 増補新版──〈非対称性〉をよむ』2014 年。

第1章　仮想通貨と法的規制
——ビットコインは通貨革命の
旗手足りうるか——

畠　山　久　志

はじめに

　ビットコインは仮想通貨の代表的モデルであり、一般的に挙げられている通貨としての機能を有する。これまでの現実通貨である紙幣や貨幣のような物質としての実態を持たない、全く新しいタイプの数値による情報単位とその伝達システムである。デジタル決済システム（DVT）とも呼ばれる。ビットコインの登場を産業革命やＩＴ革命に準り、「通貨革命」と評価する声もある。

　ビットコインの登場は、結果として現在流通している法定通貨および法定通貨を電子情報化しているプリペイド・カードなどの意義と機能を再考する状況を創出している。例えば、米国を中心に大手通販会社や小売業などでビットコインによる支払いの受入れを開始し、NY州ではビットコインを扱う金融機関に銀行免許が交付され、法整備が進むなどの進展がある。また、国際的なマネーロンダリング・テロ資金対策に関する国際機関である金融活動作業部会（FATF）が仮想通貨に関するガイダンスを提示し、各国に対しその取り組みを求めるなど取引のためのインフラ整備が期待されている。そこで本章では通貨の意義を再考し、法と文化の観点から仮想通貨について比較法的に各国の取扱状況を検証する。特に仮想通貨について取引の法的プ

ラット・フォーム作りに先行する米国 NY 州の動きや EU 司法裁判所の判決を取り上げる。加えて FATF が発出したガイダンスと金融庁金融審議会の対応状況から、わが国が取るべき方向性を示し、まとめとする。

なお、わが国では 2014 年 2 月東京都渋谷区に所在するビットコインの交換を業務とする Mt.Gox 取引所が、大量のビットコインや預り金を消失させ破綻し、2015 年 8 月には同取引所マルク・カルプレス社長が逮捕されるなど消極的な報道が続いたことや市中におけるビットコインの利用可能店舗などが少数の小売・サービス業に限られていることなどから、仮想通貨を際物扱いする認識も形成されつつある。

1 通貨（Currency）

（1） 通貨の定義

講学上通貨とは、以下の機能を備えたものと定義される[1]。

① 価値尺度手段

交換される商品の価値を一元的に表示する機能である。財・サービスの価値を測る尺度がなければ、そうした財・サービスを交換する場合、値踏みのために商品特性や利用可能性、需給状況の見通しなどの情報が必要となる。通常、情報の取得には、時間とコスト負担がある。しかし、特定の情報が、測定単位として財・サービスとの交換比率を決めることができれば、交換は簡便に行うことが可能になり、交換が促進されることになる。

② 交換手段

すべての財・サービスと交換が可能であり、また、その交換の媒介物となる機能である。言い換えれば、その機能を入手すれば、財・サービスの取得可能性（一般的受容性）を獲得するので、当事者間で不一致であった商品需要を解消することになる。いわゆる「欲望の二重の一致」が果たされ、交換

図1　通貨の機能

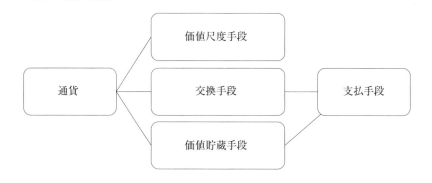

が促進される状況が登場する。

③　価値貯蔵手段（資本機能）

一定の価値を少なくとも一時的に蓄える機能である。物々交換では、交換時点で形成されたそれぞれの財・サービスの価値は、維持されることはない。消費されなくとも、腐食や陳腐化し減価する。しかし、価値情報は、交換後もその価値を維持し保有することが可能で、購買力を維持することができる。この機能は、通貨そのものが金融資産に代替または補充関係にあることを示している。

④　支払手段[2]

①～③までが、一般的には通貨を定義する機能とされる。さらに付け加えれば、派生的機能として貨幣の交換手段と価値貯蔵手段が結び付いた機能として支払手段としての機能がある。言い換えれば繰延べ支払機能である。財・サービスの引渡と本来的には同時に行われる対価の支払いに時間的余裕である信用が付加されている。通貨を取引の相手方に手交すれば、取引関係が終了するが、特定の場合、支払完了性が緩和される。多角的決済システムとも呼ぶ。

そのほか、「投機的利益の道具（投機機能）」、「支配の道具（強制機能）」

などの機能も挙げられることがある[3]。

（2）　具体的に通貨とは何か

　では、上記の機能を持つことが通貨であるとした場合、容易に特定のものを通貨であると指摘することができるようにも思われる。しかし、安価な銅貨など流動的で交換手段の機能が高いものは価値貯蔵手段としての機能が低く、大型金貨など非流動的で価値貯蔵手段として有効性が優るものは交換手段機能が劣るなど選択的関係にある。また、秤のような価値尺度機能を持つものが直ちに交換手段として機能する、また価値貯蔵手段となる関係にもない。要するに、この定義は通貨の機能を持つものが通貨であるとのトートロジーであり、実際の経済社会でどのようなものがこれらの機能を果たせるのか、また逆にどのようなものがこれらの機能を果たすべき、あるいは果たすべきではないのかについては何も具体的に示されていない[4]。

　そこで、現在、通貨であるもの、または通貨相当として法律または社会的に認識されているものを検証することにする。

①　法定通貨

　政府によって強制的通用力を付与された紙幣、貨幣（コイン）が通貨であることは法律で定められている。わが国の幣制に関する基本的な法律は、通貨法である[5,6]。その第2条第3項で「第1項に規定する通貨とは、貨幣及び日本銀行法第46条第1項の規定により日本銀行が発行する銀行券をいう」と規定されている。日本銀行法[7]では、日本銀行券は「法定通貨として無制限に通用する」（同法第46条第2項）と規定され、公法私法の分野で強制通用力が認められている。民法第402条第1項では、「債権の目的物が金銭であるときは、債務者は、その選択に従い、各種の通貨で弁済をすることができる。ただし、特定の種類の通貨の給付を債権の目的としたときは、この限りでない。」、第2項では「債権の目的物である特定の種類の通貨が弁済期に強制通用の効力を失っているときは、債務者は、他の通貨で弁済をしなけれ

ばならない。」と規定し、強制通用力のある通貨で弁済することを求めている。その際、各種の通貨とは、一万円札、五千円札、千円札などを指し、法定通貨を意味する[8]。法定通貨以外の通貨を弁済として予定してはいない。したがって、売買契約において代価の支払いを法定通貨以外の、通貨の定義にかなう機能を持つもので支払いをする場合は、売買（民法第555条）ではなく、代物弁済（同法第482条）か、交換（同法第586条）となる。なお、第402条第1項の「金銭」の解釈については、強制通用力のない自由通貨を含むとする説もある[9]。この立場では、強制通用力の有無に依らず交換手段として用いられる貨幣価値が金銭である。したがって、第402条は契約当事者間で支払について合意がないときには法定通貨で払うことになると定めている、と解釈する。

　法律で法定通貨を定め、国家にだけその発行権限を認めることは、国家が自国の通貨を決める権利である通貨主権と呼ばれ[10]、現代の多くの国において制度化されている。そして、こうした法定通貨を偽造することは、刑法等によって厳格に禁止されている。通貨の偽造は、通貨発行の権限がない者が、真正の通貨の外観を有する物を作成することであり、その行為のペナルティーとして無期又は3年以上の懲役が科されることになる（刑法第148条通貨偽造罪）[11]。偽造通貨と知りながら行使した場合も罰せられる（同法第152条偽造通貨取得後知上行使罪）。そのほか古い法律であるが通貨及証券模造取締法等の特別法でも貨幣などについて紛らわしい外観を有する物の製造販売をし、通貨の信頼を低下させるなどの行為について規制が加えられている[12]。

　これらは、円表示があることや法定通貨と同じ肖像などが使われているなど外観が法定通貨とみられるようなものを作出してはいけないとされているだけで、法定通貨との紛らわしさがなければ、通貨機能を有するものを作出することは、法律で禁止されていない。

②その他の通貨―地域通貨など

イ　地域通貨

　例えば、地域経済の振興や特定のコミュニティの利便のために、地域通貨がよく利用されている[13, 14]。現在、その数は600を超えるといわれる[15]。地域通貨を定義して、日本銀行券や貨幣とは異なる目的や特性であり、「お金であってお金でない」もの[16]、である。また、それは日本銀行券や硬貨ではカバーできない機能を保有しており、お金そのものを示すこともあれば、仕組みを指す場合もある。より専門的な言葉で言い換えるならば、地域通貨は「経済と社会・文化の複合メディア」であると理解されている。地域通貨は、法定通貨以外の通貨的機能を具有するもののことであり、現在のところ、わが国には法的な裏付はない。したがって、その価値の裏付けは、地域通貨の企画主体のステイタスとその地域通貨を使う関係者、住民などの認識とそれらの人々の社会的合意が根拠となってくる。

ロ　プリペイド・カード（prepaid card）

　プリペイド・カードとは、前払いで一定金額の価値を有し、財・サービスを提供してもらう権利のあるカード型前払式支払手段の一つである。プリペイド・カードは、資金決済法（資金決済に関する法律）により流通性が認められている。カード型前払式支払手段は、次の3つの種類に分かれる。ⅰ.デパートの商品券や結婚式などの引き出物として利用するカタログギフト券、テレホンカードなどの磁気型　ⅱ.ICチップが埋め込まれたIC型　ⅲ.オンラインゲームやWeb上のコンテンツを購入するときに使うネット上で使えるプリペイド・カード

　ⅱのタイプは、SuicaやNanacoなどの交通系や流通系のカードに代表される。プリペイド・カードは、基本的に法定通貨の金額情報を電子媒体に載せたもので、通貨と基本的に同様な機能を果たすものとして設計されている。ただし、支払いがスピーディに行われること・交換機能を重視したもので、他の機能は乏しい。また、通貨のように転々流通することはなく、使いきりになるのが特色である[17]。

図2 通貨の種類

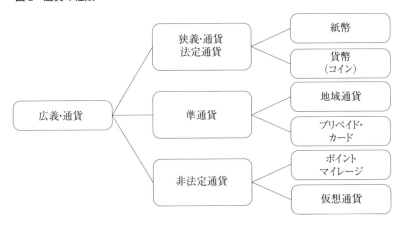

ハ ポイントおよびマイレージ

ポイントおよびマイレージは、商品購入や飛行機の搭乗に対し、"おまけ"として利用者に与えられるもので、転々流通することはない。資金決済法の対象外であり権利性がなく、法的な保護が加えられていない。また、利用先も限定されることから一般的受容性は極めて低く、そこで会計上の位置付けが問題となる[18]。発行会社に対しては、通貨類似の機能を持つが、換金性はない。

ニ 仮想通貨

ネット上で流通するデジタル通貨である。後述する。

（3） 通貨の本質論

以上の機能論や法律の解釈論ではなく、それらの機能が付与される環境や法律の制定権限などから本質的に通貨を考えた場合[19]、大別して法制説と商品説の二通りがある[20]。前説は、国家がその権限によって通貨としての機能を持つものを定め、通用を強制する特定のものが通貨であると考える立場である。したがって、法定通貨だけが通貨とされる。後説は、人々の欲望の対象となる商品であり、その商品が交換プロセスのなかで慣習的に通貨として

図3 通貨の構成要素

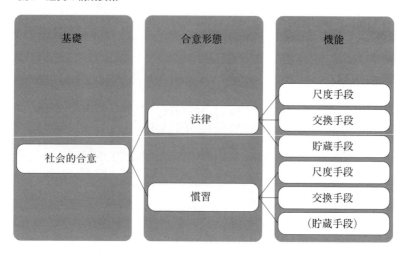

の機能を備え、通貨となるとする立場である。したがって、地域通貨なども含めて広範に通貨として認められることになる。要するに、法定通貨と地域通貨などに何ら差がないことになる。後説を言い換えれば、あるものが交換の媒介物・通貨として受け入れられるのは、社会的合意、共通の規範によるもので、その合意によって尺度機能や交換機能、貯蔵機能が導き出されるとする[21]。これらの機能を持つものとして、社会的合意、規範により成り立ったものが通貨であり、そのうち社会的合意等が法律によるものが法定通貨である。また、いわば慣習としてそうした機能を持ったものが現代では地域通貨などになっている[22]。そうした観点からは、法定通貨以外のその他の通貨こそが国家の法律といった枠を超えた普遍的な意味で存在する通貨である、と指摘することができる。

(4) 通貨の歴史

通貨としての機能を有するものまたは有するとされたものは、歴史的にはたくさん存在する。古代の中国では子安貝が通貨として用いられてきたし、現在でもヤップ島では石貨が交換や富を表すものとして使われている[23]。状

図4　通貨の歴史

区分	媒介物・素材	国家の関与
古代	貝貨・石貨 金属貨幣	
中世	金属貨幣 手形	領主 自治都市
近代	金属貨幣 紙幣	国家　金本位制度 銀行
現代	金属貨幣　紙幣 電子マネー　仮想通貨	中央銀行　管理通貨制度 民間

況によってはタバコや石鹸などが通貨として機能していたことの例は、数限りないほど報告されている[24]。

　存在形式から大掴みで見るとそれ自体価値を持たない貝貨や石貨などの象徴的なものから始まり、次には経済価値を体現している金属貨幣が登場し、金属貨幣の信用を担保にする、例えば金本位制などが近代では行われた。現在では国家当局が金に制約されない経済規模を欲した段階で管理通貨制度が取られ、単なる紙にソブリンという信用が化体されている。最近では、Suica、Nanaco のようにプリペイド・カードなどの電子マネーと呼ばれるものが多用されてきている。法定通貨の交換手段機能が、信用情報単位に置き換えられ使用されている。価値そのものは同一であるが、形式が異なってきている。可視的なものからバーチャルなものに移行している。この段階では情報通信技術（ICT）の進展が大きい[25]。通貨や金融の歴史については、先覚によるたくさんの優れた研究があり、ここでは、簡記するにとどめる[26]。

2　ハイエクの貨幣発行自由化論

（1）　ハイエク

ビットコインが話題となるとフリードリッヒ・アウグスト・フォン・ハイ

エク[27] による、1976 年刊行の論考『貨幣の脱国家化』(Denationalization of Money)[28] との関連性が取り上げられた。ケインズが 1923 年に公表された論考『貨幣改革論』[29] が管理通貨制度の嚆矢となるものであったのに対し、半世紀を経てその終焉を求めたものが貨幣発行自由化論を唱えたハイエクの『貨幣の脱国家化』であった。

これまでハイエクがその論考で強調した貨幣発行自由化論は、経済活動において法定通貨が常用されていることから、ほとんど注目されて来なかった。しかし、仮想通貨が登場し、結果として複数の通貨が競争するというのは、ハイエクが描いた世界だと解釈ができ、また政府が管理しない通貨の出現を望む思考は、ビットコインの理論的根拠になりうることから俄かに引用されてきている[30]。

ハイエクは 1899 年にオーストリアで生まれ、第二次世界大戦前から経済学の分野ではケインズと並ぶ著名な学者で、戦後においては経済学の領域を越えて政治哲学や社会思想の分野においても有数の業績を上げている。オーストリア学派の代表であり、1974 年にはノーベル経済学賞を受けている。なお、ケインズとは、同僚であることもあったが、お互いに嫌味ともいえる痛烈な批判を繰り返しており[31]、またシカゴ学派の代表であるミルトン・フリードマンからは、研究方法の違いもあり[32] 経済学者としての評価を否定されている[33]。

（2）ハイエクとビットコイン

2009 年 1 月 3 日にビットコインのシステムは稼働を開始した。その 3 年後の 2012 年 10 月に欧州中央銀行（ECB）は、仮想通貨全般について調査をし、その実態と問題点を明らかにするレポート（「Virtual Currency Scheme」）を公表している[34]。その調査の意図は仮想通貨が金融システム分野に関連を持つことから、中銀としても注目せざるを得ないため、仮想通貨における決済システムの進展化に対する役割等を検証したものである。

ECB レポートの第 3 章はケーススタディとなっていて 3 タイプの仮想通

図5 通貨に関する主張

区分	目的	手段	効果
ケインズ	法定通貨の供給	供給量の増加	経済成長 景気の回復
ハイエク	自由通貨の許容	通貨間競争	市場の選択 安定通貨への収斂
ゲゼル (エンデ)	法定通貨の改革	減価 価値貯蔵性の否定	交換手段機能重視 流通性の向上

貨が取り上げられている。第1番目はビットコインでそのなかで、ビットコインの経済的基礎として、オーストリア学派の通貨論が取り上げられ[35]、学派の代表であるハイエクの上記論考が引用されている。具体的には、「民間銀行が独自の通貨を自由に発行するべきであり、発行することができれば、通貨間の競争が行われ、それぞれの通貨に適切な交換価値が付く。価値の変動の安定性を欠く通貨は、市場から排斥されるので、最終的には最も有利で効率的な通貨だけが存在することになる」と主張されている。

そして、ビットコインの企画メンバーとその支持者たちの持つ理念を以下の3点に要約している。①ビットコインは、中央銀行の発券する通貨を終焉に向かわせるものである。②銀行の部分的預金準備と拡大された信用供与制度を強く批判している。③ビットコインは旧来の金本位制にヒントを得ているシステムである。

これらの理念はいずれもハイエクの主張したものである[36]。政府・中央銀行の金融政策や民間銀行による通貨の恣意的な増発が過剰な信用創造を引き起こし、インフレの原因となり、最終的には恐慌から大量失業に至るとする貨幣的景気循環論に基づく。政府・中央銀行が貨幣を独占的に発行する場合には、その価値が下がっても政府・中央銀行は追加的に貨幣を発行するだけである。貨幣発行の独占権を改め政府・中央銀行以外の民間銀行に貨幣の発行権を与えれば、民間銀行は金を含め商品準備に関係付けした独自の通貨を発行し、通貨市場で競争が起こり、そこでは選択が行われ市場で高い安定性

を持つ貨幣のみが流通し、結果として発券額も一定幅に収まるのではないか
と強調する。この論理は、政府・中央銀行による管理通貨制度と金融政策が
経済成長を有効たらしめると主張するケインズの『貨幣改革論』に真っ向か
ら対立する立場を提唱するものと解説されている[37]。

　なお、類似する主張としてシルビオ・ゲゼルの自由貨幣論がある[38]。法定
貨幣制度の構造的欠陥である「権力手段としてのお金の特性」を無力化する
ために、貨幣を減価させ、交換手段性を高め、価値貯蔵性を減殺させ流動性
を高めようとするものである。そのため、法定通貨を減価する通貨とするこ
とを提唱する[39]。法定通貨自体の改革であり、他の通貨の登場を容認するも
のではない。

（3）　仮想通貨の純性

　果たしてECBレポートのようにビットコインの設計思想とハイエクの通
貨構想とを直截に結び付けることが可能かどうかは、疑問がある。そもそも
ビットコインは、いわゆるオタク達がゲームとして自己完結型の分散管理シ
ステムを設計し開発したもので[40]、当初の段階では貨幣として実体経済のな
かで流通することを想定していなかった[41]。また、ビットコインが法定通貨
とは発行において無関係であって、その存在が法定通貨を否定する主張を必
ずしも伴っていないこと。さらに、通貨として銀行が受け入れた場合にビッ
トコインはシステムのなかでは対価性を持たずに発行されるので引当てとな
る準備資産との結び付きがないことから、準備率や過剰信用供与はそもそも
起こらない。発行の上限設定によるインフレからの解放が後述のNakamoto
論文のなかで強調されている。要にするに、ハイエクとビットコインとの関
係は、牽強付会に過ぎるのではないかと推測できる。なお、この点に関して
は、野口悠紀雄教授のコメントが示唆に富む[42]。

図6　ケインズ、ハイエクとビットコインの体系

区　分	発行主体	引当資産	発行量の上限	信用創造 部分準備率
ケインズ 法定通貨 （金本位制度）	政府・中央銀行	金	金資産価値	肯定
同 （管理通貨制度）	政府・中央銀行	ソブリン	無	肯定
ハイエク	民間銀行	金・その他 の資産	金・その他の 資産価値	抑制的肯定
ビットコイン	システム （利用者）	無	2,100万枚	否定 （上限の存在）

3　仮想通貨（Virtual Currency）

（1）　仮想通貨の定義

　法定通貨である紙幣や貨幣（コイン）などの現実通貨に対し、法定通貨との関連性がなく、また外形を持たず、ネットで取引し、流通する情報通貨を一般的に仮想通貨と呼んでいる。デジタル決済システム（DVT）[43] とも呼ぶ。基本的に仮想通貨は、利用されるコミュニティにおいて合意形成の下で、上述した通貨としての機能を果たすことを予定し設計されているため、商品説に立つ通貨と評価することができる[44]。

　では、仮想通貨はどのように定義されるのか。前述の ECB レポートでは、仮想通貨とは、自由に作出されたデジタル通貨で開発者によって発行、管理され、また特定の仮想社会のメンバー間で使用、受け入れられているものである、との定義が置かれている[45]。将来、基本的な性質が変化してもこの定義はゆるぎないとする。また、マネーロンダリングに関する金融活動作業部会（Financial Action Task Force on Money Laundering　以下「FATF」とする。）が2014年6月に公表したレポートでは、仮想通貨とは、デジタル手

図7　仮想通貨の分類

区分	集中管理型	分散管理型
換金可能	管理者＝取引所 第三者介在・記録 法定通貨との両替可能 例 Webmoney	管理者＝利用者記録 法定通貨との両替可能 例 ビットコイン
換金不可	管理者＝取引所 第三者介在・記録 法定通貨との両替不可能 例 World Of Warcraft Gold	

資料：ECB

法によって取引が行われ、交換の媒介機能、価値尺度、価値貯蔵機能を有するデジタルで表象された価値であるが、いかなる法的な根拠ももたないものと定義される[46]。

（2）　仮想通貨の種類

仮想通貨の種類は、200とも500とも言われる[47]。登場したが未稼働のシステムを含めると1,000を超えるとも言われている。それらを類型分けすることは難しいが、一つの方法は法定通貨への交換性があるかないかで区分することができる[48]。また、通貨の管理を集中的に行うかどうかによっても区分が可能である。交換性のあるシステムとしては、例えば、Webmoneyやビットコインであり、交換性のないタイプには World of Warcraft（WoW）Gold がある。集中管理は Webmoney では行われているが、ビットコインでは行われていない。

4　ビットコイン（Bitcoin）の設計図と現状

（1）　ビットコインの登場[49]

2008年11月に Satoshi Nakamoto（中本哲史？）なる研究者[50]が

"Bitcoin：A Peer-to-Peer Electronic Cash System" と題する決済システムの設計図をネットで公開した。この研究者については、こうした画期的アイデアの発案者を知りたいという思いと、膨大なビットコインの所有者（全量の10％？）を確認したいなどの意図から、マスコミやその他の投資家などが追跡をしている。10 人ほどの候補者がリストアップされている。ネットには、候補者と目される人物の写真が掲載されている。2014 年 3 月には、ニューズウィーク誌が米国カリフォルニア州テンプルシティに住み、現在 64 歳のドリアン・サトシ・ナカモトが本人であると報じた[51] が、当の Satoshi Nakamoto は「私はドリアン・ナカモトではない」とメッセージを公開している[52]。設計図の書き振りから英国のコンピュータサイエンスの科学者ではないかとも推測されているが、なぜ、日本名を名乗ったのかは不明である。ポケモンの主人公がイメージにあるのではないかとも指摘されている[53]。最近の騒動として、2015 年 12 月 9 日には 44 歳のオーストラリア人クレイグ・ライトが本人であると報じられている[54]。同氏はその候補者の中で最も確度の高い証拠があり、またサトシの人物像とも合致するといわれており、2015年 10 月に開催されたカンファレンスでは、Skype を経由してクレイグ・ライト自身が「私はサトシ・ナカモト、ビットコインの発明者です」と発言した経緯がある[55]。しかし、いまだ、確定した情報はない。

（2） ビットコインの定義

設計図である Nakamoto 論文では、ビットコインとは、公共トランザクション・ログを利用しているオープンソースプロトコルに基づく当事者間（Peer to Peer 型）の決済網及び暗号通貨である、と定義付されている。しかし、これでは情報通信技術の専門家でなければ、ビットコインのイメージがまったく湧かない。この定義を言い換えれば、ネットの利用者が他の利用者を相手方として暗号化された情報をネットシステム内で不正利用などの誤用を排除し、完全にやり取りできるフリーのアプリケーションソフト（アプリ）である。そのやり取りの記録方法として取引を連続するチェーンとし、

繋ぎ目をシステム参加者が演算関数で証明するシステムとして組立てている。証明は偽造や改ざんを防ぐ仕組みである。設計図では端的に「ビットコインは連続するデジタル署名のチェーン」とも定義されている。この簡潔な言葉でビットコインシステムの本質が見事に説明されている、と指摘されている[56]。

わが国では、2014年3月参議院議員の質問主意書に対し安倍総理大臣はその答弁書で、「ビットコインについては、特定の発行体が存在せず、各国政府や中央銀行による信用の裏付けもない等の特徴を有するとされているもの」と述べている[57]。

（3） システムの革新性

論文は12章の項目が9頁にわたり展開された、比較的短い企画書である。そこでは、これまでのネットワークシステムではどうしても二重送金による不正利用を防止できなかった障害を取り除く、革新的なアイデアが二つ盛り込まれている[58]。

一つは、情報の順番を時系列に整理し、前後関係を明確にしている。これはタイムスタンプ・サーバーと呼ばれるものである。これは従来、特定の第三者がタイムキーパーとして情報の時間管理を集中して行うものだったが、ビットコインシステムでは、ブロックチェーンという形で、取引情報を次々とその順番で一つのチェーンが連続していく形で前後関係を明白にする。二重使用があっても、その前後が管理できれば排除することが可能となる。したがって、システム外の仕組みを介在させる必要がない。時間管理というより、連続管理である。

二つ目は、演算関数を利用した証明システムであり、プルーフ・オブ・ワーク（作業証明）と呼ばれる。システム利用者が正しい取引か否かを検証し、正しいと判断したところでコンピュータを用いて演算関数をはじき、特定の取引が行われたことを証明したと評価される数値を得て、取引を完成させる。完成すると一定のビットコインがインセンティブ・報酬としてその演

算行為を行った利用者に与えられるシステムとなっている。証明行為は、利用者全員が行えるので競争となり、迅速性が求められる。従来の為替取引ではそうした送金者の口座残高を第三者である銀行が管理することによって二重送金を防止していた機能が、こうした仕組みの組み込みによってシステム内で完了させることが可能となった。

　当然のことながら、この論文は、計算機科学を学ぶシステムの専門家を対象に書かれたものであるため、日本語訳も公表[59]されてはいるものの、一般的には非常に理解が困難である。

　論文のエッセンスは、"ネット取引を暗号化することにより利用者間の直接的決済は可能となるが、不正利用を防げない。そのためチェックする外部機関が必要となる。しかし、演算関数を利用した取引情報の連結システムを加えることで不正利用を回避できる。その結果、外部機関は不要となり、ネットシステムだけで利用者間決済が完結する"と提案している点にある。識者は、このようなシステムとして①暗号化や②連結方式は、これまですでに存在したが、本システムでは③演算関数を加えた点が画期的であると評価している[60]。

（4）　Nakamoto 論文の内容

　論文の構成（「要約と本文」）に則って解説するが、専門用語で記述されているため意訳し略記する。

　① 　要約（Abstract）

　当事者だけが決済に使える電子通貨ができると、金融機関を介在させることなく、利用者から他の利用者へ直接オンライン方式で支払いができるようになる。電子署名方式を利用すればオンライン方式による直接支払いが可能とはなるものの、それだけでは電子通貨の二重使用を防ぐことができない。二重使用を防止するには仕組みとして、通常取引当事者以外の第三者を介在

させる必要があるため、電子通貨の持つ簡易で迅速な利点を生かし切れない。

そこで、二重使用問題について第三者を介在させるのではなく、当事者間ネットワーク内で解決する方法を提案する。このネットワークでは、演算をした関数を利用し、当事者間で取引が行われたことを証明する。証明されたその取引を数珠繋ぎに繋ぎ、誰が何時、如何なる規模の取引を行ったかを明らかにすることを可能にする。仮に誰かが繋がれた取引履歴を変造し、電子通貨の二重使用を試みても当該取引に止まらずそれ以前の膨大な取引の演算証明をやり直すことになるので、結果として変造を試みた者が作成した取引履歴の繋ぎは真正の取引履歴に比べ短いことになる。したがって、ネットワーク上で最も長く繋がれた取引履歴を選べば、過去の出来事を時系列的に確認できることになり、二重使用のケースを回避することができる。

ネットワーク利用のルールは、極めて単純である。利用者は何時でも取引を中止することができるし、また再開も可能である。再開するときには、ネットワーク上で最も長く繋がれた取引履歴を選択すれば足り、中止期間に行われた取引もすべて把握することができる。

② 本文

1 序論

インターネット上の商品取引は、ほぼ例外なく、電子取引を処理する信用できる第三者機関としての金融機関を仲介させている。通常の取引においては金融機関に寄るシステムで十分であるが、金融機関は、トラブルが生じれば利用者との間でその取引を見直すこともある。そのため、行われた取引がその後変更されることが起こり得る。結果として見直しすると金融機関の取引コストが引き上がるので、金融機関は予め取引規模の小さい取引は取扱わないことにする。

そこで、暗号化された証明に基づく電子取引システムを用いることによって、金融機関を仲介させず、当事者間だけで取引を完結できるシステムを目

論みた。本論では、送付者の二重送付により発生する受領不能の問題解決策として時系列取引のコンピュータ的証明を利用する当事者間（P2P）の分散型タイムスタンプ・サーバーの導入を提案する。本システムは、良心的な利用者が結束し、悪用しようとする者をシステムから除外する手段を兼ね備えている。

2 取引

電子コインとは、連続するデジタル署名のチェーンと定義される。電子コインの各所有者は、直前の取引の数値と次の所有者の公開鍵をデジタル署名でコインの最後に加え、電子コインを受取人に送信する。受取人は一連の署名を検証することで、過去に行われた取引を確認できる。

しかし、これでは過去に送信人が二重送付していることまでは検証できない。従来行われてきた金融機関を仲介させ二重取引のチェックさせる方式を執れば、もちろん防止はできる。しかし、システム内でそうした検証ができるようにするには、行われたすべての取引を公開し、システムの利用者がコインを受け取った順番を確認することが必要である。

3 タイムスタンプ・サーバー（TSS）[61]

順番を確認する方法としては、タイムスタンプ・サーバーの活用がある。タイムスタンプ・サーバーとは、一般的には第三者がタイムキーパーとして情報の時間管理を集中して行うものだが、ビットコインシステムでは、ブロックチェーンという形で、取引情報を次々とその順番で一つのチェーンとして連続させていき、前後関係を明白にする。二重使用があっても、その前後が管理できれば排除することが可能となる。具体的には、タイムスタンプ・サーバーとは、複数の取引をデータブロック化し、数値として公開する。その数値化されたデータブロックがさらに次に行われたデータブロックと繋がることによりチェーンを形成し、順番を示す。

4 プルーフ・オブ・ワーク（POW）

金融機関を仲介させるのではなく、利用者各々が管理し二重送金を防止する方式としては、タイムスタンプ・サーバーに加えて、プルーフ・オブ・

ワークシステムを使用する必要がある。プルーフ・オブ・ワークとは、コンピュータで一定の値を作出し、データブロックにワンタイムパスワードとともに付加える作業である。一旦、この作業を行った後に変更を加えようとしても、一定の値を再度作り出す処理が必要であり、膨大な計算を繰り返すことになる。したがって、事実上やり直しができない。過去のブロックチェーンを変更するには、これまで行われた連続するデータに遡り、すべてを計算し直すこととなるので不可能といってよい[62]。

二重譲渡により二つのブロックチェーンができた場合、このプルーフ・オブ・ワークでは参加者の意志はより長いチェーンに現れると判断し、それを選択することとなる。長いチェーンを選択する理由は、長ければそれだけたくさんの利用者が労力をかけて選択していることが分かることにある。まさに作業をした証明である。

5 ネットワーク

新しい取引は全利用者に送信される。各利用者は新しい取引をブロックに取り入れる。各利用者はそのブロックへの作業証明を行う。作業が終了すると、当該利用者はそれを全利用者に連絡する。新しい取引の告知は必ずしも全利用者に届かなくともよい。連絡を受けた利用者は、ブロックに含まれるすべての取引が有効であり、以前に使われていない場合のみ、それを承認する。承認の表明は、各利用者がチェーンの次のブロックの作成を開始することで行われる。利用者は、常に最長のチェーンを正しいものと判断し、それをさらに延長しようとする。

6 インセンティブ

システムとしてブロックを作成する利用者には、コインが与えられる。これは利用者にネットワークを展開させるインセンティブとなると同時に、コインを付与する方法としても機能する。新しいコインを一定量安定して追加していくことは、金鉱労働者が働いて採金し、金の流通量を増やすことと似ている。しかし、発行量の上限があるので過剰流通とはならず、インフレにはならない。本システムでは、ネットシステムなので労働と表現しても実際

に働いているのは稼働するコンピュータとその使用電力量ということになる。

7 ディスク・スペースの整理・確保

ブロックチェーンが続く場合、データが膨大な規模に及ぶため、整理としてダイジェストを作成することができる。十分な数のブロックができるとそれ以前の取引記録は、ディスク・スペースを確保するためダイジェスト化し、破棄することができる。

8 簡易的取引の検証

各利用者は、すべての記録を参照しなくとも取引を検証することが可能である。

9 価値の結合や分割

一つ一つの取引を個別に扱うことも可能であるが、手間がかかるので組合わせたり分割したりすることも可能である。

10 プライバシー

本システムでは、全取引が公開されるため、プライバシーの保護のためにパブリック・キーを設け、匿名化を図っている。誰かが他者にどれだけのコインを送っているかは公開されるが、その誰かは伏せられている。アドレスは分かるが、アドレスは個人でも複数所有することが原則となっており、誰のアドレスかは他の利用者は特定できない。

11 計算

仮に攻撃者が正当なチェーンよりも速いスピードで変造したチェーンを作成できたとしても、他の利用者は無効な取引や無効な取引を含んだブロックを拒絶することができるので、攻撃は防御される。

12 結論

本論文では、金融機関に依存しない電子取引のシステムを提案する。電子署名で作られるコインを用いた従来通りのフレームワークでは、二重支払い防止対策を講じることなしに完成されたコインの送付システムとはならない。その解決策として、各利用者が取引を公開し、演算関数による証明

図8 ブロック・チェーン

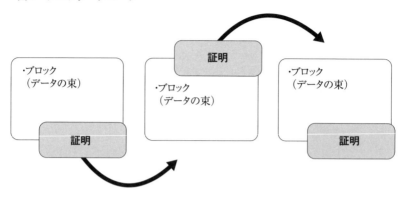

（POW）を利用して、その履歴を記録する（TSS）当事者間（P2P）ネットワークを提案する。

5　各国の取扱・法的位置付

次に、仮想通貨を巡る各国の取り組み状況と特に注目される動きである米国 NY 州の対応及び EU 司法裁判所の見解を取上げる。

（1）各国の仮想通貨に対する取り組み状況

各国の仮想通貨に対する取扱い（スタンス）は、現在のところ統一されておらず、ばらばらな対応状況となっている。

金融庁の資料では、次のように大別されている[63]。①仮想通貨の使用を禁止する国（ロシア）、②マネーロンダリング・テロ資金供与規制を導入または検討中の国（米国（連邦）、英国、カナダ、シンガポール）、③マネーロンダリング・テロ資金供与規制に加えて、利用者保護のための規制を導入している国（米国（NY 州）、ドイツ、フランス、スイス）などがある。使用禁止の国は、旧社会主義体制の時代から統制型金融規制の文化を強く持っており、当局統制の枠外の取引行為を許容しない。今回の措置もそうしたものの

発現である。マネーロンダリング・テロ資金供与規制を導入しようとしている英国では、金融規制をその専門家集団（シティ）に任せる長い伝統文化がある。プリンシパルな規制に重点を置いており、利用者保護に問題があった場合には金融オンブズマン機構（FOS）による事後救済規制に任せる体制が取られている。そこで、最低限のマネーロンダリング・テロ資金供与規制だけは、取り入れる方向である。利用者保護を加える米国 NY 州は、革新性を受け容れる土壌を持つものの、リーマンショック後はドット・フランク法に見られるように金融規制が利用者保護に重点化されている。今回の同州法の規制はそうしたスタンスの現れである。

なお、FATF のガイダンス等[64] によると各国の状況は次のとおりである。

①　中国

中国は 2013 年 12 月に中国人民銀行は、工業情報化省（MIIT）、CSRC（証券監督管理委員会）などと共同で、ビットコインの通知を発出している[65]。対象は仮想通貨業者に登録を求め、保管や両替を含むサービスを提供する仮想通貨業者にマネーロンダリング・テロ資金送金の違法行為を行わないように義務付けるとともに、金融機関に仮想通貨の取扱いを禁止している。

②　EU

EU では、ヨーロッパ銀行監督機構（EBA）が 2014 年 7 月に仮想通貨に関する意見書を公表している[66]。仮想通貨が持つリスクを分析し、見解を示している[67]。意見書では、長期と短期に分かれ、長期的には、仮想通貨の取扱業者に対する規制を提案するものの、短期的には金融機関等における仮想通貨の取扱いの禁止を推奨している。

③　フランス

2014 年 1 月、プルーデンス規制・破綻処理庁（ACPR）は、仮想通貨の

売買仲介は通貨金融法典の規制対象である「決済サービス行為」に該当し、当該行為を行う業者は、同法典上の「決済サービス事業者」に該当すると公表している[68]。仮想通貨の交換所は金融機関であり、その活動は ACPR の監督下に置かれ、マネーロンダリング・テロ資金規制を課されるとの見解を明らかにした。

④　ドイツ

連邦金融監督庁（BaFin）は、2014年2月仮想通貨がドイツ銀行法で規定する金融商品であると性格付けた[69]。顧客のために行う自己名義の売買や保管等を行う場合には銀行法上の「信用機関」に、売買仲介や多角的取引施設の運営等を行う場合には「金融サービス機関」に該当すると公表した。しかし、仮想通貨は支払手段としては扱われていない。要するに、仮想通貨である金融商品に関する商業活動を行うには BaFin の免許が必要とされているが、ビットコインについては、商業活動である支払いや決済手段として認められていない。ビットコインの売買なども認定されていない。事実上、銀行での取扱いはできないことになっている。

⑤　英国

英国では2014年11月財務省が仮想通貨に係る規制を設けるために仮想通貨に係る利点と危険の情報提供を求め、その結果を2015年3月に公表している[70]。仮想通貨と金銭等との交換を行う仮想通貨交換所にマネーロンダリング規則を適用する方針であることを明らかにし、2015年後半に詳細を詰めて提案を行うこととしている。また、同国賭博委員会は、国内でビットコインを使用したサービスを提供する賭博企業に対する懸念を表した。企業の本拠地に関係なく、賭博のための機能をイギリス国内で提供する場合、ビットコインは通貨の範疇に入るので賭博のライセンスが必要である、と注意喚起している[71]。

⑥　香港

香港は、マネーロンダリングやサイバー犯罪の危険が想起された 2013 年中ごろから、慎重に検討を重ねたが、仮想通貨は現行法中の「現金」「有価証券」あるいは「法定通貨」でないと判断し、規制をしていない。仮想コモディティと位置付けている[72]。それらのサービスまたは取引が両替業または送金のサービスを伴わなければ、「金銭サービス業」に該当せず、マネーロンダリング規制等は課せられない。しかし、疑わしい活動であるとみられる場合には、当局に報告する法令上の義務を負わせている。

⑦　スイス

金融市場監督庁（RNMA）が、2014 年 6 月銀行法の規制対象に該当する旨の解釈を公表した[73]。顧客からの金銭及び仮想通貨の受入れは銀行法上の預金の受入れとなり、受入行為を行う業者は、銀行法上の銀行に該当する。

⑧　シンガポール

金融管理局（MAS）が、2013 年 9 月 22 日「もしビットコインの運用が停止したら、誰にもその責任を問えないし、返金や援助を求める相手がいない」として、ビットコインの使用に関し利用者へリスク喚起を行った[74]。2014 年 3 月仮想通貨と金銭等との交換をマネーロンダリング規制対象に追加する旨を公表し、内容を現在、検討している。

⑨　ロシア

2014 年 2 月に仮想通貨の使用は違法である旨を表明している[75]。現在、仮想通貨の使用を禁止する法案を準備中である。

⑩　米国

財務省金融犯罪執行ネットワーク（FinCEN）が、2013 年 3 月に「仮想通貨の管理、交換または使用に関する人に対する規制の適用について」と題す

るガイダンス[76]を公表し[77]、マネーロンダリング等規制の対象に追加する旨の解釈を明らかにしている。仮想通貨に係る金銭との交換、その保管、送付、発行・管理と対象は幅広い。

（2） 米国 NY 州金融監督局（NYSDFS）の最終規制案の公表

①ベンジャミン・ロースキー（Benjamin Lawsky）

NY 州金融監督局ベンジャミン・ロースキー初代局長は、2011 年に任命されたクモオ州知事の腹心で"ウォールストリートの保安官"と呼ばれ、ウォール街の金融大手機関と対峙し、多額の罰金を賦課した実績を上げたが、2015 年 6 月に局長職を退任した[78]。

ロースキー局長の最後の仕事は、6 月 3 日に公表した仮想通貨の最終規制案の作成であった[79]。約 2 年間にわたり仮想通貨に関する規制についてチームを率いて、業界との対話等を続けてきていた。当初の規制案は、2014 年 7 月 23 日に公表され[80]、パブリックコメントに付され、さらに 2015 年 2 月 25 日には、その改訂案が示され[81]、2015 年 6 月 3 日の最終案[82]となった。この案は米国の州として初めて仮想通貨を規制するもので、その対象となるのは、当然のことながら NY 州で取引を行う事業者のみで、特別な開業免許（「BitLicense」）の取得を義務付ける内容となっている。新設された事業者向け規制案は、金融監督法に基づく金融監督局長の権限に拠るもので、金融監督局長規則「PART200. 仮想通貨」（SECTION200.1~22）となっている。仮想通貨が、今後ビジネス界で主流となることを視野に入れ公表されている。

こうした規制の動きは業界からすると、開業免許が必要となるため大変厳しい内容であるが、Calif 州も同じ動きをしており、今後他の州も同じような取り扱いになるとみられている[83]。

②最終規則案の内容

ロースキー局長はワシントンで行われたカンファレンスにおいて、その最

終規制案について解説を行っている[84]。最終規則案の制定の趣旨について、「デジタル通貨の大きな可能性を理解している。目指すのはこの革新的な流れを止めることなく、消費者を守るためのガードレールを作り、違法行為を防ぎたい。」と述べている。内容としては、事業者の財務や仮想通貨取引の状況を監督機関が把握することで、利用者の資産消失や仮想通貨を利用した違法行為などを防ぐことが狙いとなっている。

　以下、規則（仮訳・下線部分）を参考までに記す。

　イ　仮想通貨の定義では、対象を幅広く捉え、包含することとしているが、ゲーム内コインなどを例外としている。

○仮想通貨の定義（200.2 Definitions（p））

　(p) 仮想通貨とは、換金できる媒介物又は値（数量）をデジタル化し使用されるすべてのデジタル情報（unit）を意味する。仮想通貨には、広く（i）中央発行管理機関があるもの及び（ii）分散型で、中央発行管理機関がないもので、（iii）計算や作業によって創設、獲得できる換金可能なデジタル情報を含む。

　仮想通貨には、次のデジタル情報はすべて含まれない。

　（1）（i）専らオンラインゲームのプラット・フォーム内で使用されるもの、（ii）これらのゲームのプラット・フォームがゲーム外では市場性がなく、利用もできないもの、（iii）通貨や仮想通貨と換金などができないもの、（iv）財貨やサービスの購入に弁済として利用できるか否かは問わない。

　（2）ポイントサービスとして顧客に提供されるが、通貨や仮想通貨に換金できないもの

　（3）プリペイド・カードの一部として使用されるデジタル情報

　ロ　免許取得を義務付けられるのは、仮想通貨の送金や受取りの為替業務や、円・ドルといった通貨と仮想通貨の交換を行う組織とする。仮想通貨の保管や管理（カストディ）を業務とする組織も対象となる。

○仮想通貨経済活動の定義（200.2　Definitions（q））

48

（q）仮想通貨経済活動は、NY 州及び NY 州の住民による次のタイプの活動となる。いずれかに該当すれば、活動となる。

（1）仮想通貨の送金や送金の受取をすること。しかし、その取引が、金融の目的ではない場合や極わずかなものに過ぎない場合は含まれない。（2）他人に代わって仮想通貨を保管や管理（カストディ）をすること（3）顧客ビジネスとして仮想通貨を売買すること（4）顧客ビジネスとして両替サービスを行うこと（5）仮想通貨を管理処分し、発行すること。ソフトウェアの研究開発は、仮想通貨経済活動に該当しない。

ハ　開業免許は、すべての仮想通貨経済活動を行う者に求められている。代理人も例外とされていない。ただし、銀行免許を得ている場合や専ら自己の財貨サービスの購入等に利用目的が限られている場合には、除外されている。

○開業免許（200.3Liecense）

200.3（A）開業免許を得ずに何人も仮想通貨経済活動を行ってはならない。開業免許を得ても、銀行法第 100 条で定める信託会社に課される要件を満たす必要がある。

（b）代理人は開業免許なく、代理業務を行うことはできない。

（c）開業免許が不要な場合

　（1）NY 銀行法の免許を受け、金融監督局長から仮想通貨経済活動に従事することが認められている法人

　（2）もっぱら財・サービスの購入か販売、あるいは投資目的のために仮想通貨を利用する商人および消費者

なお、NY 州金融サービス局は、2015 年 5 月 7 日仮想通貨ビットコインを扱う交換所運営会社 itBit Trust Company, LLC に対し銀行免許を交付した[85]。itBit 社は、改めて上記新規則による開業免許は不要であるが、営業を開始するには、同規制に従う義務がある。

（3） EU司法裁判所

① 概要

　税法に関する判断であるが、仮想通貨であるビットコインの法的性質について2015年10月22日にEU司法裁判所が見解を示している[86]。EUでは、共通税制（EU指令）として付加価値税（VAT）を取り入れているので[87]、域内国におけるVATの適用関係の最終判断はEU司法裁判所が担うこととなっている。

　VAT指令の規定では、EU域内で行われる、対価を伴う物品及びサービスの提供にはVAT課税が適用される。しかし、域内国では、法定通貨として使用される通貨、銀行紙幣及び貨幣に係る取引についてはサービスの提供に当たるが、それら支払い手段間の交換であれば交換自体は何ら付加価値を生むものではないのでVAT課税の免除対象となる。そこで、ビットコインと現実通貨の交換がこの免除に相当するかどうかを検討する際には、前提として交換の法的性質が対価を伴う物品及びサービスの提供といえるのかを検証する必要があり、続いてビットコインが支払い手段として課税が免除される通貨と同様のものといえるかどうかを判断することになる。その結果、通貨と同様と判断された場合には、免除の効果が与えられることになる。

②事実関係

　スウェーデン国民であるデイビット・ヘドクヴィストは、仮想通貨であるビットコインと現実通貨とを交換するサービス提供を営むため、その課税関係を明らかにすることを必要とした。そこでヘドクヴィストは、取引を開始する前に、ビットコインの売買に係るVATの取扱いについてスウェーデン歳入法委員会の予備決定を要請した。同委員会によると、ビットコインは法定支払手段と同様の方法で使用される支払手段であり、交換取引は、結果として、VATは免除されると判断した。

　スウェーデン課税当局は、VAT指令に規定する免除が適用されるものではないと考え、この決定を不服としてスウェーデン最高裁判所に提訴をし

た。スウェーデン最高裁判所は、VAT が EU の共通税制であるため EU 司法裁判所に対し、当該取引が VAT 課税の対象となるのか、および対象としても VAT が免除されるものであるかどうかについて、判断を求めた。

③　判決

EU 司法裁判所はその判決において、仮想通貨であるビットコインと現実通貨を交換する取引は、同取引が異なる支払手段の交換から成り、ヘドクヴィストが提供するサービスと同人が受け取る対価との間に直接的な関係が存在する。要するに、同氏が購入する通貨の価格とそれを顧客に販売する価格との差によって創造されるマージンが存在する以上、VAT 指令の対価を伴うサービスの提供に該当する、と判断する。

加えて、当該取引は支払い手段間の交換であるのでそれ自体は付加価値を生むものではなく、法定通貨として使用される通貨、銀行紙幣及び貨幣に係る VAT 指令条項に従い、VAT が免除される、と判断した。なお、判決の中では、ビットコインとはインターネットにおける個人間の支払、並びに、特定のオンラインショップにおける支払に使用される仮想通貨である。また、その利用者は交換レートを基準としてビットコインと現実の通貨の売買を行うことが可能なものであると定義されている。

6　金融活動作業部会（FATF）のガイダンス

（1）　FATF のガイダンス

FATF が、2015 年 6 月 26 日に仮想通貨に係るガイダンスを公表した[88]。ガイダンスの法的性格は、加盟国に対し国内法制化等の対応を推奨するに留まるものだが、国内移入を怠ると指摘を受けるため、事実上義務付けされると同様な効果を持つ。

同部会では、前述のとおり 2014 年 6 月に仮想通貨の定義やマネーロンダリング・テロ資金としての利用可能性、具体的な違法行為の実例などについ

てレポートを出している[89]。今回示されたガイダンスの内容は、レポートで指摘されたマネーロンダリング・テロ資金活動を抑止するためのいわば、対策版となっている。

（2） ガイダンスの内容

このガイダンスでは、加盟国が仮想通貨によるマネーロンダリング・テロ資金の移動に対する取り組みのアプローチを解説している。仮想通貨のイノベーションを全く否定するのではなく、アプローチの観点が組織の設立目的でもあるマネーロンダリング・テロ資金の移動に限られている。

ポイントとしては、①マネーロンダリング・テロ資金対策の一環として、仮想通貨と法定通貨の取引を行う交換所に対し、登録または免許制を課すとともに、顧客の本人確認や疑わしい取引の届出、記録保存の義務等を適用することを主眼としている。②加盟各国当局は、自国の法制度等を踏まえ、自国のリスク評価に応じて交換所にマネーロンダリング・テロ資金対策の義務を課すことを求めている。③仮想通貨の禁止も各国の選択肢の一つとするが、リスク評価に基づかず実態に合わない禁止は、仮想通貨を闇経済に追いやる危険がある。④マネーロンダリング・テロ資金対策以外の課題（金融政策、消費者保護、課税）は対象としていない、となっている[90]。

ガイダンスの第3章では、次のように加盟国に対するFATFの規準の適用について推奨している（仮訳・下線部分）。

○推奨規準26　換金可能な仮想通貨の交換所は、各国の適切な規則と監督に置かれるべきであることを要求する。

○推奨規準35　自然人および法人の違法なマネーロンダリング資金・テロ資金の取扱いについて効果的な刑罰等の制裁が適用できるように求める。

しかしながら、分散型の換金可能な仮想通貨には、匿名性があり、ブロックチェーン上で生成された処理レコードは、必ずしも実際の取引と同一性があるわけではないので立証ができず、また分散化されているので統一的に把握できないため制裁を科すことが困難となっている。これらの困難な状況

は、各国による規制効果を削ぐことになる。

　そこで、加盟各国が仮想通貨交換所を許可制または登録制にし、顧客の本人確認や記録を取ることによって効果的な抑止に繋がる制裁を科すことができるようするものである。

（3）　政府の考え方

　前述したが、第 186 回国会（常会）において参議院議員からビットコインに関する質問主意書が出され、2014 年 3 月 7 日安倍総理名で政府の答弁書が参議院議長宛に出されている[91]。ビットコインに関する法規制について広範囲にわたり、回答を行っている[92]。

　具体的には以下のとおりである。

①　わが国において通貨とは、通貨法[93]や民法、外為法[94]等で規定している日本銀行券と補助貨幣であり、ビットコインは通貨に該当しない。

②　ビットコインを対価として債務の弁済に使用することを一律に禁止する法律は存在しない。

③　ビットコインは通貨ではなく、それ自体が権利を表象するものでもないため、ビットコイン自体の取引は、通貨たる金銭の存在を前提としている銀行法の規定する銀行業として行う行為や、金融商品取引法の規定する有価証券等の取引には該当しない。その他の法律においても、ビットコインを明確に位置付けているものは存在しない。

④　ビットコインの売買の仲介やビットコインと円貨又は外貨との交換、ビットコインを預かる「口座」の開設及び当該口座間でのビットコインの移転については、銀行法で銀行が営むことができる業務には該当しない。（この点については、為替業務にあたるという見解も一部で示されている[95]。また本来業務ではないが、付随業務に当たるとする見解もある[96]。）

⑤　第一種金融商品取引業者等ができる業務として、有価証券又はデリバティブ取引に係る権利以外の資産に対する投資として、財産の運用を行う業務を規定している。投資先にビットコインは含まれる。

⑥　ビットコイン自体の取引は有価証券等の取引に該当しないため、当該交換を勧誘することは、金融商品取引法等の金融関連の法律による「業者登録」や「勧誘規制」の対象とはならない。

⑦　一般論としては、所得税法、法人税法、消費税法等に定める課税要件を満たす場合には、課税の対象となる。

⑧　マネーロンダリングに使われた場合組織犯罪処罰法[97]違反となると考えられる。

⑨　犯罪収益移転防止法[98]は、特定事業者に対し、顧客等との一定の取引について、ビットコインの使用の有無にかかわらず、本人特定事項等の確認等の義務を課している。

⑩　ビットコインと、日本円又は米国ドル等外国通貨との交換市場は、国内にも存在する。こうした交換市場の開設やそこで行われる取引を一律に禁止する法令は存在していない。

（4）　自民党ＩＴ戦略特命委員会（資金決済小委員会）

　政権与党の若手議員を中心とする自民党ＩＴ戦略特命委員会（資金決済小委員会）では、Mt.Gox 交換所の破綻の原因を踏まえながら、中間報告書を2014 年 6 月に公表している[99]。

　中間報告では、政府見解に加えて、ビットコインに代表される技術を「価値記録」として、前払式支払手段（電子マネー）、通貨、物でもない新たな分類に属するものと定義し、「ビジネスにおける新たなイノベーションを起こす大きな要素」と位置付けている。投資家の自己責任での利用を原則とし、規制を加えない方向で進めるべきであると積極的な姿勢を取っている。

　報告書の主要なポイントは、次のとおりである。

　①　定義について　イ　仮想通貨、暗号通貨と呼ばれていたものを価値記録（価値を持つ電磁的記録の意）とし、通貨でも物でもない、新たな分類に属すると定義する。ロ　価値記録においては、取引、支払いを交換とし、送金を送付とする。ハ　通貨と価値記録を交換する場所を交換所と定義する。

ニ　価値記録と財・サービスと交換可能は店舗を受付店と定義する。

②　法的位置付けについて　イ　出資法、銀行法・資金決済法、犯罪収益移転法は、価値記録のような新しい概念に適用しない。ロ　流通量や自己責任の原則から立法（改正、新法）は行わない。

③　課税関係について　イ　通貨または財・サービスと価値記録の交換は、消費行為なので消費税の対象（仕入税額控除可）となる。ロ　価値記録に対するキャピタルゲインは課税する。

なお、今後の米国などの規制状況を踏まえ必要に応じ、中間報告の内容を見直すと前置きをしている。

FATF のガイダンスが出された直後の 7 月 1 日に開催された同 I T 戦略特命員会では「ビットコインをはじめとする価値記録の FATF ガイダンス対応」について金融庁、財務省、日本価値記録事業者協会（JADA）よりヒアリングが行われた[100]。その際配布されたものは、財務省から① G20・G7 首脳宣言等仮訳（抜粋）、②仮想通貨に関する FATF ガイダンスのポイント、③諸外国の仮想通貨に係る規制等、④ FATF 概要、日本価値記録事業者協会から⑤「価値記録の概要や現況、そして今後の課題」となっている。

7　金融審議会「決済業務等の高度化に関するワーキング・グループ」

金融庁では金融審議会「決済業務等の高度化に関するスタディ・グループ」を改組し、設置された「決済業務等の高度化に関するワーキング・グループ」が FATF のガイダンス発出を受けて平成 27 年 7 月 23 日に第 1 回会合を開催した。仮想通貨については、「仮想通貨を巡る法制面での課題」として平成 27 年 11 月 16 日第 4 回会合および同月 25 日第 5 回会合において検討された[101]。第 7 回 12 月 17 日会合では取りまとめが行われ[102]、その結果は 12 月 22 日金融庁から公表された「決済業務等の高度化に関するワーキング・グループ報告〜決済高度化に向けた戦略的取組み〜」のなかに取り上

げられている[103]。

ワーキング・グループの検討状況と取りまとめ結果報告については、次のとおりである。

（1） 第4回会合

事務局からは、規制そのものについて、総論的に次の2点を提示し、議論をしている。

① マネーロンダリング・テロ資金供与規制について

仮想通貨と法定通貨を交換する交換所に対し、FATFのガイダンスを踏まえ、犯罪収益移転防止法上のマネーロンダリング・テロ資金供与規制を課すことの是非

② 利用者保護のための規制について

仮想通貨に関し、マネーロンダリング・テロ資金供与規制の導入とともに、利用者保護の観点からの規制を導入することの是非

（2） 第5回会合

規制方向の総論的議論に続いて、利用者保護の観点から具体的な規制の枠組み、対象などについて検討を行っている。

① 規制の枠組みについて

イ 分別管理[104]について顧客資産との区分管理を基本としつつ、供託・信託を行わないことを補うものとして、区分管理の状況について、公認会計士又は監査法人による外部監査を義務付けることの是非

ロ 財務規制については、利用者保護とイノベーション促進の観点のバランスに留意し、財務諸表の適正性が前提となるので公認会計士又は監査法人による外部監査を併せて義務付けることの是非

② 規制の対象について

イ 仮想通貨の入手等は交換所を通じて行うことが主な方法となっているので、仮想通貨と法定通貨の売買等を行う交換所を対象とすることの是非

ロ 仮想通貨の保管のみを行う業者に対し、利用者保護のための規制の潜脱防止等の観点から、併せて規制することの要否

③ 自主規制等について

自主規制団体や金融 ADR などの取扱いについての検討

（3） 報告書

「決算業務等の高度化に関するワーキング・グループ」報告では、その第5章で「仮想通貨に関する制度のあり方」[105] として取り上げられている。まず、仮想通貨を巡る状況が触れられ[106]、続いて規制のあり方が示されている。その内容は、以下のとおりである。なお、本報告によって、わが国の規制方針が定められたので、今後法案化が図られ、通常であれば 2016 年 6 月までには立法されることとなる（新法または金融商品取引法等既存法令の改正）。また法律による手当は今回の措置に限られず、その後も予定されている[107]。

① 規制の対象

FATF ガイダンス上、マネーロンダリング・テロ資金供与規制として仮想通貨の交換所を規制対象とすることが求められている。また、利用実態も交換所において入手し、法定通貨と交換できることが前提となっているが、仮想通貨と法定通貨の売買等（売買などや預託金など）およびその情報提供にはリスク等が存在する。そこで、利用者保護の観点からは仮想通貨と法定通貨の売買等を行う交換所について登録制を導入し、規制の対象とすべきである。

なお、今後、仮想通貨の利用が多方面で進む場合、新たな類型の業者が登

場する可能性もあり、国内における今後の利用の広がりやサービスの実態に留意しつつ、機動的な対応が必要である。

② マネーロンダリング・テロ資金供与規制のあり方

仮想通貨と法定通貨の売買等を行う交換所を犯罪収益移転防止法の特定事業者に追加し、同法上の義務等を課す。

イ 本人確認義務（口座開設時等）ロ 本人確認記録及び取引記録の作成・保存 ハ 疑わしい取引の当局への届出 ニ 体制整備（社内規則の整備、研修の実施、統括管理者の選任等）

③利用者保護のための規制のあり方

イ 規制の基本的な枠組み

Mt.Gox の事例や仮想通貨の売買等によって生じる情報不足による損害や預託資産の喪失など想定されるリスクを考慮すると適切な義務を課すべきである。

i 利用者の保護等に関する措置の実施（誤認防止のための説明など）ii 名義貸しの禁止 iii 利用者が預託した金銭・仮想通貨の分別管理 iv 情報の安全管理・財務規制（最低資本金、最低純資産規制など）v 帳簿書類の作成・保存、事業報告書の当局への提出 vi 当局による報告徴求、検査、業務改善・停止命令、登録の取消

ロ 分別管理

利用者が交換所に預託した金銭・仮想通貨の分別管理の方法に関して現時点では、顧客資産の区分管理を基本とし、その状況について公認会計士又は監査法人による外部監査を義務付ける。

ハ 財務規制

財務規制については、利用者保護とイノベーション促進の観点のバランスに留意し、仮想通貨の交換所に適正な水準の財務規制を措置することが必要である。そこで、事業者の財務書類について公認会計士又は監査法人による

外部監査を併せて義務付ける。

　ニ　自主規制等

　イノベーションの急速な進展等を展望すると、法令による規制に業界の自主規制を適切に組み合わせることにより、機動的な対応を行うこと等が重要である。法令に基づく自主規制団体を設立することを可能とし、金融 ADR の制度を設ける。

8　まとめ

（1）　FATF ガイダンスの移入

　これまで FATF からどのような推奨規準が打ち出されるかについては、三の類型が想定されていた[108]。一つは、マネーロンダリング・テロ資金送金防止の観点から中国や EBA などの様に仮想通貨取引を認めない厳格な立場である。次は、逆にマネーロンダリング・テロ資金送金規制は銀行・証券会社など必要な金融組織に対し既に課されており、仮想通貨は対象とされておらず、また新たな利便性の高い画期的な送金システムであるので、一切の規制を課さないとする、これまでの日本の考え方である。こられの折衷的なスタンスとして仮想通貨の効率性、意義は大きいものの、やはりマネーロンダリング・テロ資金送金の観点および利用者保護の観点からは一定の歯止めが必要とする見解がある。米国 NY 州の最終案などはこの立場を取っている。

　今回の FATF の勧告は、厳格な EU の立場には振れず、折衷説の立場に近いが、FATF の目的に特化した推奨となっている。最低限として仮想通貨の交換所について免許制か登録制を求め、監督機関を置くとともに疑わしい取引の届出や取引資料の保存を要求しているだけに留めている。これを上回る規制を導入するかどうかは、各国がそれぞれのリスク評価を行いその実情判断に任せるとしている。

　そこで、この勧告に対し国によっては、対応が分かれ厳格な規制を導入す

図 9　規制の態様

区　分	規制 マネーロンダリング	規制 参入規制等	規制 利用者保護
従来の対応	－	－	－
ＦＡＴＦ	届出・報告	登録・免許	－
規制導入 最低限	届出・報告	登録・免許	－
規制導入	届出・報告	登録・免許 業務規制	－
規制導入 厳格	届出・報告	登録・免許 業務規制	自主規制 救済制度
全面禁止	届出・報告	×	×

る可能性もあるとみられる。わが国は、前述の様にマネーロンダリング・テロ資金送金および利用者保護の観点から交換業者を登録制とするとともに外部監査制度や自主規制などを導入する方針としている。

（2）　仮想通貨・ビットコインの解釈

　仮想通貨のうち取引量の 90％はビットコインであり、仮想通貨の議論をビットコインに絞ることが可能である[109]。2014 年 2 月に NEWSWEEK は、「ビットコインの可能性―新通貨ビットコインの招待―」と表題を付け特集をしている[110]。賛否両論が紹介してある冒頭部分では、そもそもビットコインとは何なのか。基本的には 2 つの異なる解釈がある。一つは、17 世紀にオランダで起きたチューリップ・バブルと同様の投機的なバブルと見なし、球根がデジタル記号に置き換わっただけとする見方。もう一つは、ビットコインを数学的に傑出したアイデアと見なし、世の中を変えるほどのインパクトを持つコンピュータ科学上の大発見であり、パソコンやインターネットに匹敵すると賞賛する主張がある、と言及されている。要するに、前者が仮想通貨の投機機能を重視し、後者は決済・支払機能に着目している。

　このようなスタンスの違いがありながら、現在では、大勢は仮想通貨の経

済社会における存在とその機能を受容しつつある。懐疑的な立場も変化の兆しがある。ECB は、引き続き仮想通貨の継続的検証を行っており、2015 年 2 月に公表したレポートでは、次のように述べている[111]。「ビットコインの取引は限られており、中央銀行の決済業務支障を及ぼすところまでには至っていない。しかし、何か大きな事件が起こると電子決済全般についての信頼感が喪失する事態になる危険性がある。<u>ECB は、仮想通貨の欠点やデメリットの把握は当然であるが、国際取引やシステム内の取引においてこれまでのシステムよりも利点があるものとも認識している。将来は、改良等により欠点のないものになることもありうる。</u>（注. 下線筆者）そこで、今後とも、特に仮想通貨の交換機能について進展状況を監視していくことにしている。」としてエールを送っている。前述した米国 NY 州における公認の動きも後押しをしている。さらに、FATF がマネーロンダリングとテロ資金に限ったガイダンスを公表したことも各国に規制を正面から検討する機会を与えている。

（3） メリット・デメリット

① メリット

ビットコインを経済活動のなかで利用していくメリットとして、以下の点が強調されている[112]。

イ　競争的貨幣の出現・通貨発行自由化論

ビットコインは、そもそもシステム内決済を想定しており、その効率性は従来の通貨を用いた決済システムを超えるものがある。まさにハイエクが主張した法定通貨と民間が発行する通貨との競争関係が生まれ、サービスの向上に繋がる。信用供与機能はなくインフレの懸念は少ない。

ロ　集中発行管理機関の不存在

発行する権限や管理する主体がないため、その権限主体に係る信用リスクの影響を受けることがない。ソブリン危機による口座凍結や経済危機の心配が不要となる。景気変動に与える影響がない。通貨は、その国の経済状況に

よって為替レートが変更するが、グローバルで管理主体のないビットコインでは影響を受けることはない。

　ハ　送金手数料の低廉性・海外送金の迅速性

　外国向け銀行為替では、通常4千円前後の送金手数料が求められ、相手方口座入金まで3日程度必要とされるが、ビットコインでは原則として取引コストが不要であり、ネットにより瞬時に情報は届くため、迅速な取引ができる。決済手段としての魅力が高い。

　ニ　取引の透明性、投資商品としての魅力

　銀行取引と異なり、他人が行った過去のすべての取引が記録・公開されているため、これを見れば、取引の内容を誰でも検証することができる。また、取引需給と価格の相関関係も推測しやすいため、投資対象としての商品性も高い。

　ホ　匿名性の高さ

　マネーロンダリングやテロ資金として使われるなどの問題があるが、ビットコインでは無数のアドレスを持てるため取引をした個人の特定が不可能で、匿名性が図れる。

　ヘ　安全性、銀行の不介入

　証明システムを使用しているため、システム内で不正利用を防ぎ安全に取引が行える。また、銀行契約がなくても利用できるため、利用者の信用リスクが問われず、その分のコストが安くなる。

　②　デメリット

　他方、デメリットとしては次のことが言われている[113]。

　イ　価格の不安定

　ビットコインの時価総額は、2015年11時点で約6千億円程度と市場規模が小さいため取引の状況によって大きく変わり、イベントにより高騰したり下落したり、場合によっては無価値になる可能性もある。したがって、不安定であり、通貨には適さないのではないか。

図10　ビットコインの価値推移

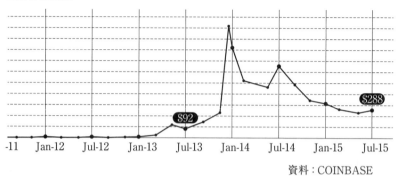

資料：COINBASE

ロ　犯罪の温床

　高い匿名性はマネーロンダリングに使われるおそれがある。実際に違法薬物サイトで使われていた例もあると報じられている[114]。

　［シルクロード事件］

　米国では2013年5月ネット上で違法ドラッグを取引するサイト「Silk Road（シルクロード）」を摘発し、違法クロスボーダー取引の規制に乗り出した。そのシルクロードで薬物取引に用いられていたのはビットコインであり、ビットコインの市場取引価格はシルクロードの影響を受けていた。

ハ　利用保障やトラブル解決制度の不存在

　ビットコインは匿名性が高く、秘密鍵を盗まれて不正利用された場合行為者が特定できない。トラブルになっても救済する制度・金融ADRなどを利用することは困難で、すべて自己責任になる。これまでのビットコイン交換所の破綻の例から見てウイルスやサイバー攻撃を回避することはできないものと認識しなければならない。

ニ　発行量の上限等

　流通量が通貨と異なり最大の発行量が2100万Bitcoinに限られており、すでに約1500万Bitcoinが流通している。今後の経済規模の拡大に伴う流通量を確保することができなくなり、次第に取引手段として利用されなくな

るとみられている。また、現実問題として、利用店舗可能店舗が少ないこと、国の施策が流動的であることなどが挙げられる。

　ホ　破綻した交換所の存在

　仮想通貨ビットコインの Mt.Gox 交換所が東京地裁に民事再生法の適用を申請し、破綻をしている。債務が資産を上回る債務超過に陥っていた。顧客が保有する 75 万 Bitcoin のほか、購入用の預り金も最大 28 億円程度消失していたことから、ビットコイン交換所の存在意義が疑われている。

（4）　イノベーションの受容

　こうしたメリット・デメリットを勘案すると以下のような理由から、ビッコインは通貨制度の改革、イノベーションであり、法定通貨と競争を図ることは、金融インフラ整備にとって重要なポイントとなると考える。ビットコインの利便性から既に国際的には、流通業を中心にその機能を利用し、時間やコストを削減しようとしている。内外の大手流通業等が新たな取引手段として受入れを表明してきている。なお、イノベーションの初期には、予断に基づく反対論が声高く叫ばれることがよくある現象である[115]。

　①　民間通貨の許容

　法律で規定されている通貨は、法定通貨に限られるとする解釈が通説ではあるが、前述のとおり民法第 402 条の解釈で法定通貨以外の通貨もありうるとする考え方がある。そこで、ビットコイン等の仮想通貨が通貨であってはいけないのか。許容されないのかが問題となる。この点について、財務省総合研究所が発行した論考「幣制について」[116] が参考となる。通貨発行権の国家独占が具体的には中央銀行である日本銀行に集中し、補助貨幣はあるものの、日本銀行券が唯一の通貨と位置付けられていることを改めて検証している。

　わが国の歴史において通貨発行権が日本銀行独占に至った経緯を踏まえ、その背景・根拠となった紙幣通貨の信用力と画一性、中央銀行への保護の必

要性について今日的視点から検討が行われている。

　紙幣通貨の信用力とは、かつては兌換性を意味したが、管理通貨制度の下では、意味を失っている。画一性については、明治初期に全国各地にばらばらな通貨があり、それが問題となったが、現在では、市場における取引や決済の形態が現金やクレジットカード、口座振替、電子決済など様々な手段で行われ障害もないので画一性の問題は解消されている。さらに日本銀行の保護については、日本銀行の収益構造が利益を生む体質となっているので、紙幣発行独占による利益を与えて保護する必要性はなくなったとする。したがって、信用が伴うのであれば他の発行体があってよいとする。この延長で考えるのであれば、ハイエクが主張した自由発行論と結び付き、引当て資産などの信用があるのであれば、通貨の発行を認めてよいことになる。要するに信用が具有するとして参加者がそうしたシステムを認めれば、仮想通貨も通貨として成り立つことになる。なお、同論考は、政府紙幣発行の可能性を検証したものである。

　②　画期的手法

　従来公表されていた仮想通貨では、第三者機関、通常は銀行の介在を認めざるを得なかったところ、今回のビットコインでは、タイムスタンプ・サーバー（TSS）と作業証明（POW）を取込んだことにより自己完結型の支払いシステムとして構成でき、画期的で革新性を持つ制度であると高く評価されている[117, 118]。

　③　支払完了性（電子マネーの欠点をカバー）

　また、電子マネーと呼ばれるプリペイド・カードは、現在ネットを使っても決済できるが、実際は通貨情報をデジタル化したもので、発行体は銀行口座を要し、結局コスト負担がある。その利用も一回に限られ、法定通貨による支払い方法の多角化に過ぎなかった。課題として利用の決済時点を法的に確認できない点にある。一旦システムにトラブルが起ればその取引規模か

ら多額の帰属不明の電子情報が浮遊することが容易に想定できる。資金決済法の制定過程で他の送金代行や代引きなどの受取業務が法的に決済時点を確認できないため、同法に取り込めず、今後に残された大きな課題となったが、仮想通貨では、問題にならない。取引相手に支払うこととその証明行為を要するものの、取引相手との決済を直ちに終了させることができる。

④　決済の片面性

更に、仮想通貨の取引は、売買などの原因取引とはシステム上全くの無因であるため、仮に原契約が無効でも払戻しが受けられないのが最大のデメリットとも言われるが[119, 120]、例えば、手形取引などでは原因行為と無因とされており、大量の商業取引で使われる支払方法はむしろ無因であることが円滑な取引行為をもたらすことになる。

⑤　匿名性と追跡可能性

仮想通貨の疑問として指摘されているものに取引の匿名性がある。しかし、仮想通貨のシステムは、ビットコインではすべての取引が利用者に公開され、ビットコインの所在が分かるようになっている。追跡可能性があり、原因行為によってマネーロンダリング・テロ資金に使われているのであれば、把握が可能となる[121]。逆に現金通貨を用いる決済は、いつ、どこで、何の目的で使ったか分からないという確実な匿名性がある[122]。

⑥　Mt.Gox 交換所の破綻

Mt.Gox 交換所の破綻とビットコイン自体の問題とは一体性がない。交換所経営の安定化をコンプライアンスでどのように確保するのか、同交換所の破綻で問題となっている。もちろん技術的にネット取引のセキュリティをどのように確保するかというのも重大な課題である。しかし、ＩＴ化時代においてシステムの維持更新は必然であり、どの組織も避けて通れない課題である。それと対象物であるビットコインの貨幣性の議論とは全く異なる問題で

ある。

（5） 今後の方向性

　以上から、ビットコインに対しマネーロンダリング・テロ資金防止のための規制の必要性は認めるものの、その他の規制を加えるかどうかについては現在の銀行為替に比べその利便性、効率性の高さからネット社会に於ける経済活動にとって不可欠な送金や決済手段であることを基本に検討を行うべきであると考える[123]。投機機能は、今後の取引状況の進展に合わせ検討しなければならないものの、支払や決済機能を注視し、ビットコインは、送金や決済に必要な取引コストを縮減するためのイノベーションであることを検討の基礎に据える必要性がある。

　最近、ビットコインに用いられているブロックチェーンの有利性に焦点を当てデリバティブ取引や債券、ローンなどの所有権の保存、移転作業の大規模な簡素化に向けて日本の三菱 UFJ フィナンシャル・グループ（MUFG）やバンク・オブ・アメリカ（BOA）銀行なども加わり世界の大手金融機関22 社と米国の新興フィンテックベンチャー企業の R3 社が連携して、ブロックチェーンの活用に係る業界基準・プロトコルの開発に取り組んでいる[124]。また、ナスダック OMX グループは、未公開株の取引に係る情報の記録・保存にブロックチェーンの仕組みを活用することについて検討をしている[125]。

　わが国の仮想通貨に対する規制については、ビットコインによる決済取引と親和性のある法律にビットコインと通貨の交換取引業者の登録を義務付け、その業務規制はマネーロンダリングに関する届出と顧客情報の管理に留める。その他の利用者保護等に係る規制は業界によって設立された（認定）自主規制機関の対応に任せるとともに苦情紛争解決のために金融 ADR 制度を加えることで十分足りるのではないか。具体的は、金融審議会「決算業務等の高度化に関するワーキング・グループ」の報告で提示された規制内容が適切である、と考える。

　なお、ビットコインが完璧で最も優れた仮想通貨ではないことも、明らか

第1章　仮想通貨と法的規制　67

（参考1）　ビットコインの歴史

○ 2008 年 11 月　Satoshi Nakamoto 論文の公表
○ 2009 年　1 月　ビットコインの運用開始
○ 2010 年　2 月　米ドルと交換する取引所の開設
○ 2010 年　5 月　初の商取引（1 万 Bitcoin とピザ 2 枚の交換）
○ 2010 年　7 月　日本で Mt.Gox 取引所開設
○ 2013 年　3 月　キプロス危機　資金逃避
○ 2013 年 11 月　時価総額 100 億ドル
○ 2014 年　2 月　Mt.Gox 取引所破綻
○ 2014 年　3 月　日本政府の見解表明
○ 2014 年　6 月　自民党ＩＴ戦略特命委員会【中間報告】公表
　　　　　　　　　国内初のビットコインＡＴＭ設置（東京）
○ 2014 年　7 月　パソコン大手の Dell がビットコイン支払いを開始
○ 2015 年　6 月　ＮＹ州によるビットコイン交換所への規制公表
○ 2015 年　6 月　ＦＡＴＦガイダンス公表
○ 2015 年　7 月　金融審議会ＷＧ検討開始
○ 2015 年 12 月　ＷＧ報告書公表
○ 2016 年　5 月　資金決済法改正（仮想通貨法成立）

（参考2）　商品別規制

	法貨	金融商品	商品	地域通貨	ポイント マイレージ	電子 マネー	仮想通貨
発行 主体	日銀 財務省	企業	業者	地域 共同体	小売業 航空業	小売業 運輸業	なし
形態	紙幣 貨幣	株式、債 券、投信	金 原油	振興券	カード	カード	電子情報
監督 官庁	日銀 財務省	金融庁	経産省等	なし	なし	金融庁	なし
法律	日銀法 通貨法等	金商法	商品 先物法	なし	なし	金融庁	なし
規制 状況	刑法等	業規制	業規制	なし	なし	供託	なし

である[126]。現在、アルトコインと呼ばれる仮想通貨が登場し、ビットコイ
ンの設計上の瑕疵を修正している。欠点を補う新規の仮想通貨が出てきた場
合、ビットコインがプロトタイプ・第1次世代仮想通貨と呼ばれることにな

る。

(追 記)

　脱稿後、2016年3月になり「仮想通貨法（案）」が金融庁から国会に提出され、附帯決議が付けられたものの、5月に政府原案通りの内容で法律となった[127]。具体的には「情報通信技術進展に係る環境変化法」によって改正される銀行法等主要4法律の一つとして、資金決済法に仮想通貨の規制が盛り込まれた。

1. 資金決済法の意義

　もともと資金決済法は、資金決済に関するサービスの社会的インフラ整備と情報通信技術等の進展への対応としてプリペイドカード等の前払式支払手段と少額の資金移動業、資金清算業（銀行間の資金決済）に関する法律であった[128]。さらに今回の改正で、仮想通貨に係る規制が加わることになった（改正資金決済法案第1条）。資金決済法に盛込まれた背景として、仮想通貨取引の性質を投資性ではなく、送金、決済手段の一種と捉え、またITイノベーションの促進による資金移動業と親和性があり、さらに今後の進展

[改正資金決済法案の体系]

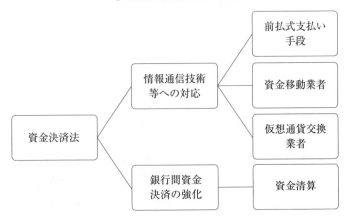

第1章　仮想通貨と法的規制　69

を図るために、金商法のような行為規制等を避けたことにあるとみられる。

2.　仮想通貨法の概要

　仮想通貨法では FATF で要請された仮想通貨と法定通貨の交換業者に登録制を導入し、マネーロンダリング・テロ資金供与対策（犯罪収益法改正）と利用者の信頼確保（資金決済法改正）の二つを織り込んでいる。前者については、犯罪収益法の対象者である「特定事業者」に「仮想通貨交換業者」を追加し（第2条第2項第31号）、①口座開設時における本人確認、②本人確認記録、取引記録の作成・保存、③疑わしき取引に係る当局への届出、④社内体制の整備等を課している。後者については、資金決済法上の登録業として「仮想通貨交換業」を新設し（第63条の2）、①利用者に対する情報提供、②システムの安全管理、③預託金銭等の分別管理と財務状況の外部監査、④登録参入要件としての資産および人的適切性、⑤当局監督規制、⑥自主規制および ADR 手続きの具備等を求めている。

3.　仮想通貨の定義

　仮想通貨の定義については、金融庁 WG 報告で言及されなかったが、法律（同第2条5項）では、次のように規定している[129]。なお、その他の利用者保護に関する条文は、金融庁WG報告の内容に準じている。

　この法律において「仮想通貨」とは、次に掲げるものをいう。

　一　物品を購入し、若しくは借り受け、又は役務の提供を受ける場合に、これらの代価の弁済のために不特定の者に対して使用することができ、かつ、不特定の者を相手方として購入及び売却を行うことができる財産的価値（電子機器その他の物に電子的方法により記録されているものに限り、本邦通貨及び外国通貨並びに通貨建資産を除く。次号において同じ。）であって、電子情報処理組織を用いて移転することができるもの

　二　不特定の者を相手方として前号に掲げるものと相互に交換を行うことができる財産的価値であって、電子情報処理組織を用いて移転することがで

きるもの

　要するに、通貨同様に仮想通貨を財貨サービスの購入等のために不特定多数に対し使用することができ、また、売買ができる財産的価値で、電算ネットワーク上で移動できるものと定義している。

〈注〉

1　花輪俊哉・小川英治『金融経済入門』20頁（東洋経済新報社 第2版 2009）。

2　西部忠『貨幣という謎—金と日銀券とビットコイン』98頁（NHK出版 2014）。

3　河邑厚徳・グループ現代『エンデの遺言』250頁（日本放送出版会 2000）。

4　エドワード・カストロノヴァ（伊能早苗・山本章子訳）『「仮想通貨」の衝撃』140頁（KADOKAWA 2014）。

5　通貨の単位及び貨幣の発行等に関する法律（昭和62年法律第42号）。

6　渡部晶「わが国の通貨制度（幣制）の運用状況について」ファイナンス2012年8月号19頁（財務省）。

7　日本銀行法（平成9年法律第89号）。

8　日本銀行　学ぶ楽しむ http://www.boj.or.jp/announcements/education/areko re.htm/

9　古市峰子「現金、金銭に関する法的一考察」日本銀行金融研究所『金融研究』第14巻4号106頁（1995）。

10　立脇和夫「幕末明治期におけるわが国通貨主権と外国資本（上）」長崎大学経済学部研究年報23頁（1986）。

11　福田平『新版刑法各論』102頁（評論社 1972）。

12　通貨及証券模造取締法（明治28年4月5日法律第28号）　そのほか、「紙幣類似証券取締法」、「すき入紙製造取締法」、「貨幣損傷等取締法」、「外国ニ於テ流通スル貨幣紙幣銀行券証券偽造変造及模造ニ関スル法律」などがある。

13　廣田裕之『地域通貨入門』94頁（アルテ 改定新版 2011）。

14　西部忠編著『地域通貨（福祉＋α）』（ミネルヴァ書房 2013）各種の地域通貨が取り上げられている。

15　地域通貨リスト http://cc-pr.net/list/

16　西部忠『地域通貨のすすめ』4頁（北海道商工会連合会 2004）。

17　岡田仁志・高橋郁夫・山崎重一郎『仮想通貨 技術・法律・制度』180頁（東洋経済新報社 2015）。

18 高安満「マイレージサービスに代表されるポイント制に係る税務上の取扱い―法人税・消費税の取扱いを中心に―」税大論叢 58 号 13 頁（2008）。
https://www.nta.go.jp/ntc/kenkyu/ronsou/58/01/hajimeni.htm

19 本山美彦「アリストテレスの表券貨幣説―ノミスマの射程―1―」経済論叢第 145 巻 4 号 428 頁（1990）ギリシアの哲学者プラトンは、貨幣は象徴（記号）である、という。。

20 小池清一「地域通貨の法的位置づけと課題」ぶぎん総合研究所 1 頁（平成 15 年 2 月 7 日）http://www.saitama-j.or.jp/~bugin/

21 （注 4）エドワード・カストロノヴァ 146 頁。

22 （注 13）廣田裕之 42 頁。

23 フェリックス・マーティン（遠藤真美訳）『21 世紀の貨幣論』6 頁（東洋経済新報社 2014）。

24 ミルトン・フリードマン（斉藤清一郎訳）『貨幣の悪戯』19 頁（三田出版会 1993）

25 Information and Communication Technology.

26 黒田明伸『貨幣システムの世界史』93 頁（岩波書店 2003）、楊枝嗣朗『近代初期イギリス金融革命―為替手形・多角的決済システム・商人資本』（MINERVA 人文・社会科学叢書―佐賀大学経済学会叢書 2004）、ジャック・アタリ（的場昭弘訳）『ユダヤ人、世界と貨幣　一神教と経済の 4000 年史』（作品社 2015）。

27 Friedrich August Hayek - Library of Economics and Liberty.
www.econlib.org/library/Enc/bios/Hayek.html

28 Denationalization of Money：An Analysis of the Theory and Practice of Concurrent Currencies（Institute of Economic Affairs1976）.
西山千秋監修（訳）西部忠「貨幣の脱国営化論―共存通貨の理論と実践の分析」『ハイエク全集 II -2　貨幣論集』37 頁　1988 年に東洋経済新報社から出版された際には「貨幣発行自由化論」と訳出されている。

29 John Maynard Keynes‐A Tract on Monetary Reform（1923）.

30 野口悠紀雄『仮想通貨革命』164 頁（ダイアモンド社 2014）。

31 ニコラス・ワプショット（久保恵美子訳）『ケインズかハイエクか―資本主義を動かした世紀の対決』（新潮社 2012）本著は、著者が経済分野の研究者でないこともあって、単なる罵り合いを興味本位に紹介しているだけであり、経済学に関する記述は皆無である。

32 マーク・スカウソン（田総恵子訳）『自由と市場の経済学―ウィーンとシカゴ

の物語』10 頁（春秋社 2013）。

33　江頭進「ハイエクとシカゴ学派―方法論と自由主義―」『経済学史研究』53 巻 2 号 44 頁（経済学史学会 2011）。

34　Oct 2012 ECB：VIRTUAL CURRENCY SCHEMES.
https:// www.ecb.europa.eu/ pub/ pdf/ other/ virtualcurrencyschemes201210en.pdf

35　（注 34）VIRTUAL CURRENCY SCHEMES 23 頁。

36　（注 28）『ハイエク全集Ⅱ-2　貨幣論集』168 頁 175 頁他。

37　松原隆一郎『ケインズとハイエク』223 頁（講談社 2011）。

38　Silvio Gesell（German　March 17, 1862 - March 11, 1930）.
相田愼一『ゲゼル研究 シルビオ・ゲゼルと自然的経済秩序』（パル出版 2014）。

39　（注 3）河邑厚徳グループ現代 105 頁。

40　ビットコイン研究所『はじめてのビットコイン』89 頁（AT パブリケーション 2014）。

41　斉藤賢爾『未来を変える通貨　ビットコイン改革論』76 頁（インプレス R&D 2015）。

42　野口悠紀雄 「2014 年 5 月 22 日ハイエクが描く自由な通貨体制―それがビットコインによって実現されつつある」Diamond online 第 14 回 2014 年 5 月 22 日。

43　（注 4）エドワード・カストロノヴァ 9 頁 Digtal Value Transfer.

44　（注 17）岡田仁志 119 頁。

45　VIRTUAL CURRENCY SCHEMES 13 頁。

46　27 Jun 2014 Virtual Currencies：Key Definitions and Potential AML/ CFT Risks 4 頁 FATF REPOPT.

47　（注 30）野口悠紀雄 108 頁 Feb 2015 ECB：Virtual currency schemes-a further analysi 32 頁 500 種類と紹介されている。

48　（注 34）VIRTUAL CURRENCY SCHEMES 14 頁。

49　Bitcoin（ビットコイン）という名前の由来は「Bittorrent」というファイル共有プロトコル（ブラム・コーエンによって開発された、Peer to Peer を用いたファイル転送用プロトコル及びその通信を行うソフトウェア）に因んでいると言われている。

50　Satoshi Nakamoto satoshin@gmx.com www.bitcoin.org

51　MARCH 6, 2014 NEWS WEEK Dorian Satoshi Nakamoto The Face Behind Bitcoin by Leah Mcgrath Goodman 斉藤賢爾『インターネットで変わる「お金」

―ビットコインが教えたこと―』17 頁（幻冬舎 2014）。

52 （注 41）斉藤賢爾 108 頁。

53 （注 41）斉藤賢爾 103 頁。

54 Andrew Holmes/Business Newsline Craig S. Right.
   http://www.technobahn.com/articles/201512091019200000.html

55 Abbit.Net Information Site.
   http://info.rabbitservice.jp

56 （注 30）野口悠紀雄 68 頁。

57 平成 26 年 3 月 7 日第 186 回国会（常会）答弁書第 28 号内閣参質 186。

58 （注 17）岡田仁志 37 頁。

59 「日本語で理解する、ビットコイン原論文」picks.coincheck.jp/entry/2014/
   09/15/190000 このほかネットには別訳も存在する。

60 （注 30）野口悠紀雄 67 頁。

61 記録された日時から現在に至るまで、デジタル文書の改変や改ざんが行われて
   いないことを示すために用いられる証明方法。ハッシュ値などを利用する電子署
   名の一種であり、特に重要な文書を電子化して扱う場合などに用いられる。

62 例えれば、当たり馬券をなくしたからといって再度当たり馬券を買い直すのが
   できないのと同じである。

63 平成 27 年 11 月 16 日金融審議会「決済業務等の高度化に関するワーキング・
   グループ」（第 1 回）討議資料（3）（「仮想通貨」に関する論点①）。

64 平成 27 年 7 月 23 日金融審議会「決済業務等の高度化に関するワーキング・グ
   ループ」（第 1 回）配布資料「各国の仮想通貨に係る規制等」。

65 2013 年 12 月 5 日中国人民銀行等五部委发布《关于防范比特币风险的通知》
   （ビットコインの取引リスク防止に関する通知）。

66 July,7 2014 EBA：Opinion on 'virtual currencies'.
   http://www.ecb.europa.eu/pub/pdf/other/virtualcurrencyschemes201210en.pdf

67 （注 17）岡田仁志 192 頁。

68 Jan,29 2014Communiqué de presse de l'ACPR relatif aux opérations sur
   Bitcoins en France.

69 May,20 2014Handel mit Bitcoins BaFin.
   http://www.bafin.de/SharedDocs/Veroeffentlichungen_mit_bitcoins.html

70 Mar,2015 Digital Currencies：response to the call for information HM Treasury.

71 By Forex Magnates at 17 June, 2015

72　Jan,8 2014 Monitoring the use of bitcoins NEWS GOV HK.

73　Jan,22 2014 Swiss Parliament：Rechtssicherheit für Bitcoin schaffen.

74　Sep,22 2013 Monetary Authority of Singapore；Bitcoin users beware http://business.asiaone.com/news/bitcoin-users-beware-mas

75　Feb,92014 By Ellis Hamburger Russia bans Bitcoin use http://www.theverge.com/2014/2/9/5395050/russia-bans-bitcoin

76　Application of finCEN's REGULATIONS to persons Administering,exchanging,or Using Virtual Currencies.

77　（注 17）岡田仁志 2 頁。

78　NEWYORKTIMES　http:// www.nytimes.com/ 2015/ 05/ 21/ business/ dealbook/ benjamin-lawsky-to-step-down-as-new-yorks-top-financial-regulator.html?＿r＝0

79　NYDFS：Announces Final Bitlicense Framework for Regulating Digital Currency Firms http://www.dfs.ny.gov/about/speeches/sp1506031.htm

80　Proposed Rule Making no Hearing（S）Scheduled Regulation of the Conduct of Virtual Currency Businesses I.D. No. DFS-29-14-00015-P.

81　February 25, 2015 Revised BitLicense Regulatory Framework　February 25, 2015.

82　June 3, 2015 NYDFS Announces Final Bitlicense Framework for Regulating Digital Currency Firms.

83　三島一祥「仮想通貨ビジネス勉強会」（株式会社グットウエイ主催 2015 年 12 月 9 日開催）報告。

84　June 3, 2015 Superintendent Lawsky 's Remarks at the BITS Emerging Payments Forum Washington, DC.

85　Press Release May 07, 2015 NYDFS.
NYDFS GRANTS FIRST CHARTER TO A NEW YORK VIRTUAL CURRENCY COMPANY itBit Trust Company, LLC.

86　Court of Justice of the European Union Luxembourg, 22 October 2015.
Judgment in Case C-264/14（PRESS RELEASE No 128/15）　David Hedqvist.

87　COUNCIL DIRECTIVE 2006/112/ECof28 November 2006　0n the common system of value added tax.

88　June 26,2015 GUIDANCE FOR A RISK-BASED APPROACH TO VIRTUAL CURRENCIES.

第 1 章 仮想通貨と法的規制 75

89 June 27,2014 VIRTUAL CURRENCIES - KEY DEFINITIONS AND POTENTIAL AML/CFT RISKS.

90 財務省作成資料「仮想通貨に関する FATF ガイダンスのポイント」自民党 I T戦略特命委員会資金決済に関する小委員会平成 27 年 7 月 1 日会合。

91 （注 57）内閣総理大臣『答弁書』。

92 ビットコインの法的検証については、遠藤元一「ビットコインをめぐる法規制についてーわが国法制はどこまで適用されるのか?」東京霞ヶ関法律事務所 ITU ジャーナル Vol. 44 No. 12 7 頁～（2014, 12）によるレポートが参考となる。

93 通貨の単位及び貨幣の発行等に関する法律（昭和 62 年法律第 42 号）。

94 外国為替及び外国貿易法（昭和 24 年 12 月 1 日法律第 228 号）。

95 渡邉雅之「Bitcoin（ビットコイン）は合法なのか?」NBL №1018 9 頁（商事法務 2014。

96 斉藤 創「ビットコインの 7 つの疑問に答える」金融ジャーナル Vol.56 №7 29 頁（金融ジャーナル社 2015）。

97 組織的な犯罪の処罰及び犯罪収益の規制等に関する法律（平成 11 年法律第 136 号）。

98 犯罪による収益の移転防止に関する法律（平成 19 年法律第 22 号）。

99 自民党会議情報自民党 I T戦略特命委員会（資金決済小委員会）「ビットコインをはじめとする「価値記録」への対応に関する【中間報告】」https://www.jimin.jp/activity/conference/

100 自民党会議情報 https://www.jimin.jp/activity/conference/

101 第 5 回平成 27 年 11 月 25 日（水）討議資料（4）（「仮想通貨」に関する論点②）。

102 第 7 回平成 27 年 12 月 17 日（木）資料 金融審議会「決済業務等の高度化に関するワーキング・グループ」報告（案）。

103 平成 27 年 12 月 22 日金融審議会「決算業務等の高度化に関するワーキング・グループ」報告（公表）。

104 報告書 29 頁 分別管理における金融法制としては、①供託、②信託、③区分管理の 3 方式があると解説されている。

105 報告書 25 頁～30 頁。

106 報告書 26 頁（1）取引の状況 ビットコインの全世界における取引業者は、約 10 万、一日当たりの取引件数は約 17 万件、時価総額は 52 億ドルと報告されている。

107 報告書 28 頁（1）なお書き

108 Dr. Karl-Friedrich Lenz「BITOCOIN 規制の 10 年後」青山法務研究論集第 9 号 17 頁（2014）http://www.agulin.aoyama.ac.jp/

109 （注 83）三島一祥 配布資料 16 頁。

110 Feb,25 2014　NEWSWEEK 日本語版 24 頁。

111 Feb 2015　ECB：Virtual currency schemes -a further analysis　33 頁。

112 （注 17）岡田仁志 102 頁 227 頁（注 41）斉藤賢爾 112 頁。

113 （注 17）岡田仁志 105 頁（注 41）斉藤賢爾 131 頁。

114 （注 17）岡田仁志 194 頁。

115 2014 年 11 月 25 日 大森泰人監視委事務局長の書評第 44 回野口悠紀雄［著］仮想通貨革命（ダイヤモンド社 2014 年）。

116 津曲俊英「幣制について」PRI　DISCUSSION PAPER SERIES（№03A-21）2003 年 6 月。

117 （注 30）野口悠紀雄 4 頁。

118 （注 17）岡田仁志 51 頁。

119 斉藤賢爾「ビットコインと来るべき社会変容」金融ジャーナル 2015 年 7 月号 10 頁（金融ジャーナル社 2015）。

120 （注 110）NEWSWEEK 30 頁。

121 （注 108）Dr. Karl Friedrich Lenz13 頁。

122 日本銀行　日本銀行を知る・楽しむ "Q 決済の手段にはどのようなものがありますか？" https:// www.boj.or.jp/ announcements/ education/ oshiete/ kess/ i02.htm/

123 金融財政事情「資金決済法の見直し論議に波及する FATF の仮想通貨ガイダンス」2015 年 7 月 20 日号 7 頁（金融財政事情研究会 2015）。

124 2015 年 9 月 29 日公表 5R3 Press Release - 09292015 - R3 CEV　https:// r3cev.com/s/R3-Press-Release-09292015.pdf

125 保木健次「仮想通貨とその基幹技術が起こす金融ビジネスと社会の変革」有限責任あずさ監査法人 KPMG Insight Vol. 15/Nov. 2015　8 頁。

126 （注 51）斉藤賢爾 60 頁。

127 金融庁　国会提出法案（第 190 回国会）「情報通信技術の進展等の環境変化に対応するための銀行法等の一部を改正する法律案」（平成 28 年 3 月 4 日提出）、5 月 25 日成立、6 月 3 日公布。

128 高橋康文編『逐条解説資金決済法』50 頁きんざい（2010）。

129 定義はFATFのレポート等に則して作成された。金融庁立法担当者「仮想通貨ビジネス勉強会」（2016年6月27日開催）報告。

第2章　価値尺度と租税法

浅 妻 章 如

はじめに

　金銭を介した取引は課税上認識されるのが通例であるが、肩叩き券等を介した取引は課税上認識されることが少ない。しかし、租税法令（例えば所得税法）には現物取引を課税上無視するとするような明示の規定はないし、bitcoin[1] 等の通貨が広まるにつれて、円やドル等ではない単位[2] での取引の課税上の問題が注目されるようになってきている[3]。

　本章の前半は、価値尺度が関わる租税法上の問題を概観する。通常、論文は特定のテーマに絞って書かれるものであるが、本書の読者の多くは租税法に馴染んでないと推測されるため、細かなテーマに入る前に、一応の大まかな見取り図を描いておいた方が読者にとって便宜であると思われるからである。

　本章の後半では、流山訴訟から出発し、肩叩き券等の時間のやりとり[4]と、所得概念論や最適課税論との関係を考察する。

　本稿では人名に職名・敬称を付さない。本稿では「　」『　』を引用のために用い、【　】を区切りの明確化のために用いる。

1 価値尺度に係る租税法上の一般的な問題

（1） 所得税法 33 条「資産」と所得分類

　所得税法 23 条以下が、利子所得、配当所得、不動産所得、事業所得、給与所得、退職所得、山林所得、譲渡所得、一時所得、雑所得という 10 種類の所得分類を定めている。

　所得税法 33 条 1 項は「資産」の譲渡による所得（キャピタル・ゲインとも呼ばれる）を課税所得に含めている。同条 2 項は、「たな卸資産」等や「山林」を譲渡所得の基因となる「資産」から除外している。

　条文上明示的に除かれていないが、現金も「資産」に当たらないと考えられている（古銭売買等は別論）。標準的な説明として、「現金はだれが持っていてもその額面どおりの価値があり『値上がり』や『値下がり』を考えることができません」[5] とされている。尤も、拾った現金 1 万円札の取得費が零円であると考えるとすると、当該 1 万円札を譲渡して服を受領するなどの取引を考えた場合、1 万円の値上がり益が実現すると考えられなくもない。それでも現金の譲渡益課税はなされていないので、現金については「資産」の範囲から外して取得費を考える余地がないということになる。

　争いのあるところとして、所得税法基本通達 33-1 は「金銭債権」も譲渡所得の基因となる「資産」に当たらないとしている。1 年後 99 円を支払うという債権を今 90 円で購入し、翌年 99 円を受け取った場合、9 円の増加部分は金利相当であるため譲渡所得ではなく雑所得であるという理屈である。しかし、債務者の資産状況が苦しくなり、今年 90 円で購入した金銭債権が翌年には 60 円しかもたらさず、30 円の損失が生じることもある。「金銭債権」が「資産」に当たらないとすることの実際上の意義は、この場合の 30円の損失が譲渡損失ではなく雑損失であるため、所得税法 69 条による損益通算の対象とならない[6,7] という点にある。尤も、「資産とは、譲渡性のある財産権をすべて含む観念」[8] など「資産」は広い[9] と考えられている中で、金

銭債権譲渡損を所得税法 33 条から除外することが整合的に説明できるか疑問の余地が残る[10]。

　ゴルフクラブ会員預託金返還請求権に係る譲渡損失の計上を否定した例として最決平成 18 年 6 月 30 日税資 256 号順号 10445 が挙げられる。尤も、資産性の判断に関し、原々審名古屋地判平成 17 年 7 月 27 日判タ 1204 号 136 頁は、前述の所得税法基本通達 33-1 を挙げつつも、「およそ金銭債権のすべてを譲渡所得の基因となる資産から除外する見解は，金銭債権の譲渡により生じる利益なるものは，その債権の元本の増加益すなわちキャピタル・ゲインそのものではなく，期間利息に相当するものであるとの理解に基づいていると考えられる。もちろん，そのような場合があることは否定できないが，現実の経済取引の実態に照らせば，金銭債権の譲渡金額は，むしろ債務者の弁済に対する意思及び能力（に関する客観的評価）によって影響を受けることが多く，これは元本債権そのものの経済的価値の増減（ただし，債権額を上限とする。），すなわちキャピタル・ゲイン（ロス）というべきであるから，上記理解は一面的にすぎるとの批判を免れ難く，上記通達の合理性には疑問を払拭できない」と論じている[11]。

　bitcoin 等の価値尺度が「資産」に当たるならば、譲渡損益の計算というルートにのる[12]一方、現金や金銭債権に準じるものとされるならば、雑所得の計算ということになる。

（2）　所得税法 36 条「その年において収入すべき金額」

　所得税法 36 条が収入【した】金額ではなく収入「すべき」金額と規定しているため、現金の授受を以って所得を認識する考え方（現金主義）ではなく、権利確定主義が妥当すると考えられている[13]。しかし、何を以って権利確定があったと考えるべきかという難しい問題が残っている。

　Second Life のようなゲーム上でアイテム等を取得し、後に RMT（Real Money Trade）で現金化したといった場合に、どの時点で所得を認識すべきかといった問題が論じられている[14]。

「資産」該当性の問題のほかに、bitcoin 等が外国通貨に相当するものと考えられるか[15]（為替損益として毎期認識すべきか）という問題がある。なお、FX 取引（外国為替証拠金取引）による損益は一般には雑所得に係るものであるとされており[16]、全ての取引の決済清算が終了するまで損益は未確定であるという扱いではなく、年度毎に納税しなくてはならないと判断されている[17]。

（3）　消費税法 4 条「資産の譲渡等」と別表第一の二号「有価証券等」

消費税法 4 条 1 項は「資産の譲渡等」に消費税（講学上は付加価値税）を課すとしている。「資産の譲渡等」は「事業として対価を得て行われる資産の譲渡及び貸付け並びに役務の提供」（2 条 1 項 8 号）と定義されている。一見「資産」性の判定は無意味のように思われる[18, 19]。

価値尺度と消費税法との問題は、「資産」性よりも、「有価証券等」該当性をめぐって深刻となる。消費税法 6 条が「資産の譲渡等」のうち別表第一に該当するものは非課税取引として扱っているからである。そして別表第一の二号が支払い手段としての「有価証券等」の譲渡を挙げている。

付加価値税における非課税扱いの趣旨は様々であり論争的である。例えば、金融取引（別表第一の三号参照）を非課税とする趣旨として、一般的には技術的な困難が考えられている。無税で金利 10％ の世界を想定し、銀行が預金者から利子率 7％ で預金を受け入れ、企業に対し利子率 12％ で貸し付けるとき、対預金者取引において 3％ 部分（＝10％ − 7％）は銀行から預金者への預かりサービスの対価の売上げであると考えることができ、対借手取引において 2％ 部分（＝12％ − 10％）は銀行から借手への金融サービスの対価の売上げであると考えることができる。付加価値税率を 10％ とするとき、対預金者取引では 7％ ではなく 6.7％ の預金利率を提示し、対借手取引では 12％ ではなく 12.2％ の貸付利率を提示すればよい。しかし、金利 10％ というものが現実には分からないため、銀行が預金者や借手に対し売上げ部分を把握することが難しい。とはいえ、金利 10％ が分からずとも、要するに貸

付利率 12%と預金利率 7%の差であるスプレッド部分の 5%（＝12%－7%）が銀行の付加価値であるので、対借手取引で 12%ではなく 13.2%の貸付利率を提示し、対預金者取引で 7.7%の預金利率を提示し、銀行は 13.2%－7.7%＝5.5%のスプレッドを収受し、5.5%×10/110＝0.5%分を納税すればよい、といえなくもない。しかし、この場合、借手企業が 13.2%の利子のうち 1.2%部分を仕入税額控除として主張することが可能でも、預金者が 7.7%の利子のうち 0.7%部分を付加価値税額として納税することは実務上期待し難い。

　支払い手段についても、全ての取引当事者が付加価値税の納税と仕入税額控除を履践することは実務上期待し難い。

　しかし、bitcoin 等が支払い手段たる有価証券等には当たらず通常の資産にあたるとし、bitcoin 等の譲渡が 4 条 1 項にいう「資産の譲渡等」に当たるという前提で、課税漏れ・仕入税額控除漏れが生じることを厭わなければ、付加価値税の仕組みが機能しえなくなるというわけでもない。

　このため、bitcoin 等が付加価値税に関し支払い手段として位置付けられるかは難しい問題であり、判断が分かれている[20]。日本では、自民党 I T 戦略特命員会資金決済小委員会が、bitcoin 等について消費税法上は課税取引として扱う方針であると報道された[21]。比較的早期に bitcoin 等への対応を決めたノルウェー[22]やシンガポール[23]では、bitcoin は課税対象たるサービス供給（taxable supply of service）にあたるとしたと報道された。

　他方、フィンランドでは、bitcoin は通貨（法定通貨）や証券には当たらないとする通知を 2013 年 8 月 13 日に課税当局が発遣していたものの[24]、2014 年 8 月 20 日に KVL[25] が、bitcoin の取引は付加価値税において金融サービスと同様であり支払い手段として非課税であると判断したと報じられている[26]。また、スペイン[27]やスイス[28]でも bitcoin が付加価値税において非課税であると報じられている。

　欧州内ですら判断が分かれているため、欧州裁判所がどう判断するかが注目されている[29]。

2 流山訴訟を題材とした時間のやりとりと租税法との関係

（1） 流山訴訟

① 事実関係

流山訴訟[30]とは次のような事件である。

X（原告・控訴人）の前身は、平成7年6月に権利能力なき社団として設立された「さわやか福祉の会　流山ユー・アイネット」であるが、平成11年4月に特定非営利活動促進法10条所定の設立の認証を受け、同法2条2項所定の特定非営利活動法人となった。法人税法7条所定の内国公益法人に当たる。

Xは、流山市の高齢者・障害者等への福祉サービスを提供するために設立されたものであり、「ふれあい事業」（判決文では「本件事業」と呼び換えられている）として以下のような事業をしていた。Xの会員（「友愛会員」）は、入会金1000円、年会費3000円をXに払い、友愛会員は、①家事（炊事，洗濯，掃除等），②介助・介護（洗髪，爪切り，その他の簡単な介助），③話し相手，朗読，代筆，各種相談，助言，力仕事（粗大ゴミを出す等），散歩の同行等，④通院外出介助といったサービスを利用し、又は、他の友愛会員にサービスを提供する。サービス利用時には「ふれあい切符」をサービス提供者（「協力者」と呼ばれている）に渡す。サービス利用者は、「ふれあい切符」を1点100円、1時間8点（800円）としてXから購入し、サービス利用者は1時間当たり8点（800円）（延長の場合は30分4点（400円）刻み）のふれあい切符を協力者に渡す。協力者は8点（800円）のうち2点（200円）をXに事務運営費として寄付し、結局協力者は1時間のサービス提供で6点（600円）（延長の場合は30分3点（300円）刻み）を謝礼として受け取ることになる。ふれあい切符を受領した協力者は、1時間6点（600円）として現金化を求めることもできるし、現金化せずにふれあい切

符を供してサービスを利用することもできる。

② 争点及び背景規定

税務署長は、Xのふれあい事業が、法人税法7条、同2条13号所定の「収益事業」に当たると主張した。

公益法人は、収益事業についてのみ法人税が課される。通常の法人は、収益事業に限らず益金があれば全て法人税の課税対象となる。それらの大きな違いは、寄附を受けた場合に、公益法人は課税されないのに対し通常の法人は課税される、というところに現れる。

本件では、「収益事業」の中でも、具体的には、法人税法施行令5条1項10号所定の「請負業」に当たるか、請負業に当たらないとして同項17号所定の「周旋業」に当たるか、が争点となった。

③ 判旨

Ⅰ 「法人税法7条が、公益法人等の所得のうち収益事業から生じた所得を課税対象としている趣旨は、公益法人等が、営利法人等と同様に営利事業を営んでこれと競合する場合に、この所得について非課税とすると課税の公平が失われることから、これを是正することにあると解される。」

Ⅱ 法人税法施行令5条1項10「号にいう「請負業」は、民法632条所定の請負を反復継続して業として行うものに限定されず、委任（民法643条）あるいは準委任（同法656条）を反復継続して業として行うものをも含むことが、文理上明らかというべきであり、また、公益法人等が委任あるいは準委任を業として行って収益を上げる場合に、同種の委任あるいは準委任を業として営む営利法人等との間に競合関係が生じることからすれば、このような解釈は、前記のとおりの法人税法7条及び2条13号の趣旨にも適う」。

Ⅲ 「Xは、サービス提供に係る契約関係は、これを利用する会員と提供する会員との間で生じるものであって、Xはサービス提供契約の当事者では

なく，会員間のふれあい活動（サービス提供）を推進するために，サービスの利用を希望する会員とその提供をする会員との連絡，調整を行っているにすぎないと主張する。しかしながら，前記認定のとおりのXの運営細則の定め及び本件事業の実態，とりわけ，利用会員の金銭的負担の額は予めXの運営細則によって定められており，サービスを利用する会員がサービスの提供に協力する会員との合意により，その金額を変更したり，ふれあい切符ではなく現金で直接にこれを会員に支払ったりすることは運営細則上許されていないこと，利用会員にサービス提供等について苦情がある場合には，サービスの提供に協力した会員ではなくXに対して申し入れるように定められていること，サービスの提供に伴って事故が発生した場合，Xの運営細則においては，協力会員に故意又は重過失があったときは，協力会員個人の責任とする旨が定められているが，重過失に至らない過失があったときの責任については特段の定めがなく，そのような場合にまで一切Xが免責されることを前提としているものとは解されないこと等に照らせば，サービス提供契約の当事者は，サービスの利用会員と協力会員とであり，Xはサービス提供契約の当事者ではない旨のXの主張は，運営細則の内容及び本件事業の実態にそぐわないものというべきであって，採用することができない。」

Ⅳ　「サービスの提供を受けた会員がXの運営細則の定めに基づいて負担する1時間当たり8点（800円相当）のふれあい切符の点数は，Xが提供したサービスの対価として，Xに支払われるものであると認めるのが相当である。」「Xは，前記負担額（1時間当たりふれあい切符8点（800円相当））は，サービス利用会員がサービス提供の協力会員に対する謝礼（1時間当たりふれあい切符6点（600円相当））及びXに対する事務運営費としての寄附（1時間当たりふれあい切符2点（200円相当））として贈与するものであって，介護保険における家事援助に対する報酬額が1時間当たり1530円以上とされていることに照らすと，サービスの労働市場価値としては極めて低額であり，報酬とはいえないと主張する。」「しかしながら，前記負担額が謝礼ないし寄附という贈与であれば，これを行うかどうか及びどのような内

容でこれを行うかは，最終的には，サービス利用会員の自由な意思決定に委ねられるべきものであるところ，前記認定のとおり，Xの運営細則は，謝礼及び寄附という文言を用いてはいるものの，その規定ぶりからすれば，前記負担の有無及び負担内容の決定をサービス利用会員の自由意思に委ねているものとは認め難く，前記負担が贈与である旨のXの主張は，採用することができない。」

千葉地裁は以上のように述べてXの請求を棄却し、東京高裁も原審を維持し、確定した。

④　評釈

非営利法人課税をめぐるリーディングケースとして、宗教法人の営むペット葬祭業が収益事業に当たるかが争われた慈妙院事件・最判平成20年9月12日判時2022号11頁（収益事業に当たる）が挙げられるところ、それ以前は非営利法人課税をめぐる学説の展開[31]も裁判もあまり活発ではなかった[32,33]中で、本件流山訴訟は貴重な先例として位置付けられている。

判旨Ⅰは、公益法人等と通常の法人の課税のされ方が違うことにつき、収益事業課税を競合の調整のためと位置付けている。これは後に「イコールフッティング」論と呼ばれており、一部の学説から批判があるが、最判平成20年9月12日にも引き継がれている。

判旨Ⅱは、「請負業」が広く解されることを論じている。租税法学では、租税法令が他法の用語を借用している場合（「借用概念」[34]と呼ばれる）、特段の事情なき限り借用元におけるのと同義に解すべしという考え方が通説と位置付けられる。しかし、本規定に関しては広く解するための文言上の根拠も見出せる[35]ため、通説に照らしても判旨Ⅱは問題なかろう。

判旨Ⅲは、Xが事業主体であることを論じている。

判旨Ⅳは、Xの規約が「謝礼」「寄附」という文言を用いていても、サービス利用者が供するふれあい切符は「報酬」であることを論じており、対価性があることを論じている。サービス利用者の支払が任意のものであるのか

対価性があるのかという線引きで収益事業の範囲を画すことを私[36]は支持していたが、最判平成 20 年 9 月 12 日には引き継がれていない[37]。

（2）　時間のやりとりに着目する理由

本稿は、非営利法人課税の事例として流山訴訟に注目するのではなく、地域通貨が絡んだ事例として流山訴訟の事実関係に着目している。

本稿は帰属所得に焦点を当てる。租税法学では学部・ロースクール等の教育において所得概念論から始まるのが通例である[38]が、最適課税論との関係まで教育されることは日本では稀ではないか[39]と思われる。本稿は、所得概念論及び最適課税論と帰属所得との関係を考察することを通じて、価値尺度と租税法についての考察の一助としたい。

本稿が帰属所得に着目するきっかけの一つ目は前掲流山訴訟であるが、二つ目は、最高裁が改正前民法 900 条 4 号但書[40]における非嫡出子相続分差別を違憲と判断[41]した後の、家族法をめぐる動きにある。法律婚夫婦及びその子の外への財産流出が増えることについて、伝統的家族観を重視する右側の保守的な人々は、この最高裁の判断を非難する。それを受けてかどうかは判断しにくいが[42]、法制審で家族法改正が検討されており、法務省ホームページ[43]等を見ると、家族内での介護等の貢献を従来よりも重く評価し相続等を機に報いようという機運[44]が見受けられる（（5）②で後述）。

（3）　所得概念論

①　制限的所得概念

制限的所得概念とは、利子・地代・給与等、反復的・継続的に生ずる利得のみが所得として課税対象となるにふさわしいとする考え方である。土地・労働等の源泉に由来する利得のみが課税対象となるという意味で所得源泉説とも呼ばれる。後述の包括的所得概念との実際上の違いは、キャピタル・ゲイン（譲渡益）や相続・受贈といった、反復的・継続的ではない利得或いは源泉のない利得に課税するか否かという点で現れてくる。制限的所得概念は

伝統的に欧州で支配的な考え方である[45]。尤も、後述の包括的所得概念と消費型所得概念との対立との関係で、制限的所得概念に理論的根拠があるとは考えにくい。歴史的には、ナポレオン戦争で財政が疲弊した英国（ピット政権）で1799年に所得税が導入されたのが、所得税の始まりであるところ、英国でも短期間で所得税は廃止されており、19世紀に様々な国が所得税を導入したものの、各国で所得税は個人情報を要するものとして忌み嫌われ、なかなか定着しなかったとされる[46]。キャピタル・ゲイン（譲渡益）や相続・受贈といった利得を課税対象から除外すべきとすることの意義は、後述の消費型所得概念に照らしても説明可能であり、制限的所得概念独自の意義とは言い難い[47]。制限的所得概念独自の意義があるとすれば、源泉のある所得のみを課税対象とすることが源泉徴収の便宜に資するという実際的なところに見出されるのかもしれない。

② 包括的所得概念

制限的所得概念に対するアンチテーゼとして、反復的・継続的な利得であるかどうか、或いは源泉のある利得であるかどうかを問わず、或る個人の経済力[48]全体に着目して課税対象を決めるべきであるとする包括的所得概念が19世紀末から20世紀初にかけて提唱される[49]。最終的に、包括的所得概念は、一定期間中（通常は一年）の所得を、当該期間中の消費及び資産の純増額の和（所得＝消費＋純資産増加）と定義するため、純資産増加説とも呼ばれる。前述の通り、キャピタル・ゲイン（譲渡益）や相続・受贈といった利得も課税対象に含めるべきであるとされる。米日は包括的所得概念を前提とする。

③ 消費型所得概念

制限的所得概念も包括的所得概念も、取得した何かが所得として課税対象となるべきと考えているという共通点があり、合わせて取得型（発生型）所得概念と呼ばれる。取得型所得概念に対するアンチテーゼとして、利子に課

税すべきではないという考え方（消費部分のみを課税対象とすべきという考え方）が消費型所得概念である。計算の便宜のため、利子率・割引率を年10％とし、一律40％の比例税率を想定すると、Aが税引前賃金1000を得た場合、税引後所得600を今年消費することができる一方、Bが税引前賃金1000を得て税引後所得600を貯蓄し1年後に消費する場合、60の利子について24の税が徴収され、税引後元利合計636を消費できることとなり、1年後の636の割引現在価値は636÷1.1＝578であって、BはAより不利となる。このため、消費型所得概念論者は、利子に対する課税は、消費のタイミングを遅らせる者の租税負担を増やす点で不公平であり、最適な貯蓄水準よりも過小貯蓄をもたらす点で非効率であると批判する。利子課税の効果を打ち消す方法として、事後的に利子部分を非課税とする方式（yield exemption方式と呼ばれる）と、事前に貯蓄部分を非課税とする[50]方式（expensing方式、全額即時控除方式、支出税方式と呼ばれる）がある。

　expensing方式を前提とすると、キャピタル・ゲイン（譲渡益）についても、課税の効果は包括的所得概念におけるのと異なってくる。例えば、Cが無価値の原野を無料で取得し、開墾し、毎年税引前利益100をもたらす農地にしたとする。Cが当該農地をDに売却する時、包括的所得概念を前提とする現行法下において、Dは今後毎年税引前利益100について40の課税を受けることを予想するため、今後毎年60の税引後利益が発生することの割引現在価値である600[51]をDはCに支払うことになり、Cは600の所得について240の課税を受けることになる。Dの今後の納税額の割引現在価値は400であり、Cの開墾によって生じた税引前価値1000について二重課税（Dについて400、Cについて240）をするというのが包括的所得概念の帰結である。かように、キャピタル・ゲイン（譲渡益）課税は二重課税の帰結をもたらす。他方、expensing方式を前提とすると、Dが支払った額がDの所得計算上控除対象となるため、DはCに1000を支払うことができ、Dの他の所得に係る税額が400減り、将来の租税負担の割引現在価値である400と釣り合う（つまりDは経済実質的な意味において非課税である）。そしてCは

1000 の所得について 400 の課税を受けることになる。CとDを合わせてみ
ると、expensing 方式の下では、Cの開墾によって生じた税引前価値 1000
について一回の課税に相当する租税負担が生じることになる。

（4）　最適課税論における余暇

　最適課税論[52]における課税の理想は、才能の豊かな者が多くの税を負担
し、才能の乏しい者が少ない税を負担することである、という点が出発点と
される[53]。そして、効率性及び分配に関する公平の観点から、才能の多寡を
指標とする一括税（lump-sum tax）を課すべきである。何故ならば、一括
税は人々の行動を歪めないという点で効率的であり、また、才能の豊かな人
が多くの税を負担するという点で公平である[54]と考えられているからであ
る。

　しかし才能の豊かな者が正直に才能を申告するインセンティヴがないた
め、政府が才能の分布を知ることは困難である。そのため、才能の豊かな者
は多くの労働所得を得るであろうという観点から、才能に課税するという最
善解への近似の手法として労働所得に課税するという手法が選ばれる。しか
し、労働所得を指標として課税することは、人の時間の使い方において労働
と余暇との選択に際し余暇を優遇する[55]という死荷重を生み出してしまうた
め、効率性が害されてしまう。

　ならば、労働所得だけに課税するのではなく、課税所得を広く構成すべき
とする包括的所得概念を見習い、利子にも課税し、労働意欲を阻害するとい
う非効率性の緩和を図るべきであろうか。しかし、利子の元金は結局労働所
得であり、利子に課税することで労働意欲阻害効果が弱まる訳ではない。更
に、利子に課税することは、直ちに消費するか貯蓄して翌年度以降に消費す
るかという選択に歪みをもたらす。労働所得課税のみならば労働意欲阻害効
果という一つの歪みで済むのに対し、利子にも課税することは労働意欲阻害
効果と貯蓄阻害効果という二つの歪み（double distortion）をもたらす。
従って、利子には課税すべきではない（結局消費型所得概念を支持する）と

いうのが標準的な最適課税論の帰結である[56]。

　前段落は相続を度外視しているが、相続を加味して考えても、被相続人Ｅが相続人Ｆの効用も考慮して遺産額を決定するのであれば、相続課税[57]は、被相続人の労働意欲阻害効果と遺産という選択肢への阻害効果という二つの歪みをもたらすため、少なくとも効率性の観点からはやはり労働所得のみに課税すべきという帰結が導かれよう[58]。

（5）　介護・育児等の時間のやりとり

① 　育児・介護等と所得概念・最適課税論との関係

　育児・介護・炊事・洗濯等を含む家事役務は、労働集約的であり、炊事・洗濯等は機械の普及によりかなり省力化が達成された一方で、育児・介護については規模の経済等もあまり効かず[59]外注する場合にはなかなか安価にはならない[60]。このため、家事役務の中でもとりわけ育児・介護を外注するか内製するか（夫婦のどちらかまたは両方が育児・介護等のために仕事への資源（典型的には時間）の注入を抑制し、出世を諦める）について各家庭で難しい判断をしなければならない。また、育児・介護の外注に関しては取引費用も高い（とりわけ育児に関しては幼子がベビーシッター等にどう扱われるか不安が大きいであろう）と思われる。

　最適課税論においては人が時間を労働に充てるか余暇に充てるかの選択に直面するという枠組みが前提とされ、効率性の観点から、余暇の価値は機会費用（逸失賃金等）で測ることが前提とされる。仮に余暇の価値を機会費用で計測することが徴税技術的に可能ならば、才能に課税することが効率的であり公平でもあるという最適課税論の出発点に近付く。

　他方、租税法学では、帰属所得は機会費用ではなく家事役務等の市場価値で計測される[61]。これは効率性の観点からの発想ではない。「目に見えない所得を含めた所得税の公平負担を論じる」[62]と説明されるように、市場価値で計測することは公平の観点からの発想である[63]。制限的所得概念が帰属所得無視を理論的に導くわけではないが、帰属所得に注目する程度は、包括的

所得概念や消費型所得概念を前提にする場合の方が強かろう。

　現実世界においては、機会費用で時間の価値を測ることもあれば、機会費用を無視して時間の負担の配分を考えることもあると思われる。例えば、夫婦のどちらかが育児・介護等のために仕事を諦めるという場合、機会費用の低い方が諦めるのが通例であろう。他方、夫婦のどちらも仕事の出世を諦めないという場合、（育児・介護等による時間的負担が大きくないか、外注できるほどのパワーカップルであることが前提となるであろうが）機会費用を無視して時間配分は平等にするということも珍しくなかろう[64]。

　流山訴訟の事案は、各人の機会費用（時給等）の違いはひとまず措いて、時間をやりとりするための仕組みであると理解できる。

　育児・介護等を含む家事役務を内製する場合、帰属所得が発生するだけでなく、取引費用を節約できるというメリットがある。この点、流山訴訟の事案は、「ふれあい事業」という言葉からしても、外注ではあるけれども金銭取引におけるギスギスした関係を和らげ、取引費用を抑えようとしているものと推測できる。しかし、それでも、サービス利用者が1時間8点（800円）を供し、サービス提供者（「協力者」）の受領は6点（600円）であるということは、少なくとも1/4が取引費用であるということである（入会費及び年会費を考慮すれば取引費用の割合は更に高い）。しかも、この取引費用はぼったくりなどからはほど遠く、法人で事務運営に関わる人の受ける報酬は低廉であった。時間のやりとりの取引費用は高く、かつ、時間のやりとりを低コストで効率よく回転させることも難しい、ということが分かる。

　従って、時間のやりとりが、円・ドルといった既存の通貨を介した取引を脅かすほどの経済的影響を持つようになるとは近未来においては想定し難い。それでも、時間のやりとりの経済的な意義は大きいため、恐らく不断の改良が積み重ねられていくのではないかと思われる。時間のやりとりが価値尺度として無視できない規模に育つ可能性を無視してよいとはいえなかろう。

② 家族法上の規律

　現行法下で帰属所得は非課税であるが、経済（資源の効率的配分）の観点から、帰属所得の重要性はいうまでもない。重要であるからこそ、流山訴訟のように時間のやり取りの仕組み[65]が生み出されるともいえる。また、法律論においても、相続に関し被相続人の遺産形成に特別の寄与を成した者は寄与分（民法 904 条の 2）が認められる、等の形で帰属所得の考え方が活きている。しかし、民法 904 条の 2 が「特別の寄与」という文言を用いているため、現在までのところ寄与分主張適格者は狭く解する運用がなされており、単に親（実親・義親）と一緒に暮らして介護等もしていたというだけではなかなか寄与分は認められない。

　この点に関し、(2) で前述したように、（家族外財産流出防止という政治的な思惑が絡んでいる可能性もあるが）相続法を改正して、介護等の貢献を従来よりも積極的に評価しようとする機運が高まっている。とりわけ、義親の世話をしていたというだけでは法定相続人にもならないし寄与分もなかなか認められないという踏んだり蹴ったりだった境遇にある者（ジェンダーバイアスがあることを承知で言えば、いわゆる嫁の立場にある者）にとって、福音となる可能性がある。将来に向けた話としても、義親との同居の有無は離婚にも繋がる可能性とも絡む重大事であるところ、多少なりとも財産で報いることは、効率性の観点からも公平の観点からも、好意的に受け止められよう。

　また、配偶者間の財産のやりとりに関しても、離婚の財産分与（とりわけ狭義の財産分与、清算的財産分与と呼ばれるもの）に関し、賃労働に従事していなかった配偶者も育児や炊事等の家事で貢献してきたことを勘案して財産分与割合が判断される[66]ので、ここでも帰属所得の考え方が活きているといえる。

③ 帰属所得の財産化時の原則非課税の現状

　現行法下で帰属所得は原則として非課税である[67]。その条文上の根拠は所

得税法の中で明示されている訳ではないが、帰属所得が「市場を経ない」ものであるため所得税法 36 条にいう「収入」に当たらないと説明されている[68]。

　しかし、前述のように死別や離婚を機に、帰属所得で貢献してきた側が財産を受領する場面がある。

　相続税法 19 条の 2 第 1 項 2 号により、被相続人の配偶者は概ね、法定相続分以下の相続財産を受け取った場合、または法定相続分超の相続財産を受け取っていても 1 億 6000 万円以下の場合、相続税が課せられないことになっている。

　財産分与についても、相続税法基本通達 9-8 は、「過当」でない限り贈与税の課税対象とならないとしている。所得税法基本通達に同様の規定はないが、やはり過当でない限り課税所得に該当しないと考えられている[69] と思われる。

　子が相続する場合は、通常の相続税が課される。子の配偶者が被相続人の生前に介護をしてくれたことの報いとして遺贈する場合は、相続税法 18 条により租税負担が重くなりうる。

④　帰属所得の財産化時の課税の中立性

　共働き夫婦で夫婦とも同様に賃労働及び家事労働をしてきたが、名義だけ被相続人の財産となっていたものについて、相続を機に半分配偶者が受け取るという場面を想定すると、法定相続分以下の相続財産について相続税を課さないということの意義は理解しやすい。

　しかしかような事例（課税済みの蓄財の分割）は、共働き夫婦が増えた現代においても稀と思われる。被相続人Ｇの生前に配偶者Ｈがなした家事役務等による貢献の対価としてＨの相続財産受領が位置付けられる場合を考えると、法律婚でない二当事者間（例えば夫婦別姓とか同性婚とか）で被相続人Ｉの生前にパートナーであるＪがなした家事役務等による貢献の対価としてＩがＪに遺贈した場合に課税されることとのバランスから、Ｈについても課

96

税しなければ課税の中立性が保たれない。

　離婚の扱いに関しても、前前段落のような課税済みの蓄財の分割の事例では、財産分与非課税が正当化されやすい。

　しかしそういうことは稀であると思われる。離婚を機に一方配偶者Gの名義であった財産の一部が他方配偶者Hの家事役務等の貢献の対価としてHに移転する場合、法律婚でないIとJとの間での貢献に対しIが対価を支払うならば当然にJの課税所得に含まれることとのバランスから、Hについても課税しなければ課税の中立性が保たれない。

　子や子の配偶者が親の介護等をして相続財産（または寄与分としての財産）を受領する場合については、相続税が課される（相続税法18条による加算があるかどうかという問題はあるが）。しかし、現実問題として現行法下での相続税は（よほど相続財産が多額でない限り）負担が軽いことが多い。そもそも課税割合は4.3％[70]であり、平成27年より相続税法15条の基礎控除の額が従来の6割[71]に縮減されたとはいえ課税割合は1割にも満たないと予想される。他方、相続でない関係で介護等の貢献をし対価を受ければ通常の所得税の課税対象となるので、やはり課税の中立性が保たれない懸念は強い。

⑤　帰属所得課税は財産化時まで待つべきか

　家事役務等の貢献をする時点と、相続や離婚で財産を受領する時点とは、かなり離れていることが多い。課税のタイミングが遅ければ課税繰延の利益が納税者に発生してしまうのではないかという疑いを抱くのが租税法学徒の習性である。課税繰延を問題とするべきであろうか。

　また、そもそも、家事役務等の貢献の対価として相続財産や離婚の財産分与があるとしても、貢献に対し財産化される部分は一部にとどまることが多いと思われる。例えば、賃労働配偶者Gが年平均400万円の賃金を稼ぎ、専業主婦/夫Hが年平均400万円相当[72]の家事役務等の貢献をし、離婚時にG名義の財産の半分がHに移転するとか、G死亡時にG名義の財産の半分がH

に移転するとかいう場合、Hの受領額は400万円×婚姻年数のごく一部にすぎないであろう。先に後者の問題から触れる。

⑥　賃労働との比較

　帰属所得のうち財産受領に結実するのは一部にすぎないことから、仮に帰属所得が財産化した時に課税すべきであるとしてもなお、通常の税率で課税するのでは、賃労働と比べると課税が軽すぎることとなる。

　育児・介護等が、外注されたり、流山訴訟の事案のような時間のやりとりを通じて供給される場合に、サービス提供者の側であまり高い税率は適用されないのではないか、といえるとすれば、前段落における【賃労働と比べると課税が軽すぎる】という懸念は杞憂である可能性もある。

　ただし、このように考える場合は、帰属所得を公平の観点から市場価値で評価することを前提としており、最適課税論の出発点との関係において、自身の賃労働と自身の帰属所得との比較における後者の優遇という問題を軽視することを意味する。

⑦　課税のタイミング

　次に、課税のタイミングが遅れることについて課税繰延の問題は深刻であろうか。(3)③で消費型所得概念に関してみたように、金銭の貸し借りについては金銭の時間的価値（time value of money）に課税するか否かの問題が真剣に議論されてきた。取得型所得概念を前提とするならば課税繰延は納税者にとって利益であり、ロック・イン効果等の効率性阻害という問題も惹起する。しかし、量的に見て金銭の時間的価値への課税の有無の影響は小さい[73]とも言われている。

　この議論を時間のやりとりに当てはめたとき、今すぐ100円を消費することが1年後100円を消費することよりも価値が高いのと同様に、今すぐ1時間の負担をすることが1年後に1時間の負担をすることよりも重い、という意味での時間の時間的価値（time value of time）が重要なのか、直ちには分

からない。時間のやりとりは、忙しい時間と暇な時間とのやりとりであることからして、time value of time 自体はあまり重要ではないのではないか（だから課税上は帰属所得について財産化まで課税のタイミングが遅れること自体はさして重要問題と考えないで良いではないか）という推論がありうる一方で、金融取引も正に資金需要がある人とお金が余っている人とのやりとりであって時間のやりとりと本質的な差はないのではないかという推論もありうる。煮詰まらないが暫定的に time value of time は量的に重要ではなかろうと推測したい。

　脱稿後、日本政府は仮想通貨を貨幣機能を持つものと認定する方向に向かうとの報道に接した（日本経済新聞 2016 年 2 月 24 日等）。

　本章注 21 で紹介した自民党ＩＴ戦略特命委員会中間報告案においては、bitcoin 等の仮想通貨（価値記録とそこでは呼ばれている）はモノ扱いされる前提で、消費税法上は仮想通貨のやりとりは課税取引扱いされる、ということになっていた。字数の制約から説明を削ってしまっていたのでここで補足的に仮想通貨がモノと扱われるか金銭相当と扱われるかの違いを整理したい。

　第一に、消費税率 10% の下での現金取引を想定する。ＡからＢに材料が税込価格 220 円で売却され、ＢからＣに加工済商品が 330 円で売却されたとする。ＢはＣへの売上 330×10/110＝30 円の消費税負担が発生し、Ａからの仕入について 220×10/110＝20 円の仕入税額控除権が発生し、差し引き 30－20＝10 円の納税義務を負う。

　第二に、消費税率 10% の下での物々交換取引を想定する。ＡがＢに材料を譲渡しＢがＡに税込価格 220 円相当の物（例えば貝殻）を譲渡し、ＢがＣに加工済商品を譲渡しＣがＢに税込価格 330 円相当の物（例えば米）を譲渡したとする。Ｂは、Ｃへの加工済商品の売上 330 円のみならずＡへの貝殻の売上 220 円を合計し、550×10/110＝50 円の消費税負担が発生するが、Ａからの材料の仕入 220 円のみならずＣからの米の仕入 330 円を合計し、

550×10/110＝50円の仕入税額控除権が発生し、差し引き50−50＝0円の納税義務ということになる。なお、Bが米を自分で食べたらその際に譲渡した前提で消費税納税義務が発生する（4条4項1号）ので、物々交換取引だと消費税の負担が消えるという意味ではない。

　第一の例と第二の例を比べれば分かるように、仮想通貨が課税取引扱いになるとしても原則として事業者に過大な負担が発生する訳ではない。注21の時点では、仮想通貨について、消費税法上は第二の方に合わせることが考えられていた。平成28年税制改正で仮想通貨の消費税非課税化（第一の方に合わせる）は規定されていないが、将来非課税となるのかもしれない。EY「ビットコインはモノか？お金か？仮想通貨の課税議論」（2016.04.05 http://www.eytax-insights.jp/article/insight-20160405/）等参照。

〈注〉

1　土屋雅一「ビットコインと税務」税大ジャーナル23号69頁（2014）、伊藤公哉「仮想通貨と所得税──採掘されたビットコインに所得税はかかるのか？」大阪境内論集65巻4号151頁、Aleksandra Marta Bal, Taxation of virtual currency https://openaccess.leidenuniv.nl/handle/1887/29963（増井良啓ブログ http://ymastax.blogspot.jp/2015/07/blog-post_10.html より教示いただいた）等参照。

　　なお、bitcoin はコンピュータの空きスペースで処理されるとはいえ、多量の電力を要するため高コストである（外部性もある）という指摘として、山中浩之「『ビットコインはそもそも出来が悪いです』岩村充・早稲田大学商学研究科教授に聞く」http://business.nikkeibp.co.jp/article/interview/20140311/260891/

2　MMORPG（Massively Multiplayer Online Role-Playing Game）におけるリンデンドル等の通貨について吉村典久「仮想世界（virtual world）と課税（1）」租税研究762号256頁（2013.4）参照。

3　暗号通貨が新たなタックス・ヘイヴンとなる可能性を懸念するものとして、Omri Y. Marian, Are Cryptocurrencies *Super* Tax Havens?, 112 Michigan Law Review First Impressions 38-48（October 2013）参照。背後には、旧来のタックス・ヘイヴンにおける銀行秘密が維持し難くなっているという事情がある。FATCA のように政府が銀行情報を要請する動きが強まりつつあるし、脱税口座

情報を課税当局にばらす例もある。とりわけ、IRS（アメリカ内国歳入庁 Internal Revenue Service）が Birkenfeld 氏に＄104 million（100 億円超）を支払った例は、象徴的である（Jeremiah Coder, IRS Pays Birkenfeld ＄104 Million Whistleblower Award, 2012 WTD 177-1 参照）。

4 吉村典久「直接バーター取引にかかる所得税の課税問題」金子宏・中里実・J. マーク・ラムザイヤー編『租税法と市場』273 頁（有斐閣、2014）参照。ただしお金がバーター取引の不便を解消するために誕生したという説明はフェリックス・マーティン（遠藤真美訳）『21 世紀の貨幣論』（東洋経済新報社、2014）で棄却されている。

5 佐藤英明『スタンダード所得税法』87 頁（2 版、弘文堂、2016）

6 金銭債権が事業用資産である場合は所得税法 51 条により必要経費算入が認められる。所得税法基本通達 51-17 参照。

7 譲渡所得であることのもう一つの特徴的な扱いとして、保有期間 5 年超の場合の長期譲渡所得については所得税法 33 条 3 項 2 号、22 条 2 項 2 号により半額課税となるという点が挙げられる。

8 金子宏『租税法』240 頁（16 版、弘文堂、2016）

9 尤も「資産」概念はかなりの難物であり、例えば空中権（連担建築物設計制度下での余剰容積率）は規制緩和の反射の効果にすぎず「資産」に当たらないとした事例として東京地判平成 20 年 11 月 28 日税資 258 号順号 11089（結論として譲渡所得ではなく不動産所得とした）がある。

10 法人税法についてであるが岡村忠生『法人税法講義』192 頁（3 版、成文堂、2007）は金銭債権譲渡損の損金算入を認めるべきであるとする。背後には、金銭債権譲渡損失の損金算入が法人税法 33 条を理由に許されないとする実務があり（貸倒損失の損金計上が許されるための要件も厳しい。興銀事件・最判平成 16 年12 月 24 日民集 58 巻 9 号 2637 頁）、DES（debt equity swap）を通じて株式譲渡損失の形で損金に計上するという歪な法形成が発展したという事情がある。

11 但し名古屋高判平成 17 年 12 月 21 日税資 255 号順号 10249 はこの部分を消している。論争的であるから消したのか、高裁自身の考えとして所得税法基本通達 33-1 が妥当であると考えたため消したのかは、定かでない。

　ところで、ややこしいが、預託金会員制のゴルフ会員権の「資産」性は認められており、譲渡損失の計上も認められていた（最判平成 17 年 2 月 1 日判時 1893 号 17 頁）。尤も、預託金会員制のゴルフクラブの会員権の譲渡損失を認めなかった例として東京地判平成 26 年 7 月 9 日平成 25 年（行ウ）1・2 号（図子善信・

判解・新・判例解説 Watch は、結論に賛成するが、所得税法基本通達 33-1 には疑問ありとする）もある。

　なお、平成 26 年改正後、ゴルフクラブ会員権の「資産」性が認められるとしても、譲渡損失の他の所得との損益通算及び雑損控除を適用することができない生活に通常必要でない資産の範囲に、主として趣味、娯楽、保養または鑑賞の目的で所有する不動産以外の資産（ゴルフ会員権等）を加えることとなった。

12　自民党・後掲注 21、8 頁は「キャピタルゲインは課税対象とする」という。

13　直接的な争点は過誤納金の還付請求・不当利得返還請求についてであるが、雑所得貸倒分不当利得返還請求事件・最判昭和 49 年 3 月 8 日民集 28 巻 2 号 186 頁が権利確定主義のリーディングケースと位置付けられている。

14　吉村・前掲注 2、261 頁以下参照。RMT が公認されている場合と公認されてない場合についても言及している。

15　アメリカでは、Notice 2014-21；2014-16 IRB 938（http://www.irs.gov/pub/irs-drop/n-14-21.pdf）により、bitcoin 等は property（財産）であって currency（通貨）ではないとされ、やはり譲渡損益を計算するルートに乗ることになった。IRS Virtual Currency Guidance：Virtual Currency Is Treated as Property for U.S. Federal Tax Purposes；General Rules for Property Transactions Apply, IR-2014-36, March 25, 2014（http:// www.irs.gov/ uac/ Newsroom/ IRS-Virtual-Currency-Guidance）等参照。尤も、Notice 2014-21 だけでは案内として不充分であるという声も紹介されている。William Hoffman, Bitcoin Users Await More Tax Guidance After March IRS Notice, 2014 WTD 170-2（September 3, 2014）.

16　横浜地判平成 25 年 7 月 3 日税資 263 号順号 12246（棄却、控訴）・東京高判平成 25 年 11 月 14 日税資 263 号順号 12335（棄却、確定）。2.1 節では譲渡所得か雑所得かという文脈で議論されていたが、FX 取引については事業所得か雑所得かの文脈で争われることが多い。

17　東京地判平成 22 年 6 月 24 日税資 260 号順号 11458（棄却、控訴）

18　細かくいうと、4 条 3 項 1 号と 2 号で、資産か役務かの違いが、「国内において」資産の譲渡がなされたかの判定基準の違いをもたらしうる。

19　なお、アメリカの売上税では、課税の累積を避けるためサービス一般が売上税の課税対象となる訳ではないため、goods か service かの違いは重要なものとなりうる。

20　付加価値税に限らないが Bal・前掲注 1、13〜20 頁参照。

21　自民党ＩＴ戦略特命委員会平井たくや・自民党資金決算小委員会福田峰之

「ビットコインをはじめとする「価値記録」への対応に関する【中間報告】（案）」
（2014 年 6 月 19 日、http://fukuroh.air-nifty.com/katsudou/files/kachikiroku
20140619.pptx）の 3 頁は bitcoin を「価値記録」と呼び、5 頁で各国の扱いを概
観した上で、消費税法・所得税法上の扱いは 8 頁にまとめられている。なお、前
提として大久保勉「質問第二八号　ビットコインに関する質問主意書　参議院議
長山崎正昭殿」平成 26 年 2 月 25 日 http://www.sangiin.go.jp/japanese/johol/
kousei/syuisyo/186/syup/s186028.pdf、「ビットコイン：政府見解は「モノ」
通貨とみなさず」毎日新聞 2014 年 3 月 6 日参照。

22　IBFD Tax News Service、2013 年 11 月 14 日（http://online.ibfd.org/data/
tns/docs/html/tns_2013-11-14_no_1.html）（有料データベース）、「ノルウェー：
ビットコインは通貨と認めず―課税の対象に」Bloomberg、2013 年 12 月 13 日
http://www.bloomberg.co.jp/news/123-MXQGXI6KLVRR01.html

23　IBFD Tax News Service、2014 年 2 月 21 日（http://online.ibfd.org/data/tns/
docs/html/tns_2014-02-21_sg_1.html）、Inland Revenue Authority of Singapore,
GST Treatment：Sale of Virtual Currency（23 January 2014）。なお所得税法上
の扱いについては Inland Revenue Authority of Singapore, Income Tax
Treatment of Virtual Currencies（27 January 2014）参照。市場価格に引き直し
て bitcoin にかかる利益を把握し通常の所得税が課せられるとしている。

24　Bal・前掲注 1、17 頁参照。

25　Keskusverolautakunta が The Central Tax Board と英訳されており、そこか
ら和訳すれば「中央租税裁判所」となろうが、日本でいうところの国税不服審判
所に相当する行政機関の判断なのか、アメリカでいうところの tax court（租税
裁判所）に相当する司法機関の判断なのか、判然としない。

26　KVL：034/2014（http://www.vero.fi/fi-FI/Syventavat_veroohjeet/Kesku
sverolautakunnan_KVL_ennakkoratkaisut/Arvonlisaverotus/2014/KVL0342014
(34123)）。原文は読めないため、IBFD Tax News Service、2014 年 11 月 21 日
（http://online.ibfd.org/data/tns/docs/html/tns_2014-11-21_fi_1.html）、Finland
Says Bitcoin Trading VAT Exempt, by Ulrika Lomas, Tax-News.com, 20 Novem-
ber 2014（http://www.tax-news.com/news/Finland_Says_Bitcoin_Trading_
VAT_Exempt____66448.html）に依拠した。

27　IBFD Tax News Service、2015 年 5 月 4 日（http://online.ibfd.org/data/tns/
docs/html/tns_2015-05-04_es_1.html）

28　Forex Magnates「スイス税務当局　ビットコインの消費税免除」2015 年 6 月

16 日（http://jp.forexmagnates.com/2015/06/16/仮想通貨/21127）、Stephanie Soong Johnston, Switzerland Confirms Bitcoins Are VAT Exempt, 2015WTD 118-6（June 18, 2015）.

29　スウェーデンに関し *Skatteverket v. David Hedqvist*（C-264/14）が係争中であるが、今のところ Advocate General's opinion（直訳すると法務官意見となろうか。欧州裁判所内の人間の判断であるため最終判断の推測に役立つが、必ずしもこの意見に沿った最終判断が出るとは限らない）が出ているだけである。この意見では、スウェーデンでは bitcoin が法定通貨ではないものの、支払い手段として付加価値税非課税とすべきではないかと論じられている。脱稿後、2015 年 10 月 22 日判決に触れた。本書第 1 章参照。

30　東京高判平成 16 年 11 月 17 日判例地方自治 262 号 74 頁、原審千葉地判平成 16 年 4 月 2 日訟務月報 51 巻 5 号 1338 頁。評釈は多数あるが、LEX/DB に挙げられていないものとして、戸井健太郎「非営利団体に対する公共政策と課税—福祉 NPO 流山訴訟を素材として—」税法学 565 号 171 頁（2011.5）がある。戸井評釈及び大竹隆「NPO 法人の社会的役割と支援税制：流山訴訟が提起した問題点＝「時間寄付」再検証」東北法学 36 号 95 頁は、本稿の問題意識に近いといえようか。なお戸井評釈では「無償」での時間のやりとりに焦点が当てられているが、本稿は、時間のやり取りは金銭評価という尺度に置き換えられるかどうかにかかわらず有償（時間の貸し借りの関係を意識するもの）と受け止めている。

31　中里実「論文紹介～Henry Hansmann, Unfair Competition and the Unrelated Business Income Tax, 75 Va. L. Rev. 605-35（1989）」アメリカ法 1990 年 259 頁、増井良啓「個人のボランティア活動と寄付金控除」税務事例研究 55 号 37 頁（2000）、増井良啓「美術館への美術品譲渡と所得税」税務事例研究 60 巻 33 頁（2001）等を経て、藤谷武史「非営利公益団体課税の機能的分析（1-4・完）——政策税制の租税法学的考察——」国家学会雑誌 117 巻 11・12 号 1021 頁、118 巻 1・2 号 1 頁、3・4 号 220 頁、5・6 号 487 頁（2004-2005）が出された。

32　流山訴訟以外にデータベースを検索してヒットするのは、寶松院事件・東京高判平成 7 年 10 月 19 日行集 46 巻 10=11 号 967 頁（借地権譲渡承諾料について収益事業にかかる収入であるとした）、最判平成 9 年 2 月 25 日税資 222 号 590 頁（底地権者である宗教法人が受領した金員の実質は、更新料の額と見るのが相当であり収益事業の収益に当たる）、東京高判平成 16 年 3 月 30 日訟月 51 巻 7 号 1911 頁（治験等を行なって得た寄付名目の収入であっても収益事業に当たる）であり、収益事業該当性が真剣に問題となったのは流山訴訟が最初といってよか

ろう。

33 この判決以後は、とりわけ宗教法人絡みで、多数裁判がなされており、法人税のみならず、地方税法（固定資産税）や消費税法も問題となっている。田中啓之「公益と租税」『現代租税法講座 家族・社会』（日本評論社、近刊）参照。

34 金子・前掲注 8、118 頁。

35 民法 632 条にいう「請負」に限定し、仕事の完成を要件とするならば、「事務の委託」（現法人税法施行令 5 条 1 項 10 号では「事務処理の委託」）が明示的に含まれることが説明できなくなる。

36 最判平成 20 年 9 月 12 日の原々審・名古屋地判平成 17 年 3 月 24 日判タ 1241号 81 頁に関する拙評釈・ジュリスト 1328 号 162-164 頁（2007.2.15）。

37 最高裁が流山訴訟の線引きの基準（任意か対価か）を引き継がなかった理由は明示されてない。【人の葬祭の場合に対価性がなく、ペットの葬祭の場合に対価性がある】とは言えない、と最高裁は考えたのであろうと推測される。

38 ロースクールでは実務的な教育が期待される度合いが高いと思われるが、或るロースクールの租税法教員から伺った話では、所得概念論を説明してから所得税法等の実務的な教育をした方が、所得概念論を割愛した年度よりも、理解度が高かったということである。

39 恐らく発展的な扱いとされることが多いのではないか。

40 非嫡出子の法定相続分は嫡出子の半分とされていた。

41 最大決平成 25 年 9 月 4 日民集 67 巻 6 号 1320 頁。

　　私は、デフォルトルールにすぎない改正前民法 900 条よりも、相続税法 18 条の方が差別の悪質性が高いと考えている（私が最大決平成 25 年 9 月 4 日に反対であるという意味ではない）。相続税法 18 条は非近親者が相続・遺贈による財産を受領した場合の相続税額の 2 割加算を定めている。例えば、被相続人が息子/娘には期待できないなと思って隣の見所のあるお坊ちゃん/お嬢ちゃんに遺贈するとした場合、相続税額が増える。民法 900 条に関しては、非嫡出子差別については被相続人が遺言に嫡出子・非嫡出子を差別しない相続割合を書けば解決できる一方、相続税法 18 条による差別は遺言をもってしても解決できないので、差別の悪質性が高いと私は考えている。だから、いつか最高裁が相続税法 18 条について違憲判決を出してくれることを期待しているが、周囲の人に聞いても相続税法 18 条違憲説への賛同は少ない。なお、民法 900 条を民法 1028 条遺留分規定と合わせて読むと民法 900 条は完全なデフォルトルールという訳でもないのであるが、遺留分のような被相続人の自由を侵害する汚らわしい規定は即時に廃棄さ

れるべきであろう（とはいえ、民法学において遺留分規定の存否への支持・不支持については、半々であるように見受けられる）。

42　民法学者の多くは、必ずしも伝統的家族観を重視する右側の保守的な発想に与しmている訳ではないように見受けられる。

43　法制審議会民法（相続関係）部会第1回会議（平成27年4月21日）参照。

44　これは必ずしも法律婚夫婦及びその子の中に財産を封じ込めるとは限らず、被相続人の息子の妻（現在のところ法定相続分はない）が介護等の貢献をした場合に報いを与えようとする方向も含んでいるが、恐らくは、当該妻が当該息子の配偶者であり続けることを予測する限りにおいて伝統的家族観から外れるものではないと考えられているのであろう。

45　例えばドイツでは私的財（住宅等）のキャピタル・ゲインを課税所得としていない。

46　李昌熙「実現主義の盛衰」江頭憲治郎・増井良啓編『市場と組織』247頁（東京大学出版会、2005）

47　制限的所得概念と消費型所得概念とはともにキャピタル・ゲイン（譲渡益）や相続・受贈といった利得を課税対象から除外すべきとする一方、前者は利子を課税対象に含めるのに対し、後者は含めないとする。

48　キャピタル・ゲイン（譲渡益）や相続・受贈といった利得についても担税力（ability to pay）がある、といった表現を見ることがあるが（例えば金子・前掲注8、184頁は「人の担税力を増加させる経済的利得はすべて所得を構成する」と表現している）、そういった利得が課税対象にふさわしいか否かが正に所得概念論争における争点であるので、〜に担税力があるといった表現は結論の先取りであり、控えるべき表現であると思われる。

49　特に19世紀ドイツのゲオルグ・シャンツ、20世紀アメリカのロバート・ヘイグ及びヘンリー・サイモンズの名をとって、シャンツ・ヘイグ・サイモンズの所得概念とも呼ばれる。

50　Bは1000を貯蓄し、1年後1100を貯蓄から引き落とした時点で440の課税を受け、660を消費することができる。

51　$\sum_{k=1}^{\infty} \dfrac{100-40}{(1+10\%)^k} = 600$

52　國枝繁樹「最適所得税理論と日本の所得税制」租税研究690号69頁（2007.4）、渡辺智之「最適課税論と所得概念」金子宏編『租税法の発展』297頁（有斐閣、2010）など参照。

53　才能を出発点とすること自体へのリベラルの立場からの異議として、Linda Sugin, A Philosophical Objection to the Optimal Tax Model, 64 Tax Law Review 229（2011）等は、お金を稼げる労働を促進しお金以外の価値を追求する職業を抑圧することになってしまうところ、最適課税論が金銭評価という尺度に一元化してしまうと、金銭評価に還元され難い次元の多様な尺度の可能性が害されてしまう、と論じる。

　　本稿は最終的には金銭評価という尺度に一元化する発想をとっており、リベラルからの批判に誠実に向き合っていないという憾みがあるかもしれない。しかし、才能に対する課税が仮に技術的に可能であるとして、金銭評価という尺度に一元化することが本当にお金以外の価値を追求する職業を過少に（最適な水準と比べて過小・過大を論ずる厚生経済学の枠組み自体に批判があるかもしれないが、しかし、リベラルを前提としても過小・過大を論ずる余地はあると思われる）するかは疑問である。例えば、才能の豊かな者が稼げない研究者等の職業ではなく稼げる弁護士や会計士といった職業を過大に選ぶようになってしまうかという問題について考えると、才能に対する課税がなされる世界では研究者への金銭的報酬水準を現状より高くせざるを得ないと思われるため、研究者が過少になるか直ちには明らかでないように思われる。

54　分配の正義に関し、社会厚生関数として低効用者にどの程度傾斜配分した関数を考えるべきか（或いは功利主義のように傾斜配分しないか）について考えを煮詰めてないが、経済格差が小さい方が社会厚生は高まるであろうことは、小塩隆士『再分配の厚生分析 公平と効率を問う』（日本評論社、2010）等に照らし疑いなかろう。

55　お金がかかる活動よりお金がかからない活動を優遇する（例えば外食より自炊を過大に選択するようになる）とも言い換えられるし、お金を稼げる仕事よりお金以外の価値を追求できる仕事を優遇するとも言い換えられる（しばしば、弁護士や会計士として稼げる仕事と、研究者として稼げないが好きな勉強に打ち込める仕事が対比されるが、個人的には、私が弁護士の道を選んでいたとして研究者である今よりも稼げていたか定かでない）。

56　異論がない訳ではないが、別稿に譲る。

57　被相続人に着目する遺産税型か、相続人に着目する遺産取得税型か、本稿では深入りしない。日本の相続税法は遺産取得税型であるとされているが、相続税法16条の法定相続分課税方式は実質的に見て遺産税型の発想の混入であるため、遺産税型と遺産取得税型との区別は、理念的なものにとどまる。

58 但し、現実世界における遺産は、利他的遺産動機に基づく遺産だけではなく、寧ろ対価的遺産動機（自分の老後の世話をしてくれた人に遺産をあげるといった関係）も重要であり、対価性がある場合には二つの歪みといった議論は妥当せず、被相続人Ｅにとっては消費であり相続人Ｆにとっては労働所得であるため、相続課税は肯定される。

59 全く効かない訳ではないが、1人の保育士が面倒を見ることができるのはせいぜい3人程度であろう。

60 アメリカではベビーシッターの利用も多いとされるが、低所得階級という格差の存在が前提となるものであり、日本でもベビーシッターに頼んで女性の社会進出を促すために格差の存在を要するような社会のあり方が望ましいかについて、慎重な判断を要するとされる。筒井淳也『仕事と家族』（中央公論新社、2015）

61 佐藤・前掲注5、14頁。

62 同上。

63 ドイツ租税法学では、課税対象にふさわしいのは「市場所得［Markteinkommen］（＝稼得所得）のみかまたは社会扶助所得 Transfereinkommen 及び自己給付所得 Eigenleistungseinkommen をも含むかどうか」（K. ティプケ（木村弘之亮・吉村典久・西村由美訳）『所得税・法人税・消費税──西ドイツ租税法──』25頁（木鐸社、1988）といった論じ方がなされるが、市場所得と効率性・公平との関係はよく分からないため、紹介にとどめる。

64 帰属所得の例ではないが、大学教員の中で有名教授も私のようなペーペーも、入試監督の負担が平等に配分される、といったこともあろう。

65 流山訴訟の事案においては、サービス提供者（「協力者」）は1時間当たり600円の報酬を受け取っているといえるので、帰属所得の問題ではないともいえるが。

66 尤も帰属所得の考え方が活きているかについて議論の余地がある。貢献度を軽視し原則折半とする運用を支える理念として、フランスのような夫婦財産共有制への接近ということが言われる。日本法は別産制という建前であるが離婚・死別まで含めて考えれば夫婦財産共有制に近いという意味で潜在的共有制と表現されることもある。大村敦志『家族と法　比較家族法への招待』165頁（左右社、2014）参照。

67 オランダの Box 1 のように帰属家賃について推計的に課税することが考えられないではない。Box 1〜3 について『European Tax Handbook 2014』690頁等参照。

68　佐藤・前掲注 5、14 頁。

69　財産分与のうち慰謝料的財産分与については所得税法 9 条 1 項 17 号により非課税所得扱いといえる。

70　国税庁「平成 25 年分の相続税の申告の状況について」平成 26 年 12 月
https://www.nta.go.jp/kohyo/press/press/2014/sozoku_shinkoku/sozoku_shinkoku.pdf

71　従前、5000 万円 + 相続人数 × 1000 万円。平成 27 年より、3000 万円 + 相続人数 × 600 万円。渋谷雅弘「相続税・贈与税の改正と問題点」ジュリスト 1455 号 42 頁参照。

72　家事役務等の帰属所得の算定は難しいが、「専業主ふグレード」（https://docs.google.com/spreadsheets/d/1wAidhl3sv5QrwyvcdOJdNWDC5UWdjZ3nfjb0yo8g7zM/edit#gid = 0）参照。

73　Joseph Bankman & Thomas Griffith, Is the Debate Between an Income Tax and a Consumption Tax a Debate About Risk? Does it Matter?, 47 Tax Law Review 377（1992）

第3章　共通通貨ユーロの法と文化
——ゲルマン文化の優位と問題点——

田 中 素 香

はじめに

　2015 年 1 月にギリシャで急進左派連合（SYRIZA）政権が成立し、ユーロ圏に対して反乱を起こした。EU・ユーロ圏・IMF の「トロイカ」はギリシャに対して 2010 年に第一次支援、12 年に第二次支援を実施し、コンディショナリティとして、財政緊縮や経済構造改革を要求した。前政権が受け入れたコンディショナリティは認められない、経済成長重視の政策への転換と債務削減を受け入れて欲しい、というのがシリザ政権の要求であった。しかしユーロ圏は前政権が受け入れた諸条件をそっくり受け継ぐよう要求し、15 年 7 月、ようやく合意に達したが、ギリシャ問題を超えて、これまで統合を主導してきた独仏 2 大国の間の文化的、イデオロギー的な摩擦が生じた。

　本章では共通通貨ユーロの法に関係させて、文化の問題へと踏み込み、今次の混迷の分析と若干の展望を示してみたい。

　構成は次の通りである。I で通貨統合を促進した諸要因を示す。II で通貨統合過程の最大の問題であった独仏両国の対立を概観し、ユーロの出発時点の法がドイツ主導で作成され、ユーロ制度の原型「ユーロ 1.0」が形成されたことを説明する。III でユーロ制度改革によって生まれた新ユーロ制度「ユーロ 2.0」の概要を示し、IV で独仏あるいはヨーロッパ北部と南部の文化対立、そしてその展望（シナリオ）を示す。

1 通貨統合を促進した諸要因

（1） 経済統合の「強制力」—タテ軸または時間軸

ヨーロッパ統合は第二次世界大戦から出現した米ソ両超大国の谷間で没落に瀕した西欧諸国が「西欧の復興」に共同で取り組んだ一大プロジェクトであった。

統合の進展は、深化、統合の深まりと、拡大、つまり加盟国の増加とに分けられる。深化は時間軸に沿って、石炭鉄鋼共同体、EEC（欧州経済共同体）、EC 単一市場、そして 1990 年代に通貨統合へと進んだ。21 世紀にはユーロ危機に対応するために、ユーロ制度の改革が実施され、5 段階の発展を辿った。他方、拡大は空間軸、あるいはヨコ軸の伸張であって、原加盟 6 カ国から今日 28 カ国へ拡大し、拡大のたびに新しい問題に EU は直面することになった。

共通通貨に話を移そう。通貨統合に先行して通貨協力があった。通貨協力とは為替相場協力である。変動相場制の時代に EC 諸国が域内で固定相場制をとり、ドルに対して共同の為替相場変動を維持した。別名、EC 為替相場同盟とも言われたプロジェクトが通貨協力である。それに対して、通貨統合は共通通貨と共同の中央銀行制度の構築を目指すもので、通貨協力とはレベルがまったく違う。しかし、為替相場同盟が成功して、参加国の為替相場が安定する、いいかえると、参加国の物価上昇率が接近することが通貨統合の必要条件であるから、両者は接続しているともいえる。

1930 年代の為替切り下げ競争の反省に立って戦後アメリカ主導でドルを基軸通貨とする IMF 固定相場制が形成され、世界は為替相場安定を享受できた。だが、1960 年代末アメリカが自国本位の政策に転換したため混乱期に入り、1971 年 8 月アメリカの新経済政策によって固定相場制は崩壊、同年 12 月「スミソニアン協定」で緩やかな固定相場制に復帰したが短期間で崩壊し、1973 年早々に主要国は変動相場制に移行し、今日に至っている。

その中でヨーロッパは通貨統合に進み、経済統合の段階を上がったが、ユーロ危機以降、共通通貨に固有の諸問題に直面しているのである。

通貨協力・通貨統合の促進要因の第一として、経済統合の「強制力」をあげることができる。「強制力」というのはドイツ語のSachzwangであって、経済統合の成果を守ろうとすると、次の経済統合へ進んで行かざるを得ないという関係を表している。

1960年代から「ドル危機」と言われたが、基軸通貨ドルの安定に依存していた西欧諸国の経済は混乱に陥り、不安定なドルに翻弄された。EU通貨協力は1970年代初めのドル相場不安定に対するEC諸国の自衛策として始まった。

EECの経済統合の二本柱は関税同盟と共同農業市場であった。関税同盟の形成によって加盟国経済の開放度〔(輸出＋輸入)／GDP〕は当時平均して日米の3倍と大きかった。そのため、為替相場の不安定が国際取引を損ない、国内経済を混乱させる度合が大きい。また農業共同市場は主要農産物の共通価格制であった。IMF固定相場制の為替平価を用いて共通の「計算単位Unit of Account：UA」で価格を表示していたので、対ドル相場の混乱は直ちに農業市場の混乱に結びつく。ここから、「ウェルナー報告」を基礎とする第一次通貨統合計画が発展することとなった。10年間で事実上の共通通貨へ至る計画で、まさにSachzwangの論理であったが、当時は単一市場もなく、統合論的に無理であった上に、不安を感じた西ドイツが約束を破って71年5月変動相場制に移行し、計画は破綻した。

しかし、西ドイツ（とマルク圏のオランダ）だけが変動制を続けることは、同国の貿易の安定のためにも不可能であって、72年4月から為替相場同盟へと進んだ。域内貿易の安定を守るために為替相場協力へと進んだわけであり、Sachzwangの論理で理解することができるであろう。

このSachzwangの論理は、たとえば、通貨統合への進展が「単一市場に単一通貨を！」というスローガンで進められたように、後の段階にも生きている。ユーロ危機後の今日にも常に念頭に置かなければならない統合促進要

因といえる。

（2） 基軸通貨をめぐる支配と従属—米欧問題から欧州内部の問題へ

ドルを基軸通貨とする固定相場制では、西欧通貨相互の変動幅は対ドル変動幅の2倍となる。IMF固定制の時代には西欧通貨の対ドル変動幅は1.5％、西欧通貨相互の変動幅は3％であったから、為替リスクの観点からは為替ディーラーはドルを為替媒介通貨に選んでいた。流動性においてもドルが圧倒的に優れていたが、為替リスクの観点も重要なファクターであり、西欧通貨を為替媒介通貨に選ぶインセンティブは存在しなかった。

貿易の相互依存度の高い西欧諸国が「スミソニアン体制」の対ドル変動幅4.5％、つまり西欧通貨相互の変動は9％となる広幅の固定相場制を選択できず、72年4月、為替相場同盟「スネーク」を始動させた。それは、参加通貨相互の最大変動幅を対ドルと同じように4.5％に制限する域内固定相場制であった。スミソニアン体制が崩壊した73年2月以降の変動相場制では、「スネーク」は域内固定制・対ドル変動制の共同フロートに移行した。

だが、共同フロートは基軸通貨ドルの変動に弱かった。1960年代末からユーロに移行するまで、世界金融の主軸はドル＝マルクであり、「ドル＝マルク枢軸」といわれた。ドルが下落する時期には、米国から西ドイツに資本が移動する。ドル下落・マルク高騰になるのである。西欧では強い通貨と弱い通貨に分裂した。マルク、オランダ・ギルダーは強い通貨、イタリア・リラは最弱通貨、仏フランは両者の中間で弱い通貨、となるのがパターンであった。為替相場の分裂は経済に波及して、困難をもたらした。とりわけ弱い通貨国は外貨準備を失って金融引き締めからリセッションに陥る。為替相場の混乱はまた共通農業政策の運営や域内貿易を混乱させた。EU諸国がドル相場安定を要請しても、アメリカは相手にしなかった（"benign neglect"政策）。

この時代は米欧というヨーロッパの外との空間軸（ヨコ軸）が統合規定的であった。基軸通貨ドルの専横に西欧は団結して自己防衛に動いたのであ

る。

　「ドルからの自立」は 1970 年代初めから EC 諸国の悲願となったが、現実は厳しく、「スネーク」から英伊仏 3 大国が 1970 年代半ばに離脱し、マルク圏（西ドイツ基軸のベネルクスとデンマーク）に縮小した。仏ジスカールデスタン大統領と西独シュミット首相が主導して 1979 年に再スタートした為替相場同盟は EMS（European Monetary System）と名付けられ、ユーロ制度へバトンタッチされるまで維持された。

　域内の為替相場変動を制限する固定相場制を採用し、1973 年の世界的な変動制移行後はドルに対して変動制・域内固定制の共同フロートへ移行した。それを EU 為替相場同盟と呼ぶとすれば、それまでの変動幅 4.5％（中心レートの上下 2.25％）から 1993 年には 30％（同じく上下 15％）に移行して、1998 年まで存続し、1999 年から共通通貨ユーロへと移行した。1993 年の変動幅拡大を為替相場同盟の崩壊と捉える考え方もあるが、中心レートは存続した。しかも、EMS 参加国当局は協力して、為替投機が激化すれば変動幅を拡張するものの、平時は 4.5％程度に維持した。これらを考慮すると、為替相場同盟は維持されたとするのが正しいと考えている[1]。

　EMS において為替媒介通貨のドルからマルクへの転換が起きたのは 1980 年代末であった。EMS の為替相場介入は変動限度に達すると相互の通貨で介入するのが原則であった。だが、2.25％の変動限度に近づくと投機を誘発する恐れがあったので、変動幅の 70％や 80％に届いた段階で介入する「変動幅内介入」が頻繁に実施された。その時の介入通貨はドルがもっとも多かった。マルクの国際通貨化を嫌った西ドイツ連銀はうるさく注文をつけたこともドル使用の一因だった。しかし、1985 年為替バブルに陥ったドルを米日独の協力で引き下げる「プラザ合意」実行の段階でドル相場はマルク・円に対して暴落した。マルクは EMS の最強通貨となり、他の諸通貨は 2.25％下の介入限度に近づくので、変動幅内介入をすることになるが、ドル売り／自国通貨買いの介入ではドル暴落を刺激する可能性があり、危険だった。マルク売り／自国通貨買いの介入ならその心配はない上に効果も大き

い。西ドイツもそのようなマルク介入を中止させることはできず、マルク取引が活発化した。為替ディーラーの間でも安定したマルクを為替媒介通貨に選ぶ動きが広がったのである。さらに EC は当時単一市場の一環として資本移動自由化を 1990 年に実施するために自由化を進めており、それもまたマルクの為替媒介通貨化を後押しした。

かつて基軸通貨対周辺国の構図はドル対西欧通貨であった。今やマルク対他の西欧通貨という新しい構図に転換した。「不可能の三角形（impossible trinity）」から理解できるように、マルクは対ドル変動制の下で資本移動自由化・金融政策の自立性を選ぶことができたが、他の西欧通貨は資本移動自由化・対マルク固定相場制を選ばざるをえず、金融政策の自立性はない。このような非対称性が EMS に出現したのである。

実際に 1987 年の不況の中で、仏伊両国の慫慂をドイツ連銀が無視して金利を引き下げなかったため、「EMS はマルク圏の別名だ」、つまり参加国平等でスタートした EMS がマルクの支配する通貨圏に変貌したとの批判が吹き出し、翌 88 年 2 月仏政府は西独政府に通貨統合を提案するのである。共通通貨になれば一国一票制となり、マルクの専横を阻止できるから、という理由であった。

さらに、1990 年にドイツ統一がなされ、東欧諸国が市場経済化すると、西欧の基軸通貨マルクが東へ発展し、さらに強力化するのは確実であった。ドイツにマルク放棄を迫る西欧諸国の念頭にそのことへの恐れがあった。

基軸通貨対周辺国の力関係は天与のものと観念されがちだ。だが、周辺国だった西欧はそれに反逆して、為替相場同盟を強化していった。次にマルクが基軸通貨になると、周辺国化したフランスが反逆し、通貨統合を具体化した。ここに、ヨーロッパ文化の精髄を見る思いがする。精緻な通貨制度を超国家レベルに組織するというような社会工学はどこの地域でも真似できる芸当ではない。まさに西欧なればこその思いがするのである。

しかしそれによって空間軸はヨーロッパ内部へと決定的に移転し、ゲルマン文化とラテン文化の衝突を生むのである。

（3）　世界経済の段階的発展と経済統合——経済統合の「質」を決める

　戦後世界経済の発展を大きく3段階に区切ると、戦後から1970年代まで
が管理資本主義段階（第1段階）、1980年代にレーガン・サッチャー主導で
始まった新自由主義段階（第2段階）はリーマン危機で終わり、以後政府と
中央銀行による金融市場との対話の第3段階。IMF固定相場制の崩壊は第1
段階から第2段階への移行をプッシュする役割を担った。いうまでもなく別
の段階区分も可能である。1990年代からグローバル金融資本主義の時代へ
移行したと見て、産業資本主義から金融資本主義へと二段階発展で捉えるこ
ともできよう。

　IMF固定制の動揺と崩壊がEC通貨協力の促進要因となったが、米英主
導の経済自由化は立ち後れた欧州大陸にEC単一市場統合を迫った。単一市
場統合は西欧大陸の巨大企業や巨大銀行がEC全域へ効率的な支配を広げる
ことができるように、EC域内の非関税障壁を撤廃する一大プロジェクトで
あった。単一市場によって巨大企業間の競争はEC規模で国内競争型に転換
し、新規加盟のスペイン・ポルトガルから西ドイツまで汎西欧生産ネット
ワークが構築された。

　その後ドイツ統一、ソ連崩壊によって、東欧諸国がEU加盟へと向かう。
それら東欧諸国を加盟させた21世紀EUはもはや水平型の西欧統合ではな
く、先進国と新興国からなる垂直型になった。大陸巨大企業の支配圏域は東
欧を包摂して、汎ヨーロッパ生産ネットワークへと転換し、ドイツ巨大製造
業企業はそれをグローバル生産ネットワークと結合して、世界一の競争力を
獲得する。

　単一市場統合の一環である単一金融市場の構築は1990年代後半から本格
化した。米英両国が主導する金融の自由化・グローバル化の潮流に乗って、
西欧の巨大銀行はすでに1980年代からグローバル金融資本主義の本場、米
英両国への進出を始めた。「郷に入れば郷に従え」がそのスローガンだった
のではないか。米国の商業銀行、投資銀行と同じように、住宅ローン会社を
合併し、陰の銀行を活用し、サブプライム証券の組成など金融工学に手を染

め、リーマン危機の立役者の一角を占めた。他方、ユーロ圏では伝統的手法を用いた。高金利の周縁諸国に進出し、貸し出し、投資したのである。通貨統合はドイツ統一によって一気に具体化したが、南欧諸国が共通通貨制度への加盟に本腰を入れた1990年代後半から西欧巨大銀行の東欧進出、南欧進出は本格化し、EU域内のクロスボーダーM&Aが盛んになった。大銀行はユーロ導入による金利低下＝債券価格上昇を見越して南欧諸国に大規模な債券投資を行ったので、金利は急速にドイツ水準へと低下した。ユーロが導入されると、為替リスクは消え、金利格差がそっくり収益となった。

　通貨統合の理論として「最適通貨圏（OCA：Optimum Currency areas）の理論」が重視されるが、それは専門家の観点である。資本の利害を見ていない。たとえばドイツ製造業の最大の拠点となっている南ドイツの企業はイタリアを共通通貨圏に入れるように強く求めた。さもないとイタリア企業は為替相場を切り下げてドイツ企業の手強い競争相手となる。為替相場切り下げはドイツ企業のイタリアへの輸出を阻害する。スペインについても同じ論理が当てはまる。「より広い共通通貨圏」を西欧資本は求め、政治はそれを受け入れたのである。

　こうして21世紀には欧州内部のヨコ軸の関係が規定的となる。共通通貨が域内から為替相場を排除し、ユーロ未加盟国もユーロ本位制を採用したので、もはやドル相場が為替相場を攪乱してヨーロッパを脅かすことはなくなった。ユーロは「G0」化を促進したといえる。ユーロがなく国民通貨が残存していれば、FRBの利上げが新興国を揺さぶっているように、ヨーロッパ域内は為替相場混乱から免れていなかった可能性もあるのである。

2　通貨統合をめぐる独仏の対立

（1）　ドイツとフランスの通貨認識のギャップ

　EUの法治システムはラテン法システムである。ローマ法の流れを汲んで欧州大陸諸国が受け入れてきた伝統的なシステムである。イギリスの慣習法

システムとは根本的に違っている。だが、当然のことではあるが、ローマ法の継承にしても、フランス法、ゲルマン法、イタリア法など、それぞれに独自性があった。法感覚、制度感覚も違っている。

フランスのレギュラシオン学派の総帥、ロベール・ボワイエはECB（欧州中央銀行）に対する独仏両国の認識の違いを次のように言う。

「フランスのエリートは、ECBはよりよきポリシーミックスを達成するための道具であるべきだと考えるのだが、ドイツの専門家や政治家は、ECBの規範的役割はひとえに通貨の安定性を守ることにあるという[2]」。

フランス人にとって通貨はよりよい経済、よりよい生活をもたらすための道具である。戦後フランスは経済成長を優先し、成長のための低金利政策、財政赤字、そしてマイルドなインフレを容認していた。

フランス人はよりよい生活を求めて賃上げや社会保障制度の充実を求める。高度成長政策とあいまってインフレが起き、ドイツやアメリカよりインフレ率が高いためにフランスの競争力は低下する。そうすると、フランの為替相場（固定相場制では中心レート）を切り下げて競争力を回復した。「競争的切り下げ（competitive devaluation）」と呼ばれたが、それはフランス経済政策の柱の一つであった。為替平価（為替相場の中心レート）を切り下げると、外貨建ての輸入品の価格が上がるので、競争力の回復は一時的な効果にすぎない。金融・財政面の引き締めが伴わないと、輸入物価上昇→賃金上昇→物価上昇の悪循環に陥る危険性がある。

もっとも、フランスでは1958年の平価切り下げから1960年代半ば過ぎまで経済成長が高まり、競争的切り下げの必要性はなかった。しかし、学生デモから労働者ゼネストへと発展した1968年のいわゆる「5月騒動」以降、フランスの国際競争力問題は深刻化し、1970年代を通して、対ドイツ為替相場の不安定期となった。

フランスとドイツの為替相場問題は、戦後、上述した1960年代の安定期を除いて、対照的な発展を辿った。戦後ドイツの経済政策思想は「社会的市場経済（social market economy）」である。市場では自由競争、市場が生み

出す独占や格差社会は政府が是正するという大陸の伝統的思想だが、その独自性は通貨の安定性（インフレ抑制）を社会安定の基盤と認識し、極端に重視あるいは目的化、道徳化するところにある。通貨安定は社会安定の基礎とされ、規範となる[3]。経済成長が社会安定の基礎となりうるケースもあるはずだが、そのような配慮はない。そこに道徳化がある。

　第一次世界大戦とその後のインフレはドイツ中産階級に壊滅的な打撃を与えた。1914年から23年までに物価水準は実に1兆倍になった。労働者は労働組合によって企業と恒常的に賃上げ交渉を行えるので、賃金がインフレをフォローしたが、困ったのは俸給を受け取るホワイトカラー層や年金受給者であった。たとえば大学教授は年俸制だから生活ができなくなる。蔵書の叩き売りなどで命をつないだ。中間層の零落がナチス台頭の一因となった歴史も踏まえて、通貨マルクの安定性を守ることは戦争への反省を意味し、戦後ドイツの規範となったのだが、その成果も顕著であった。

　世界一の物価安定の故にドイツ・マルクは1960年代末には世界最強の通貨となり、敗戦国西ドイツ国民の誇りとなった。ドイツ国歌の一節「世界に冠たる我がドイツ」をもじって「世界に冠たる我がマルク」とドイツ人は自讃したのである。

　このような独仏の通貨認識の違いは1960年代末に始まったEU通貨統合をスタートさせる重要な要因となった。1969年12月のハーグEC首脳会談に始まり、ウェルナー報告をベースに展開した第一次通貨統合計画を、フランスは一方でドルを不安定化する米国への警告と捉え、他方で、西ドイツの豊富な外貨準備を利用してフランスの為替相場問題を沈静化する手段と考えていた。だが、1971年5月の西ドイツの変動制移行（つまり違約）によって計画は破綻した。1970年代には両国の対照的な物価動向、労働者階級の闘争パターンの違い（戦闘的な労働組合のフランスと労使協調型の西ドイツ）が仏独通貨協力を混乱させてしまった。

　だが、1983年当時のミッテラン大統領が「強いフラン」政策に転換して、状況は一変した。「フランスのドイツ化」といわれたドイツ流のマネーサプ

ライ・ターゲティングの物価安定政策によってフランスの物価は安定に向かい、1980年代末には「ドロール委員会」が通貨統合の設計図を描くことができるようになったのである。

　総括すると、ドイツとフランスの通貨に対する文化は異なっており、それが、ドイツの通貨安定、フランスの競争的為替切り下げという方針の違いとなって、1970年代の為替相場同盟を分裂させた。だが、ミッテラン大統領が物価安定というドイツの通貨文化を受け入れたことによって溝は埋まり、1980年代末に通貨統合への道が開けたのである。

（2）　ユーロの法におけるドイツ的原理の支配

　ドイツ統一に伴ってドイツ・マルクを放棄させるという「マルク放棄の第一ラウンド」はフランスの勝利だったが、ドイツ流の中央銀行法が採用されたマーストリヒト条約制定の「第二ラウンド」はドイツの勝利に終わった。マーストリヒト条約の交渉の時にフランス政府は条約案が不完全だと十分に認識していたが、ドイツ側はそれ以上の内容を盛り込むことに反対したため、ミッテラン大統領とフランス政府は条約案を呑むことを決断した、と当時の大統領側近が述懐している。

　ドイツ人が通貨統合の条約の起草において知的政治的主導権を握ったのは、「新しい通貨がドイツ的原理に従って運営される限りでのみ、ドイツ・マルクの放棄を受け入れたからである。ドイツ的原理とは、①何があっても公然たるインフレを防ぐこと、②いかなる財政赤字のマネタイゼーション（中央銀行の国債引受）をも禁止すること、③ある国を他国が救済援助してはならないことである[4]」。現行のリスボン条約のEU運営条約では、①は第127条1項、②は第123条1項、③は第125条である（引用文の①②③は便宜上筆者が加えた）。ドイツがEUに留まる代わりに、EUはもっとドイツ的になる、という妥協であった。

　ところが、この諸条項の考え方がドイツ人（と欧州北部諸国）とフランス人（と南欧諸国）では違っていた。「〔ドイツ人の考えでは：引用者〕一人一

人が条約で合意されたすべての規則を遵守するときにのみ、ユーロはその役割を果たすことになるだろう。ここに劇的な誤解が発生する。ユーロ圏の他の多くの加盟国にとっては、条約の各種条項は交渉の出発点であって、至上命令では全然ないのであった。ところが、合意した条項を遵守するということは、それについて議論したり自由に修正したりできない道徳上の問題なのである。北部欧州の諸社会ではこうした見方が広く普及しているが、南部ではそれほどでなく、こうした文化的・法的分断がユーロ救済プランを誠に困難なものにしつづけている[5]」。

（3） ドイツの経済学

現代経済に対する考え方もドイツは独特である。ドイツ経済のリーマン危機からの回復、経済成長の引き上げと失業率の引き下げにQE（量的緩和政策）は不要だった。「シュレーダー改革」によって労働市場と福祉政策を整理して、競争力を強化し、中・東欧の生産基地を最大限に利用し、さらにリーマン危機後成長率を高めた中国など新興大国への輸出が驚異的に伸びたからである。それによってドイツは特有の経済学への自信を深めたように思われる。

ショイブレ財務相は、「不況に耐えることで長期の繁栄を実現できる」と南欧諸国に説教を垂れる。ユーロの下での南欧諸国の競争力喪失（裏を返せば、ドイツの近隣窮乏化的賃金抑制）、構造的な南北ヨーロッパの競争力格差など眼中にない。マルクスは『資本論』の中で、資本主義において理性は事後的に作用するとして、不況期に景気過熱期の投資などの行きすぎが是正されると分析している。ショイブレ財務相の見解はそのマルクスを彷彿とさせる。ケインズ経済学の財政政策出動や金融政策と財政政策のポリシーミックスを拒否する。新古典派経済学のパラダイムがドイツの主流なのである。

ドイツには当てはまっても、米英日仏も南欧諸国も採用していない教義である。ギリシャで6年間マイナス成長が続き、GDPは25％も落ち込んだ。これは、新古典派的な不況の競争力効果よりもケインズ的な不況圧力の方が

強かったということを意味している。だが、そのような思考経路に彼は入っていかない。米国などG7諸国の景気刺激政策アドバイスにも聞く耳を持たない。

　最近ドイツでは日本批判が自己正当化の手段の一つに使われているようだ。1980年代後半に米国の勧める内需拡大策を採用したばかりに、日本はバブルを破裂させ、「失われた20年」に陥った。その中でも米国の要求で財政支出を続け、巨額の政府債務を積み上げただけで低成長に苦しんでいる、というのである。ドイツ人はそれを、「アングロサクソンの罠」とみている。競争国に無理無体な政策を突きつけて、米国と競争できない経済に作り変えていく。QE（量的緩和政策）も「罠」である。OMT（ECBによる危機国国債の無制限購入措置）もアングロサクソンとそれに同調するフランスや南欧諸国の仕掛けた「罠」である。

　ドイツのリーマン危機からの景気回復は、欧州レベル・世界レベルで構築したドイツ企業の生産ネットワークと競争力強化による伝統的な強さによるものだ。ドイツ経済は他の先進諸国とは異質の強さを誇っており、それが、南のユーロ圏諸国や米国との意見の食い違いをもたらしている。

　金融資本主義の時代の経済学、経済政策論はどのようなものでなければならないのか。ドイツの主流は新古典派流の実物的景気循環論であり、ショイブレ財務相の発言はそれを反映している。だが、リーマン危機後の経済には、貨幣的経済学、貨幣的景気循環論が適合的になっているのではないか。ケインズの『貨幣論』に即して考えると、ギリシャでは自然利子率がマナスとなっており、ECBのゼロ金利政策（政策金利0.05％）でも経済成長を喚起することはできない。このような解釈は米国経済に対して2014年ローレンス・サマーズが提起して話題となった。サマーズの政策論は、財政政策の出動である。だが、議会がそれを阻んでいて、結論は米国経済の長期停滞となる。同じ議論は、ギリシャだけでなく、南欧諸国に当てはまるであろう。ドラギ総裁はQEによって金融政策面からできる手当をしたのだが、ユーロ圏ではドイツ主導の財政緊縮が至上命令となっていて、結論は長期経済停滞

であろう。

　ギリシャの民衆はそれに反乱し、シリザ政権を選んだ。スペインやポルトガルの民衆は現状に納得しているのであろうか。

3　ユーロ制度の改革

（1）　原初のユーロ制度（「ユーロ1.0」）の欠陥

　管理通貨制下の通貨同盟の最低限の条件は、共通の中央銀行制度により共通通貨を流通させ、金融政策を共通化することである。それはまさに最低限の制度作りであって、銀行監督、金融システム安定の制度など、共通通貨を取り巻く諸制度をどうするかが問題になる。

　ユーロ制度はドイツの設計に委ねられた。その条約上の特徴は上述したとおりであるが、若干説明を追加しておこう。

　ドイツはその通貨規範をEU基本条約に書き込んだ。当然、ユーロ加盟国はそれを遵守しなければならない。また遵守することによって当該国経済の強化とユーロ圏の安定が達成できる、と考えている。こうしてドイツ人は「ヨーロッパのドイツ化」を求めるのである。ドイツ、オーストリア、フィンランド、オランダなど北部欧州諸国も類似の見方をする。

　竹森俊平氏は、ドイツにとって、ユーロ圏とは物価安定、自己責任制の原則を守ることのできる国だけのクラブのようなものであるべきなのだ、と指摘している。「非救済条項」、つまり危機に陥ってもその国を財政支援しないというEU運営条約第125条の思想は、自己責任制である。各国は自国経済・財政を救済の必要がないほどにきちんと運営する。この原則を守れない国はユーロ圏にとどまるべきではない。ユーロ危機の間中、ドイツでは「ギリシャはユーロを離脱すべき」という発言が相次いだが、それはまさに、ドイツの思考態度を明確に表現しているのである。

　設計時にドイツや西欧諸国は、西欧先進国の「エリート通貨同盟」を想定していた。その点ではフランスも同じだったかもしれない。1979年にス

タートした EMS の参加国は西欧先進国であって、ベルギーやデンマークは途中で競争力喪失や財政赤字累積などで他の諸国に劣後する事態になったが、自ら厳しく経済を管理して数年後には劣位を挽回した。そうすることで、EMS の高度の安定が実現したのであった。それと同じことを通貨同盟にも求めたのである。つまり「エリート通貨同盟」である。

条約では、金融安定に不可欠の銀行監督・銀行破綻処理などの業務は EU にも ECB（欧州中央銀行）にも与えられず、ユーロ加盟国当局が保持した。これには、制度設計のモデルとされた時代の影響が大きいであろう。ユーロ制度は 1960 年代から 1980 年代までの金融安定の時代を参考に 1990 年頃設計された。

だが、時代は 1990 年代からグローバル金融資本主義へと転換する。そうなると、ユーロ制度は好天時だけに機能する制度になってしまった。グローバル金融資本主義において、好天は突然悪天候に変わり、嵐を呼ぶ。ユーロ制度の危機管理は各国毎であり、クロスボーダーの銀行行動の管理監督は効力をもたなかった。しかも、規律意識の乏しい南欧諸国が加盟する、「エリート」国と「非エリート」国混交の垂直型通貨同盟になっていた。

ユーロ導入以前 2 桁インフレだった南欧諸国は、ユーロの低金利に驚喜し、安易な消費主導の成長に走った。西欧大銀行の融資に支えられて、スペイン、アイルランドでは不動産バブル、ギリシャは「財政バブル」となった。

リーマン危機でバブルがはじけると、これらの国の財政赤字は GDP 比 2 桁へ、外資流入は停止して、デフォルト危機へ。金融パニック続発のユーロ危機が展開した。スペイン、アイルランド、ポルトガルは政府債務が抑えられていたので、ユーロ圏の支援でなんとか立ち直ったが、政府債務 130％のギリシャは支払い不能に陥った。

ドイツの設計したユーロ制度には危機対応において非常にまずい点が 2 つあった。危機国への財政支援を禁じた「非救済条項」と、中央銀行の国債直接購入の禁止、である。

「非救済条項」は加盟国の自己責任制を支える制度であったが、ユーロ危機への支援態勢作りを遅れさせ、危機の激化・長期化の源泉となった。ECB や各国中銀が国債の直接購入ができなかったばかりに、ユーロ危機はスペインとイタリアを巻き込み、深刻化・長期化した。ユーロ圏金融は激震に襲われ、不況の「二番底」へと至った。米英両国が金融パニックを短期間で抑え込んだのと対照的だった。

米英両国は政府、中銀の協調によって危機への対応が素早く、QE（量的緩和政策）でともかくも経済成長を回復したが、ユーロ圏にはそうした政治中枢も欠けていた。

（2）　制度改革の概要

多数の国を包摂して最低限の通貨主権だけを EU レベルに委譲したユーロ制度の限界がユーロ危機ではっきりした。2011 年 3 月のユーロ圏首脳会議を皮切りに、2014 年いっぱいまでユーロ制度改革が実施された。Ⅰで指摘した統合の「強制力」の発現の一例と見ることができる。

まず ESM（欧州安定メカニズム）である。ユーロ圏加盟国は、2010 年春のギリシャ危機爆発の際に 3 年間の時限的な EFSF（欧州金融安定ファシリティ）の設立を決定し、アイルランド、ポルトガル、キプロスの金融支援に使った。EFSF 債をユーロ圏の AAA 格の格付けをもつ 6 カ国が共同して発行し、その資金をローン形式で支援に使ったのである。だが、2013 年 6 月に期限を迎えるため、自己資本 800 億ユーロを保有し、5000 億ユーロの貸出能力をもつ常設の財政支援機構 ESM を 2012 年 10 月に設立した。「非救済条項」を事実上棚上げした形であるが、条約を改正したのではなく、政府間の ESM 条約によって EU 法とは別次元の組織として設立したのである。実質的には「非救済条項」の無力を示すものであるが、ドイツには、相変わらず第 125 条を根拠にユーロ加盟国への財政支援を批判し続けている人や政党が存在する[6]。

第 2 に銀行同盟の創設がある。ユーロ圏 6000 の銀行のうち、130 ほどの

大銀行の監督は直接に ECB が担うようになった。ECB に新たに監督部門が設置された。中小行についても最終責任は ECB が負う新しい監督制度に2014 年末に移行した。SSM（単一銀行監督メカニズム）と呼ばれている。銀行の破綻処理の決定権も EU レベルに移った。銀行監督する ECB が破綻処理手続きを開始し、単一破綻処理委員会（Single Resolution Board：SRB）が決定する。SRM（単一破綻処理メカニズム）と呼ばれる。

　ECB は国債無制限購入の権限を新規国債購入措置 OMT によって確保した。ECB は 2011 年秋に深刻化した金融危機に対して、合計 1 兆ユーロの資金を長期低利で域内 800 の銀行に供給し、銀行倒産の危機を防ぎきった。さらに、2012 年 9 月新規国債購入措置 OMT を採択し、ユーロ危機をついに沈静化させた。満期まで 3 年以下の危機国国債の無制限購入措置であって、ドラギ総裁はドイツ連銀の反対を多数決で押し切った。この措置についてもドイツで条約違反との訴訟が起き、ドイツ連邦憲法裁判所は EU の欧州司法裁判所 ECJ に判断を委ねた。ECJ の法務官は 2015 年 1 月、「金融政策は中央銀行の専権事項」との判断を表明し、OMT の条約違反判決にはつながらなかった。

　さらに、EU の法律制定によって、ユーロ圏各国の予算やマクロ経済不均衡に対する欧州委員会の監視・是正勧告の権限も強まった。独仏伊 3 大国も違反した SGP（安定・成長協定）の強化・新財政条約（TSCG）・マクロ経済不均衡予防措置 MIP などである[7]。

　こうしてユーロ圏の危機対応力は飛躍的に高まり、原初の「ユーロ 1.0」は新制度「ユーロ 2.0」へ転換したということができる。

　「ユーロ 2.0」は、ユーロ圏レベルに銀行監督と銀行破綻処理の権限を移した。さらに欧州委員会にマクロ経済不均衡の監視・是正権限を与えている。垂直的通貨同盟における問題国（さしあたり南欧諸国、将来的には東欧諸国）の銀行を監視し、銀行破綻処理も中央で行う。もはやユーロ圏各国の自己責任制ではなくなっている。ブリュッセル＝フランクフルトの中央が周縁諸国を監視し、破綻処理権限をも所有する帝国型の通貨同盟へと転換した

ということができる。

4 共通通貨をめぐる文化対立

(1) ユーロに対する賛否（世論調査）

　危機によって EU への、あるいは EU 諸国間の連帯意識は極度に悪化したので、ユーロへの批判も当然強まっていると思われるであろう。だが、現実はその予想とまったく違う。

　ユーロに対する「支持（賛成）for」と「不支持（反対）against」を問う質問に対するユーロ加盟国（総合）の「支持」はユーロ危機の中でも 60% を切ったことはなく、14 年秋の速報では 71% と過去最高となった。ユーロ「不支持」は危機の中のピークが 30% で、危機前のピーク 05 年春と変わらない。対照的に、ユーロ非加盟国では一貫して「支持」は低く、「不支持」は高い。

　2014 年春の国別データでは、「支持」対「不支持」は、ドイツで 75% 対 22% と支持が圧倒的だが、それより高い「支持」の 6 カ国があり、いずれも小国である（図 1）。ドイツに次ぐ位置にやはり 5 つの小国が並ぶ。ギリシャでさえ「支持」が 69%（「不支持」29%）である。自国の経済状況を 89% が「悪い」と答えたフランスでさえユーロ「支持」が 68%（「不支持」26%）とギリシャ並みである。14 年 1 月にユーロ加盟したばかりのラトビアでは「支持」68% だが、加盟前の 2013 年には「不支持」が過半だった。

　小国で支持の高い理由は、一言で言えば、ユーロの「規模の利益」を享受できることである。具体的には、①それら小国の通貨はソフト・カレンシーとされ、国際的に安定した取り扱いを期待できないがユーロというハード・カレンシーを保有できれば、国際的な支払いなどが容易にできる、②為替手数料の節約、③金融グローバル化時代に小規模の自国金融市場は投機に翻弄されやすく、為替相場安定に多大の努力を要求されたが、ユーロ加盟によってその負担がなくなる、④フィンランドやバルト諸国などではロシアに対す

図1 ユーロに対する賛成と反対（世論調査）
　　　―国別（％）2014年春―

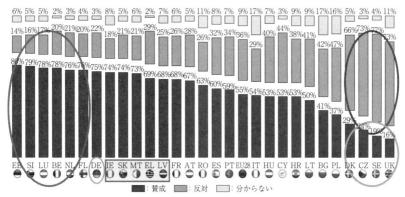

［出所］European Commission [2014] Eurobarometer, Spring.

る安全保障（「核の傘」ならぬ「通貨の傘」）をユーロが提供するとの期待、などであろう。

　一般的に、企業間の相互依存、ひいては経済の相互依存をユーロが支えており、各国通貨への後退はもはや許せない状態になっている。これが高い支持のベースであろう。ドイツなどでは、危機の中でユーロ為替相場が対ドルで下落し、輸出促進に貢献したことへの評価もあるであろう。

　さらに通貨としてのユーロの高い信頼性も見逃せない。ユーロ危機は、庶民の目から見れば、銀行界と政府との大騒ぎにすぎず、ユーロは価値尺度（計算単位）、支払い手段としてなんの支障もなく機能していた。また価値保蔵手段としてもインフレ率は低く、対外的にも1ユーロ＝1.2ドル～1.3ドル台で安定していた。危機は遠くにあったのである。

　ユーロ非加盟国、とりわけイギリスと北欧2カ国、チェコは「不支持」が66～78％ときわめて高いが、それら4カ国はユーロ反対というわけではなく、自国のユーロ加盟に対する拒否意識の高さの現れであろう。

　このように見てくると、通貨としてのユーロは危機ではなく、むしろユーロ加盟国の連帯の要となっている。このような高い支持があるからこそ、ECBは思い切った施策に踏み切ることができた、ということもできよう。

ユーロ制度改革も高い支持があればこそ、大きく前進することができたのである[8]。

（2） 将来のシナリオ

　仏ミッテラン大統領、独コール首相とともにユーロ導入を主導した欧州委員会委員長ジャック・ドロールは、ユーロによって「ヨーロッパ市民という共同意識」が強まり、ヨーロッパ統合をさらに前進させる基盤が生まれる、と期待していた。上の世論調査は、少なくとも「ユーロ維持」に対するユーロ圏各国市民の強い希望を示す資料であり、「ヨーロッパ市民」という共同意識を証拠立てるものではないにしても、ユーロ存続の強力な基盤が存在することを証拠立てている。

　2015年1月に急進左派連合（SYRIZA）がギリシャで連立政権を組織し、ユーロ圏の従来の要求を拒否して再交渉を行った際に、ユーロ崩壊論（今回はギリシャの離脱、およびその南欧への波及）がまたしても語られたが、筆者は、新政権は交渉合意へと進むほかはないと考えていた。ギリシャの世論調査では時期により多少の幅はあるものの、70％から80％程度がユーロ残留を支持している。民主主義で選ばれた政府がこの支持率を無視できるはずがないからである。

　もう一つ、ユーロ圏の産業界のユーロ支持も強固である。汎ヨーロッパ生産ネットワークを構築している巨大企業にとって、国民通貨への復帰は効率引き下げの切り札ともいうべく、到底賛成できない。ドイツでは経営者団体がユーロ危機の時期に政府に明確にユーロ支持を伝えた。ドイツの反ユーロ政党、「ドイツのための選択肢 AfD」は当初マルクへの復帰を主張していたが、支持率が下がり、ユーロ圏からのギリシャ追い出しへと方針を転換した。

　ドイツやヨーロッパ北部諸国にとって、ギリシャは問題であるが、だからといってユーロの存続に異議があるというわけではないのである。そして「ユーロ2.0」への制度変革によって、仮にユーロ危機が再度襲来したとして

も、対応できるだけの準備はできたように思われる。

　『欧州統合、ギリシャに死す』という竹森俊平氏の興味深くかつ詳細な、2015年ギリシャ危機を解説書が出版された。独仏両国の路線対立、そしてギリシャ危機をめぐる文化的な対立は確かに深刻ではあるが、ユーロへの大衆と産業界の高い支持があるので、ギリシャ問題によって欧州統合が死ぬことにはならないと考える。

　残っている最大の問題は、南欧の長期経済停滞とそれに対するヨーロッパ北部諸国の対応である。ユーロの下で単位労働コストの上昇した南欧諸国はドイツなど北部ヨーロッパ諸国に大きく競争力で差を付けられた。リーマン危機までは西欧の大銀行が巨額の資本を流入させたので、経常収支の大幅赤字と財政赤字をファイナンスすることができた。しかし、リーマン危機、ユーロ危機によって外資流入が停止し、あるいは流出すると、競争力問題が前面に出てきた。ユーロの下では為替相場の切り下げができないので、「内的減価」つまり賃金切り下げ、物価切り下げで競争力を回復するほかない。これが2013年からのポスト・ユーロ危機段階における最大の構造的問題となったのである。アイルランドとポルトガルは財政支援を3年で卒業し、債務返済を自力で行っているが、ギリシャはあまりに政府債務が大きく、いわば支払い不能状態に陥ったため、自力返済ができない。これがギリシャ危機の底にある基本問題なのである。

　したがって、正当な対策は債務切り捨て、ギリシャのプラス経済成長復活の支援、ということになる。ところが、ドイツやヨーロッパ北部諸国は財政緊縮を求め続けているのである。ギリシャの納税制度、年金など社会保障制度、特権組合を守る産業規制など北部諸国の不信の念は理解できるが、だからといって、支払い不能のギリシャを財政緊縮で痛めつけてもますます不況が長引くだけで、状況は改善しない。むしろ悪化するばかりである。本年6月からIMFはギリシャの債務削減を求めるようになった。

　ギリシャに大金を流入させて財政赤字を事実上支援した西欧大銀行の貸し手責任は免れない。ヨーロッパ北部諸国がIMFの提言を受け入れて、その

方向に進み、ギリシャの経済成長を復活させる。そのためには、財政を通じる支援システムが必要とされる。なぜなら、「コア＝ペリフェリ問題」が顕在化していると思われるからである。それは垂直的通貨同盟に固有の問題なのだが、21世紀初頭には西欧大銀行による南欧への資本流入によって民間資本がこの問題を顕在化させなかった。だが、10年に及ぶ競争力格差拡大によって南欧の競争力はドイツなど西欧諸国に対して大きく低下し、産業の活気が失われている。南欧諸国の二桁の失業率の定着がそれを物語っている。ギリシャ、スペインでは25％に達した。これに対応するには、コアからペリフェリへの公的資金移転が欠かせないであろう[9]。それはギリシャだけでなく、他の南欧諸国をも包摂することになるであろう。スペイン、ポルトガル、アイルランドも程度の差はあれ北部諸国に対して競争力を喪失しているからである。これがシナリオ1で、もっとも望ましい。

　第2はギリシャのユーロ圏離脱であろう。2015年7月のギリシャ第3次支援はそれまでと同じ財政緊縮の継続である。2016年にプライマリー・バランスの黒字GDP比1％、18年3％という目標はギリシャのマイナス成長によって実現しないであろう。ヨーロッパ北部諸国のギリシャへの深い不信とドイツの原則、その経済学を考慮すると、フランスやイタリアの仲介があっても、ユーロ圏からのギリシャ離脱が可能性として排除できない。その場合、放逐するのではなく、ギリシャ・ドラクマの導入を支援し、たとえばユーロに対して30％から40％の中心レート切り下げを行った上で、ユーロに対する固定相場制を維持させる必要がある。ユーロ加盟を希望する国はERM IIという固定相場制に参加する必要があり、ギリシャもかつて±6％の変動幅で参加していた。そこに戻り、制度的な改革を達成してから、ユーロに復帰する。これなら、合理的な道筋といえる。

　ユーロ圏の北部、過半数の国はすでにドイツに同調しているように思われる。オーストリア、フィンランド、ベネルクス3国、バルト3国、スロバキア、そしてドイツが加わると10カ国、ユーロ圏19カ国の過半となる。それら「ドイツ派」諸国がドイツと同程度に強硬だとはいえないが、たとえば、

2015年7月の首脳会議においてギリシャのチプラス政権への批判では歩調を揃えた。メルケル首相が17時間にわたった会議の中でギリシャ批判を続けることができたのは、それら「ドイツ派」諸国の支持が後ろに控えていたからである。この点を考慮すると、シナリオ2はありえない話ではない。

ただその場合にも、ユーロ圏に残る南欧諸国のために、シナリオ1で指摘した公的資金移転システムが設定されるのが望ましい。

第3はそのようなシステムが設定されないケースである。南欧の経済停滞は長期化し、ユーロ圏北部諸国に対する政治的な反発、スペインならギリシャのシリザと同系統のポデモスの進出が避けられなくなるなど、ユーロ圏の統治は一層難しくなり、ユーロは動揺を続けるであろう。ユーロを維持することにいずれの国も利益を見いだしているのだから、そのような危機が契機となって、第1あるいは第2のシナリオへと進む可能性も考えられる。

〈注〉

1　通貨協力、通貨統合の詳細は、拙編著［1996］『EMS』、および田中他著［2014］第4章、第5章を参照して頂きたい。

2　ボワイエ［2012］p.81.

3　戦後西ドイツを支配した「社会的市場経済」の教義はナチスに反対して「オルドリベラリズム（Ordoliberalismus）」を唱えたオイケンなどフライブルク学派から出発している。その主導者の一人、Alfred Mueller-Armack の著書［1971］は、その傾向を明確に表している。

4　ボワイエ、前掲注2、p.80.

5　ボワイエ、前掲注2、pp.80-81.

6　ESM 条約についてドイツ大統領の署名前に複数の原告により指し留め仮処分の申し立てがなされた。また ESM 条約と EU 法の両立性についてもアイルランドで訴訟が起き、アイルランド最高裁判所は欧州司法裁判所 ECJ の先決裁定を求めた。ECJ の判決は、第125条は EU 構成国への財政援助をすべて禁じる意図はない、というものであった。これら2つの訴訟の詳細については、中西優美子［2015］の「ESM 条約と財政規律条約のドイツ基本法との合憲性」（pp.31-41）および「ESM 条約と EU 法の両立性」（pp.471-481）を参照されたい。

7　ユーロ 2.0 の詳細は、田中他著［2014］第 5 章、および拙著［2016］Ⅲ章を参照して頂きたい。

8　本節は拙稿［2015］3 章 1 節を再掲した。

9　ユーロ圏におけるコア＝ペリフェリ問題のこのような分析は拙著［2010］pp.200-202 を参照。

［参考文献］

ボワイエ、ロベール著、山田鋭夫・植村博恭訳［2013］『ユーロ危機 欧州統合の歴史と政策』藤原書店。

中西優美子［2015］『EU 権限の判例研究』信山社。

竹森俊平［2015］『欧州統合、ギリシャに死す』講談社。

田中素香［2016］『ユーロ危機とギリシャ反乱』岩波新書。

―　　　［2015］「EU の連帯とユーロ圏の連帯」日本 EU 学会年報第 35 号所収。

―　　　［2010］『ユーロ 危機の中の統一通貨』岩波新書。

田中素香・長部重康・久保広正・岩田健治著［2014］『現代ヨーロッパ経済（第 4 版）』有斐閣アルマ。

田中素香編著［1996］『EMS 欧州通貨統合の焦点』有斐閣。

Mueller-Armack, Alfred ［1971］ Stabilitaet in Europa, Frankfurt & Wien.

第4章　ドイツにおける通貨偽造罪について

友 田 博 之

はじめに

　人間による共同社会が誕生した当初、専ら物々交換によってなされていた取引が飽和状態に達するとともに、より円滑かつ広範囲にわたる流通が求められ、その要請に応えるべく登場したのが通貨である。それ自体が一定の価値を表象し、価値物として市場を転々流通することを目的として生み出された通貨は、社会内における流通を飛躍的に発展させることとなったが、「通貨の出現は、通貨偽造の出現を意味する」[1] といわれるように、この偉大な発明とほぼ同時に、重大な法益侵害を生じせしめるおそれのある負の所産が、すなわちそれまでの社会には存在しなかった新たな犯罪類型が生まれることになる。各種偽造罪の中でも最も原初的な犯罪類型でありながら、偽造された通貨が社会に転々流通した場合に与える影響（法益侵害）の重大性が懸念されるが故に、あらゆる国家はこの犯罪に強い関心を持ち、偽造の不可能な通貨の製造に力を注ぐとともに、重罪をもって禁圧してきた[2]。

　本章は、このような長い歴史を有する通貨偽造罪について、特にヨーロッパにおける共通通貨としてのユーロ導入以降の、ドイツの通貨偽造罪に関する学説と判例の動向を概観するものである。

　この点、わが国の刑法典に規定されている現行の通貨偽造罪も、ドイツ刑法典をモデルにして立法化されたものではあるが、2004年1月にドイツ刑法の通貨偽造罪が改正されたこともあって、現在のドイツ刑法とは条文の体

裁および規定の手法が異なっている。かかる相違点について中心に紹介しつつも、例えば通貨偽造罪の保護法益に関する伝統的な争いや、主観的構成要件要素としての超過的内心傾向を認めるかという議論、すなわち通貨偽造罪の成立には、行為者の主観面に属する要素として、通常の故意の他に、「真正な通貨として流通におく意図」という、通常の故意を超える主観的要素が（構成要件要素として）要求されるのかといった、わが国でも馴染みのある論点についても紹介する。

　最後に、わが国における近時の判例について、特に各種通貨偽造罪は重罪であり、裁判員裁判対象事件であることから、裁判員裁判として第一審判決がなされたものを中心に紹介する。

1　ドイツにおける通貨偽造罪

（1）　通貨偽造罪総説

　①　ドイツにおいても、通貨偽造罪は貨幣経済を有するに至ったすべての国家において共通する古典的な犯罪であるとカテゴライズされ、歴史的にも重罪として禁圧されてきた。古くローマ法において偽造罪は、「嘘の罪」（"falsum"）の一類型であり、詐欺罪や偽証罪といった犯罪と同様のカテゴリーに属する犯罪とされていた[3]が、専制国家の登場に伴い、ドイツでも通貨偽造罪を「嘘の罪」から独立して処罰するようになった。つまり、嘘をつくことを手段として被害者を錯誤に陥らせ、その財を騙取するという詐欺罪的特質は、通貨偽造罪にも不可避的に内包される要素ではあるが、個人的法益とは別個の独立した法益を侵害する犯罪類型として、以後、通貨偽造罪は規定されるようになった。国王に対する犯罪、「政府を攻撃する犯罪」（"crimen kaesae maiestatis"）として規定されるようになったのである[4]。この時点で早くも、一般市民の財を保護法益とする詐欺罪と、国王ないし国家の作用を保護法益とする通貨偽造罪との間の分化が認められる。無論、当時は現

在流通している不換紙幣ではなく、通貨の材料に貴金属を使用することによって、（いわゆる金貨や銀貨といった硬貨である）通貨の真正性を確保するとともに、その生産量および流通量についても、国王ないし国家が専ら恣意的に決定できるというわけではなく、当該国家が保有している貴金属の量によって、一定量に制限・コントロールされていた。国王ないし国家が通貨発行を独占する権利のことを、通貨高権（"Währungshoheit"）と呼ぶかどうかはまた別の問題ではあるが、製造された通貨は原材料である貴金属としての価値も当然に有するものであったため、通貨偽造罪は、支払い手段としての「価値」の偽装だけではなく、含有品等によって有体物としての貴金属の価値を偽装するという観点から、通貨という一種の「製品」（"Ware"）の偽造という性質も有しているものとされた。このように通貨偽造罪においては、例えば真正な金貨に比して金自体の含有量を下げたりといった手法により、「通貨の価値を（実質的にも）下げる」ことが長らく構成要件とされてきたのである[5]。しかし時代が進んで、紙幣および硬貨が登場・普及するようになると、通貨自体が財としての独立した価値を持つわけではなく、それらは（たとえ兌換紙幣であるとしても）価値を象徴・化体するに過ぎないものとなった[6]。この時点に至ると、通貨偽造罪の不法は、（貴金属としての価値を含む）実際の価値の偽装にあるのではなく、当該通貨が支払い手段として使用可能なことを保証する、という通貨としての「正統性」とそれに対する「社会的信用」の偽装にあるということになる。この正統性は、通貨高権の担い手が文書で表明することによって担保される。例えばユーロについての担い手は、欧州中央銀行である。現在、BGH（ドイツ連邦通常裁判所）は通貨偽造罪を、この正統性を担保する文書を偽造するという意味での文書偽造罪の特別類型であると位置づけている[7]。

②　通貨偽造罪の保護法益が何か、についてはドイツでもわが国と同様の議論がある[8]。すなわち、真貨としては使用できない偽造通貨を受領させられた被害者個人の財産上の利益（個人的法益）ならびに、社会一般の通貨に

対する信用（社会的法益）とが保護法益なのか、国家の通貨高権そのもの（国家的法益）が保護法益なのかという対立である[9]。ドイツにおける多数説によれば、通貨偽造罪の保護法益は、「貨幣流通（"Geldverkehr"）の安全性（"Sicherheit"）と信頼性（"Zuverlässigkeit"）に対する公的な利益」[10]、あるいは、「貨幣流通の安全性と信頼性に対する信用」[11] であるとされる。安全性と信頼性の区別とその不明確性（重複性）の議論についてはここでは措くが、ドイツの多数説は、通貨偽造罪の保護法益をわが国における多数説[12]と同様、「偽造通貨を受領した者が蒙った金銭的損害」という個人的法益ではなく、「通貨の円滑かつ安全な流通」という社会的法益であるとしているのである。多数説がこのように考える明文上の理由としては、真正の通貨として流通に置くことを「意図」して、偽造された通貨であると「知りながら」入手する行為を、自ら偽造した者と全く同様に処罰するドイツ刑法146条1項2号が挙げられる。すなわち同項同号、流通におく意図で、当然偽造通貨であることについて悪意で入手した場合、自ら偽造した場合と同様に処罰されるとしているが、個人的法益は少なくとも被害者の同意によって有効に放棄されており、個人を超えた法益の存在なくしては、その可罰性を説明できないというのである[13]。

③　通貨の発行は、国家ないし複数の国家間の同盟（連合）またはそれらから委託された機関によって独占（"Geldmonopol"）されているが、このような通貨の独占は、通貨の流通量を決定する権限が当該国家ないし同盟（連合）にあることを意味する。当該通貨単位の持つ価値は市場に流通する通貨量により大きく左右され、通貨量がまさに当該通貨の実質的価値に影響を与えるからである。この通貨の独占の正当性は、国家の通貨高権そのものが保護法益であるとすれば容易に説明可能である。すなわち通貨の独占は、国家ないし複数の国家間の同盟（連合）における経済政策の発展にとってまさに必要不可欠であるという理由から独占される必要があり、それが刑法によっても保護されることになる。しかしながら、通貨偽造罪の保護法益を通貨に

対する公共の信用にあるとする多数説によれば、それとは別の説明が必要となる。すなわち支払い手段としての通貨が、相応の信用を持った状態で流通におかれていることがまさに、社会全体の利益に資するのであり、そのためには国家が通貨を独占してそのような状態を維持することが不可欠だからと説明されることになる[14]。国家的法益で説明する場合に比して、二段階的な説明が必要となる点、すなわち社会的法益からダイレクトには国家による通貨独占を正当化することはできない点には留意が必要であろう。

　なお、既に述べてきたように、通貨偽造罪は非常に古典的な犯罪類型であるが、その不法構造を対比してみると意外にも、現代的な新しい犯罪構成要件、特に環境刑法の領域と親和性があるとされる[15]。すなわち、環境刑法はとりわけ天然資源に恵まれない国家において、行政権力を適切に行使することにより、その資源の保全や有効かつ効率的な活用も目的とするものであるが、通貨偽造罪も例えば、国家運営に十分な余裕のない経済力しか持たない国家において、その国の国力で担保しうる以上の通貨が流通しないよう適切にコントロールすることを目的として、国家に通貨発行権の独占を認めている点で類似するというのである[16]。また、個別具体的な当該犯罪行為から生じた結果を、具体的に測定することが困難であるという点でも、通貨偽造罪と環境犯罪には類似点があるとされる。例えば、ある商品を購入するために店舗に行ったところ、1ユーロ不足していたので、1ユーロ紙幣を1枚だけその場に設置されていたカラーコピー機を用いてコピーし、代金に補てんして使用したという場合、通貨偽造罪の構成要件が予定している実行行為がなされており、結果も発生しているため、形式的には通貨偽造罪の構成要件に該当する。しかし通貨偽造罪の法定刑の重さからすると、このような稚拙な行為態様のもの（とはいえ、近年の裁判所における偽造罪関連の被告事件はこの程度のものが多くみられる。これについてはわが国の近年の判例の傾向を後半で紹介する。）にまでも、等しく形式的に通貨偽造罪および同行使罪の成立を認めるべきかが問題となる。通貨偽造罪の保護法益は少なくとも当該通貨に対する社会の信用にある点については異論のないところであり、そ

うであるならばたとえそれが抽象的危険で足りるとしても、当該通貨に対する社会の信用を揺るがす危険の認められるような、一定規模以上の偽造が構成要件上当然に予定されているといえる。その意味で通貨偽造罪が重罪（"Verbrechen"）として重く処罰されるためには、一定量以上の通貨偽造が実際になされ、それが少なくとも複数回にわたって市場に真正な通貨として流通することが必要である。通貨偽造罪の持つこのような特質をもって、同罪は累積犯（"Kumulationsdelikt"）という犯罪類型に分類される[17]。環境犯罪についても同様であって、例えばごく少量の排出規制物質を排出させた場合も、形式的には当該物質の排出を禁じる構成要件に該当するが、そもそも当該行為を重罪として重く処罰するのは、一定の基準量を超えた規制物質が自然界に排出されることにより、人の生命・身体に重大な危険を与えるからである。この点で環境犯罪も、累積犯的性質を有するといえる。

④　ドイツの通貨がマルクからユーロに代わって暫く経つが、国際通貨であるユーロにおける刑罰による偽造防止策について、欧州委員会は2000年5月29日に、「ユーロの導入に伴う通貨偽造に対して、刑法的な制裁その他による通貨保護の強化に関する」枠組みを公表した。本枠組みは、EU加盟国でユーロを導入する各国の立法府に対して一定の強制力を有するものであるが、本枠組みで示された立法期限が2001年5月29日をもって徒過しているにもかかわらず、ドイツの立法府は現在に至るまで、本枠組みを充足するような、通貨偽造罪に関する新条項を追加する等の立法措置を何ら行っていない。つまり立法府は、現行のドイツ刑法は本枠組みの要求を充足しているとみていることになるが、学説上、それには疑義があるとされる。例えば、本枠組みの３条１項ｃによりユーロ加盟国は、偽造通貨を流通（"Inumlauf-setzen"）させ、または（流通におく意図で偽造通貨を）自ら入手すること（"Sichverschaffen"）に加え、偽造通貨を「輸入または輸出し、輸送し、収受（"Annehmen"）すること」を処罰する義務を負っている。この点ドイツの立法者は、この収受の意義について自ら入手することも含むと解してい

る。したがって、偽造通貨の輸入・輸出または輸送、収受を悪意で行った者（"Bösgläubigen"）は、146条で規定された行為の共犯としての要件を充たすことになり、新たに立法措置を講じなくとも同条によって、自ら入手し、または流通においた者（"Inverkehrbringen"）として処罰できるとするのである。このような立法府の技巧的な解釈に対し、学説は批判的である[18]。Vogelは、本枠組み3条1項cに列挙された行為態様については、それを狭義の共犯として処罰するには可罰性が十分であるとはいえず、例えば輸送については、少なくとも（共同）正犯として処罰するだけの可罰性が必要であると主張する。すなわち、輸送行為を自ら行ったというだけではなく、例えば流通に至るまでの謀議には少なくとも参加しなければならないというのである[19]。

　本枠組みに関しては、特に「行使の目的」という主観的構成要件要素を、とりわけ故意とは別の超過的内心傾向として要件とするかについて、わが国におけると同様の議論がみられる。ドイツ以外の加盟国、例えばイギリスないしフランスにおける見解を参照すると、ドイツ語での "betrügerisch" は、英語では "frauduklent"、フランス語では "frauduleux" であるが、Vogelは、ドイツ刑法が146条以下で通貨偽造罪の主観的要件（超過的内心傾向）としている、「流通の意図」ないし「流通におかれることの可能性を意図して」という要件は、本枠組みとは矛盾しているとする。すなわち本枠組みに従うのであれば、通貨偽造罪における超過的内心傾向は不要であり、（通貨偽造の）単なる故意があれば足りると改正する必要がある。Vogelによれば、イギリスないしフランスにおける "frauduklent" と "frauduleux" という語は「欺罔」を意味せず、単なる悪意（"bösgläubig"）を意味するものであるとされる[20]。本枠組みをどう解釈するかにあたって、イギリス法、フランス法、そしてドイツ法のいずれに従うのかという問題は別途あるが、Puppeも、一般的な故意論に関する議論からすれば、ドイツ刑法146条における目的を単なる故意だと理解することは正しく、また可能でもあるとする[21]。目的という概念はここでは単に、通貨偽造罪の構成要件要素として客

観的な惹起までは不要であることを意味するに過ぎず、故意とは別個に、よ
り厳格な主観的要件を課す根拠となるものではないというのである[22]。

（2）　ドイツ偽造罪各論

①　ドイツ刑法 146 条は、通貨偽造罪を以下のように規定している。
　　ドイツ刑法 146 条【 通貨偽造罪 "Geldfälschung"】[23]

1)

ⅰ）真正なものとして流通におく目的でもしくは流通におくことを可能に
　　する目的で貨幣を偽造し、もしくは、この目的でより高い価値の外観
　　を呈するように貨幣を変造した者

ⅱ）この目的で、偽造貨幣を入手しもしくは売りに出した者、又は

ⅲ）第 1 号もしくは第 2 号の要件のもとで、自らが偽造し、変造しもしく
　　は入手した偽造貨幣を真正なものとして流通においた者
　　は、1 年以上の自由刑に処する。

2）行為者が、業として又は通貨偽造を継続的に行うために結成された集
　　団の構成員として行為を行ったときは、刑は 2 年以上の自由刑とす
　　る。

3）第 1 項のうち犯情があまり重くない事案では 3 月以上 5 年以下の自由
　　刑を、第 2 項のうち犯情があまり重くない事案では 1 年以上 10 年以
　　下の自由刑を言い渡すものとする。

②　以上のように、ドイツ刑法 146 条 1 項 1 号は、偽造通貨を製造した場
合ないし真正の通貨より価値の高い偽造通貨に加工した場合（変造）、2 号
は（完成品としての）偽造通貨を取得しもしくは偽造通貨として販売した場
合、3 号は偽造通貨を流通においた場合について、それぞれ規定している。
わが国の偽造罪（148 条）と比べた場合の最も大きな差異は、ドイツでは
146 条 1 項 2 号で、流通におく意図を持って偽貨を「取得」する行為それ自

体と、偽造通貨を売りに出した場合が、「偽造」罪と同一の刑として処罰されている点であるが、これについては後述する。

　同条の規定をみると、ドイツでは通貨偽造罪について通常の故意以外に、偽造通貨を流通におく意図、ないし（他人をして）流通におくことを可能ならしめる意図が主観的要件として必要とされていることがわかる[24]。この超過的内心傾向が偽造罪の成立に必要かという点については、ユーロを導入した諸国における偽造罪の規定にかかる部分に関しては前述の通りである。

　３号は、通貨偽造罪の保護法益である、「通貨に対する社会の信用」が実際に侵害される行為をいわゆる行使罪として処罰する規定であるが、この保護法益の実質的侵害（危殆化）という観点からすると、１号及び２号は、「偽造」という日常用語から想定される行為そのものを処罰する規定であるにもかかわらず、法益侵害の準備段階に相当する行為について規定したものということになる[25]。この点 Puppe によれば、同号は保護法益的観点からはまさに通貨偽造罪の中核となる規定だが、とりわけ実務上は同号の意義はそれほどないとされる。通貨「偽造」罪における中核的行為はやはり「偽造」「変造」という行為そのものであって、偽造通貨の使用は副次的行為に過ぎないというのである。また、「偽造」「変造」ないし「偽造通貨の取得」がなければそもそもそれを使用できないことからすると、それらは準備行為とはいえ、法益侵害的観点からも「不可欠な」核心的行為であること、その国家の有する印刷技術の粋を集めて製造される通貨を、一般人をして真正な通貨だと誤信させる精度で偽造することは、莫大な資金等を必要とすること等から、何らかの犯罪組織等に所属していない限りは通貨を「偽造」することは困難であることも、その理由であるとする。さらに、法益侵害の程度という観点からしても、既に製造された偽造通貨を真正なものとして流通させるよりも、偽造通貨を自ら製造したうえで流通させる方が、はるかに大量の偽造通貨が流通におかれる危険性が高いからであるとする[26]。

　以下では、各号の構成要件について詳細にみてゆく。

③　偽造ないし変造行為について（146条1項1号）

　（1）通貨偽造罪の実行行為は、一般人をして真正な通貨であると誤信させる程度の外観を有する偽造通貨を作出することである。現在通貨として用いられているのは主に紙幣および硬貨であるが、いずれも法律上は文書の一種であり、その作成名義人は発券銀行、ユーロに関していえばそれは欧州中央銀行である。したがって例えば、何らかの理由で当該紙幣を保存する目的で、作成名義人である発券銀行の具体的な製造指示なくして造幣局が紙幣を発券したような場合も、当該紙幣は真正な通貨とはいえず、偽造通貨にあたるとされる[27]。

　偽造という語の一般的な言語慣用からすると、偽造の前提として、その対象となる真正な通貨が必要である。したがって一般に通用していない架空の通貨の製造が、偽造の構成要件に該当しないのは当然である。しかしながら架空の通貨の製造であっても、それが正規に発行されたものであるかのような外観を有し、真正な通貨として通用するかのような信用を社会に与えたような場合、例えば特定の州内のみで通用する州政府発行の紙幣が発行されると称して、それに通常伴うような外観を有するものを製造した場合には「通貨」偽造になるとされる[28]。

　（2）偽造通貨の外観上の精度についてどの程度のものが要求されるのか。一般論としては上で述べたように、一般人をして真正な通貨だと誤信させる程度の外観を有するものであることが要求され、かつ、それで足りるということになる[29]。しかし実際には、ドイツの裁判所はかなり広汎に偽造罪の成立を認めている。すなわち、当該通貨が日常的な支払い手段として流通・浸透していて、頻繁に受渡しがなされているという状況下にあって、「悪意のない受領者をして真正な通貨だと誤信させる」程度の外観を有するものであれば足りるとする。例えば、受領時に一瞥しただけで特に注意を払わなかったり、受渡し場所の照明が暗く、状態を十分視認できないような状況下で受領したような場合であっても問題なく成立する[30]。これは、受領者に過大な注意義務を課すことによって、通貨の社会的信用に疑義を与え、ひいてはそ

の高度な流通性を阻害するようなことがあってはならないからである。

　その他、判例上偽造通貨と認められたものとしては、表面と裏面が全く同一の図案・絵柄で印刷されているものや、真正な通貨ではない旨の記載、例えば宣伝広告用のチラシであることが枠外に小さく目立たないフォントで印字されているものなどが挙げられる[31]。宣伝文句が大きくはっきりと印字されたものについては、偽造通貨としての質が排斥されるが、その部分が帯封で覆われていて、一瞥しただけでは当該宣伝文句を確認できない等の事情がある場合は、そのような付加的事情を加味して総合判断し、偽造通貨とされる場合もある[32]。

　他方、悪意のない受領者をして真正な通貨だと誤信させる程度のものであることが必要とされる以上、例えば硬貨の偽造において、真正な硬貨と物理的な特性を一致させることで自動販売機の識別装置を潜脱することはできるが、その外観上、一見して真正な硬貨であるとは思われないような金属の円盤様の物を作出した場合は、偽造にあたらない[33]。

　次に、紙幣の実質枚数を増やす目的で、真正な紙幣を細切れにして裁断したものに異物を挿入・合成するという手法で作成される、いわゆる合成紙幣（"Systemnoten"）の製造は、通貨「偽造」にあたるとされる。「変造」にあたらない点については注意が必要であるが、その理由について BGH は、当該合成紙幣を形成している真正な紙幣を細切れに裁断した物質は、真正な紙幣上に示された意思表示をもはや全く引き継いでいない全くの別物であるからだとする[34]。

　真正な通貨を加工し、それが持つより高い価値があるかのように作り変えられた場合には、146条1項1号後段により偽造の一形態として処罰の対象とされる。偽造と別個に変造という構成要件を規定しているわが国とは、立法形式が異なることに留意が必要である。真貨の価値に影響を与えない部分、例えばコインの収集家が、当該硬貨の発行日や記号部分を、コレクションとしての価値を上げるために変更したような場合には、それにより偽造（変造）通貨となるわけではない[35]。しかし、硬貨内において、文書による

意思表示として具体化された部分や、流通にとって法的に重要な部分について、そのような加工を加えたうえで製造し流通させた場合は、ドイツ刑法267条の文書偽造罪で処罰されうる[36]。

　なお、146条1項1号の主観的構成要件要素としての故意については、真正でない通貨を製造するという認識、いわゆる単純故意が必要とされる[37]。製造された偽造通貨の品質等から見て、それが支払い手段としてはたして通用するのかという点について、行為者が疑念を抱いていた場合につき BGH は、そのような場合は結果発生について不確定的故意しか認められないとしている[38]。また、例えば通貨発行権限のある造幣局長が、少なくとも外部的に、当該発行については具体的指示がなかったにもかかわらず、自己の名義で有効な硬貨の鋳造ができると誤信した場合は、偽文書の作成者が、名義人の名で当該意思表示をすることができると誤信していた場合と同様に、構成要件的錯誤に陥っていることを理由に故意が阻却される[39]。

　同項の主観的構成要件要素として、ドイツの判例および多数説はさらに、「偽造通貨を真正なものとして流通におく」[40] という超過的内心傾向が必要であるとする。この傾向が認められない場合は、通貨偽造ではなく金銭類似物を作成したとして、秩序違反法128条が適用されることになる。判例・多数説は同号の「真正なものとして流通におく意図（"Absicht"）」について、偽造罪の成立には主観的構成要件要素として、故意（"Vorsatz"）を超える超過的内心傾向が必要であり、通貨偽造罪はかかる目的を持って行われる目的犯であるとするのである。ただし BGH 判例の中には例えば、行為者がコイン収集家に対して収集価値のある古銭として販売する目的で偽の古銭を作成し、偽物であることを秘して販売・譲渡したという事案で、本物であれば、その古銭としての価値がその額面上の価値をはるかに上回っているという場合に、「真正なものとして流通におく意図」が認められるかについて、「譲り受けた者が当該硬貨をコレクションとして保管しておかずに、ある日通常の支払い手段として当該硬貨を使用することもありうる」として、これを肯定するものも存在する[41]。この判例に対しては、「真正なものとして流

通におく意図」をかかる抽象的な危険（可能性）の存在をもって認定しても
よいのか、このような抽象的な危険で超過的内心傾向を認定するのであれ
ば、いわゆる単純故意と何ら変わらないのではないかとの批判がある[42]。こ
の点 Puppe も、「客観的構成要件における不法部分の実現の証明を不要と
し、それに代えて主観的構成要件を強化することによって対応しようとする
ことに正当な理由は認められない。また、146 条 1 項 3 号の偽造通貨流通罪
については単純故意で足りることに争いはない（明文上 "Absicht" の記載
がない）こととの整合性という観点からも、さらには、1 号及び 2 号を 3 号
とは独立した予備罪とするために、特に意図という主観的要件を必要とする
ことも、立法論としては妥当ではない。」とする[43]。

　なお、通貨偽造罪で要求されるこの「意図」は、確定的故意（"dolus di-
rectus"）を意味し、未必の故意（"dolus eventualis"）はこれに含まれない。
非専門的な日常用語としてもそのようにとらえるのが自然であることに加
え、立法者を始めとして上述の BGH 判例も、客観的要件としての「流通」
については、実際に流通したことを必要とせず、「流通の可能性」で足りる
としていることとのバランスをとる必要があるとして、確定的故意を要求し
ている。このことはとりわけ、偽造者が偽造について情を知る者に偽造通貨
を交付する場合に妥当する。知情者に偽造通貨をあえて交付する者は、知情
者がさらに第三者に偽造通貨を真正なものとして流通させる可能性につい
て、認識しているからである（知情者が自己の負担において偽造通貨を取得
するとは通常考えにくい）。このことからさらに、知情者に偽造通貨を交付
した偽造者には、知情者がそれを流通におくか否かについての支配・監督関
係にあることは不要であるとされる[44]。

　真正なものとして流通におく意図とは、真正な「支払い手段」として流通
におく意図を意味する。したがって、例えば装身具の装飾部品の一部として
販売するために、偽貨を作成した者にはこの意図は認められない[45]。また、
額面価値をはるかに超えるような希少なコインを収集家に、真正なものと
偽って販売する目的でなされた製造も、通貨偽造罪の構成要件には該当しな

い（収集家を欺罔した時点で、別途詐欺罪は成立する）[46]。しかし、収集家ないしその相続人等が、当該コレクションを支払い手段として利用した場合には、流通の可能性という観点から流通の意図ありとみなされるのは前述のとおりである。逆に言えば、コレクションないし装身具の受領者が流通させる可能性がないと証明されれば、製造者の行為は通貨偽造罪にはあたらないことになろう。

最後に146条1項1号の既遂時期についてであるが、同号の行為は、偽の貨幣ないし紙幣を製造した時点で既遂となる。準備段階ないし製造段階では、偽造通貨を真正なものとして流通におくこと、または第三者をしてそれを可能ならしめることを意図していたが、流通前にこの意図を放棄し実際に流通しなかった場合も偽造の既遂として処罰される。なぜなら、形式的にはもはや既遂に達しており、149条の場合とは異なって既遂の解除（"Rucktritt"）といった特別の免責規定も同号には存在しないからである[47]。

④　偽造通貨を入手する行為について（146条1項2号）

偽造通貨を入手するとは、単独でもしくは共犯者と、第三者の製造した偽造通貨の処分権（"Verfügungsgewalt"）を取得するということである。ただし、少なくとも当該偽造通貨に対する共同処分権すらも取得していない者については、共犯（幇助犯）としても入手したとはいえない[48]。この処分権の取得方法については、それが原始取得であってもよいし、偽造通貨に対する所有権を有償で取得するという、およそ法的なものに限定されるわけではない。例えば、重窃盗や横領罪といった犯罪行為によって取得されたものでもよい。なぜなら偽造通貨はいわゆる法禁制品であり、法の授権によってその処分権が認められることはありえないからである。また、ドイツ刑法150条は、すべての法的取引における偽造通貨の使用を一律に禁止し、製造・入手された偽造通貨は同条およびドイツ刑法74条1項2号によりすべて没収されるとしているが、その際、当該偽造通貨を所有権者が不法に取得したかどうかを問わないからである[49]。

この処分権の内容について判例は上述したように、法的な正当性は不要であるとするが、単純に事実上の占有と支配関係があれば足りるわけではなく、特に他人の意思に左右されない取得者単独の意思で処分をなしうるかを重視しているとされる[50]。逆に言えば、自発的に第三者の指示に従ったうえでの取得であった場合や、第三者の計算のもとに取得がなされたような場合には、自己の意思で自身の処分権を取得したわけではなく、したがって、このような取得者がさらに他人に偽造通貨を再交付した場合は、偽造通貨行使罪（ドイツ刑法 146 条 1 項 3 号）の幇助犯として処断されることになる[51]。これには学説上異論がある。判例は、専ら自己の意思に従って取得したのか第三者の指示に従ったのかを問題にするが、第三者の指示に従って第三者の計算で偽造通貨を取得した行為者も、あくまで自己の自由意思に基づいて第三者の指示に従った以上、答責性は認められ、自己の行為と結果に対しては責任を負わなければならないのは当然であって、146 条 1 項 2 号の場合のみ異なる取扱いをする必要はないというのである。また、そもそも取得者と第三者との間になされた偽造通貨再交付の依頼は、ドイツ民法 134 条からして当然に無効である以上、交付の幇助についても問題とならないとも主張される。取得者が自由意思で偽造通貨を再交付し、それが取得者の利益のみならず第三者の事実上の利益にもなりうる場合には、偽造通貨を取得した正犯といってよいとするのである[52]。

これに対し、偽造通貨を自由に使用・収益・処分できない単なる事実上の占有者や、他人のために偽造通貨を保管・輸送しただけの者は、通常は取得者にあたらない。BGH は、偽造通貨の購入を仲介した行為者が、偽造通貨のサンプルを購入希望者に送付するためにそれを受領した場合について、取得にはあたらないとしている[53]。また、例えば、組織ぐるみで偽造通貨の製造・交付・行使がそれぞれ別人によって行われたような場合で、組織の長である偽造の共謀共同正犯者が事実上、偽造通貨の直接占有者に対し、指示通りに行動することを事実上強制していたような場合は、直接占有者は偽造通貨を自由に処分できない。このような場合の直接占有者は 146 条 1 項 3 号な

いし 147 条の幇助犯としてのみ処罰されうる[54]。

　いったん偽造通貨を知情者に交付した後、再度他の第三者に再交付するために知情者から当該偽造通貨を取り戻した場合は、新たに偽造通貨を再取得したものとされる[55]。これに対し、偽造通貨を返却した知情者は、それを真正なものとして流通に置いたわけではないので、第一行為について偽造通貨取得罪の罪責のみを負うことになる[56]。

　以上、ここまで述べてきた、ドイツにおける偽造通貨の取得に関する広汎な構成要件解釈は、大戦前の旧刑法下における帝国裁判所時代からなされていたとされるが、その理由について Frister は、自己取得（"Sichverschaffen"）の前提をなす処分権を包括的な授権として観念しなければ処罰の間隙が生じてしまうからであったとする[57]。すなわち、ドイツ刑法 147 条はわが国と異なり、偽造通貨を流通におく罪である偽造通貨行使罪をおよそ一般に軽罪として処罰していることとの関係上、自己取得について規定する 146 条 1 項 2 号は、流通におくことの可罰性をその不可欠の準備行為である自己取得に前倒ししたうえで、さらに重罪へと引き上げる機能を有している。したがって、当初から偽造通貨を流通におく意図なくして作成ないし入手した後に、流通におく意図を初めて有して交付したという場合は 147 条の軽罪構成要件によって処罰されることになる[58]。このような、解釈論としてはかなり技巧的と言わざるをえない伝統的な解釈を正当化すべく、Frister は、146 条 1 項 2 号にいう自己取得の解釈について、贓物収受罪においてなされている解釈原理をここでも用いることにより、その範囲を制限しようとする。すなわち、偽造者から偽造通貨を有償で譲り受けた場合に限り、146 条 1 項 2 号にいう自己取得にあたると限定解釈するのである。それが許される理由として Frister は、偽造通貨の自己取得者も贓物の故買人と同様、単なる事後従犯としての関与のみならず、偽造の実行行為以前に、有償で偽造通貨を譲受けることを内容とする契約により、偽造の教唆としても可罰的であるからだとする[59]。これに対しては、146 条 1 項 2 号の自己取得にあたる場合を限定解釈することには賛同するが、有償性により限定するのがはたして妥当な

のか、むしろ共同正犯理論の基本思想に忠実に、偽造の実行正犯者と共謀の
うえで製造された偽造通貨を取得する場合に限るべきではないかという批判
がある[60]。

⑤　自ら偽造・変造し、もしくは入手した偽造通貨を流通におく行為につ
いて（146条1項3号）

146条1項3号は147条[61]の加重形態である。いずれも明文上で、偽造通
貨を真正なものとして流通におくことが構成要件とされている点で共通す
る。両構成要件の明文上の差異は、流通においた者が「自ら通貨を偽造・変
造し、もしくは入手した偽造通貨を」流通においたか否かである。両罪には
重罪と軽罪という違いがあり、具体的には、軽罪とされる147条にあたる場
合は罰金刑も選択可能な5年以下の自由刑、重罪とされる146条1項3号に
あたる場合は1年以上の自由刑となる。しかしこの差異は、行為者が偽造通
貨をあらかじめ入手していたという行使の準備行為のみによって、例えばそ
れが偽造通貨を取得した者というかたちで、いわば身分犯として加重される
わけではない。重罪として加重されるのは、ⅰ 真正な通貨として流通にお
く意図を持ったうえで偽造通貨を自ら偽造・変造・入手し、ⅱ その意図の
ままに流通におく、という密接に関連した二つの犯罪行為を実行したからで
ある。

先に述べた146条1項1号ないし2号とは異なり、3号は偽造通貨を実際
に流通におくことを構成要件要素とし、それは通貨高権を保護法益（の少な
くとも一部）と考えるのであれば、保護法益に対する本来的な侵害について
規定している条文でもある。ところがこの3号は、1号と2号を必要な前提
としつつも、さらに行使の罪が加わることにより加重されるという（すなわ
ち立法論としては十分観念しうる1号ないし2号の加重という）形態を採用
していないため、特に実務上の意義は小さいとされる。すなわち、行為者は
1号ないし2号で必要とされる超過的内心傾向をみたす意図を、実際に流通
におくことによって現実化させるわけであるが、1号ないし2号に（も）あ

たる3号の実現は、（偽造・入手・行使という一連の行為として）構成要件的に一体であって、あくまで量刑上の実質的な違いがあるだけである。したがって、3号が特別の意義を有するのは、行為者が当初は確かに流通におく意図を持っていたが、後に何らかの理由によりその意図を放棄し、その後また翻意して新たに当該意図を持って行使に至ったという稀な場合にしか、実際には適用される場面がないのである[62]。ところが通説は同号の適用場面について、流通におく意図で通貨を偽造・変造しまたは入手した者が、それにより既に有罪判決を受けたとしても、確定判決後に再度同号を適用することができるとする[63]。例えば、146条1項1号ないし2号で有罪判決を受けた行為者が、収監される前に当該偽造通貨を一部隠匿しておいたところ、服役後にそれが流通したような場合である。しかしながら、これが認められないのは明らかである。正当にも Herdegen はこれに反対する。すなわち、既に有罪の確定判決を経ている以上、同一の事実について量刑上不利に考慮するのは、明らかに一事不再理の原則の趣旨に違背すると主張する[64]。

　行為者が偽造通貨を流通におく意図で取得したという要件は、通説によれば、28条2項[65]における刑を加重減軽する特別な一身的要素にあたるとされる。したがって、流通にのみ関与し準備行為には関与していない者は、147条によってのみ可罰的であることになる。しかしながら、28条2項を適用することによっては妥当な解決を図ることができないとする反対意見がある。すなわち、偽造という（行使罪から見ると）準備行為に該当する行為は、行為者の特別な人的身分とみなすことはできないというのである。同条のいう身分は例えば、先行行為を実行したことを理由として当該行為を行うことを義務づけられるような場合（交通事故を起こした者の救護義務など）、または、準備行為によって徴表された行為者の「特別な危険」が認定された場合のみである。しかしながら、流通においたことにより重罪として加重されるのは、行為者によってなされた違法な準備行為そのものによってである。146条1項3号は、真に二つの違法行為から成る。第二行為（流通のみ）の関与者はこの規定によって可罰的なのではなく、第一行為（偽造行

為）にも共犯として加担しなかった場合は、偽貨をともに保有していたことこそがその処罰根拠となる。適切にも承継的共同正犯の理論を否定するのであれば、第二行為についてのみの関与者に対して、第一行為について帰責することはできない。共謀は違法行為全体に及んでいなければならず、第一行為に関連して、単なる結果のみの利用によってでは帰責することはできない。行為支配は全体に及んでいなければならないのである。このことは、もっぱら流通にのみ関与した共犯者が147条で可罰的であることと矛盾しない。

　本来の行為として146条1項3号は、真貨として流通させることを明文上要件としている。「真貨として」とは、受領者をして真正なものと思わせ流通におくことである。言い換えれば、知情者がその金を偽貨として受領した場合を含まないという意味である。

　旧146条以下は真貨として流通させることのみを規定し、第三者による流通の可能性については規定していなかった。それにより生じた処罰の間隙を通説は、知情者がその後、情を知らない受領者に対し真正なものとして流通におくきっかけとみなすことができるとして、知情者に対する交付も真貨として流通させるという概念に含まれると解釈していた[66]。しかしながら、知情者への譲渡をそのように解するにはあまりに無理がある。知情者を道具として支配しているといった特別の関係が認められない限りは、偽造通貨として交付した者の仕業として帰責することはできない。「真正な通貨として」流通におくことを、このような態度を含ませる根拠とすることはできない。知情者への譲渡行為は偽造通貨としての流通とみるべきであるという批判が以前から根強くあったが[67]、改正はその批判を受けたものといえる。改正によって、行為者自身が真正な通貨として流通においた場合と、第三者によって真正な通貨として流通におかれる可能性のある場合とに分けて規定されたので、従来のような無理な解釈論は不要となり、新法発効後、すぐに判例によって否定されるに至っている[68]。

　また、2004年1月1日に発効した第6次刑法改正によって追加された、

「売りに出す行為」（"Feilhalten"）による処罰は実務上ほとんど行われていない。当然ながらここで新たに規定された「売りに出す行為」とは、従来から規定のおかれていた「真正なものとして流通におく」こととは異なる構成要件的行為を予定している。とすれば、かかる構成要件に該当する行為とは例えば、「不特定多数に対し、明確なかたちで販売を準備すること」等であるが（立法者もそのように理解していたようである）、偽造通貨で当該行為をする者は実際考えにくい。この追加は立法の過誤というべきものであり、立法府自らの手で廃止すべきであると指摘されている[69]。

⑥　146条2項について

146条2項は、行為者が自ら通貨偽造を業として（"gewerbsmäßig"）、ないし、通貨偽造集団の構成員として1項所定の行為を行った場合の加重規定である。同項は、2004年1月の第6次刑法改正によって新設された規定である。本項にいう業務性とは、全体として一個の行為の一部しか終了していない場合、例えば行為者が一度に入手した一定量の偽造通貨を次第に少量ずつ流通においたという場合には認められない[70]。これに対し、本項が本来的には予定していないはずの、組織犯罪ではない（"uneigentlichen"）詐欺の場合において、BGHは、計画されないし実行された一連の構成要件的行為すべてを一個の行為としたとしても、それは業務性を容認することを妨げないとしている[71]。この判例に対しては、いわゆる組織犯罪という名のもとでの犯罪構成要件の緩和と前倒しに対し警戒感を持つ学説から、「BGHは今後、おそらくこの見解を維持するものと思われる。すなわち、非本来的組織犯罪という法解釈上の概念が定着して、組織犯罪として扱うことができるようになれば、本項についてはたとえ実務的に意味はほとんどなくとも、適用を妨げないとするであろう。（少なくとも偽造罪については）「連続犯」（"fortgesetzte Begehung"）が一個の行為を意味するとして、非本来的組織犯罪の場合にも本項にいう集団性がみたされるとしてもである。」との批判がある[72]。

第4章　ドイツにおける通貨偽造罪について　153

2　通貨偽造罪に関するわが国の近時の判例

　以上のように、わが国のみならず各国で強く禁圧されてきた通貨偽造罪であるが、現在、警察庁が公表している偽造通貨発見枚数は、2011 年次 1536 枚（うち 1 万円札が 1157 枚）、2012 年次 1950 枚（同 1457 枚）、2013 年次 966 枚（同 587 枚）、2014 年次 2235 枚（同 1581 枚）と推移している（2015 年 6 月 30 日現在、なお 2015 年上半期では 616 枚（同 292 枚）である）[73]。これを見ると、近時の通貨偽造の数は 2013 年次が極端に少なかったのを除けば、年間 1500 枚から 2300 枚の間で推移していることがわかる。また、2000 年以降で発見枚数が最も多かったのは、2004 年次の 25858 枚（同 8828 枚）である[74]。この 2004 年次をピークに偽造通貨発見枚数が激減したのは、2004 年 11 月に施されたホログラムを含む高度な偽造防止技術が功を奏した結果である。

　このように、偽造通貨発見枚数がピーク時の約 10 分の 1 程度に減少し、年間 2000 枚前後で安定しているという現状を踏まえたうえで、とりわけ、2000 年代後半における代表的な通貨偽造罪に関する下級審判例について、以下に紹介する[75]。

（1）　東京高裁平成 19 年 10 月 19 日判決[76]

【事実の概要】

　勤務先で広告デザインの業務に携わっていた 21 歳の被告人 X は、業務に使用するパソコン、スキャナー、カラーレーザープリンター等を使用すれば本物そっくりの偽札を作ることができるのではないかと考え、同僚の退社後や休日に、会社のスキャナーを利用して真正な一万円札の表面及び裏面の画像を電気信号化してパソコン内のハードディスクに取り込み、画像の余分な部分を切り取るなどの加工をしたうえで、その画像データをカラーレーザープリンターに送り、10 枚の A 3 判印刷用紙の表裏にそれぞれ 4 枚ずつの一

万円札の表面及び裏面の画像を印刷して裁断するという方法で、計39枚の偽一万円札を偽造した。完成した偽一万円札は、紙質が真正なものとかなり異なっていたほか、全体的に緑がかっており、ホログラム部分が光らず、表面と裏面の印字がずれているため縁の一部に印刷されていない部分が存在するといった程度の代物であった。

Ｘは偽造した本件偽一万円札を売春の対価として利用しようと考え、うち7枚を封筒に入れて予め売春婦Ａと待ち合わせたホテルに赴き、買春の後、ホテル入口の暗がりで自ら枚数を数えて見せたうえで交付した。残りの偽造紙幣は被告人Ｘの勤務先の机の引き出し（31枚）と普段使用していた名刺入れ（1枚）に保管されていたが、使用されることはなかった。

【判決要旨】

原審の東京地裁（通常の職業裁判官による裁判）は、本件偽造の方法が比較的単純なもので、紙質としては真正なものとかなり異なっていたことや、流通した偽造一万円札は一部にとどまっていること、被告人は21歳と若く前科前歴がないことなどから、懲役3年執行猶予5年の判決を言渡した。

これに対し東京高裁は、本件は、①被告人が性能の高い機器を駆使して敢行した日本銀行券の偽造事犯であり、これに対する処罰をゆるがせにすることはできないこと、②本件行使の態様をみると、売春の対価として使用すれば発覚を免れると考え、売春婦に対し、封筒に入れた偽造一万円札を暗がりで渡すなど、行使の方法がこうかつであり、巧妙である。行使した残余の一万円札は保管してあり、本件が発覚しなければ更に行使された可能性もないとはいえないこと、③通貨偽造及びその行使は、通貨に対する社会的信用を害する極めて反社会性の強い犯罪である一方、その模倣性も強いといわれている。この種事犯が増加している昨今の時勢にかんがみると、被告人に対しては、一般予防の見地からも厳しい処罰をもって臨むべきである、などとして、被告人に対し、懲役2年6月の実刑判決を言渡した。

第4章　ドイツにおける通貨偽造罪について　155

（2）　さいたま地判平成 21 年 10 月 22 日[77]

【事実の概要】

　被告人は自宅において、カラーコピーができるプリンターの複合機を用いて、行使の目的を持って一万円札の両面をプリンター用紙に複写し、これを裁断するなどして偽一万円札 4 枚を偽造したうえ、出会い系サイトで知り合った女性から性的サービスを受ける対価として、待ち合わせたホテルの一室で茶封筒に入れた同偽札 2 枚を手渡した。

【判決要旨】

　さいたま地裁は、被告人は上述した複合機を用いて試行錯誤の末、偽一万円札 4 枚を偽造しているがその精度は、コピーとはいえ一見して偽物であると見破ることが困難であるほど精巧なものであるが、他方、すかしがないばかりか、色彩も本物同様ではないし、材質も異なるなど拙劣な犯行であるともいえる。また、残りの偽一万円札は行使されることなく、用水路に捨てられていた 2 枚を含め、すべて警察に押収されていることから市場に流通することもなく、被告人には前科前歴もないことから、懲役 3 年執行猶予 5 年の判決を言渡した。

（3）　大阪地判平成 21 年 10 月 26 日（裁判員裁判）[78]

【事実の概要】

　窃盗罪や強盗致傷罪の前科のある被告人は、仕事を辞め金に困った挙句に偽札を作ってそれを店舗で行使し、釣銭を得て家賃の支払い等に充てようと考え、自宅にあった家庭用の複合プリンターを使用して一万円札 4 枚を 2 回にわたって計 8 枚偽造したうえ、計 7 店舗でそれら 8 枚すべてを使用した。

【判決要旨】

　裁判員裁判における評議では、本件の偽一万円札は透かしがなくホログラムも不自然であるなど、少し注意を払えば偽札とわかるものであった。そのため転々流通することはなかったが、レジで対応した店員のほとんどがその場では偽札と気づかなかったため、通貨に対する社会的信用を十分に脅かし

たといえる。また、まず4枚の一万円札を偽造し、行使しようとしたが店員
に偽札であることを見破られ、さらに偽札事件について報道されているのを
知って、二度とこのような犯行に及ばないと決意したというのに、その後も
思うように仕事が見つからず金に困ったとなどいう理由から、偽札と見破ら
れないような工夫を加えて二回目の偽造行為に及んだ。前科前歴と本件犯行
は犯罪の種類は違うが、金に困ると安易に犯罪に走る傾向が認められるなど
として、被告人に懲役2年6月の実刑判決を言渡した。

（4）　長野地判平成22年3月11日（裁判員裁判）[79]

【事実の概要】

　ブラジル人の兄弟である被告人両名は共謀のうえ自宅において、カラーコ
ピー機能を有するプリンターを用いて千円札の両面を複写し、これをカッ
ターナイフで裁断して、偽千円札10枚を偽造し、そのうち3枚を商品代金
購入の対価として順次行使した。

　また、同様の方法で五千円札14枚および一万円札2枚を偽造し、そのう
ち五千円札1枚を商品代金購入の対価として、一万円札1枚を飲食代金支払
いのため、それぞれ行使した。

【判決要旨】

　裁判員裁判における評議では、被告人らは偽造通貨を合計26枚偽造し、
異なる店舗で6回にわたって行使しているが、そのうち千円札1枚だけが被
害店舗から買い物客に釣銭として交付され、さらに同人からその知人へと交
付されたことが認められるものの、残りの偽造通貨については被告人らが使
用した店舗において偽造通貨であることが発覚し、その先には流通していな
い。その精度も手触りや色調が真正通貨とは異なるうえ、透かしもなく、ホ
ログラムもただキラキラ光る用紙を切り貼りしただけといった稚拙なもので
あること、ブラジル人の被告人らが日本社会において、いわゆる外国人労働
者として不遇な状況に置かれていたことも本件の背景に関係していることも
否定できないなどとして、被告人両名に懲役3年執行猶予5年の判決を言渡

した[80]。

　以上、4件の通貨偽造・同行使被告事件を紹介したが、これらの事件に共通するのは、①業務性・組織性のないこと、②偽造精度は高いとはいえないこと、③多くとも数十枚程度の偽造枚数にとどまること、④実際に使用されたのは多くとも数万円程度で、回数も数回であること、である。これらの事実は少なくとも、刑法が重罪を科してまで禁圧しようとしている、「通貨に対する社会的信用」が害されるような、少なくとも具体的な危険があるとはいえない事案であることを示している。これに対して、いずれの事件でも検察官から共通して主張されているのは、パソコンとスキャナー、カラープリンター（ないしはその複合機）を用いた通貨偽造は、特別な専門知識がなくとも作成することが容易であることから模倣性が高く、類似犯が多発する恐れがないとはいえないので、いわば消極的一般予防的観点から実刑をもって強く禁圧すべきという点である。しかしながら、現在のところ幸いにしてわが国の偽造防止技術は極めて高く、豊富な人的および物的資源なくしては、一般人をして真正な通貨だと誤信させる程度の偽造はできないといえよう（もっとも、精度が真貨を上回る程度の偽造がもし可能であるならば、当然、偽造通貨として発覚しないため、現在も「真貨」として市場に流通している可能性はないとはいえない）。通貨偽造・同行使罪被告事件における実刑判決が、上でみた限りにおいては一件にとどまるのも、そのことと無関係ではないと思われる[81]。

おわりに

　以上、ドイツにおける通貨偽造罪に関する近時の学説と判例の動向について概説するとともに、わが国における近時の判例について紹介してきた。
　本文中でも述べたように、解釈論上特に留意すべきところとしては、わが国では「行使の目的」、ドイツでは「流通におく意図」として明文上規定さ

れ、通説によれば、ともに故意を超える主観的構成要件要素として認められてきたが、特にユーロ導入以降、ドイツでは再度議論の萌芽がみられるのではないかという点である。私見としては、いわゆる責任の前倒しとなる主観的構成要件要素は認めるべきではなく、わが国でも明文上要求されている「行使の目的」については客観的な行為態様から認定すべきと考えるが（それこそが客観的評価規準である構成要件の本来の姿であり、構成要件が果たすべき機能の「全て」であるべきである）、わが国では特に極めて少数説にとどまる。この点、通貨偽造罪という各論的な視点のみならず、責任の前倒しに対する警戒と否定いう総論的な視点から示唆を受けることができるような議論が展開されるかどうかを含め、今後も注目してゆきたい。

　また、わが国の判例動向については、とりわけいわゆる量刑越えを始めとする、裁判員裁判制度下での厳罰化傾向が学会でも取り上げられているが、殊、通貨偽造・同行使罪被告事件に限っては、一般市民の刑事裁判参加に伴う厳罰化傾向は今のところ見られない。これはまさに、一般国民の通貨に対する信頼を失わしめるような態様での通貨偽造・同行使罪被告事件が起こっていないことを示しているように思われる。本文中で述べたように、これはわが国の偽造防止技術の賜物であるが、通貨偽造罪という、場合によっては国家の信頼をも揺るがしかねない犯罪を防止するには、刑罰による威嚇ではなく、技術による予防が最も効果的なのである。ドイツにおいても実務的に同様の傾向があるかどうかは不明であるが、少なくとも刑法改正で新たに、「通貨偽造を継続的に行うために結成された集団の構成員」である場合を加重事由として新たに項を設けたことからすると、従来の通貨偽造罪が予定していた「禁圧すべき重罪」と、単なる利欲犯的・短絡的なものとの二極化傾向は、ドイツの立法者も認めているところであるということができよう。

〈注〉

1　佐伯仁志「通貨偽造罪の研究」金融研究第 23 巻法律特集号（2004 年）117 頁。

2　例えば、わが国の通貨偽造罪の歴史としては、わが国最古の通貨とされる和同

開珎は 708 年に製造されたが、翌 709 年には早くも私鋳銭に対する罰則を定めた
詔が発せられている。その際の刑罰は、通貨偽造者は没官、偽造通貨行使者は杖
200 と徒刑という比較的軽微なものであった。しかしそのわずか 2 年後の 711 年
には、通貨偽造者は斬刑に処され、さらに大宝律令で最も重い犯罪であった八逆
の大罪（謀反等の罪）と同様に、大赦の対象から外すとされ、一気に極刑として
禁圧されることになったとされる。佐伯・前掲注（1）118 頁以下。

3 Kindhäuser/Neuman/Paeffgen (Hrsg.), StGB,4.Aufl. (2013), Puppe,vor § 146
 ff Rn1. 偽造罪の沿革に関するわが国の文献としては、松宮孝明『刑法各論講義
 （第 3 版)』成文堂（2012 年）365 頁以下も参照。

4 Puppe 前掲注（3）vor § 146 ff Rn1.

5 Puppe 前掲注（3）vor § 146 ff Rn1.

6 Puppe 前掲注（3）vor § 146 ff Rn1. なお、通貨そのものが有する財産的価値
 を減少させることを通貨偽造罪の構成要件とするのは、1974 年 2 月 3 日の刑法
 施行法（EG StGB）によって廃止された。

7 BGSt 23, 229,231. すなわち通貨偽造も偽造の本質論（何を偽造したのか）につ
 いては文書偽造と同じく、発行権者の名義の冒用をおこなったと考えているので
 ある。なお、通貨を広義の文書とする点についてはわが国でも争いのないところ
 である。

8 通貨偽造罪の保護法益について、わが国の現在までの議論をまとめたものとし
 て、佐伯・前掲注（1）142 頁以下。

9 わが国における保護法益に関する議論において、偽造通貨を受領した個人の財
 産上の損害も、通貨偽造罪の保護法益であることを認める立場として、宮本英脩
 『刑法大綱』（成文堂、1935 年）527 頁以下。これに対して通説的見解からは、か
 かる個人的法益は公共危険罪の反射的効果として保護されるに過ぎず、本罪の保
 護法益に財産的利益を含むとみることは社会的法益と個人的法益を混同するもの
 で正当ではないとの批判がある。団藤重光編『注釈刑法（4）各則（2)』（有斐
 閣、1991 年）3 頁以下等。しかしながら私見としては、社会的法益はできる限り
 個人的法益に還元すべきだと考えるところ、現実に財産的損害を受けた市民が公
 共の安全の「反射」でしか保護されないことには疑問がある。通貨偽造罪におい
 ても、通貨の流通に対する「漠然とした」不安といったもののみを保護法益にす
 ると、通説が同罪を抽象的危険犯と解していることとも相俟って、その成立範囲
 が漠然・不明確なものとなる恐れがある。通貨偽造罪において危険犯という概念
 を認めざるを得ないとしても、当該偽造通貨が市場に流通することによって、不

特定多数人の財産権がまずは具体的に侵害され、それが一定程度に達した場合に初めて貨幣流通の安全性と信頼性が侵害され（る具体的な危険が生じ）たというべきなのである。

10　Puppe 前掲注（3）vor § 146 ff Rn 2；Fischer, StGB, 60. Aufl.（2013）§ 146 Rn2.

11　RGSt 67, 297；BGH NJW 1954, 564.

12　大塚仁他編『大コンメンタール刑法』第 3 版、青林書院（2014 年）第 8 巻 4 頁以下。

13　この点については後述するように、そもそもドイツとわが国では通貨偽造罪に関する立法形式が異なることから同列に議論することはできないと思われる。また、同意についても社会的法益に関連する事柄については、そもそも個人の同意で放棄できないと考えることも可能である。偽造通貨を悪意かつ有償で取得した場合、その財産的損害は放棄可能であるが、偽造通貨がその者に入手されたことによって当該偽造通貨が流通におかれる危険については、同意権者でもない以上当然に放棄などできないからである。

14　Puppe 前掲注（3）vor § 146 ff Rn3.

15　Puppe 前掲注（3）vor § 146 ff Rn3.

16　近時のヨーロッパにおけるギリシャの金融危機などからしても、当該国家が自国内に流通する通貨量を適切にコントロールすることの重要性については論を俟たないところである。

17　Hassemer は、通貨偽造罪が、個別事案で個々人に具体的に生じた損害を精確に確定させることは困難であるという性質を持つ累積犯である以上、刑法犯としての厳密な構成要件たりえず、正当性も満たさないため、秩序違反法に移行させるべきであるとする。危険犯をできるだけ認めないという姿勢には賛同できるが、通貨偽造罪自体を刑法犯から除外するという結論は、特にわが国では受け容れがたいであろう。zitiert von Puppe 前掲注（3）vor § 146 ff Rn4.

18　Puppe 前掲注（3）vor § 146 ff Rn12.

19　Vogel, "Strafrechtlicher Schutz des Euro vor Geldfälschung ― Europäischer Rechtsrahmen und Anpassungsbedarf im deutchen Rechts", ZRP 2002 S.7 ff, 9.

20　Vogel 前掲注（19）S.9.

21　Puppe 前掲注（3）vor § 146 ff Rn14.

22　ここでは、ユーロ加盟国に求められる枠組みに関連しての超過的内心傾向の要否について紹介したが、ドイツ国内における議論については後述する。次節を併せて参照されたい。

第 4 章　ドイツにおける通貨偽造罪について　161

23　法務省大臣官房司法法制部司法法制課『ドイツ刑法典』（法務資料第 461 号）（2007 年）109 頁以下。

24　わが国では刑法 148 条で「行使の目的」という語で表現されている。なお、「行使の目的」と「流通におく意図」とは、特に目的犯との関係で同義ではないのではないかという議論があるうるが、この点については今後の課題としたい。なお法務省訳については「目的」と訳されているのでそのまま転載している。

25　Jeschek／Ruß／Willms（Hrsg.），Strafgesetzbuch（Leipziger Kommentar），10. Aufl（1988），§ 146 Rn 2 ; Rudolphi／Wolter, Systematischer Kommentar zum Strafgesetzbuch（2012），§ 146 Rn1.

26　Puppe 前掲注（3）§ 146 Rn1.

27　BGHSt 27, 255, 258 f. BGH のこのような厳格な真正性の定義は、前述した欧州委員会の枠組みの 4 条にもかなうものであるとされる。もちろん本文に掲げたような場合は「流通におく意図」が認められないので、当該発見行為は構成要件に該当しない。しかし例えば、当該通貨を流通におく意図で入手した場合は、偽造通貨入手罪（146 条 1 項 2 号）となる。

28　BGH NStZ 1981, 477. なおこの判決を肯定するものとして Otto, Anm.,NStZ 1981, 478.

29　この点についてはわが国における通説ないし判例もほぼ同義であるといえる。わが国の判例と学説を整理したものとして、大塚・前掲注（12）第 8 巻 15 頁以下。

30　BGH NStZ 1995, 440,441 ; NStZ 2003, 368.

31　BGH NJW 1995, 1844, 1846 f.

32　BGH NJW 1995, 1844 f. なお、その他偽造通貨としての質が問題となるものとしては、印刷の工程は終了しロールアウトされたが、紙幣としてカットされる前の印刷全紙（"Druckbogen"）といわれる態様のものも偽造通貨ではないとされる。もっとも、例えば印刷全紙の製造だけではなく、その後の切り分けまで予定されていた場合は、全体としてみると偽造に対する行為寄与（"Tatbeitrag"）とされる場合がある。BGH NStZ 1994, 124.

33　BGH MDR 1952, 563. なおこの判決を肯定するものとして Dreher, Anm.,MDR 1952, 563 f. また、このようなものを作出した場合は、「金銭類似の印刷物もしくは図画を作成しまたは配布した」として、秩序違反法 128 条が適用される。一方で現代の自動販売機等に使用されている硬貨認識装置を欺くのはその精度確保において、人の目を欺くよりもはるかに困難であるとの指摘もあるが、これを使用

して自動販売機から商品を奪取した場合は、わが国と同様に窃盗罪によって処断されることになる。Puppe 前掲注（3）§ 416 Rn6.

34　BGH23, 231；Fischer 前掲注（10）§ 146 Rn7. なお、合成紙幣に関するわが国の判例としては、真正な千円券1枚をまず水で濡らしはがれやすくしてから、手で揉んで表と裏にはがし、これをそれぞれハサミで2片に切断し、千円券片4片を作り、そのうちの3片につき、印刷のない片面を内側にして間に厚紙を挿入し、四つ折りにして糊付けし、さらに他の1枚の千円券をハサミで2片に切断し、千円券片2片を作り、いずれも裏面を内側にし、四つ折りにして糊付けし、真正な千円券を四つ折りまたは八つ折にした外観を有する千円券合計6枚を変造したというものがある。最高裁は、「6片の物件は、通常人をして真正の銀行券を四つ折り又は八つ折したものと思い誤らせる程度の外観、手触りを備え、真正の銀行券として流通する危険を備えたものと認められる。」として、通貨変造罪の成立を認めた。最判昭和50年6月13日、刑集29巻6号375頁以下。

35　Fischer 前掲注（10）§ 146 Rn7. なお、本文で挙げたような収集家の行為は偽造罪にはあたらないが、加工した当該硬貨を希少価値のある品だと偽って売却した場合に、別途、詐欺罪等が成立するのは当然である。

36　Puppe 前掲注（3）§ 146 Rn9.

37　Fischer 前掲注（10）§ 146 Rn9.

38　BGHSt 27, 255. この点については近時、パソコンとスキャナー、プリンターを組み合わせて用いることによって、非常に簡単に、しかし精度的には粗悪な偽造通貨を作成し行使するという事案がわが国でも散見される。これについては後述する。

39　Puppe 前掲注（3）§ 146 Rn11.

40　ここでいう流通におく意図とは、偽貨を交付者の処分権限に委ねること、特に真正な通貨として交付し、交付者の自由に委ねることをいう。偽造通貨の占有はなお偽造者のもとにあるが、第三者にそれを提供しようとする準備がある、ないしそのふりをするような場合、例えば偽造の技術見本として交付したり、あるいは資産証明に利用したような場合（いわゆる見せ金）は、流通を可能ならしめるという意図に欠けるとされる（BGHSt 27, 255, 259；BGHSt 35, 21, 23；BGHSt 42, 161, 168；NStZ 1986, 548.）。

41　BGH JR 1976, 294 f.

42　Puppe 前掲注（3）§ 146 Rn13；Dreher, Anm..JR 1976, 295 ff.

43　Puppe 前掲注（3）§ 146 Rn14. なお、通貨偽造罪の成立には行使の目的が必

要か、通貨偽造罪においては行使の目的という主観的要素（超過的内心傾向）が違法を基礎づけるのではないかという議論は、わが国でも同様に存在する。ドイツの通説同様、わが国の多数説はこれを肯定するが、私見としては、本文中の批判に加え、行使の目的は客観的な行為態様からその有無を確定することが可能であり、かつそれが妥当である（偽造された物の質・精度・量などから客観的に認定することができる）と考える。浅田和茂『刑法総論』（補正版・2007 年）125頁。BGH の判例にみられるような抽象的危険をもって、流通におく意図を安易に認定することは妥当ではない。

44　Puppe 前掲注（3）§ 146 Rn15.

45　BGH GA 1967, 215 f；Fischer 前掲注（10）§ 146 Rn18. もっとも、装身具に附随するコインが実際流通している（していた）真貨のモデルを持っており、真貨として現実に流通におかれる可能性がある程度に精巧である場合は、当該コインに例えばごく微細な穴を複数個あけておくといった方法で、真価を見まがうような外観を失わせる加工を施す必要がある。それをあえて施行しなかったような場合も偽造とされなければならないとされる。Puppe 前掲注（3）§ 146 Rn16.

46　BGHSt 27. 255, 259；Fischer 前掲注（10）§ 146 Rn17.

47　Puppe 前掲注（3）§ 146 Rn19.

48　BGH StV 2003, 331；BGH NStZ 2005, 686.

49　Puppe 前掲注（3）§ 146 Rn20.

50　BGHSt 44, 62, 64 f.

51　BGHSt 3, 154, 156. 本文で述べたようにドイツの判例・通説は、「取得」という構成要件を充たすためにはあくまで専ら自己の意思に基づいて処分権を取得したことを要求するが、それ以外に特別な行為を要求しない。例えば、偽造の実行正犯との共謀に基づく共犯行為も何ら不要であるとする。Puppe 前掲注（3）§ 146 Rn24.

52　Puppe 前掲注（3）§ 146 Rn21.

53　BGHSt 44, 62, 64 f；BGH, NStZ 2000, 530.

54　Puppe 前掲注（3）§ 146 Rn23.

55　BGHSt 42, 162. Puppe JZ 1997, 490, 499.

56　BGH NStZ 2002, 593.

57　Frister, "Das Sich-Verschaffen von Falschgeld", GA 1994, S.553, 555.

58　Frister 前掲注（57）S.556.

59　Frister 前掲注（57）S.557 f. Frister によれば、判例・通説のような広い解釈に

よると、例えば偽造者が真貨として偽造通貨を贈与したが、後に偽造通貨だと判明し突っ返されたため、当該偽造通貨を回収した場合も自己取得の構成要件に該当するが、有償性は認められないため自己取得罪にはあたらないとされる。

60　Puppe 前掲注（3）§ 146 Rn25. なお Puppe は、自己取得罪における主観的要件も、先に述べた偽造と場合と同様、「意図」を超過的内心傾向と解する必要はなく、通常の故意で足りるとする。また、取得以前に真貨として流通におく意図がない場合は知情前取得として不可罰であるが、取得後に流通におく意図を生じて実際に使用した場合は 147 条によって軽罪として処断される。Puppe 前掲注（3）§ 146 Rn29.

61　ドイツ刑法 147 条 1 項は、「146 条の場合を除いて、偽貨を真正なものとして流通においた者は 5 年以下の自由刑又は罰金刑に処せられる。」と規定し、2 項で、「未遂は処罰される」と規定している。

62　Puppe 前掲注（3）§ 146 Rn31.

63　Lackner/Kühl, Strafgesetzbuch, 27. Aufl. (2011), § 146 Rn9；Rudolph/Wolter, Systematischer Kommentar zum Strafgesetzbuch (2012), § 146 Rn14.

64　Jeschek/Ruß/Willms 前掲注（25）§ 146 Rn3.

65　ドイツ刑法 28 条 2 項は特別の一身上の要素として、「特別な一身的要素が、刑を加重し、減軽し又は阻却する旨を法律が定めているときは、その法律は、その要素の存在する関与者（正犯又は共犯）にのみ効力をもつ。」と規定している。法務省大臣官房司法法制部司法法制課・前掲注（23）26 頁。

66　Schönke/Schröder, Strafgesetzbuch, 28. Aufl. (2010) § 146 Rn8.

67　Puppe 前掲注（3）§ 146 Rn34.

68　OLG Stuttgart NJW 1980, 2089；LG Kempten NJW 1979, 225. ところが近年、BGH 主導のもとで、さらなる揺り戻しが見られる。すなわち BGH は、買い手ないし承継人によって真貨として流通される可能性がある場合は、知情交付も真貨としての交付にあたるという従来の解釈を再び明確に採用するようである。そのような解釈が、「立法資料で明確に表現されている」立法者の意思にかなうものである（BGHSt 29, 311, 313 ff.）というのである。BGHSt 35, 21, 23；BGH NStZ 2002, 593；BGH NStZ 2003, 423 f. さらに刑法改正特別委員会の報告書は以下のように述べている。「真貨だと思った紙幣を自ら再度流通させるのではなく、それを家族や知人に貸すことによって転嫁した者も重罪として処罰されることになるのは一貫しない。いずれも同様に取り扱うべきである。」

　　このように、刑法改正の特別委員と立法府が同様の立場を採ったことは憂慮

すべきである。とりわけ同罪に関与した者の取扱いについて、一義的な文言どおりに解釈しない点は問題である。

69 Puppe 前掲注（3）§ 146 Rn35.

70 BGH NStZ 2011, 515, 516. これは、一つの行為をひたすら細分化することによって業務としての反復・継続性を認めることができないことから自明である。

71 BGH NJW 2004, 2840, 2841；NStZ 2010, 88, 89. これらの判例についても、業務性を充たすには必ずしも複数回の実行行為が必要であるわけではないとする点で、違和感があるものではない。

72 Puppe 前掲注（3）§ 146 Rn51.

73 警察庁ホームページ https://www.npa.go.jp/toukei/souni/gizou.pdf

74 警察庁ホームページ http://www.npa.go.jp/hakusyo/h17/hakusho/ h17/html なお、500 円硬貨の偽造については、1998 年次に 358 枚であったものが翌年の 1999 年次には 7336 枚と激増している。これは当時、材質および形状の類似する韓国の 500 ウォン貨幣等を変造したものを自動販売機で使用するといった事件が急増したためである。佐伯仁志「通貨偽造罪の研究」（金融研究第 23 巻法律特集号、2004 年）137 頁。

75 なお、2000 年以降最高裁で通貨偽造罪が審理された記録は発見できなかった。

76 高等裁判所刑事裁判速報集（2007 年）速報番号 3366 号 340 頁。LEX/DB 文献番号 25365699.

77 裁判所ウェブサイト http://www.courts.go.jp/app/hanrei_jp/ LEX/DB 文献番号 25441654.

78 LEX/DB 文献番号 25460208.

79 LEX/DB 文献番号 25463428.

80 その他、留意すべき判例としては、公式判例集未登載で LEX/DB にも掲載されていないが、長野地裁の事件と同様、スリランカ人の 25 歳の専門学校生である被告人が、自宅のパソコンとプリンターで、インターネットからダウンロードした画像を用いて偽の一万円札 14 枚を作成し、そのうち 2 枚を二度にわたり、タクシーの料金支払いのために使用したという事案で、懲役 3 年執行猶予 5 年を言渡した東京地判平成 24 年 3 月 29 日がある（裁判員裁判）。詳細は西浦善彦「裁判員裁判レポート」二弁フロンティア（第二東京弁護士会）2012 年 7 月号 20 頁以下を参照。

81 なお、本文中に紹介した 4 事件のうちで唯一実刑判決を受けた 3 の事件は、過去に実刑判決を受けたという前科前歴が事実上影響したものと思われる。これ以

外にも実刑判決を受けた近時の通貨偽造・同行使被告事件も複数存在するが、いずれも覚せい剤を購入する金欲しさから短絡的に行った犯行で、覚せい剤取締法違反被告事件として併合罪として処断されているため、とりあげなかった。

　また、インターネット上の出会い系サイトを利用しての買春その他違法行為の対価として、偽造通貨が用いられる傾向があるのも近時の傾向であるといえる。検察側の主張によればこれは、違法行為をしている相手ならば警察に届け出る可能性が低いであろうという被告人の「狡猾な」心理状態を表すものということになるが、もしそうであるならば、そこからさらに一般市場に流通する可能性も低く（知情後行使が発覚した場合には、売春等の自らの違法行為も発覚する危険があるため）、したがって通貨偽造罪の保護法益も実際に侵害されることは少ないと考えるべきであろう。

第5章　エクアドルの通貨制度
——ドル化政策の社会的・制度的要因——

木　下　直　俊

はじめに

　中南米のパナマ、エクアドル、エルサルバドルは、自国通貨を持たず米ドルを通貨とするドル化政策を講じている。パナマは運河建設を目論む米国の支援を受け、1903年にコロンビアから分離独立した。以来100年以上にわたり米ドルをバルボアと称し法定通貨としている。エクアドル、エルサルバドルは2000年代初頭、自国通貨を自ら放棄し米ドルを通貨とする道を選択した。このドル化政策については、1990年代に中南米の多くの国々で導入に向けた議論がなされ、コスト・ベネフィットといった経済学の観点から分析されてきた。しかし、この2カ国以外には実現に至らなかった。それは、ドル化によってもたらされる便益以上に、通貨主権の放棄は国家の枠組みや社会のあり方をも揺るがしかねず、さらに法制面でも多くの制約や課題があったからにほかならない。本章では、エクアドルの事例を取り上げ、なぜドル化に至ったのかという問題意識を軸に法的側面からドル化政策を考察したい。

1　ドル化の定義

　「ドル化（dollarization）」とは、国内取引において外国通貨が一般受容性を得ている状態を指す。一般受容性や強制通用力を獲得する外国通貨が、

ユーロや豪ドル等の米ドル以外の場合も一般的に「ドル化」というが、ユーロ圏以外でユーロが流通する場合には、「ユーロ化（euroization）」ということもある。なお、「ドル化」は「制度としてのドル化（De Jure dollarization）」と「事実としてのドル化（De Facto dollarization）」に分けられる[1]。

　「制度としてのドル化」は、外国通貨を法定通貨とする、もしくは法定通貨に準ずるものとみなすことをいう。国際通貨基金（IMF）の為替取極・為替管理に関する報告書によると、2014 年 4 月末時点、調査対象 191 カ国・地域中、外国通貨を法定通貨とする国は 13 カ国。うち米ドルがパナマ、マーシャル諸島、ミクロネシア連邦、パラオ、東ティモール、エクアドル、エルサルバドル、ジンバブエの 8 カ国、ユーロがコソボ、サンマリノ、モンテネグロの 3 カ国、豪ドルがキリバス、ツバルの 2 カ国となっている[2]。外国通貨を法定通貨とした契機や背景は多様だが、総じていえば、旧宗主国による統治といった歴史的経緯や独立後の国内外の政治状況が影響している。

　一方、「事実としてのドル化」は、法定通貨として自国通貨がありながらも国民が外国通貨を選好する場合をいう。「事実としてのドル化」が進展している国では、食料や日用品の購入の支払いは自国通貨が利用されるが、金融資産や債務はドル建てであり、中南米では、アルゼンチン、ボリビア、ペルー、ウルグアイ、ニカラグア等が該当する。

　なお、「制度としてのドル化」は、当該国における法制度に基づくものであり、必ずしも米国政府の承認を受けているとは限らない。米国政府の承認を得ているドル化は「正式なドル化（formal dollarization）」であり、パナマのみがこれに該当する。パナマは 1904 年 12 月 6 日に、米国政府と通貨協定を締結しており、正式に米ドルを法定通貨とすることが認められている。

　ちなみに、近時、債務不履行に陥り財政破綻したプエルトリコは、米ドルを法定通貨としており、1900 年 4 月 11 日に米国議会の承認は得ているが、独立国家ではなく米国の自治連邦区（Commonwealth）であるため、厳密には「正式なドル化」国とはいえない。

2　ドル化を巡る議論

（1）　コスト・ベネフィット

1990年代、安定的な為替制度のあり方を巡って、完全変動相場制か厳格な固定相場制のいずれかが望ましいとする「両極の解（two corner solutions）」もしくは「二極選択式発想（bipolar view）」と呼ばれる考えが広まった[3]。実質的な固定相場制を意味するドル化政策については、コスト・ベネフィットといった観点からの分析がなされ、中南米諸国において、その是非が議論された[4]。最終的に、メキシコ（1994年）、ブラジル（1999年）、アルゼンチン（2002年）等は通貨危機を契機に固定相場制から完全変動相場制へと移行したが、エクアドル、エルサルバドルは2000年代初めに米ドルを通貨とするドル化政策を講じ通貨主権を自ら放棄した。

ドル化は、通貨の発行・造幣および管理・取引といったコストを削減でき、経済規模の小さい国にとって利点は大きく[5]、金利の相対的な低下や直接投資の増加をもたらし、経済成長への寄与が期待されるほか[6]、為替変動リスクの低減により貿易が促進される[7]等のベネフィットを有すると考えられる。一方、コストとしては、国家の象徴としての貨幣を喪失し[8]、シニョレッジおよび通貨政策を放棄することになるだけでなく[9]、為替レートが固定されると国内の生産を左右するはずの金融政策の影響力がまったく及ばなくなり、経済を意図的に安定させることが難しくなる[10]等と考えられている。

この理論的根拠となる「国際金融のトリレンマ」では、①為替レートの安定、②独立した金融政策、③自由な資本移動の3つの政策は同時に実現することができないとされているが、一般的に「制度としてのドル化」とは、②独立した金融政策を犠牲にし、①為替レートの安定と、③自由な資本移動を選択する為替制度と考えられている[11]。ドル化政策は為替変動リスクを減ずる効果があるが、経済を拘束衣で縛るようなものであり、1990年代に経済危機に陥った多くの途上国は、ドル化政策よりも完全変動相場制を採用し、

通貨切り下げによる経済浮揚効果を利用する方が賢明だとの見解もある[12]。

（2） 米国での法の手当てに関する議論

　ドル化政策を巡る議論が活発化した背景には、1990 年代以降、米国の政治家の間で欧州統一通貨ユーロ誕生への危機感があった。ユーロへの対抗上、諸外国のドル化を積極的に支援しようとする動きがあった。1999 年 11 月、マック（Connie Mack）上院議員（共和党）は上院銀行住宅都市委員会に、ドル化政策実施国が喪失するシニョレッジを米国政府が補填するという内容を含む国際金融安定法案（International Monetary Stability Act）を提出し[13]、法案は 2000 年 7 月に本議会に上程されている。この法案には、米連邦準備制度理事会（FRB）はドル化政策実施国に対して「最後の貸し手」としての金融支援の義務を負わないこと、米国内の金融政策はドル化政策実施国の経済状況を顧慮せず、ドル化は当該国の責任のもと運用されることが盛り込まれたが、最終的には米国財務省および FRB が法案に反対の姿勢を変えなかったため廃案に至った[14]。現在、米国はパナマを除いて、諸外国のドル化を黙認する状況を続けているが、それは各国の経済規模が小さく、米国にとってデメリットが顕在化するほどではないためと考えられる。

3　ドル化の経緯

（1）　法定通貨スクレ

　エクアドルでは、貨幣法（Ley de Monedas）が 1884 年 3 月 22 日に成立して以来、ドル化政策が講じられるまでの 116 年間にわたり法定通貨はスクレ（Sucre）[15] とされてきた。当初、1 スクレ＝銀 22.5g（ラテン通貨同盟の 5 フラン銀貨相当）とする銀本位制が採用されていたが、銀価格の下落を受け、米国をはじめ主要国が金本位制に移行したことに伴い、エクアドルも 1898 年 11 月 3 日に金本位制（1 スクレ＝金 732.224mg）に追随した。

　1914 年に第一次世界大戦が勃発し、世界の主要国が金本位制を中断、エ

クアドルも同様に停止したが、1927 年 3 月 4 日には金本位制（1 スクレ＝金 300.933mg）に復帰した。同月 12 日に施行されたエクアドル中央銀行基本法（Ley Orgánica del Banco Central del Ecuador ［1927 年 3 月 12 日付官報第 283 号]）に基づき、8 月 10 日にエクアドル中央銀行（BCE：Banco Central del Ecuador、以下、中銀）が創設され、中銀が通貨の発行を独占的に行うこととなった。しかし、金本位制は長くは続かず 1929 年に始まる世界恐慌の影響を受け、1932 年 2 月 8 日に停止し米ドルへの固定相場制（5.95 スクレ／ドル）に移行した。

　その後のエクアドル経済は 1982 年まで比較的安定していた[16]。消費者物価指数上昇率（前年比）は総じて 15％を下回り、その他の中南米諸国に比べ相対的に低い水準で推移した。為替レートについても、数年に一度の割合で切り下げが行われる程度（1937 年 13.5 スクレ／ドル、1940 年 14.8 スクレ／ドル、1979 年 25.0 スクレ／ドル）であった。

（2）累積債務危機の発生

　1972 年 8 月、アマゾン地域から海岸地域を結ぶ石油パイプライン・システムが完成し、原油輸出が本格的に開始された。クーデターにより実権を握ったロドリゲス（Guillermo Rodríguez Lara）軍事政権は、輸入代替工業化に基づく政府主導型の開発政策のもと石油企業の国有化を進め、翌 73 年には石油輸出国機構（OPEC）に加盟した[17]。エクアドルはバナナ、コーヒー、カカオ等を生産する農業国から、石油産業を柱とする現在のような経済構造に転換した。しかし、ロドリゲス政権が進める経済政策、農地改革への反発は強く、1976 年 1 月にクーデターが発生し、陸・海・空軍のトップ 3 名の合議制による最高執政評議会（Consejo Supremo de Gobierno）が発足した。最高執政評議会は新憲法草案を策定し、民主化に向けたプロセスを進めるとともに、経済面では外資導入を積極的に図り、石油ブームによる資源価格高騰を背景に、開発投資のための対外借入を増やした。しかし、その多くがドル建て短期債務で変動金利型であったため、その後の債務危機をもた

らす一因となった。

1979年8月に民政移管が実現し、憲法（1978年1月15日公布、79年8月10日制定）第89条に基づき設置された国家開発審議会（CONADE：Consejo Nacional de Desarrollo）が策定する中期的（4〜5カ年）国家開発計画に沿って輸入代替工業化が進められようとした。しかし、1979年10月から、米国がインフレ対策として高金利政策を講じたことで、債務利払いが増加し、1982年8月のメキシコを皮切りに中南米諸国では累積債務危機が顕在化した。エクアドルも対外借入が困難となり、1983年のエルニーニョ現象に伴う豪雨洪水による被害も相俟って債務危機に陥った。政府は経営難に陥る民間企業、金融機関への救済策として、1982年11月から84年12月にわたり、ドル建て民間対外債務を自国通貨建て債務として政府が肩代わりする、スクレティサシオン（sucretización）と呼ばれる措置を実施した（図5-1）。その後も、1986年に原油価格が急落したほか、1987年3月5日には大地震により石油パイプラインが損壊し原油輸出が停止する等、数々の問題に直面

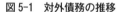

図5-1　対外債務の推移

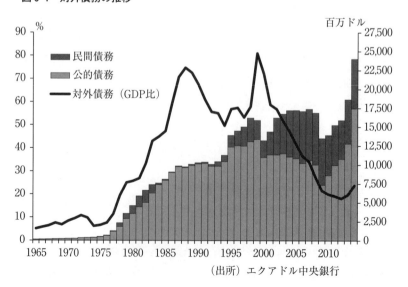

（出所）エクアドル中央銀行

し、同月 15 日に債務不履行（デフォルト）に陥った。国内経済は「失われ
た 10 年」と呼ばれる景気低迷が長期化した。為替制度はインフレを沈静化
するため、1988 年 8 月に固定相場制から小刻みに為替レートを切り下げる
クローリング・ペッグ制に移行した。

（3） 金融自由化の進展

　1990 年代には、IMF、世界銀行が提示したブレイディ・プランと呼ばれ
る債務削減案に合意するとともに、その政策条件（コンディショナリティ）
に基づき新自由主義（ネオリベラリズム）政策がとられた。

　1992 年 8 月 10 日に発足したドゥラン（Sixto Durán）政権は、経済体制
を政府主導型から民間主導型の自由経済へと移行すべく、国家近代化法
（Ley de Modernización del Estado ［1993 年 12 月 31 日付官報第 349 号］）を
制定した。同法に基づき、国家近代化審議会（CONAM：Consejo de
Modernización del Estado）が設置され、経営効率化を狙いとした国営企業
の民営化が志向された。しかし、石油、電力、通信、上下水道等の基幹産業
については国民の反発が強く、最終的に民営化に至った国営企業は 169 社の
うち 21 社のみであった。金融面においては、オフショア市場構想のもと金
融機関基本法（Ley General de Instituciones del Sector Financiero ［1994 年
5 月 12 日付官報第 439 号］）が制定され、金融自由化が推し進められたが、
銀行監督庁（Superintendente de Bancos）をはじめとする金融当局の監督
機能は甘く放漫経営が常態化した。1990 年 19 行であった民間銀行数は 1999
年には 39 行へと増加した。1995 年 1 月にはペルーとの国境紛争が勃発、軍
事支出の増加に伴い公共料金の引き上げや公共投資の削減等の緊縮政策が講
じられ景気は減速した。さらに、自由化を推し進めてきたダイック（Alberto
Dahik）副大統領の公金横領疑惑が発覚し、先行き不透明感が高まった。米
国の利上げおよびメキシコ通貨危機の影響も被り、資金流出、金利上昇、不
良債権増加等が続き、金融システムに係る信用不安が拡大し、国内金融機関
は流動性不足に陥った。

その後、低所得者層から支持を集めたブカラム（Abdalá Bucaram）大統領が1996年8月10日に就任した。12月2日に、カバーロ（Domingo Cavallo）アルゼンチン元経済相の助言に基づき策定されたコンバーティビリティ・プラン（兌換法案）が発表された。インフレ抑制・金利引き下げ策として、1997年7月1日にスクレ（1996年12月末時点の対ドル為替レートは3,632スクレ／ドル）のデノミネーションを行い、為替レートを4ヌエボ・スクレ／ドルに固定し、マネタリーベースを外貨準備高に制限するカレンシー・ボード制を導入するという計画であった。しかし、家庭用ガス補助金削減、公共料金引き上げといった緊縮政策に加え、公金横領、縁故登用の横行と、国民の政治不信が強まり、大統領退陣を求めるストライキが全国規模に発展し、コンバーティビリティ・プランは頓挫した。公人らしからぬ奇行を繰り返し狂人（El Loco）とまで評されたブカラム大統領を、国会は1997年2月6日、憲法第100条に基づき「精神的に職務遂行不能（incapacidad mental para gobernar）」として罷免の決議を採択した。ブカラムは就任から半年経たずして失脚、パナマに亡命した。その後、アルテアガ（Rosalía Arteaga）副大統領が大統領に昇格するものの、国会はこれを承認せず、2月11日に国会議長であったアラルコン（Fabián Alarcón）を暫定大統領に指名する事態となった。ブカラム失脚以降、10年間に6回の政権交替が起き、経済のみならず政治的混迷も深まった（図5-2）。

（4）　金融・通貨危機の発生

1998年8月10日に就任したマワ（Jamil Mahuad）大統領は、財政を圧迫していたペルーとの国境紛争を終結すべく、10月26日に和平合意を締結した。しかし、エルニーニョ現象による洪水被害への財政出動、原油価格下落による歳入減に直面し財政赤字が拡大した。政府は公務員の削減、国有地売却のほか、ガス・ガソリン・電気等の補助金削減といった緊縮政策を進めた。その結果、インフレが高進（図5-3）、国民は困窮の度合いを深め社会不安が広がった。

国会は 11 月 25 日に、経済再建、財政健全化を狙いとした通称「銀行救済法（salvataje bancario）」として知られる金融関連税制経済分野改正法（Ley de Reordenamiento en Materia Económica en el Área Tributario Financiera [1998 年 12 月 1 日付官報第 78 号]）を承認した。同法第 1 章に基づき、税制面では所得税が廃され、代わりに、金融機関での取引すべてに 1％ を課税する金融取引税が導入された。また、同法第 2 章に基づき、預金保険機構（AGD：Agencia de Garantía de Depósitos）が新設され、法律上、銀行破綻が発生した際には政府が預金を無制限に保証することとなった。しかし、信用不安は収まらず、12 月 3 日に国内大手のフィラン銀行、翌 99 年 1 月 4 日にはトゥングラワ銀行、18 日にアスアイ銀行と、次々に民間金融機関が経営破綻し預金保険機構の管理下に置かれた。スクレの対ドル為替レー

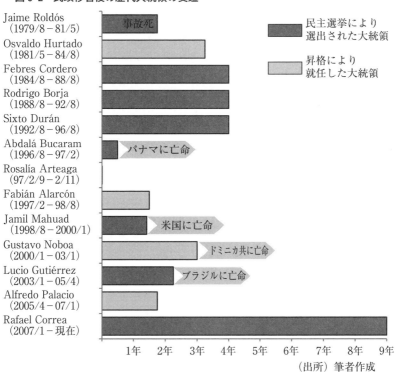

図 5-2 民政移管後の歴代大統領の変遷

（出所）筆者作成

図 5-3　消費者物価指数上昇率（前年比）、対ドル為替レートの推移

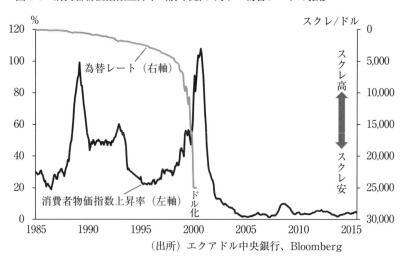

（出所）エクアドル中央銀行、Bloomberg

トは下落が続き、中銀による外貨準備を取り崩してのスクレ買い介入も限界に達し、クローリング・ペッグ制が行き詰まったため、1999 年 2 月 12 日に為替制度は完全変動相場制に移行した。しかし、それでもスクレ売り圧力は収まらず資金流出は加速、預金引き出しが拡大した。エガス（Jorge Egas）銀行監督庁長官が、3 月 8 日に 24 時間の銀行休業（feriado bancario）措置を発表したことで混乱はさらに広がり、最終的に休業措置は 5 日間に延長された。翌 9 日、マワ大統領が大統領令第 681 号を以て国家非常事態宣言を発出し、国軍に出動を命じる事態となった。さらに 11 日には、大統領令第 685 号を以て 200 万スクレ（500 ドル）以上の預金口座を凍結し、預金繰延証書（CDR：Certificados de Depósitos Reprogramables）を発行する措置を講じた。多くの金融機関が経営難に陥り、最終的に国内 39 行のうち 17 行が破綻、預金保険機構の管理下に置かれた[18]。中銀の試算によると、国全体の損失額は総額 61.7 億ドルに達している[19]。長期にわたる失政、金融システムの破綻に加えロシア通貨危機による影響等の外的要因も重り、政府は 9 月 30 日にブレイディ債、10 月 25 日にはユーロ債の利払いができず債務不履行

に陥った[20]。スクレの対ドル為替レートは大幅に下落し、1999年は20,243スクレ／ドル（前年末比 -66%）で越年した。

　経済的混沌状態に耐え切れなくなったマワ政権は、2000年1月9日に対ドル為替レートを25,000スクレ／ドルに固定し、通貨をスクレから米ドルとする法案を国会に提出した。翌10日に、IMFはエクアドルを支援する用意があると表明し、政府はIMFからドル化計画への支持を取付けたが、この唐突な措置に対して、国民の反発や不満が高まり軍事クーデターに発展した。21日、軍部を率いるメンドサ（Carlos Mendoza）国軍最高司令官、先住民を率いるバルガス（Antonio Vargas）エクアドル先住民連合（CONAIE）代表、ソロルサノ（Carlos Solórzano）元最高裁長官は、救国評議会（Junta de Gobierno de Salvación Nacional）の樹立を宣言し、国会議事堂、最高裁判所、大統領府を占拠[21]、マワ大統領は失脚し米国に亡命した。しかし、一連のクーデターに対する国際社会の非難は強く、22日に救国評議会はメンドサ将軍の離脱を受け解散となり、ノボア（Gustavo Noboa）副大統領が暫定大統領として就任した。23日には、中銀グアヤキル支店で臨時国会が召集され、マワ大統領の職務放棄に伴うノボア副大統領の昇格に係る決議が採択された。ノボアは大統領就任直後に、経済を建て直すにはドル化以外に方法はないとして、ドル化政策の実施を表明した。国会は2月29日にドル化政策を合法化する通称「トロリーバス法（Ley Trolebús）」で知られるエクアドル経済改革法（Ley Fundamental para la Transformación Económica de Ecuador［2000年3月13日付官報第34号］）を承認、3月9日の大統領署名を経て発効となった。180日以内にスクレを米ドルに交換するというスケジュールのもとドル化政策が進められた。9月9日に市中銀行での米ドルへの交換が終了し[22]、スクレ流通が停止した。また同時に、カナダ、メキシコの造幣局で鋳造され中銀に交付された総額8,450万ドルのエクアドル・セント硬貨が補助貨幣として、米セント硬貨と並行して流通を開始した[23]。

　エクアドル政府は、IMF、世界銀行、米州開発銀行（IDB）、アンデス開

発公社（CAF）から総額 20 億ドル規模の金融支援を受け、そのコンディショナリティに従い、ガソリン・ガス・電気料金の引き上げ等の緊縮政策を実施したため、一時的にインフレが加速したが、概ね 1 年程で混乱は収束した。この金融・通貨危機により、50 万人以上が職を失い、祖国を離れ、スペイン、米国、イタリア等に渡った国民は 17 万人に達した。

4　ドル化の法的側面

（1）　ドル化に至った社会的要因

　ここまで 19 世紀後半のスクレ導入から、2000 年のドル化政策実施に至るまでの、エクアドルの経済、金融の歴史を概観した。このドル化に至る過程での混乱は、長年にわたる政策運営の失敗、外部環境の変化に伴う経済ファンダメンタルズの悪化、通貨当局（中銀を含む政府）の通貨管理能力の欠如が主因であったことは歴史的な事実である。ドル化政策実施直前のドル化比率（預金・貸出に占める外貨建ての割合）は預金が 53.7%（1994 年末 15.6%）、貸出が 66.5%（同 20.3%）と高く[24]、すでに国民の間では米ドルが利用され「事実としてのドル化」が広まっており、2000 年のドル化政策は単に政府が公式に追認しただけである[25]、ドル化政策は国民から政府に対する要求ではなかったが、社会不安と政治決断によるものである[26] 等の指摘もあるが、社会的・制度的な要因にも留意すべきと考える。

　エクアドルでは、1830 年の独立以来、オリガルキー（寡頭支配層）が、金融、貿易、不動産、マスメディア等、多岐にわたる分野で事業を展開し、国内の政治・経済を掌握してきた。しかし、オリガルキーは一枚岩ではなく、行政都市として機能する首都キトを中心とするシエラ（山岳地域）と、商業都市として栄えるグアヤキルを中心とするコスタ（海岸地域）との間で、様々な利害をめぐって対立してきた。独立当初は、伝統的大土地所有者を中心とするシエラのオリガルキーが勢力を誇っていたが、プランテーションおよび輸出業を基盤産業とするコスタのオリガルキーは、1946〜68 年の

バナナ・ブーム、1980〜90年代の通貨切り下げに伴う輸出拡大によって莫大な利益をあげ、その経済力をもとに次第に政治的影響力を強めたことで、地域間の軋轢は深まっていった。エクアドルは伝統的に地域主義が強く、国家としての結び付きが脆弱かつ稀薄であり、オリガルキーの勢力不均衡化がドル化に至った社会的要因とする見解もあるように[27]、国民統合・国民形成の欠如がドル化に至った一因とも考えられる。また、国民国家の象徴でもある通貨を容易に棄てることができたのは、オリガルキーを構成する多くがレバノン系の血を引く移民であったことも無縁ではない。任期半ばで失脚したブカラム大統領やマワ大統領をはじめ、金融自由化を推進するも汚職疑惑でコスタリカに亡命したダイック副大統領等もレバノン系である。

（2）　ドル化に関する法制度

　エクアドルのドル化政策は、政治的、経済的に混乱が深まるなか、政府や自国通貨に対する信認喪失、ハイパー・インフレーションへの処方箋として、エクアドル経済改革法（2000年3月施行）に基づき実施された。

　同法第1条には、「中銀は硬貨鋳造を除き、新たにスクレ紙幣を発行することはできない。流通するスクレ紙幣を米ドルに交換する。為替レートは1ドル＝25,000スクレとする」と規定されている。この条項は、当時、有効であった1998年制定の憲法（1998年6月5日公布、8月10日制定）第264条「通貨発行権は中銀の専管事項とする。通貨単位をスクレとし、その他通貨との為替レートは中銀によって定められる」に反し、違憲であるという見方もある[28]。だが、エクアドル経済改革法では、明確には米ドルに強制通用力を付与しておらず、あくまでもスクレ紙幣の新規発行を停止し、米ドルに交換すると明示しているに過ぎず、憲法上、スクレが法定通貨として存在し得ることを可能にしている。ただ、スクレから米ドルへの交換の最終期限であった2001年6月9日時点で、市場に流通する99%のスクレが回収され、事実上スクレは消滅しており[29]、このドル化政策は法律と現実が乖離したまま実施されてきた。このような状態は、新憲法が制定される2008年10月

20 日まで続いた。現行の 2008 年憲法には、スクレの文言だけでなく通貨制度に関する規定が一切ない。通貨制度については、2014 年 9 月に施行された通貨金融基本法（Código Orgánico Monetario y Financiero［2014 年 9 月 12 日付官報第 332 号］）第 94 条で、「国内でのすべての金融取引、通貨取引、および会計記録は、本法に基づき、米ドルで行われる。エクアドルの通貨である米ドルの流通、交換、回収、無券面化は中銀の専管事項とし、本法および通貨金融政策規制委員会（Junta de Política y Regulación Monetaria y Financiera）が定めるレギュレーションに基づき講じられる」と規定されており、現在、米ドルはエクアドルの法定通貨として強制通用力を付与されている。

　このように見てくると、ドル化政策に係る立法は、法律が現実の後追いで定められていることが明らかである。このことは当該通貨制度の緊急性だけでなく、エクアドル社会の特色が法制度に色濃く反映されており、法が適用かつ運用される際のエクアドルの法意識もうかがえる。

（3）　ドル化に至った制度的要因

　1998 年憲法第 265 条には、「中銀は、政府関係機関に資金供与してはならず、政府関係機関が発行する債券（財投機関債）を引き受けてもならない。ただし、自然災害や軍事衝突による緊急事態が宣言される場合を除く。中銀は民間金融機関に担保および貸出を供与してはならない。ただし、一時的な短期流動性不足を解消するために不可欠と判断される場合を除く」と規定されている。つまり、金融関連税制経済分野改正法（1998 年 12 月制定）に基づき、中銀が預金保険機構の債券を引き受け、経営難に陥った民間銀行を救済する措置は、憲法で禁止されている。しかし、憲法の附則（Disposiciones Transitorias）第 42 条には、「憲法制定から 2 年以内で、金融危機に対する適切な法制度が成立するまで、中銀は金融機関の支払い能力、安定性のため貸出を供与できる」と付記され、認める内容となっている。この点からも、政府は預金保険機構および中銀を通じて、金融機関を支援できるよう、意図的に憲法改正がなされたことが理解できる[30]。

また、1998 年憲法第 261 条には、「中銀は実務運営の独立性を有する公的法人として、通貨の安定を監視することを目的に、国家の金融・通貨・為替政策を講じ、調整し、安定化させる役割を有する」と、中銀の独立性が明示されている。しかしながら、憲法第 262 条には、「中銀総裁を含む理事会のメンバー 5 名は、大統領が人事案を策定し、国会の承認を以て任命される。（中略）また、大統領は解任動議を提出する権限を有し、国会の 3 分の 2 の賛成を以てそれは認められる」と明記されている。1998 年に金融危機が発生した当時、中銀理事会は預金保険機構への資金供与に対して公然と異を唱えたが、マワ大統領は中銀理事会との協議を止め更送を示唆して圧力をかけたとされている[31]。つまり、中銀の独立性を高めるうえで重要な仕組みである役員の身分保障が確保されておらず、政府の圧力のもと適切な金融政策を行うことができない法制度であったこともドル化に繋がった一因といえる。

いずれにせよ、オリガルキーは政治的影響力を行使し、自己利益を優先した法改正を繰り返すレント・シーキングが横行し、法的安定性の欠如はもとより、法の支配の平等・公正の欠如が常態化していた。債務危機、金融危機が発生すると、政府が民間債務を肩代わりするという歴史が幾度となく起きた。エクアドルのドル化政策は、オリガルキーが支配する社会構造、および脆弱な法制度に伴うモラルハザードによってもたらされた帰結であったともいえよう。

なお、現行の 2008 年憲法では、中銀の独立性は廃され、中銀は経済政策調整省の外局として、政府のコントロール下に置かれている（第 303 条）。さらには、通貨金融基本法（2014 年 9 月制定）に基づき、通貨金融政策規制委員会が 2014 年 9 月 29 日に新設され、中銀理事会を含む各種行政機関の理事会は解体された。同委員会は金融・通貨政策の最高意思決定機関としての役割を担い、経済政策調整相を委員長に、議決権を有する委員 4 名（産業雇用競争力調整相、財務相、国家開発計画庁長官、大統領任命による代表）、議決権のない委員 5 名（銀行監督庁長官、企業監督庁長官、大衆連帯経済監督庁長官、中銀総裁、預金保険公社総裁）で構成され（第 13-25 条）、政権

中枢をなす閣僚クラスで占められている。つまり、現在、中銀は金融・通貨政策に関する政策裁量権をまったく有していない。金融・通貨政策は、ドル化政策のもとでは制約があるものの、法律上は政府の意のままに実施することが可能となっている。

5 ドル化の現況と展望

（1） エクアドル経済の現状

ドル化政策の導入によりハイパーインフレは収束し、エクアドル経済は安定した。2007年1月から政権に就くコレア（Rafael Correa）大統領は、2014年半ばまで続いた原油高を背景に資源ナショナリズムを強め、政府主導型の経済体制のもと、教育・医療・福祉等の社会政策を拡充し、道路・水力発電所・空港等のインフラ整備を進めることによって、国民の生活水準の底上げを図ってきた[32]。2003-13年の実質GDP成長率（前年比）は平均4.6%と堅調な伸びを示し、1人あたりの国民総所得（GNI）は2003年の2,441ドルから2013年は6,052ドルに、失業率は2003年の9.3%から2013年は4.2%に、貧困率[33]は2003年の49.9%から2013年は25.6%と、経済状況は改善した[34]。

ドル化政策により中銀は発券機能を喪失したが、コレア政権は資金移動を制限することで金融政策の自由度を高めてきた[35]。しかし、近時、原油価格低迷の長期化、米国の金融緩和縮小に伴うドル高による交易条件の悪化を背景に、経済ファンダメンタルズが悪化している。経常収支は2010年以降、赤字基調となっており、経常赤字は2014年のGDP比0.6%から、2015年はGDP比2.2%と拡大した。コレア政権は国外へのドル流出を抑制するため輸入規制を強化し保護主義的傾向を強めている。財政面では、原油価格低迷に伴う歳入減により財政赤字が2014年、2015年ともにGDP比5.0%を上回っている[36]。政府は、有期雇用の公務員の雇止め、公務員幹部給与の引き下げ、インフラ事業の実施見直し、公的年金の政府負担金の撤廃等の歳出削減

のほか、専業主婦の公的年金加入義務化、付加価値税（IVA）・特別消費税（ICE）・海外送金税（ISD）の引き上げ、米貨持出し規制等といった緊縮政策、資本規制を矢継ぎ早に講じている。

IMF が 2016 年 4 月に公表した世界経済見通し（WEO）によると、実質GDP 成長率（前年比）は 2014 年の 3.7％から 2015 年は 0.0％に低下し、2016 年は −4.5％、2017 年は −4.3％と、大幅なマイナスが見込まれている。ドル化政策の先行きを危ぶむ見方も強まっており、今後、さらに資金流入が減少すれば流動性危機に陥り、政府や国民の意思とは無関係にドル化政策の存続が難しくなることも想定される。

（2）　脱ドル化の可能性

法制面では、現行憲法には通貨制度に関する規定がないため、憲法を改正せずとも自国通貨回帰政策を執ることは可能である。しかし、経済学の観点からは、ドル化政策を実施すると再び自国通貨に戻すことが困難となるドル化政策の不可逆効果（ロックイン効果）が指摘されており[37]、脱ドル化政策の実施は容易ではない。現在の経済環境で自国通貨を導入すれば、通貨価値の下落が続くと予想され、金融市場の機能は停止しかねず、資本規制を強化して対処するほかない。そうなれば、実体経済はさらに厳しさを増し、国民生活に多大な犠牲を強いることになるため、現実的な選択肢ではない。

しかし、それ以前の問題として、政府が自国通貨を導入し強制通用力を付与したとしても、信認が得られない通貨は流通しない。その証左に、エクアドルでは 2015 年 2 月より、世界初となる中銀が発行主体の電子マネーが導入されたが[38]、国民からの信認および一般受容性は低く、政府が当初に見込んでいたほどの流通には至っていない[39]。

それでは今後、エクアドルのドル化政策はどのような軌跡を辿るのであろうか。エクアドルのギリシャ化も想定されるが、最悪の場合には、ギリシャ以上に悲惨な末路を辿る可能性もある。ギリシャはユーロという通貨同盟のもと、ユーロ加盟国との協調によって、欧州中央銀行（ECB）、欧州金融安

定化基金（EFSF）、IMF 等による金融支援を受けられる立場にある。しかし、エクアドルは、米国政府と通貨協定を締結していないうえ、コレア政権に入り反米姿勢を示してきたことの経緯を踏まえると[40]、米国政府が支援の手を差し伸べることはない。エクアドルが金融危機に陥ったとしても、世界に及ぼす影響は軽微であることを鑑みると、エクアドルは不安定かつ不確実な状況に置かれている。

　また、エクアドル政府はコレア政権発足以来、IMF が勧めた新自由主義政策が貧富の格差を拡大させたとして、同機関と対峙する姿勢を示してきた。IMF が加盟国と原則年一度行う 4 条協議（Article IV consulation）と呼ばれるサーベイランス（経済調査分析）を拒否してきたが、経済情勢の悪化を背景に、2014 年 8 月に再開し、翌年 7 月に IMF ミッションを受け容れた。10 月からは IMF の助言に従い、補助金の削減、国営ペトロエクアドルの一部民営化、政府機関・公務員の削減、インフラ事業へのコンセッション方式導入等に取り組み、ドル化政策の堅持に向けて政府主導型から民間主導型へと経済政策の転換を図ろうとしていた。しかし、そのような矢先、エクアドル北西部沿岸地域を震源とする大規模な地震[41]が発生した。世界銀行、IDB、アンデス開発公社（CAF）が総額 6.2 億ドルの緊急支援を表明したが、復興資金には不十分とみられ、政府は国有企業・資産の売却、グローバル債の新規発行を決定したほか、IMF からラピッド・ファイナンシング・インストルメント（RFI）による緊急支援として総額 3.6 億ドルを受け取った。しかし、原油価格が回復しない限り、この危機的な状況は続くとみられ、IMF からスタンドバイ取極（SBA）等の本格的な金融支援は不可避との見方も強まっている。だが、そうなれば、多大な政治的コストを伴うコンディショナリティを遵守しなければならず、コレア政権にとっては、2017年 2 月に総選挙を控えていることもあり極力避けたい選択肢となっている。だが、IMF の金融支援および国内経済の引き締めなしに、ドル化政策の維持は困難な状況になりつつあり、エクアドル経済は苦境に立たされている。

おわりに

　本稿では、19世紀後半のスクレ導入から、ドル化政策の実施を経て現在に至るまでの、エクアドルの経済および金融の歴史を概観し、これまで十分に分析されてこなかった法的側面からドル化政策を考察した。ドル化政策の導入は、長年にわたる政策運営の失敗、通貨当局の通貨管理能力の欠如、外部環境の変化に伴う経済ファンダメンタルズの悪化が招いた帰結であった。また、地域主義が強く、国家としての結び付きが脆弱かつ稀薄であった社会的要因、オリガルキーの圧力により法改正が繰り返されるレント・シーキングにより、適切な金融政策がとれなかった制度的要因も背景にあった。

　ドル化政策はその後のエクアドル経済に安定をもたらしたが、同時に景気浮揚手段の喪失を伴った。コレア政権は資金移動を制限することで金融政策の自由度を高めてきたが、近時、原油安、ドル高、大震災と、エクアドルをとりまく環境は厳しさを増している。政府は矢継ぎ早に緊縮政策、資本規制を講じ、経済政策の転換を図ってはいるが、原油価格が回復しない限り危機的な状況は続くとみられ、実体経済のさらなる悪化が見込まれる。今後、いかなる政策を以て経済を建て直し、ドル化政策を維持していくのか、注視していく必要がある。

〈注〉

1　「公式なドル化（official dollarization）」「非公式なドル化（unofficial dollarization）」と分類されることが多いが、概念として的確な表現とはいえず、本稿では、前者を「制度としてのドル化」、後者を「事実としてのドル化」とする。

2　IMF, *Annual report on exchange arrangements and exchange restrictions,* 2014.

3　織井啓介「Bipolar View の破綻—中南米の為替制度動向が意味するもの」『開発金融研究所報』第13巻、2002年、135-156頁。畑瀬真理子『最近のドル化（dollarization）・ユーロ化（euroization）を巡る議論について』日本銀行編、2001年。

4 Pinto Victor Gomes, Dolarizar：Solución o desastre?, *Guerra en los Andes*, 2008, pp.359-383.

5 コーヘン・ベンジャミン『通貨の地理学』本山美彦［監訳］、宮崎真紀［訳］、2000年。

6 Dornbusch R, Fewer monies, better monies, *American Economic Review*, Vol.91, No.2, 2001, pp. 238-242.

7 Rose A.K, One money, one market：estimating the effect of common currencies on trade, *Economic Policy*, Vol.15, No.30, 2000, pp. 7-46.

8 フィッシャー（Stanley Fisher）IMF副専務理事（当時）によれば、ドル化導入によるシニョレッジの年間消失額は、中銀がシニョレッジを放棄し通貨としてドルを使用することで受け取りがなくなる年間歳入の消失額で計算できる。シニョレッジは通常ドルに交換され外貨準備高に組み込まれた後、投資に用いて、その金利でも利益を得ることができるが、ドル化導入後は、シニョレッジが消失し政府歳入も減少する。当時、エクアドル中央銀行（BCE）は外貨準備高のうち、約8億ドルを流動資金として有し、そのうちシニョレッジは3,500万ドル（GDP比0.23％）になると算定している（Banco Central del Ecuador, *Dolarización*, 2000）。

9 コーヘン・ベンジャミン、前掲書。

10 クルーグマン・ポール、オブズフェルド・モーリス『クルーグマンの国際経済学—理論と政策—』山本章子［訳］、2011年。

11 パナマ、エルサルバドルのドル化政策については、②独立した金融政策を放棄しており妥当といえるが、エクアドルは資本規制を行い、③自由な資本移動を犠牲にすることで、①為替相場の安定と、②独立した金融政策を実現している（林康史・木下直俊「ドル化政策実施国における金融政策—エクアドル・エルサルバドル・パナマの事例—」『経済学季報』第64巻、第1号、2014年、35-65頁）。

12 Sachs Jeffrey, Why dollarization is more straitjacket than salvation?, *Foreign Affairs*, No. 116, 1999, pp. 80-92.

13 田口奉童「エクアドルのドル化とその課題」『国際金融』第1049号、2000年、70-77頁。

14 1999年4月22日の公聴会において、グリーンスパン（Alan Greenspan）FRB議長（当時）は、「米国の金融政策は米国のためにある。FRBも米国財務省も、米国外で"最後の貸し手"機能を果たすことにいかなる関心も有していない」と述べ、サマーズ（Lawrence Summers）財務副長官（当時）も、「財務省は米国当局が、他国のドル化に配慮して、銀行監督、FRBの貸出機能へのアクセス、

金融政策の手続きや方針といったものを調整することが適切なことだとは考えていない」とドル化推進を支援することに異を唱えた。

15 通貨呼称は、南米諸国独立運動の英雄アントニオ・ホセ・デ・スクレ（Antonio José de Sucre、1795-1830 年）にちなむ。

16 Schuler Kurt, *El futuro de la dolarización en Ecuador,* Instituto ecuatriano de economía política, 2002.

17 エクアドルは分担金の負担が重いことを理由に、1993 年 1 月に OPEC を脱退したが、ベネズエラの後押しを受けて 2007 年 11 月に再加盟した。

18 Mendoza Colamarco Elker, *Derecho Bancario: De la crisis financiera ecuatoriana, causas, consecuencias, soluciones,* 2010.

19 *El Telégrafo,* 14 Ene 2014, A12.

20 エクアドル政府は 2000 年 8 月に、デフォルトしたブレイディ債（発行残高 59.2 億ドル）、ユーロ債（同 5.0 億ドル）をドル建てグローバル債（同 39.5 億ドル）に換える債務再編を行い、約 40％の元本を削減した。なお、コレア大統領はこの債務再編に不当性・違法性が認められるとして、2008 年 12 月にグローバル債 2012（同 5.1 億ドル）、2009 年 2 月にグローバル債 2030（同 27.0 億ドル）の利払いを履行せずデフォルトし、それらを額面の 30〜35％で買い戻した。

21 新木秀和「先住民と軍人の共闘？」『ラテンアメリカ・レポート』第 17 巻、第 1 号、2000 年、34-39 頁。

22 スクレから米ドルへの交換は、中銀および政府指定の 17 の民間銀行では 2001 年 6 月 8 日まで続けられた。

23 ドル化以降、1 ドル未満の 1、5、10、25、50 セントの硬貨については、エクアドル経済改革法（2000 年 3 月制定）第 1 条に基づき、中銀が独自に発行している。

24 Banco Central del Ecuador, *La dolarización en Ecuador,* 2001.

25 Naranjo Marco Chiriboga, Costos del abandono de la dolarización en Ecuador, *ICONOS,* No.19, 2004, pp.66-70.

26 Acosta Alberto, *Ecuador: ¡La dolarización es una bomba de tiempo!,* 2002.

27 Beckerman Paul, Orígenes de la crisis "predolarización", *Crisis y dolarización en el Ecuador,* The World Bank, 2002, pp.35-98. Gastambide Axel, *El camino hacia la dolarización en Ecuador,* FLACSO, 2010.

28 Correa Rafael, Dolarización y desdolarización, *ICONOS,* No.19, 2004, pp.84-89.

29 Naranjo Marco Chiriboga, La dolarización de la economía del Ecuador: tres

años después, *Cuestiones económicas,* Vol.19, No.1, 2003, pp.115-155.

30　Miño Grijalva Wilson, *Breve historia bancaria del Ecuador,* 2008, pp.258-259.

31　De La Torre Augusto, Yira Mariscaró, *La gran crisis ecuatriana de finales de los noventa,* 2011.

32　木下直俊「エクアドル：コレア政権の経済・社会政策－「市民革命」の成果と課題」『ラテンアメリカ・レポート』第 30 巻、第 1 号、2013 年、22-31 頁。

33　貧困ライン（基本的生活を満たすのに必要な財とサービスを得るための支出）以下の収入で暮らす人口比率。

34　世界銀行 WDI データベース（http://datos.bancomundial.org/）。

35　林康史・木下直俊、前掲書。

36　木下直俊「エクアドル：ドル化政策堅持に向け政策大転換を図る」『週刊金融財政事情』第 66 巻、第 44 号、2015 年、54 頁。

37　Feige Edgar L, Vedran Šošić, Michael Faulend, Velimir Šonje, *Unofficial dollarization in Latin America: Currency substitution, network externalities and irreversibility,* 2003. 松井謙一郎「エルサルバドルの公式ドル化政策に関する政治経済学的考察―政策のロックイン効果に焦点をあてた分析―」『ラテンアメリカ論集』No. 44、第 2 号、2010 年、89-106 頁。

38　木下直俊「ドル化国エクアドルにおける電子マネー導入の背景と展望」『金融』第 816 号、2015 年、20-30 頁。

39　中銀は 2015 年 2 月 27 日に電子マネーの決済業務を開始した。個人間の電子マネー送金が可能なほか、電子マネー取扱店での財・サービスの購入代金や一部の公共交通機関の料金支払いに利用できる。また、2015 年 12 月 18 日からは公共料金や納税の支払いが可能になった。中銀は 5 年以内に総額 8,000 万ドルの電子マネーを発行し、利用者を 400 万人へ増やすことを見込んでいるが、2015 年 12 月 10 日時点で利用者は 5 万 3,340 人、利用可能店舗は 2,654 店にとどまっている。

40　コレア政権は 2009 年 9 月に、米軍のマンタ空軍基地駐留を認めず撤退させたことをはじめ、2011 年 4 月には、ウィキリークス（Wikileaks）による米公電漏洩情報問題を発端に、駐エクアドル米国大使にペルソナ・ノン・グラータを宣告し、国外退去を命じた。その後、米国政府も駐米エクアドル大使に同様の報復措置を講じた。2012 年上半期に両国大使が着任し、外交関係は形式上正常化した。しかし、2012 年 8 月から、政治亡命を求めるアサンジ（Julian Assange）ウィキリークス代表を駐英エクアドル大使館で匿っているほか、2013 年 6 月には、コ

レア大統領は米国政府にスパイ活動取締法違反容疑で訴追された CIA 元職員の亡命を受け入れる準備があると発表した。これを受け、米上院外交委員会は同年 7 月末に期限を迎えるアンデス通商促進麻薬根絶法（ATPDEA）を更新しない可能性を示唆した。コレア大統領は米国からの圧力に屈しないとして、米国政府に ATPDEA の更新を求めないことを決定、ATPDEA は失効した。また、2014 年 4 月に、エクアドル政府は駐エクアドル米国大使館における米軍関係者の存在が国内政治を不安定化させるとして、20 名を国外退去させた。一方、米国政府は、駐エクアドル米国大使館に設置している麻薬対策オフィスを同年 9 月末に閉鎖し、麻薬対策オペレーションを打ち切った。

41　2016 年 4 月 16 日 18 時 58 分頃、マナビ県ペデルナレスを震源とするマグニチュード 7.8 の地震が発生。エクアドル危機管理庁の発表（現地時間 5 月 19 日 20 時 30 分時点）によると、この地震に伴う死者は 663 人、負傷者は 6,274 人、行方不明者は 9 人、避難者は 2 万 8,775 人に達する。エクアドル政府の試算によると、地震による被害総額は約 33.4 億ドル（GDP 比 3.3％）に及ぶとしている。

第6章 1930年代の欧米各地におけるスタンプ紙幣の法的側面

歌 代 哲 也

はじめに

　現代の地域通貨は、1983年にマイケル・リントンが考案したLETS
（Local exchange trading system）が嚆矢となり、世界各地に広まっていっ
た。今日、地域通貨は紙幣、通帳、電子マネーや電子決済等の多くの方式が
あり、この他にも実施の目的、想定する流通範囲、受け渡しや告知の方法、
法定通貨との換金性など基本的な要素を列挙しただけでも多岐にわたる。地
域通貨が支払い手段として活用され続けるためには、個々の地域のニーズと
実情に沿った仕組み作りが必要であるといわれるが、選択することができる
仕組みは各国の法制度によって制約を受ける。例えば、地域通貨を実施する
ことが可能か否か、地域通貨建ての預金の受け入れ、地域通貨による信用創
造などである。

　こうした各国での法制度の違いを検討するためには、まず、1930年代、
米国発の大恐慌の余波による経済的な苦境を背景として欧米各地で試みられ
たスタンプ紙幣を検討してみることが有効であると考える。当時、地域の経
済活動が停滞し、企業の操業停止や失業が増加したことで消費性向の低下と
貨幣の退蔵が発生し、不況はより深刻になった。法定通貨の流動性が低下し
た状態で、購買力を代替する一時的な措置が必要であった。こうした状況
下、スタンプ紙幣は地域の失業者の救済と経済活動の継続・再稼動を目的と
して、地方自治体や市民団体が発行したものであった。スタンプ紙幣の社会

的な役割は流動性の供給であり、それが循環することで地域経済の活性化が
期待されていた。

各地のスタンプ紙幣の仕組みは似かよったものであったが、各国の政府や
中央銀行の対応には差異があった。欧州各国では国家や中央銀行による独占
的な通貨発行権益を侵犯するもの、あるいは法定通貨にとってかわるかもし
れない脅威とみなされたが、米国では原則的に合法的であるという立場の
下、州レベルや連邦政府レベルでもこれの活用方法を模索する動きがあっ
た。

本章では、1930 年代の各国の事例について実施の経緯や実情を踏まえな
がら、今日の地域通貨の法的な枠組みの土台となる要素を明らかにしたい。

1 1930 年代の欧州でのスタンプ紙幣の顛末と法的位置 づけ

欧州のスタンプ紙幣[1] は、1929 年、ドイツの Wära から始まった。この仕
組みをもとに、オーストリア、スイスで類似の試みが行われたほか、デン
マークではスタンプを使わない独自の紙幣が試みられた。このうち、ドイツ
のヴェーラ、オーストリアの Wörgler Schwundgeld、デンマークの JAK
(Jord, Arbejde og Kapital) では、スタンプ紙幣の発行・運営組織である市
民団体や地方自治体が国家や中央銀行と衝突し、停止を命じられた。スタン
プ紙幣は法定通貨の独占的な通貨発行権益を侵犯するとみなされたのであ
る。

ヴェーラや労働証明書が強制的に活動を停止させられた一方、存続を模索
した事例もあった。JAK はスタンプ紙幣の仕組みを諦めて法定通貨を用い
た仕組みに活路を見出し、スイスの WIR は紙幣タイプの方法を採らずに活
動を続け、今日まで継続している。

なお、本稿ではスタンプ紙幣という場合、自治体や市民団体、個人等が発
行した紙幣のうち、定められた期間または取引ごとにスタンプと呼ばれる小

額の印紙のようなものを添付するもののことをいい、地域通貨という用語とは区別している[2]。

（1） ヴェーラ──シュヴァーネンキルヒェン（ドイツ）での流通

ヴェーラは、1929 年 10 月にローディガー（Helmut Rödiger）とティム（Hans Timm）がエアフルト（テューリンゲン州）で設立したヴェーラ交換組合（Wära-Tauschgesellschaft）が始めたものであった。単位は 1 ヴェーラ、額面 1/2、1、2、5、10 の 5 種類の紙幣を発行し[3]、1 ヴェーラは法定通貨 1 ライヒスマルクで購入できた。ヴェーラはティムの友人であるゲゼル（Silvio Gesell）[4] のいわゆる減価する紙幣[5] の原理を、一定の期間ごとにスタンプを貼り付けるという仕組みを用いて実用化したものだった。ヴェーラ紙幣は表面に額面と発行地が印刷されたシンプルなデザインで、裏面に紙幣の使い方や仕組みが記されているほか、Wertmarke とよばれる印紙のような形をしたスタンプを貼り付ける欄が印刷されていた。それぞれの欄に日付が印刷されている。利用者は 1 カ月ごとに額面の 1% に相当するスタンプを購入して、貼り付けなければならない仕組みだった。1 ヴェーラを 1 年間保有した場合には 12 セント分のスタンプが必要になり、年に 12% の保有コストが生じるので貯蓄には向かない。スタンプは定められた日[6] に紙幣を保有している人が購入するルールであった。つまり、定められた日に保有していなければスタンプ購入の費用を免れることができたため、法定通貨よりも先に使用してしまおうというインセンティブが生じた。

ヴェーラが一般に知られるようになったのは、1931 年にシュヴァーネンキルヒェン[7]（バイエルン州ディッケンドルフ郡ヘンガースベルク）でヴェーラを用いた地域経済の活性化が試みられ、これが報道されたことによる[8]。

シュヴァーネンキルヒェンの流通は、1931 年に鉱山所有者[9] であったヘベッカー（Max Gustav Hebecker）が鉱山労働者の賃金としてヴェーラを用いたことが発端となった。ヘベッカーは、5 万ライヒスマルク分の貸付を受

けて、その大半をヴェーラで受け取り[10]、鉱山の労働賃金の支払いに用いた[11]。

労働者は、地元の小売店でこれを用い、その後、ヴェーラは卸売商へ、そしてヘベッカーの鉱山へと還流していった。労働者60人をまず雇用したが、すぐに増員された[12]。ヴェーラの流通によって「仕事、利益、より良い状況を全コミュニティに提供した炭鉱に戻り、その大部分が循環を続け」[13] た。こうした状況が報道されたことにより、他の地域でもヴェーラ使用が検討・実施されるようになっていった[14]。

共和国政府はヴェーラ流通が広まることで法定通貨の信認が損なわれる可能性があることを理由に、発行と流通を禁止しようとした。まず、「未許可な紙幣の発行」の疑いでヘベッカーは告訴された。しかし、1931年8月5日、ディッケンドルフの法廷は処罰に値する行為ではないという理由で棄却した。ヴェーラが法律によって定められた紙幣や通貨に該当しなかったからである。そこで政府は、10月6日、いわゆるブリューニングの第3次緊急令[15] のなかでヴェーラを含む法定通貨の代替手段を禁止した後、10月30日にディートリッヒ財務大臣が細則を定めた「ノートゲルトに関する規則」[16] を公布、同日付で発効した。同規則第1条でノートゲルトに相当するスタンプ紙幣、貨幣、証書、その他のものをライヒスバンクが発行する法定通貨の代替として使用してはならないこと、上記以外のものでも法定通貨を代替する意図として用いることを禁止している。第2条で上記のノートゲルトに該当するもの、および、法定通貨の代替機能を意図するものについての作成、発行、流通、受け取り行為を禁止している。第3条で1931年10月31日以前に発行されたノートゲルト等は1カ月以内に回収しなければならないこと、以後発行されたものは無効とすることを定め、第4条でこの規則に反した場合の罰則が記されていた。

（2）　労働証明書 —— ヴェルグル（オーストリア）での流通

ヴェルグルは、オーストリアのチロル州クーフシュタイン郡にある市[17] で

第6章　1930年代の欧米各地におけるスタンプ紙幣の法的側面　195

ある。1932年に労働証明書を市独自で発行し流通を行った。当時の人口は4,300人程度であり、そのうち1,500人程度が失業状態であった[18]。

　1931年にヴェルグルの市長になったウンターグッゲンベルガー（Michael Unterguggenberger）は、1932年に地域の経済的な苦境と危機的な財政[19]に対処するため、スタンプ紙幣を用いることを考えた。同年7月5日にヴェルグル社会福祉委員会で労働証明書の発行を決め[20]、8月1日に流通を開始した。単位は1シリング、額面1、5、10の3種類で、総額32,000シリング分を発行した。額面価格で販売・流通するものとし、毎月定められた日付に保有している者が、額面の1％のスタンプを購入して労働証明書に貼り付けなければならない。労働証明書の表面には、市の紋章、額面、発行者が記されるとともに1カ月ごとにスタンプを貼り付ける12の欄が印刷されていた。各月の名称が印刷されている欄の内側ある1g, 5g, 10g（1シリング＝100グロッシェン）と印刷されたスタンプを貼り付けていく。裏面には通し番号が印刷されているほか、労働証明書の発行と流通の意義が書かれている。また、表面の左上と裏面の末尾に「仕事とパンを与え、苦しみを軽減することができる」というキャッチフレーズも記されていた。

　労働証明書は、市職員（市長を含む）の給与の半額と、失業救済策として新たに雇用した労働者への賃金の全額の支払いに使われた。法定通貨と同じように買い物の代金として用いることができるほか、市役所に持ち込めばいつでも2％の手数料を差し引いて法定通貨シリングと交換した。

　労働証明書は最終的な償却を意図していなかったが[21]、ライファイゼン銀行に基金を設けることになっており、いわゆる通貨発行権益[22]による利益は生じない仕組みであった。しかし、中央銀行のオーストリア国立銀行は、労働証明書が流通を開始する前から通貨の発行独占権に抵触すると主張していた。

　1年で12％の負担を強いる、とるに足らない消耗貨幣という批判を受けながらも、労働証明書はヴェルグル市内に流通していった。「ヴェルグルの奇跡」は、労働証明書を用いた市の公共事業と、その派生需要から生まれた。

図表6-1　ヴェルグルで流通した労働証明書の流通量と残高

		最高	最低	月末
1932 年	8 月初	−	−	1,537
	8 月	5,849	1,518	5,849
	9 月	7,272	106	310
	10 月	6,879	56	6,879
	11 月	7,443	5,208	5,943
	12 月	6,003	5,024	6,003
1933 年	1 月	6,112	3,599	6,112
	2 月	6,112	5,342	5,900
	3 月	5,950	4,848	5,862
	4 月	5,979	5,425	5,725
	5 月	5,977	4,946	5,968
	6 月	6,151	5,272	6,016
	7 月	6,077	4,978	6,068
	8 月	6,141	5,008	6,141
	9 月	6,141	5,340	5,844

(出所：シュヴァルツ、研究会訳「ヴェルグルの実
験 (3)」『自由経済研究』第14号 (1999) 47頁。)

労働証明書は、単なる証書ではなく、持ち主を変えて転々流通する決済手段
となった（流通残高の記録は図表6-1の通り）。

　発行当初の1932年8月から3カ月間は法定通貨に交換されずに保有され
ている残高の増減が激しい。流通総額は、市に持ち込んで換金するときに減
少し、市が再度給与支払いに用いた場合に増加する。流通当初、これを手に
した人々は半信半疑だった。商店等で支払い時に受け取りを拒否される場合
もあり、すぐに手放してしまおうというインセンティブが生じた。1932年
の開始後数カ月間は、労働証明書を手にした大部分の市民は即座に法定通貨
に換金するだろう、という批判の通りの状況であった。

　労働証明書が通貨としての信認を得るまで数カ月間を要したともいえる。

市長がいうように「単なる労働証明書」であり強制通用力はないため、これを用いて商品を購入するには相手の承諾が必要となる。当初の3カ月間は一般受容性が低く、2次流通は難かったともいえる。

しかし、1932年11月以降、1カ月間の流通残高の最低値からみて最大値の比率が50%を超えるのは1933年1月の1回だけであり、2月以降の流通残高の増減幅は同20%程度で推移していた。労働証明書は市によって管理されており、法定通貨への換金も問題なく行われ、発行残高の全額に相当する基金もあった。他方、多くの人々が支払いに用いたり、これを受け取ってもよいと考えるようになれば、2%の換金費用を負担してシリングに交換するよりも、代金を支払う時に使用すれば費用はかからない。唯一、1カ月に一度のスタンプを貼り付けなければならない日に多額の労働証明書を保有しないようにすればよい。

労働証明書の顛末はシュヴァルツ（2000）、Onken（1983）に詳しい。フィッシャーは「オーストリア政府の態度は敵対的ではなかった」[23]と述べている。確かに1932年8月当初では、ウンターグッゲンベルガー市長らの代表団を迎えたリンテレン大臣はヴェルグルの実験の根底にある理論に理解を示していたといわれている[24]。ところが、労働証明書が中央銀行の通貨発行権益を侵犯していることを理由として禁止令が出された。以下はヴェルグルを調査した行政官が述べた内容である[25]。

「たとえこの非常時貨幣が、オーストリア国立銀行券の完全な補填によって、外部に対して信用のおけるものであったと思われたとしても、監督官庁——まず第一にクーフシュタイン郡、さらにその上級機関としてインスブルックにあるチロル州政府——がそれに満足してはならない。すなわち、ヴェルグル市は自らの持つ権限を逸脱したのだから。というのは、オーストリアにおける貨幣発行権は国立銀行だけに与えられるべきものであり、オーストリア国立銀行法第122条に定められるこの特権が、ヴェルグルの活動によって犯されたからなのだ」

「クーフシュタイン郡は、チロル州の市に関する法規第207条を引き合い

に出し、この『専門家としての意見』に基づいて、非常時貨幣の禁止令を公布した。その207条によれば、郡は、現行の法令に抵触する市の議決を撤回する権限と義務を負うのである。違法性は、ヴェルグル市が銀行券発行銀行の有する特権を侵犯して紙幣を発行し、その紙幣に所有者に対する指示を文面で示し、それを実際に貨幣として流通させ使用したことに認められるのだ」

労働証明書は、オーストリア国立銀行法第122条に規定されている通貨発行権益を侵犯するものという理由で禁止された。連邦政府からの通達で、チロル州政府は、クーフシュタイン郡に対してヴェルグルの労働証明書を禁止するように命じた[26]。

ウンターグッゲンベルガー市長は、チロル州政府の決定に対して異議申し立てを行ったが、1933年2月に訴えは退けられた。その後、ウィーンの行政裁判所への異議申し立てを続けていたが、判決まで禁止令が施行されるのを延期する効力を持っていなかったため、1933年9月15日に禁止となった。

（3） WIR——スイスでの流通

1934年にチューリッヒで設立されたWIR経済共同組合（Wirtschafts-ring -Genossenschaft：1998年にWIR Bankに名称変更）により、WIRという単位の通貨の流通が始まった。1930年代から今日まで長期にわたって流通が継続している稀な事例である。

WIR経済共同組合は、ツィンマーマン（Werner Zimmermann）、エンツ（Paul Enz）ら合計16人によって設立、出資金の総額は42,000スイスフランだった。WIRは後述のデンマークのJAKのシステムを参考とし、ヴェーラや労働証明書のような紙幣方式のスタンプ紙幣ではなく、金額を加入者別の帳簿に記入していく独自の方式を用いた[27]。単位は1WIR、これを法定通貨1スイスフランで購入することができるが、WIRをスイスフランに換金することはできない仕組みである[28]。

1934年のチューリッヒでの創設と同時に、バーゼル、ベルン、ルツェル

ン、ザンクト・ガレン、ローザンヌに支店が設立された。現在の WIR Bank
は本店をバーゼルに置き、この 6 都市とルガーノを加えた 7 支店とクール
（グラウビュンデン州）に代理店がある。フランス語圏のローザンヌ、イタ
リア語圏のルガーノ以外の 5 支店・代理店はドイツ語圏であり、取引量でも
ドイツ語圏の地域が圧倒的に多い[29]。1935 年末には利用者 2,950 名の間で
100 万スイスフラン程度の取引が行われていた[30]。また口座保有者に WIR
建ての貸付けも行っていため、1936 年にスイスの銀行法による認可を取得
している。

　1938 年、ヴェーラやヴェルグルのようなスタンプ紙幣 Wir Verrechnungs
Schein（源泉徴収証明書）を 1、5 の 2 種類で発行した。このスタンプ紙幣
は小額の買い物で用いるものと位置づけられており、帳簿方式の WIR の補
助的な存在であった。紙幣は 1 年ごとに再発行され、毎月紙幣の裏側にスタ
ンプを貼っていく方法である[31]。流通は 4 月 1 日に開始し、スタンプを貼り
付ける期日は毎月 1 日である。5WIR の紙幣には 10 ラッペンのスタンプを
貼り付けるので、1 年で 24％の減価。1948 年に紙幣の発行を終了し、以後、
帳簿方式に一本化した。

　1930 年代のスタンプ紙幣は、常に外部からの干渉や批判にさらされてい
たが、WIR は禁止されなかった[32]。シュテュツ（1984）によると WIR に関
する諸問題は、①新聞や経済団体の一部からの批判、②理解不足による内部
の軋轢、③信用供与に関する損失の拡大、の三点が指摘されている。WIR
経済共同組合の場合、最も深刻であったものは、外部からの批判や干渉では
なく、貸付け部門の損失であったという[33]。

　スイスが他の欧州諸国と異なり、スタンプ紙幣に対して寛容であったとい
うことではない。スイスでも 1929 年にヴェーラが流通しはじめ、230 の企
業が参加していたが 1932 年に禁止された。国立銀行法（Nationalbank-
gesetz）には、通貨発行に関する独占的権利が定められており[34]、これを侵
犯するものという理由であった[35]。

　WIR が政府、中央銀行から禁止されなかった理由は、以下が考えられる。

まず、帳簿上でのやり取りが主流であり、「紙幣」という媒体で流通しないため、WIR の帳簿上の残高は中央銀行法に抵触しないとされたことが考えられる。また、WIR を利用するためには、必ず WIR 経済共同組合に口座を持たなければならない。事実上、スイス国内の広い地域で利用可能であるが、口座を保有している者同士の取引に限られる。これに対して紙幣方式の場合は利用者登録を必要としないし、利用者数、取引量も明確ではない。しかしながら、スイスでヴェーラが禁止された後も、WIR 経済共同組合は1938 年から 10 年間程度、スタンプ紙幣を発行しており、流通の方式だけが理由ではないだろう。

もう一つの理由として考えられるのは、WIR はスイスフランへ換金できない制度だということである。つまり、WIR の残高は、将来、法定通貨で支払われる証書の総額ではないということになる。ただし、スイスフランへの換金を禁止してはいるものの、実際にスイスフランへの換金は当初から横行していたようである。換金を行う闇取引が後を絶たなかったため 1973 年の臨時総会において、不正な交換に対する禁止事項に制裁項目を明記した新たな約款が承認された[36]。

なお、現在の WIR Bank は、WIR だけでなく法定通貨スイスフランでの預金の受け入れと貸付を行っている[37]。現在では、WIR 事業（WIR の取引手数料、WIR 建て貸付の収入）と、スイスフラン事業（貸付の収入）の二つの収益により成り立っているものと考えられる[38]。

（4） JAK——デンマーク南部での流通

デンマークの JAK は、JAK 紙幣の発行と頓挫から、地域金融を目的として幾度も組織を変えながら現在に至っている。

1931 年 2 月、クリステンセン（Kristian Engelbrecht Kristiansen）らによって JAK 組合（Andelsselskabet Jord, Arbejde og Kapital）が設立された。JAK の名称は、土地（Jord）、労働（Arbejde）、資本（Kapital）の頭文字をとったものである。初期の活動はセナーユランにおいて無利子の

JAK 紙幣を発行し、流通させることだった。デンマークも他の欧州諸国同様、米国発の大恐慌の余波によって経済的な停滞に苦しんでいるなかでの試みであった。法定通貨クローネの流通速度が低下している状況で、デンマーク全体の取引量の 1.5％に相当する取引量があったという。1933 年 1 月の残高は 5 クローネが 2 万枚、10 クローネが 3 万枚であった[39]。なお、JAK 紙幣はスタンプ紙幣の仕組みを用いず、保有コストや使用コストが生じない仕組みであった。

　この試みは、1933 年に高等裁判所の判決により禁止された。JAK 紙幣は刑法第 170 条、つまり法定通貨以外を支払い手段としたこと[40]に抵触するものとされ、罰金 1,000 クローネが課された[41]。以降、独自の紙幣を発行する方式ではなく、法定通貨のクローネを用いた無利子預金・無利子貸付の活動にシフトしていった。

　1934 年に無利子預金・無利子貸付を行う協同組合銀行（andelskassen）と、現在の地域通貨 LETS のようなメンバー間相互の取引を通帳に記入していく仕組みで活動を再開したが、どちらの試みも 1938 年に停止した[43]。同年、新たな組織を立ち上げて活動を行っていたが、第二次世界大戦の混乱期を経て、本格的な活動の再開は 1958 年であった。1958 年に創設した JAK Bank（J.A.K. Banken）では、ユニークな貸付を行うシステムが採られていた。預金額の 3.2 倍の貸付を行うというもので、例えば、毎月 1,000 クローネの貯蓄を 2 年間続ければ 24,000 クローネになる。この時に借入を申し込んだ場合、預金残高の 3.2 倍の 76,800 クローネを借入ることができ、預金残高の 24,000 クローネも引き出すことができる[44]。

　ミッデルファート市に本店を置き、21 支店、30 事務所を有し、他の金融機関からの個人向け住宅貸付の借換え需要が多かったが、1973 年に貯蓄銀行の Bikuben に救済合併された[45]。その後、JAK Bank のような単一の大型銀行ではなく、いくつかの協同組合銀行として活動を再開した。2015 年 8 月現在、JAK Danmark のホームページには 4 行が掲載されている[46]。

図表6-2　JAK紙幣[42]

（出所：Jak Danmark ホームページ（http://www.jak.dk/lokal-valuta-vinder-frem/）2015年8月閲覧）

図表6-3　スタンプ紙幣の概要（欧州）

	ヴェーラ	労働証明書	WIR紙幣	JAK紙幣
開始年	1929年	1932年	1938年	1931年
主な流通時期	1931年	1932年から1933年	1938年から数年？	1931年から1933年？
終了年	1931年	1933年	1948年	1933年
スタンプ貼り付けのタイミング	時間（毎月）	時間（毎月）	時間（毎月）	なし
スタンプの費用	年12%	年12%	年24%	なし
換金資金	発行時に積立	発行時に積立	換金制度なし	不明
換金時期	いつでも可能	いつでも可能	換金制度なし	不明
法的位置づけ	禁止 1931年10月	禁止 1933年9月確定	合法	禁止 1933年

（出所：筆者作成）

2　米国でのスタンプ紙幣の顛末と法的位置づけ

　1930年代、欧州各地で実施された試みは活動停止を余儀なくされたものが多かったが、米国では連邦政府や州政府が原則的にスタンプ紙幣は合法的

第 6 章　1930 年代の欧米各地におけるスタンプ紙幣の法的側面　203

であるという立場の下、いくつかの州政府は支援を行っていた。

　米国における最初のスタンプ紙幣は 1932 年 1 月、アナハイム（カリフォルニア州）でエリオット（Joe Elliott）が始めたといわれている。エリオットの計画は、スタンプ紙幣を用いて町の失業者に仕事を与えるものだった。このスタンプ紙幣は、一定の期間ごとにスタンプを貼り付ける仕組みではなく、紙幣を取引で使用するたびに毎回 1 枚 4 セントのスタンプを裏面に貼り付ける必要があった。25 の欄すべてが埋まると 4 セント×25 枚で 1 ドルの換金費用が工面できる仕組みで、この試みは 3 カ月間続いたが、スタンプが計画通りに売れずに頓挫した[47]。

（1）　ハワーデン ── スタンプ紙幣伝播の契機

　米国でスタンプ紙幣が広まる契機となったのは、1932 年 10 月、ハワーデン（アイオワ州スーシティ）の試みであった。オランダからの移民であったジルストラ（Charles Zylstra）[48] が町の失業者救済事業のために考案したもので、ヴェーラや労働証明書と基本的に同じ仕組みであった。ただし、スタンプは一定の期間ごとではなく、アナハイムのスタンプ紙幣のように取引時に毎回スタンプを必要とする仕組みにした。1 枚 3 セントのスタンプを裏面に貼り付け、日付とイニシャルをサインさせた。スタンプは紙幣の裏面にある 36 の欄に順番に貼り付けていく[49]。3 セントのスタンプを貼り付ける 36 個の欄がすべてが埋まればスタンプの売上げは総額 1.08 ドルになる。紙幣の表面には、町長と町役場担当者のサインと通し番号が付され、36 枚のスタンプを貼り付けた時に 1 ドルと換金すると記されていた。ジルストラの計画は、紙幣が流通する間にスタンプの販売益で償還のための費用を捻出するというもので、失業救済を行うための資金がなくても実施することができた。スタンプの販売益を換金する費用に充てるという仕組みは、結局のところ、使用する者がその費用を負担するので、地域の市民らが未来の自分たちから、購買力を前借りしているということもできる。

　ハワーデンでは 10 月 8 日から 20 日の間に 300 ドル分のスタンプ紙幣を発

行し、町の失業者救済事業の賃金として――例えば 1.6 ドル分の賃金を支払う時、1 ドル分をスタンプ紙幣、60 セント分を法定通貨で――支払われた。これをハワーデンの地元の新聞が報道したことをきっかけに、ニュースは近隣の地域に広まっていった。翌月初めにはマディソン（サウスダコタ州）、エルク・ポイント（サウスダコタ州）、ペラ（アイオワ州）等の地域でハワーデンの仕組みを模倣したスタンプ紙幣を導入した[50]。11 月下旬には、ロックラピッズ（アイオワ州）でスタンプ欄の数を増やしたものが登場した。

（2） アイオワ州内へのスタンプ紙幣の広まり

アイオワ州の多くの地域でスタンプ紙幣が実施された背景には、ハワーデンの試みが新聞報道で各地に伝えられたほか、ジルストラ自身がアイオワ州議会下院議員になり、州議会でスタンプ紙幣発行についての法案を作成・法制化に尽力したという理由もあった。1932 年 11 月 8 日のジルストラは民主党の議員として州議会下院議員に当選した後、州議会上院議員のローロフス（G.E. Roelofs）とともに、1933 年 2 月に法案を可決に導いた。法案ではスタンプ紙幣の期間は 2 年と定められ、郡に多くの裁量が認められていた[51]。なお、スタンプ紙幣の法制化は、上述のアイオワ州のほかにミネソタ州で法制化され、他の 8 つの州で検討された[52]。

アイオワ州では 1932 年から 1933 年の間に 28 の地域でスタンプ紙幣が発行され、取引ごとにスタンプを貼り付ける方式が多数を占めた[53]。しかしハワーデンのスタンプ紙幣は仕組みを模倣することはできたが、地域経済の活性化までには到らなかった。多くの場合、スタンプ紙幣を発行した後、流通は期待通りにならず、非常に緩慢にしか循環しなかった[54]。

1932 年 12 月にハワーデンの仕組みでスタンプ紙幣を発行したペラでは、発行当初は流通していたものの 1933 年の秋には流通速度の低下が問題になっていた[55]。地元の商工会議所はクリアリングハウスを作り、96 セントで買い入れ、97 セントで販売することにしたが、96 セントで売却してくる商

人は多数いたものの、97セントでこれを買う人は少数であったため、スタンプ紙幣はクリアリングハウスで滞留した。打開策として買い入れ価格を96セントから94セントに引き下げたり、初回の取引時にスタンプを貼り付ける必要のないスタンプ紙幣を99セントで販売することも試みられたが、流通速度を回復することができず、結局、流通を終了することになった。1936年の年初を有効期限として印刷していたものの、回収もゆっくりとしたものであり、1936年7月の時点で、発行1500ドルのうち625ドルが回収されていなかった[56]。

　他方、ハワーデンの仕組みに倣わずに、ヴェーラや労働証明書のような一定の期間ごとにスタンプを貼り付ける仕組み[57]のスタンプ紙幣も試みられた。アイオワ州内のロックラピッズ、アデル、レッドオーク、メイソンシティの4地域のほか、1933年4月にはハワーデンでも発行されている[58]。なお、スタンプを貼り付ける期日はハワーデンでは1カ月ごと、他の4地域では1週間ごとであった。10,000ドル分を発行したメイソンシティでは、道路工事プロジェクトの労働賃金の支払い手段として使用された。地域の400人の商人からスタンプ紙幣の受け入れる合意を取り付け、10,000ドル分のスタンプ紙幣が平均で週に2回使用されることを期待した。しかし、スタンプ紙幣の流通は緩慢であったため、地域内の銀行1つをクリアリングハウスに指定したものの流通は進まなかった。結局、1年間実施した後、1934年7月に終了した。アイオワ州のスタンプ紙幣は、概ね1932年後半から1933年前半に発行された後、1933年後半から1934年半ばにほとんどが終了しており、1937年6月に終了したペラが最後であった。

　また、アイオワ州議会でも1934年の冬にジルストラのスタンプ紙幣法を廃止した。州全域で、スタンプ紙幣に対する熱意がさめ、運営上の技術的な問題に加えて、ニューディールの資金がアイオワ州に提供されたことが理由であった[59]。

　連邦政府は、スタンプ紙幣に関して原則的には合法的なものという立場であった。スタンプ紙幣は、税金見込み証書（Tax anticipation notes）[60]につ

いての判例から、商品の対価として譲渡することは合法であるとみなされ、信用取引のみが禁止されていた。ただし、州法レベルで税金見込み証書を商品の対価として譲渡することを禁ずる場合もあったため、州により差異があった[61]。

（3） バンクヘッド上院議員とペッテンギル下院議員によるスタンプ紙幣計画

　米国におけるスタンプ紙幣は、発行自治体の大小はあるものの、これまでは市や郡レベルでの発行であった。1933 年 2 月にバンクヘッド（John H. Bankhead：アラバマ州選出）上院議員は、連邦政府がスタンプ紙幣を発行する法案を議会に提出した[62]。この法案はコスティガン-ラフォレット失業救済法案をバンクヘッド上院議員が修正したもので、第 72 議会第 2 期に提出された。同様の法案をペッテンギル（Samuel B. Pettengill：インディアナ州選出）下院議員も提出している[63]。その後に、若干の修正と追加がなされたものを第 73 議会にバンクヘッド上院議員が再提出したが、いずれも採決には到らなかった。この法案において提出されたスタンプ紙幣計画の概略は以下の通りである。

◆発行について
・スタンプ紙幣の発行は財務長官の承認の下で行われる
・この法案によって発行されたスタンプ紙幣は 1 ドルの法定通貨とみなされる
・額面 1 ドル、発行総額は 10 億ドルを限度とする。そのうち半分の 5 億ドルは人口に基づいて各州に配分される。州知事は、州内の自治体に再配分し、建設事業や緊急援助に用いる
・労働統計局の卸売物価指数の算出に含まれるすべての必需品の物価が1926 年を基準として 80％まで回復した際には、財務長官はスタンプ紙幣の発行の中止を指示する

◆スタンプ紙幣の仕組みについて

・スタンプ紙幣には毎週（水曜日）、2セントのスタンプを貼り付けなければならない

・52枚のスタンプが貼り付けられたスタンプ紙幣は1ドルに換金する

・スタンプ紙幣を換金するための基金を設置する

・1ドル未満の取引で使用する場合には、支払う側が来週分のスタンプを負担する

・銀行が預金として受け入れる場合、額面の2％を手数料として徴収できる

　法案ではスタンプ紙幣を法定通貨とみなしている[64]。スタンプ紙幣は額面1ドルの単一発行で、現行の法定通貨1ドルと同様の効力をもつものとされた。法定通貨ドルと同時並行して流通させる意図について、ペッテンギル下院議員は、「この法案は、市場に買い手をもたらし、負債の支払いを奨励し、利用可能な購買力を使用しない買い手にペナルティーを課すものである。法案は基本的に退蔵（hoarding）に対する課税〔の導入〕である。証明書を手にした誰もが、可能な限り速やかに次の水曜日が来る前に他者へ渡そうとし、さもなければ2％の税が課される」[65] と述べている。貨幣の流通速度が低下している状況を改善する施策という位置づけである。

　他方、スタンプ紙幣は恒久的なものではなく、法定通貨ドルの流通を促進するための一時的な手段とされている。「物価の更なる下落を止め、上昇を開始するために、莫大で強制的な購買力を停滞する市場に導入することは、非常に検討に値する。必要なことは、"呼び水を入れる"ことに尽きるかもしれない。こうした買い手が市場に入るようになればすぐに、信頼が回復してくるだろうし、物価は直ちに上昇し始めるだろう。結果が出れば、現在数億ドルも退蔵されている他のお金も、市場に戻って来る」[66]

　物価の下落を止め、回復基調に転じた際、スタンプ紙幣の供給は停止することが明確化されていた。このため、スタンプ紙幣を発行する意図は緊急通貨に近いものであり、現代の地域通貨のような並行通貨としてのものではな

図表 6-4　スタンプ紙幣の概要（米国）

	アイオワ州 スタンプ紙幣	スタンプ紙幣法案
開始年	1932 年	法案は 1933 年
主な流通時期	1932 年から 1933 年	未発行
終了年	主に 1933 年～1937 年	未発行
スタンプ貼り付けのタイミング	取引ごと 時間（毎週・毎月） 混合	時間（毎週）
スタンプの費用	額面 2% から 3% ※スタンプ欄がすべて埋まると 額面相当になる	年 104%
換金資金	スタンプの売上げ	スタンプの売上げ
換金時期	スタンプ欄がすべて埋まった時	スタンプ欄がすべて埋まった時
法的位置づけ	合法	合法 法定通貨とみなす

（出所：筆者作成）

かった。なお、停止条項はスタンプ紙幣がインフレーションをもたらすという危惧に対しての予防措置という位置づけでもあった。

　本法案のスタンプ紙幣は、取引ごとにスタンプを貼り付ける方式ではなく、1 週間ごとに貼り付ける方式で計画されている。この理由はいくつか考えられるが、前述のアイオワ州内各地での試みで、取引ごとにスタンプを貼り付けるという方式の評判がよくなかったことがあっただろう。Fisher（1933）は、この取引ごとに貼り付けるハワーデンの仕組みには批判的であり、スタンプ紙幣はヴェルグルや労働証明書のような流通速度を上げる仕組みを採用すべきであると述べている。

おわりに

　本章では、1930 年代に欧米各地で試みられたスタンプ紙幣について考察

第6章　1930年代の欧米各地におけるスタンプ紙幣の法的側面　209

してきた。共通の背景として米国発の世界恐慌による地域経済な苦境があり、これを克服するためにスタンプ紙幣を発行し、流通を試みた。

　スタンプ紙幣に対する欧州各国政府の反応は、賛否両論があったものの、ドイツのヴェーラ、オーストリアの労働証明書、デンマークのJAK紙幣は通貨発行権益を定めた法令に反するものとして停止を命じられた。

　米国ではスタンプ紙幣の発行と流通の試みに関しては相対的に寛容であった。ルーズベルトの大統領就任と前後して、スタンプ紙幣を全国レベルで実施する案を真剣に検討せざるを得ない状況があったものの、失業者、経済的困窮への対策はドルを用いたニューディールが選択された[67]。スタンプ紙幣の後発組は、多くの場合、導入後の半年程度で流通が特定の商店やクリアリングハウスに滞留してしまうことで流通サイクルが形成されなかった。さらに、人々の熱意が時間の経過とともに冷めていったこともあり、スタンプ紙幣は1932年のハワーデンの開始から2年程度でほぼ姿を消していった。

　なおスタンプ紙幣の発行と法定通貨への換金についてまとめておくと、法定通貨への換金を禁止するスイスのWIRを除いて、他の事例ではいずれも、事前に定められた期間、ないしは使用回数に達した後に回収する仕組みであった。これは、スタンプを貼り付ける欄が埋まるという物理的な理由からだが、その際、対価として法定通貨を支払わなければならない。換金の原資の調達に関しては、欧州では発行時、またはスタンプ紙幣を販売する時の代金を積み立てる方法が主流であったが、米国ではスタンプの売上げを積み立てていき換金時までに用立てるという方法が採用された。米国方式は、計画段階で十分な原資がなくても実行可能というメリットがあるが、流通が進まずにスタンプが購入されない場合には原資が不足する可能性がある。また、取引ごとにスタンプを貼り付ける方式では売り手と買い手の共謀によりスタンプを貼らずに受け取る行為が横行し、問題となった事例もあったようだ。一方、1980年代以降の地域通貨の場合は、そもそもスタンプ方式を採用しているものが少ないため、販売（または発行団体から取得）時に対価である法定通貨を積み立てて償還基金とする方法を採ることが多い[68, 69]。

以上、1930 年代のスタンプ紙幣の事例から法制度上の関わりを中心として検討を行ってきた。国家や中央銀行による法定通貨の独占的な通貨発行権益は 80 年間を通じて揺るぎないものであったが、1980 年代以降の地域通貨を含めた考察までは至らなかった。この点については今後の研究課題として稿を改めることとしたい。

〈注〉

1　政府・中央銀行による法定通貨とは別に個人、自治体、市民団体等が発行する紙幣ないしはこれに相当する媒体のこと。宮崎（2009）は「銀行券または政府紙幣とは異なる紙幣（仮証書）のことである。つまり、スクリップを、私たちが普段用いている銀行券や硬貨などとは異なる一時的な証書」と定義している。宮崎義久「1930 年代アメリカのスクリップの再検討」Discussion Paper, Series B, 80, 北海道大学（2009）。

　　なお、紙幣という用語は、政府紙幣および強制通用力を付与された銀行券のみをいう場合もあるが、本稿では、上記に加えて自治体、市民団体、NGO／NPO、個人等が発行したもので強制通用力を付与されていなくても、決済手段として転々流通するものを含む。

2　現在、わが国では、一般的に「地域通貨」とは、自治体、市民団体、NGO／NPO などが発行するお金であり、法定通貨（legal tender）と同時並行的に流通する通貨（並行通貨 parallel currency）を指す。代替通貨（alternative currency）に近い概念で用いられる場合もあるが、通貨の機能や信認の観点で完全な法定通貨の代替性を持つものではない。概念的には補完通貨（complementary currency）という語を用いるのが妥当であろう。日本語の「地域通貨」という語は、コミュニティ通貨（community currency）のニュアンスが強い。また、流通地域が限定されていることから local currency あるいは regional currency という呼称が充てられることもある。

　　1930 年代のスタンプ紙幣を local currency と称する場合もあるようだが、国際経済の分野で local currency は、国際金融市場で中心的に扱われる国際通貨（hard currency）・基軸通貨（key currency）の対語として用いられ、混乱を招くことから、本稿では local currency という語は使用しない。

　　用語のニュアンスの違いは、地域通貨・スタンプ紙幣を発行する目的の差異に起因することでもある。1980 年代以降の地域通貨は「地域経済の活性化」と

「コミュニティ再生」という2つの目的を主軸とするが、丈島（2010）・（2011）で指摘されているように1930年代のスタンプ紙幣は「地域経済の活性化」のみを目的としている。ただし、「地域経済の活性化」という場合にも、1930年代一時的な緊急手段という位置づけが強かったことに対して、1980年代以降の場合は緊急性よりも効果や持続性が焦点となる。なお現代の地域通貨は、地域経済の持続可能性に資するためのツールとして、法定通貨の機能と補完的な貨幣システムを形成するものと位置づけられる。丈島崇「地域通貨の2つの意義に対する歴史的アプローチ」『経済学研究』第41号（2010）81-105頁、「地域通貨の継続性に関する考察――「げんき」の事例を中心に」『関西学院経済学研究』第42号（2011）1-17頁。Seyfang,G./Longhurst,N., "Growing green money? Mapping community currencies for sustainable development", *Ecological Economics*, Vol.86, 2013, 1頁。上記の1930年代と1980年代以降のニュアンスの違いは地域通貨の側だけではなく社会制度の趨勢によるものとする意見もある（西部2015）。現代の先進国では工業化による経済発展を完了し、高い生活水準を達成した後、産業構造の中心が雇用と付加価値の両面で第二次産業から第三次産業へシフトする脱工業化現象が生じた。地域通貨もこれに対応するかたちで多様化したという考え方である。西部忠「地域通貨の分化――グローバル化・脱工業化する資本主義の下での先進国と途上国の地域通貨の課題と特性の違い」第19回進化経済学会北海道大会（小樽商科大学）報告論文。（http://www.jafee.org/）2015年8月閲覧。

　以上のような用語による混乱をさけるため、本稿ではスタンプ紙幣という用語を用いた。

3　Fisher,I./Cohrssen,H.R./Fisher,H.W., *Stamp Scrip*, New York：, Adelphi Company, 1933, 18頁。

4　ゲゼル『自由地と自由貨幣による自然的経済秩序』の「貨幣制度の統一性」は、国家の事業として大規模に実現していく構想と比べ、地域通貨の実践は限られたコミュニティ社会の経済活動の再活性化を試みるもので、それぞれの規模も小さい。伊藤誠「シルヴィオ・ゲゼルと地域通貨の思想と理論」『日本學士院紀要』第67巻第3号（2013）111-135頁。

5　購買力が時間の経過とともに劣化していく通貨のこと。ゲゼル（1914）の考え方を実用化する方法として、スタンプを貼り付けるという方法を用いた。なお、1926年に "Selbsthilfe der Arbeit" という名称の組織による実験的な試みもあった。Godschalk,H., Why Demurrage?, *Primer coloquio Internacional Trilingue sobre Monedas Sociales y Complementarias*, 2011, 18 頁。

6 例えば、1931 年に発行されたヴェーラは毎月 16 日。

7 当時の人口は 500 人程度。

8 Fisher・前掲注 3、18 頁。

9 ディッケンドルフの町が所有していた鉱山であったが、1927 年に破産。1929 年に競売で 8,000 ライヒスマルクでヘベッカーが購入した。

10 ヴェーラ交換組合から融資を受けた。Onken, Werner., "Ein vergessenes Kapitel der Wirtschaftsgeschichte-Schwanenkirchen, Wörgl und andere Freigeldexperimente", *zeitschrift für sozialökonomie*, Vol.57/58, 1986, translated Lines, Rick., "A Forgotten Chapter out of Economic History, Schwanenkirchen, Wörgl and other "Freigeld" experiments" (http://www.academia.edu/) 2015 年 8 月閲覧。

11 賃金を支払う際の比率は諸説ある。Fisher (1933) は支給額の 3 分の 2 をヴェーラ、3 分の 1 をライヒスマルクと述べているが、Onken (1983) は同比率を 90%、10%としている。

12 Onken・前掲注 10、9 頁。

13 Fisher・前掲注 3、20 頁。

14 例えば、バーデン＝ヴュルテンベルク州ウルムでは、1931 年 6 月 25 日に Ulmer Tauschgesellschaft（ウルム交換組合）が設立された。同交換組合は、エアフルトとは別にヴェーラを発行したようで、ウルムで発行されたヴェーラは「Ulmer Wära」と記されている。7 月に 1/2 ヴェーラを 4,932 枚、1 ヴェーラを 21,000 枚発行し、9 月には 1,500 ヴェーラが流通していたが、シュヴァーネンキルヒェンと同様に同年 10 月に禁止された。

15 Dritte Verordnung des Reichspräsidenten zur Sicherung von Wirtschaft und Finanzen und zur Bekämpfung politischer Ausschreitungen. (1931 年 10 月 6 日)「経済財政安定化と政治的混乱に対処するための第 3 次大統領緊急令」第 5 部第 9 章で無許可のノートゲルトの発行、流通等を禁止している。

16 Verordnung über Notgeld. (1931 年 10 月 31 日)。

17 北に 10 キロメートル程度でドイツとの国境がある。シュヴァーネンキルヒェンとは直線距離で 250 キロメートル程度のところにある。

18 Fisher・前掲注 3、22 頁。なお、シュヴァルツ (2000) は「1932 年の春にはヴェルグルの市内だけで約 350 人、近郊では 1500 人」の失業者がいたとしている。

19 7 月 5 日の委員会で市長は、インスブルック市の貯蓄銀行に対する 130 万シリ

ングの負債と未払い利息 5 万シリング、これの支払いに当てる見込みの税金は 5 万シリング分の未収納が発生していること、他方で州政府、連邦への支払いも遅れており、税収がなければ州政府、連邦政府からの地方税の支給が停止されること、1932 年前半の市民税の納入はわずか 3,000 シリングであったことを述べている。労働証明書発行の経緯には、市の財政逼迫への対策が主要動機の一つであり、この点で 1980 年代以降の地域通貨と事情が異なる。シュヴァルツ、研究会訳「ヴェルグルの実験 (2)」『自由経済研究』第 13 号 (1998) 23-24 頁。

20 　主な内容は、①救済案は社会福祉委員会によって実行され、労働証明書は同委員会によって発行される。②労働証明書は市の会計課が保管し、額面価格で販売される。また額面の 2% を負担することで、いつでも法定通貨（オーストリアシリング）に払い戻すことができる。③初回発行は、1 シリング（黄色の紙幣）、5 シリング（青色の紙幣）、10 シリング（赤色の紙幣）の 3 種類。各 2,000 枚で、総額 32,000 シリング。すべて市によって通し番号が付され、これのないものは無効とする。④毎月、額面の 1% の「非常時税」を課す。これに相当するスタンプを証明書に貼り付けることで負担する。スタンプが不足している場合、不足分を割り引いた価格で使用することができる。シュヴァルツ・前掲注 19、27-28 頁。

21 　Fisher・前掲注 3、24 頁。労働証明書は、市と銀行によって、再度流通させる仕組みになっていた。

22 　通貨を独占的に発行する権利と、これにより生ずる利益のことをいう。スタンプ紙幣は、通貨を国家が独占的に発行する権利に抵触するかどうかが問題視となった。

23 　1930 年代の欧米での事例は Fisher (1933) が有名であるが、同書におけるヴェルグルの記述は進行形で書かれており、禁止の顛末は書かれていない。

24 　シュヴァルツ、研究会訳「ヴェルグルの実験 (3)」『自由経済研究』第 14 号 (1999)、53 頁。

25 　シュヴァルツ、研究会訳「ヴェルグルの実験 (4)」『自由経済研究』第 16 号 (2000) 54-55 頁より。なお、引用文中の固有名詞の一部は表記を改めている。

26 　Onken・前掲注 10、13 頁。

27 　いわゆる LETS のような各自が帳簿を管理する方式とは異なり、WIR は運営者が一括管理している。

28 　現在でも同じ。

29 　*WIR BANK Geschäftsbericht* ,WIR BANK, Basel, 2001 - 2004.

30 なお、1940 年には年間で 1,097 名の利用があり、200 万スイスフラン程度の取引、WIR の発行残高は 20 万 WIR 程度であった。WIR の利用状況については 1935 年から 1945 年までの概略はマイヤーフォッファー（1984）、1948 年から 2000 年までは Stodder（2009）、2001 年以降は WIR Bank Geschäftsbericht 各号をそれぞれ参照。マイヤーフォッファー、森野栄一訳『経済の視点からみた経済リング』Basel：WIR,（1984）、（http://grsj.org/）2013 年 10 月閲覧。Stodder, James.,Complementary Credit Networks and Macro-Economic Stability：Switzerland's Wirtschaftsring*Journal of Economic Behavior and Organization*,No.72, 2009。*WIR BANK Geschäftsbericht* ,WIR BANK, Basel,（http://www.wir.ch/）2013 年 10 月閲覧。

31 Studer,Tobias., WIR in Unserer Volkwirtschaft., Basel：, WIR.1998.translated Beard, P.H., WIR and the Swiss National Economy.Rohnert Park：, Sonoma State University, Available as e-book, 2006, 11 頁。

32 スイス国内における WIR の適法性については、例えば、2000 年 7 月に連邦裁判所判決［126III322 57. Auszug aus dem Urteil der I. Zivilabteilung vom 20. Juli 2000 i.S. WIR Bank gegen Grill u. Mitb.（Berufung）］によって、WIR BANK の WIR に対する独占的地位、および商標についての妥当性を認める判決が出ている。Schweizerisches Bundesgericht（2000).

33 シュテッツ、森野栄一訳『WIR 経済協同組合の輪──歴史的回顧』Basel：WIR,（1984）、（http://grsj.org/）2013 年 10 月閲覧。

34 現在でも同様。同法第 4 条「国立銀行はスイスの銀行券を発行する独占的権利をもつ」Bundesgesetz über die Schweizerische Nationalbank（Nationalbankgesetz, NBG）vom 3. Oktober 2003.

35 Onken・前掲注 10、16 頁。なお、フランスではヴェーラを参考として VALORS という名称のスタンプ紙幣の試みがあったが 1935 年に禁止されている。Onken・前掲注 10、19-21 頁。

36 禁止条項、および罰則に関する規定は、2011 年 4 月版の取引約款でも確認することができる。第 2 条第 7 項の禁止事項、第 8 項の制裁措置が記されている。制裁は、違約金の支払い、口座利用の停止、口座閉鎖などである。*Geschäftsbedingunge der WIR BANK Genossenschaft*, WIR BANK, Basel,2011.04.

37 スイス中央銀行の統計資料 "Banks in Switzerland" では、Andere Banken / Autres établissements（その他の金融機関）に分類される。同統計による WIR BNAK の組織形態分類は、Genossenschaft Cooperative（協同組合）である。ま

た、銀行・証券会社預金者保護協会（Einlagensicherung der Schweizer Banken und Effektenhändler）に加入しており、スイスフラン預金についての預金者保護がなされている。

38　歌代哲也「スイスの WIR における並行通貨（地域通貨）の持続性に関する考察」『大学院年報──経済と環境』第 4 号（立正大学大学院経済学研究科、2013）、59-60 頁。

39　Anielski,M., "*The JAK Members Bank Sweden: An Assessment of Sweden's No-Interest Bank*", Vancity Capital Corp., 2004, 11 頁。

40　刑法第 18 章：決済手段に関する犯罪、第 170 条では、法定通貨以外の紙幣（外国法貨は除外）や証券類を特定のグループや集団内で用いるために発行、使用、流通することを禁じている。

41　JAK Danmark ホームページ（http://www.jak.dk/jak-historie/）2015 年 8 月閲覧。

42　1931 年に発行されたもの。5 クローネ、10 クローネの 2 種類があった。なお、1,000 番台初期の JAK 紙幣では、裏面に通し番号が刻印され、額面の欄には "Kvittering for 10 Kroner：10 クローネの領収書" と書かれているが、以降の JAK 紙幣にはこの記述がない。

43　協同組合銀行は 1934 年法に抵触するものとして停止し、通帳方式の取引は 1935 年に停止した。

44　このローンの仕組みは、現在、デンマークの JAK では実施されていないようであるが、スウェーデンの JAK Medlemsbank でモデルを改良したものを用いている。JAK Medlemsbank ホームページ（https:// www.jak.se/ jakexplained）2015 年 9 月閲覧。

45　この理由を Anielski は、ローン原資が致命的に減少するまで有効な対策をしなかったため、と述べている。Anielski・前掲注 39、11 頁。

46　JAK AndelskassenØstervrå、Folkesparekassen、Andelskassen J.A.K. Slagelse の 3 行と、マイクロファイナンス機関の Andelskassen OIKOS。
　　スウェーデン、フィンランド、イタリア、スペインの 4 カ国に、JAK の名をもつ組織がある。このうち、スウェーデンの JAK Medlemsbank は 1965 年に設立され、2011 年時点で 38,000 人の会員を持つ。JAK Medlemsbank ホームページ（https://www.jak.se/jakexplained）2015 年 9 月閲覧。

47　Warner, J., "Stamp Scrip in the Great Depression：Lessons for Community Currency for Today?", *International Journal of Community Currency Research*,

No.14, 2010, 31-32 頁。

48　1891 年オランダ（フリースラント州レーワルデン市ウィドゥム）生まれ。1909 年に渡米した後、1916 年にハワーデンに移住している。

49　裏面には「この紙幣を用いて取引をすることにより、雇用と繁栄への早期復帰を促進する。3 セントのスタンプがこれを可能にする」というメッセージが印刷されていた。

　　なお、Warnar は、スタンプ紙幣が流通した背景には、単に経済的な手段としてだけでなく、現代のコミュニティ通貨同様、人々の結束や社会的利益を共有する信念が存在したと考えている。Warnar・前掲注 47、36-37 頁。

　　もちろん、スタンプ紙幣が流通するためには地域の人々の理解と協力が欠かせない。だが、ケインズ（1936）による貨幣に持ち越し費用が生ずるようになった場合には他の代替手段がとって代わるという指摘とも共通するが、スタンプ紙幣の意義は Fisher（1933）が述べているように、貨幣（法定通貨）の供給量の問題ではなく、日々の取引動機に基づく貨幣保有（と、その支出）の問題という部分に着目すべきであろうと考える。「流通すべきはずのお金が流通していない場合、それを排斥し、その地域で実際に流通しているお金は『悪貨』ではなく『良貨』だ」Fisher・前掲注 3、58 頁。

50　Warner, J., "Charles Zylstra and Stamped Scrip ; How a Dutch immigrant sought a solution to the Great Depression", AADAS（Association for the Advancement of Dutch-American Studies）, 2005, 169 頁（http://www.aadas.nl/）2015 年 8 月閲覧。

51　Nieuwenhuis,G.Nelson., *Siouxland, a history of Sioux County*, Iowa, Pluim Pub, 1983, 212 頁。例えば、郡内の有権者の 2％の申請があった場合にはスタンプ紙幣を発行することができるようになった。Elvins,S., "Scrip Money and Slump Cures : Iowa's Experiments With Alternative Currency During the Great Depression", *The Annals of Iowa*, Vol.64, No.3, 2005, 238 頁。

52　Fisher・前掲注 3、43 頁。

53　Warner, J., "Iowa Stamp Scrip : Economic Experimentation in Iowa Communities during the Great Depression", *The Annals of Iowa*, Vol.*71*, No.1, 2012, 7 頁。原資料は Mitchell, Ralph A／Shafer,Neil., (1984) *Standard Catalog of Depression Scrip of the United States s: The 1930s Including Canada and Mexico.* Krause Publications. plus newspaper reports.

54　Warnar・前掲注 53、14 頁。

第 6 章 1930 年代の欧米各地におけるスタンプ紙幣の法的側面 217

55 多くの場合、賃金としてスタンプ紙幣を受け取った労働者は、生活必需品を購入するために商店に持ち込んだが、商店からの二次的な流通が十分ではないために「停滞」したことが問題であった。これは現代の地域通貨の流通でも同様の事態が生じているが、スタンプ紙幣（または地域通貨）の流通がサイクルとして形成されない場合に発生する問題である。現代の地域通貨における二次流通については、例えば、歌代哲也・木下直俊・林康史「エクアドル・エルサルバドルにおける補完通貨 UDIS の誕生から終焉まで」第 19 回進化経済学会北海道大会（小樽商科大学）報告論文（2015）（http://www.jafee.org/）を参照。Fisher（1933）では、流通の停滞を防止するためにクリアリングハウスを設立することを提案しているが、売り手が多く買い手が少ない場合には、機能不全を解消することができない。この問題に共通している点は、域外から持ち込まれた商品の代金を支払う際に、用いることが難しいということがある。

56 ペラでは、額面 1 ドルで総額 1,500 ドル（1932 年 12 月に 500 ドル、1933 年 2 月に 1,000 ドル）が発行されていた。Warnar・前掲注 53、7 頁。

　なお、スタンプ紙幣の回収率が低い理由は、利用者が換金せずに放置していたということ以外に、旅行者や報道関係者、研究者が持ち帰ったことが考えられる。特にハワーデンやテニーノ（ワシントン州。紙幣ではなく、木札で作られていた）は、当時、報道によって広く知られていたため、お土産や記念品、サンプルとして域外に持ち出される量が多かったという。Warnar・前掲注 53、13-15 頁。これは 1930 年代だけでなく、現代の地域通貨でも起こっている。

57 Fisher（1933）は、ハワーデンの仕組みを①取引するたびに費用が発生するために流通速度が低下する、②意図的にスタンプを「貼り忘れる」行為をチェックするインセンティブが生じない、という理由から無分別であると述べている。フィッシャーの考えでは、スタンプ紙幣は法定通貨よりも流通速度が高いという点において優位であるとしているため、ヴェーラや労働証明書のような一定の期間ごとにスタンプを貼り付ける仕組みのほうが、不況の克服を目的とした場合には望ましいということになる。Fisher・前掲注 3、31 頁。

　Warnar は、フィッシャーの動機を、貨幣を減価させるというゲゼルの提案を復活させたというよりも、むしろ貨幣の流通速度を高めることで経済的な取引が活性化し、より多く商品生産と雇用をもたらすという別のものであったと指摘している。Warnar・前掲注 47、35 頁。ゲゼルの視座は貨幣を他の財と同様に時間の経過とともに価値が減ずる仕組みとするということであったが、フィッシャーは、その結果としての経済効果を期待してのものであったといえる。

58 ロックラピッズでは 1932 年 11 月に額面 50 セントで 250 ドル分、アデルでは 1933 年 1 月に額面 1 ドルで 300 ドル分、レッドオークでは 1933 年 3 月に額面 1 ドルで 1,000 ドル分、メイソンシティでは 1933 年 5 月に額面 1 ドルで 10,000 ドル分、ハワーデンでは 1933 年 4 月に額面 1 ドルで 300 ドル分が発行された。Warnar・前掲注 53、7 頁。

59 Elvins・前掲注 51、242 頁。

60 州や自治体が資金調達のために税の収納前に発行する証書のこと。また宮﨑 (2009) は、これに加えて緊急通貨の発行を定めたオールドリッチ・ヴリーランド法 (1908 年制定)、手形交換所が発行していた「手形交換所証書」や「手形交換所貸付証書」等、当時の米国では多種の前例があったことを指摘している。

61 Gatch,L., "Tax Anticipation Scrip as a Form of Local Currency in the USA during the 1930s", *International Journal of Community Currency*, 2012, 28-29 頁。

62 Fisher・前掲注 3、26 頁。なお、本部分の内容については、Fisher・前掲注 3 に掲載された APPENDIX I. THE BANKHEAD-PETTENGILL BILL に依拠している。

63 Bills：Stamped Money Certificates (HR. 14757,1933)

64 Fisher・前掲注 3、79 頁。

65 Fisher・前掲注 3、105 頁。

66 Fisher・前掲注 3、105 頁。

67 いくつかの文献では、ルーズベルトが大統領に就任後にスタンプ紙幣について禁止令を出したという記述があるが、少なくとも現実的にはそうした事実はない。本章でも示したように、アイオワ州では少なくとも 1938 年までスクリップが存在した。1933 年 3 月のルーズベルトの大統領就任以降の事情については、Elvins (2005)、Gatch (2012)、宮崎 (2009) を参照。

　このような混乱は、Lietaer (1999) による記述が未検証のまま引用され続けた結果として広まったと考えられる。ルーズベルトはスタンプ紙幣を積極的に禁止または排除しようとしたということはないであろう。Warner (2010) が述べているように、ルーズベルトがスタンプ紙幣法案を採用せず、ニューディールを選択したことが、結果としてスタンプ紙幣の衰退を助長したと考えるほうが妥当であろう。

68 スタンプ方式を採用した場合、スタンプの費用負担や、利用に際しての煩雑さが嫌われ普及が進まない恐れがあるためと考えられる。スタンプ方式を採用する場合でも、スタンプの負担は 1930 年代よりも軽減されている（スタンプの対額

面比は低く、貼り付けのタイミングのスパンも長い）。例えば、ドイツのキーム
ガウアは、額面の3%のスタンプを、半年に1回、貼り付ける必要がある。3年
間の流通の後に紙幣は回収されるから、流通期間中に5度スタンプが貼り付けら
れ、スタンプの代金の総合計は額面の15%である。キームガウアでは、紙幣を
販売した代金をユーロへの換金原資に当てており、スタンプの代金は換金原資の
中核とはなっていない。

69 地域通貨の換金については紙幣方式と他の方式では仕組みが異なっていること
が多い。通帳方式の場合は原則的に換金できないように設計されており、例え
ば、LETS の場合、残高は他者からのサービスを受けて減らすか、あるいは使用
用途が見つからず貯まったまま放置されることもある。というのも、LETS の制
度趣旨は、法定通貨との取引機会や、支払い方法の補完を目途とするものではな
く、互恵関係を前提としたボランティアや、金銭的な対価を目的としない労働等
への謝礼を可視化・制度化するということであり、そうした立場からは地域通貨
から法定通貨への「交換」は望ましいことではない。上述のような行為が事後的
とはいえ法定通貨に換算され決済される交換の制度は不要ということになる。

第7章 ジャン・ボダンの国家の貨幣鋳造権と いわゆる "プリコミットメント" 理論 について

中 野 雅 紀

はじめに

ジャン・ボダン（Jean Bodin 1529/30-96）が君主主権論において国王の「貨幣鋳造権（le droit de moneage）」について論じていることは有名である。そして、ボダンが、貨幣鋳造権が国王の専権であることを認めつつ、貨幣鋳造権の濫用を控えることを説いていることも、長谷部恭男の紹介などにより、法制史の研究者のみならず憲法の研究者に広く知られるようになっている。長谷部のボダン理論の紹介は、いわゆる「プリコミットメント（pre-commitment）」の説明のためのものである。しかし、その紹介におけるボダンについての記述はわずかなものである。本章は、ボダンの原著（Les six Livres de la République,Paris,1583）を読みつつ、長谷部によるスティーブン・ホームズの Passion and Constraint の引用箇所を原典の前後のコンテクストから捉え直すことを目的とする。もちろん後述するように、プリコミットメント理論は既に長谷部のみならず、愛敬浩二、阪口正二郎および佐々木くみにより詳細な研究がおこなわれている。一方で、プリコミットメント理論は、英米では1990年の Constitutional Political Economy 誌創刊以来、constitutional economics という学問・研究の枠で語られてきた。そもそも、プリコミットメント議論と、国王の貨幣鋳造権の問題を検討するなら

ば、「価格革命（price revolution）」以降、形成されたと言われている「貨幣数量説（quantity thoory of money）」[1] との兼ね合いで法律学と、この constitutional economics との「相互関係」を検討すべきであろう。佐々木が指摘するように、そもそも「プリコミットメント理論」は「経済学等を中心に個人の行動戦略として発展した」記述的・分析的道具を、憲法学へ応用しようとするものである。当然のことながら、そこには一定の適用の限界があると考えるべきであろう[2]。なぜならば、使い勝手のよい「道具」であるからと言って、無批判に外来種である「プリコミットメント理論」を、憲法学の課題解決のために適用すべきではないからである。

1　問題の所在

　果たして長谷部の説明だけで、ジャン・ボダンの「国家の貨幣鋳造権」と、いわゆる"プリコミットメント"理論の繋がりを理解することが可能であろうか。まず、長谷部は以下のように言う[3]。

　「さて、人民が政治の主人公であり、主権者である民主主義において、なぜ憲法によって政治権力を制限する必要があるのだろうか。たとえ、公と私の区分が必要であり、人びとの権利を保障することが必要だとしても、それは民主政治を通じて十分に現実可能ではないだろうか。

　この問題については、さまざまな答え方があるが、ここでは、憲法による公権力の制限を、主権者が自らの能力を拡大ないし保持するための自己拘束として捉える見方を紹介しよう。プリコミットメントという考え方である[4]。

　自分が非理性的に行動して自らの利益を害する危険が予想されるとき、自分の行動の幅を予め限定するという方策はしばしば見られる。これから飲酒しようとするとき、飲酒運転をしないよう、自動車の鍵を自分の信頼する友人に預けて（彼自身は飲酒しないという前提である）、決して自分に鍵を返さないでくれと頼むのがその例である。主権者がその権限の一部を独立の機

関に委ねる権力分立の原理も、このプリコミットメントの一例と見る余地がある。たとえば、ジャン・ボダンは[5]、貨幣鋳造権が主権の一要素であるとしたが、賢明な君主は貨幣鋳造権を自分自身で行使すべきではないとした。そうすれば、彼の発行する貨幣は信用を失い、彼の政治力・財政力はむしろ低下するからである。制約された権力は、無制約な権力よりも強力だというわけである。

　民主国家において、主権者であるはずの人民の政治的な決定権が憲法によって制限されているのも、そうした制限を課せられた政治権力の方が、長期的に見れば、理性的な範囲内での権力の行使を行うことができ、無制約な権力よりも強力な政治権力であるというのが、プリコミットメントという視点からの説明である。」

　では次に、上述の記述の参照文献に当たる長谷部の【文献解題】で、両者の関連を理解することが可能であろうか[6]。

　「ボダンのプリコミットメント論については、Stephen Holmes, Passion and Constraint：On the Theory of Liberal Democracy（Chicago University press, 1995）, Ch.4,esp.p.114 参照。邦語文献では、阪口正二郎「立憲主義の展望―リベラリズムからの愛国心」自由人権協会編『憲法の現在』（信山社、2005 年）や愛敬浩二「立憲主義の展望―リベラリズムからの愛国心」ジュリスト 1289 号（2005 年 5 月 1〜15 日号）2 頁以下に、プリコミットメントに関する分かりやすい説明がある。この論点に触れた拙稿としては、「民主主義国家は生きる意味を教えない」紙谷雅子編著『日本国憲法を読み直す』（日本経済新聞社、2000 年）所収がある。」

　なるほど、長谷部「民主主義国家は生きる意味を教えない」、阪口「立憲主義の展望―リベラリズムからの愛国心」および愛敬「立憲主義の展望―リベラリズムからの愛国心」を読むことで、憲法学におけるプリコミットメント論の概要を把握することができる。また、Stephen Holmes,Passion and Constraint：On the Theory of Liberal Democracy（Chicago University press, 1995）, Ch.4, esp.p.114 を読むことで「国王の権力が最高の権力であり、

不可分・不可譲であるとの君主主権を展開し、君主国家の理論的裏づけを行うという役割を果たした」ボダンが貨幣鋳造権について self-binding を唱えていることを理解することができる。しかし、長谷部のボダンの説明はホームズ著作の内のボダンの Les Livre de la République の英訳版の The Six Bookes of a Commonweal,ed.K.D.McRae, (Cambridge：Harvard Les six lUniversity Press, 1962) に記述を負っている。そして話を複雑にするのは、長谷部憲法学で特徴的なことのひとつとして、伝統的学説・判例理論をあえて「読み替え」ることによって、正当化することが挙げられる点である[7]。たしかに、ホームズの引用箇所においては貨幣鋳造権（right of coin-age）の自己抑制（self-enforcing restriction）の話は出てくるが、precommitment なる語は一言も出てこない。結果的に、right of coin-age → self-enforcing restriction → Public credit is a vital resource for the crown の論理的流れがプリコミットメント理論と同じ説明であったと解釈することが可能になる。この理解の助けになるのは、佐々木の以下の指摘である[8]。「例えば、形式的なところでは、「コミットメント」と「プリコミットメント」という用語のいずれを用いるかということにも議論がある。「プリコミットメント」という用語を単なる「コミットメント」と区別して用いる論者は比較的少数にとどまるようである。プリコミットメント理論の先駆者であるシェリングは、これまで「self-comand」という用語を多用し「プリコミットメント」という用語を用いてきてはいない。」とすれば、self-enforcing restriction＝self-comand と考え、広義の commitment⊇precommitment と読むことが可能である[9]。

　たしかに、法律学においては行間を読む作業は大切であり、書かれていない内容を近接領域の学問的蓄積から「読み取る」、あるいは「読み替え」る必要性がある。しかし、ここでボダンの国家の「プリコミットメント」を議論したいならば、Ch. 4, esp. p. 114 ではなく、それとの繋がりで Ch.5, esp. p.p. 151 の部分を引用すべきであったと思われる[10]。

　The idea that self-binding can be a strategy of freedom explains why

Bodin—the celebrated advocate of absolute monarchy—nevertheless agrees that the commonwealth "should by law,and not by the prince's will and pleasure,be governed." Whether or not the sovereign is legally obliged to consult the Estates before levying a tax,for example,he can significantly augment his revenues by granting such assemblies a pivotal role in the resource-extraction process.Analogously,to ensure obedience to his own law, the sovereign must limit his own authority over the parlements and other officers of the realm.As we saw,Bodin overcomes his own injunction against self-binding by claiming that constitutional precommitments,institutional constraints that cannot be waived on an ad hoc basis,are vehicles of royal freedom — strategies by which sovereigns may most effectively assert their authority.Applied imaginatively to a democratic sovereign,this important argument eventually become the basis for the modern theory of liberal constitutionalism.

　むしろ、この部分はわたしの勉強不足もあり、これまた一つの指摘に過ぎない。ここで指摘したかったのは、長谷部「プリコミットメント理論」の「読み替え」ではなく、引用箇所の再確認である。なぜならば、長谷部はホームズの説明を介してボダンの国家の「通貨鋳造権」のプリコミットメントを説くが、その段階でホームズによるバイアスがかかるからである。そして、そのホームズも Les six Livres de la République,Paris,1583 ではなくて、The Six Bookes of a Commonweal,ed.K.D.McRae, (Cambridge：Harvard University Press, 1962) という翻訳を介してボダンを説明している。よく知られているように、Les six Livres de la République は初版のフランス語版 1674 年版と、1686 年に出版されたラテン語版の内容ではかなりの相違点が見られる。さらに、その相違は英語版ではなおさらである[11]。このように、少なくとも長谷部によるボダンの説明には文献上、最低でも三重のバイアスがかかっている。では、「お前が引用した箇所にも、right of coin-age が出てこないのではないか」との批判が考えられる。しかし、それは課税 tax が出

てくることで解決される。なぜならば、Les six Livres de la République にお
いてボダンは、「立法権者としての主権者に属する権利」として、「臣下の忠
誠および臣従の礼」の享受（la foy et homage lige）、「貨幣鋳造権（le droit
de moneage）」、「度量衡」の制定権（la mesure et les poids）および課税権
（le droit de mettre sur les subiects tailles et imposts）を挙げているからであ
る[12]。そして、彼は基本法（lois fondamenteles）上の主権の制約として、
「主権者が諸身分の同意を得ることなく課税することを禁止」している[13]。
反対に、ホームズがなぜ立法者の自己拘束として貨幣鋳造権の濫用を取り上
げるのか、ここまできてその結節点を見ることができる。すなわち、ここで
の自己拘束の対象者は「主権者」と言うよりも、「立法者」であるというこ
とである。すなわち、憲法を創造した広義の意味の、憲法制定権者である立
法者が、その時間的に後の―その意味ではさらに広がりをもつ広義の―、立
法者を拘束することになるのか、という統治の正統性の問題である。時間を
「点」と捉えるならば、前者と後者の乖離が発生する。もちろん、後者は前
者の創設した憲法に忠誠を誓っているのであり、「それでいいのだ」と言い
切ることもできよう。しかし、これで済ましてしまって良いのであろうか。
否、そうではなかろう。

　プリコミットメント理論を再度研究して分かったことであるが、このプリ
コミットメント理論は経済学や社会心理学から発生したものであった。した
がって、まず改めてプリコミットメント理論とは何かを概観し、次にボダン
の国家の貨幣鋳造権論を概観し、最後に両者のつながりについて私見を示す
こととする。

2　プリコミットメント理論とは何か

（1）　憲法の政治経済学
川村晃一によれば、1980 年台になって「憲法の政治経済学」という言葉

が使われはじめた。最初にそれを使用したのはリチャード・マッケンジーであり、それまで公共選択理論の枠組みのなかでおこなわれていた一連の研究を constitutional economics という言葉で使い始めた、とされる[14]。その後、ジェイムズ・ブキャナンが経済学辞典の中で「憲法の経済学」という項目を書き、1990 年には Constitutional Political Economy 誌が創刊され、この学問領域が確立した[15]。

　ブキャナンによれば、憲法の政治経済学が対象とするのは、ルールの動的特性であり、個々人が相互行為をおこなう制度であり、これらのルールや制度が選択され、生まれるプロセスであるとされる。また、憲法の政治経済学と古典的経済学の違いは、後者が「制約の中での選択」を研究対象にするのに対し、前者が「制約をめぐる選択」をその対象としている点である、とされる。一方、憲法の政治学との違いは、それが対立の側面に注目するのに対し、憲法の政治経済学は協力の側面に注目している点にある[16]。

　さらに、憲法の政治経済学の特徴は、制度を分析の中心に置いていることと、憲法を契約と捉える考え方にある[17]。憲法の政治経済学において、憲法は「公式の、かつ法的な憲法（成文であろうが不文であろうが）だけを含むのではなく、社会のなかで作用するその他の確立した社会的規範や慣習を含む」と定義され、ホッブズやルソー等の古典的政治思想家が唱えてきた「社会契約論」と同じ系譜に連なるとされている[18]。

　もちろん、このような契約論的憲法論に対してはさまざまな批判が加えられている。しかし、それらの論争を通じて、憲法についての研究は経済学、政治学、法律学などの複数の学問領域が交差する地点に位置するようになった。また、その方法論も経済学や政治経済学における合理的選択論、ゲーム理論から、地域研究、事例研究、歴史研究さらには政治思想研究まで、その射程に収めるものとなっている。その意味からすれば、長谷部の研究方法はこの流れの中で理解することができる。

　ここで注意が必要なのは、この流れは Constitutional Political Economy 誌創刊をその契機として見た場合、そうなるのであり、憲法理論としては、そ

れ以前にまで遡ることが可能である。たとえば、佐々木が指摘するように[19]、プリコミットメント理論は 1990 年以前のローレンス・トライブによる「ハトの衝動制御実験」を憲法コンテクストに適用した理論[20]、後述のジョン・ポッター・ストックトン、ないしはハイエクの理論[21]、サンスティンの理論[22]、あるいはトマス・シェリングの理論[23] にまで遡及することができる。ただし、これらのすべてを採り上げる紙面の余裕はない。

（2） プリコミットメントとしての憲法とは

ところで、憲法を「社会契約的」に理解した場合、以下の二つの問題に直面することになる。以下大きく分けて、「世代交代の問題」と「自己拘束の問題」である。

① 「世代交代の問題」

仮に、憲法が社会全員の合意に基づいて制定されたとしても、その憲法に合意した世代の人々は次第に世を去り、社会は次世代の人々へと受け継がれていく。この次世代の人々は前の世代の人々が合意した憲法の下で生活していくことになるが、彼ら自身はその憲法に合意したわけではない。にもかかわらず、彼らは生涯、契約した覚えのない憲法に拘束されることになる。どのようにして、憲法はその憲法の制定に関与した人々だけではなく、その後の世代の人々を拘束することを正統化するのであろうか。これが、「世代交代の問題」である。ホームズが問うように、そもそも「人民」が一貫した「意思」というものを憲法以前に憲法と無関係に形成することが可能なのか[24]。同じ人間でさえ 20 歳の「時」と 50 歳の「時」とでは[25]、その「意思」の継続性が疑わしい。それにもかかわらず、死者と生者とは一つの人民を形成していると見做し、現世代は先祖の世代の決定に自己拘束され得ると言って良いのであろうか。ここでのポイントは、この「時」毎に細分化される人格観の変更である。その意味で、以下のルーベンフェルドの見解はある意味で示唆に富む[26]。彼によれば、人間は単に瞬間的に存在しているのではな

く、時間的に広がりのある行為を通じて生きている。そして、ここで重要なのは、現在の自分の意思や声にのみ従う自己を想定する「発話モデル」との対比で、自分の人生に目的や意味を持たせることこそが、自己統治であるとする「執筆モデル」を提唱することである。このようにして、自由とは絶え間ない再構成の可能性を要請するものとなり、「人民」が自らに課したプリコミットメントを実現することと、そのプリコミットメントの書き換えという間断ない相互作用が要請される[27]。

　彼は言う。「人民は過去によって統治され、未来を統治することによってのみ、自分自身を統治することができる。」[28] 通時的なコミットメントの実現を通じて、制憲期の憲法よりも、現在の憲法の正統性が高まるのである[29]。そうすれば、過去と現在の、あるいは現在と未来の「人民」の意思が分裂することはない。今回の研究で、とりあえずわたし自身が納得した、この「時間軸」の問題[30]の解決はルーベンフェルドの以上のような説明であった。

　②　「自己拘束の問題」

　一般論として、憲法は民主主義の持続にとって必要だと言われている。それではなぜ国民が主権者として自己決定がおこなえる民主主義体制において、主権者自身を拘束する憲法を制定する必要性があるのであろうか。民主政治を通じて、国民の権利保障も十分に実現されるのではないか。そもそも主権者が自らを自己拘束しても、全能の主権者はいかなる拘束も無視して、その拘束を解くことが可能ではないのか。これが「自己拘束」の問題である。ホームズは、マグナカルタに代表される中世の憲法が国王と貴族との間の契約であったのに対して、18世紀末にアメリカやフランスで制定された近代憲法が「人民」が「自分自身」に対して賦与した枠組みであると見做されていることを前提に、「自分に課すことができる約束は自由に破れるのではないか」との問いを立てる[31]。なるほど、中世や封建制の打倒において成立した、近代立憲主義においてはいわゆる「消極的立憲主義」という理解が国家と国民の対峙という形で表現されるが、ホームズは近代憲法の理解にお

いては「積極的立憲主義」という理解を採るべきだ、と主張する。なお、この「積極的立憲主義」については、後述するところであるが、若干のドイツ法からの補足を加えておきたい。ホームズによれば、消極的立憲主義は以下のようなコンテキストの下で説明されている[32]。

「憲法は拘束力ある規範として、近視眼的な多数派から権力を奪うものである。仮に、有権者が酔っぱらったピーターであるとすれば、憲法はしらふのピーターである。市民は憲法を必要としている。それは正に、オデッセウスがマストに縛られることを欲したが如くである。有権者が自由になんでも欲しいものを手に入れることができるならば、破滅は必至である。有権者は自分を厳格な規範に拘束することによって、堅実で長期的な集団の目標をより最適に達成することができるのである。」

一見すると、これは刑法の「原因において自由な行為」の逆ヴァージョンのように見える。補足したいのは、カール・シュミットが市民的・自由主義的の基礎としての基本的「配分原理（Verteilungsprinzip）」の説明において、「個人の自由の領域は原則として無限定であり、国家の権能は原則として限定されている」としていることである。そしてなぜ、このような原理が考えられたかというと、近代法治国家成立以前の国家は「政治共同体に対する独自の権利を持つ私的領域ということは考えられず、その国民および国家の政治的自由から独立したような個人の自由という思想は荒唐無稽であり、不道徳であり、自由人の尊厳を損じるものであると考えられていた」からである[33]。このことからも分かるように、個人が主権者として国家の側に回ることにより再度、自らの手を縛ることの必要性が問われているのが、プリコミットメントの問題である。また近時、ドイツにおいてもアレクシー等を中心に基本権、民主制および代表制の問題が問い直されている。2015 年の夏、彼によって GRUNDRECTE, DEMOKRATIE UND REPRASENTATION という論文が書かれている[34]。

このような補助線を引いておけば、立憲主義、民主制そしてプリコミットメントの連携が可視化され、長谷部が憲法の「枠組み」と「理念」を区別し

たうえで、憲法が「枠組み」に関するプリコミットメントであることを強調することが理解できる[35]。なぜならば、長谷部が「近代立憲主義は何が善であるのか」を教えてくれないと言うように、「理念」とは「個々人の人生の価値や意味に関わる」ものであるからである。この憲法は「価値秩序であるのか、あるいは枠秩序であるのか」という問題は、ドイツにおいてもビルギット・レーゼの Die Verfassung des Grundgesetzes Rahmen-und Werte-ordnung im Lichte der Gefährdung durch Macht und Moral,Berlin 2013 において議論されている[36]。1960 年代から 1970 年代の基本価値論争[37] は、かたちを変えて議論されていると言ってよいだろう。

　基本価値秩序の再構築に対して積極的なのが、アレクシーである。レーゼによれば、「アレクシーの原理理論によって、憲法裁判所の価値秩序判決の再構成のための基本権理論上のモデルが提示された」とする[38]。しかし、三宅雄彦によれば、基本価値論自体の未来は決して明るいものではない。「尤も、価値理念の検討は憲法学に委託されたのかもしれない。けれども、当の憲法学自体が価値理念に冷淡な態度を採る。人権カタログの体系化や憲法改正限界の設定に価値秩序を用いてきたとはいえ、肝心の価値秩序の認識根拠や内部構造につき本格的検討は未だ嘗てなされたことがなく、しかも今や根拠薄弱の形而上学として、所謂問題思考やポストモダニズムに価値秩序の存在は抹殺されつつある」[39]。

（3）　日本でのプリコミットメント理論の説明

愛敬浩二の議論

　愛敬によれば、プリコミットメントとは「予め将来における選択肢を減らしておくことで、将来の出来事をコントロールしようとする」人間の行動のことである[40]。愛敬は、エルスターの論文で例示されるオデュッセウスの魔女セイレンの誘惑に打ち勝つ方法をもってプリコミットメント論を説明する。その説明の概要は以下のものである。旅の途中、オデュッセウスはセイレンの住む島の近くを航行することになる。このセイレンの歌声を聴いた者

は、その魅惑的な声に引き寄せられ、船は座礁し二度と故郷に戻れなくなってしまう。この誘惑に負けてしまうと考えたオデュッセウスは一計を立て、部下に対して自分がセイレンの歌の魅力に負けて縄を解くように命令した場合には、より一層強く縄を締め上げるように命ずる。一見すると、このオデュッセウスの行為は不合理であるが、自らの「意思の弱さという問題を抱える合理的主体が自らの自律性を損なうことなく、継続的な合理性を獲得する主要なテクニックである」。すなわち、プリコミットメントとは、将来強い欲求に襲われることを事前に見通して自らを拘束することである。勝てそうもない誘惑がまだ遠くにある安全なうちに、あらかじめ選択肢を狭めておく。たとえば彼によれば、割らないとお金の取り出すことのできない「ブタの貯金箱」などが、その典型である。反対に言えば、一番危険なのは、誰でも自分は利口だから環境などに影響されてないと考えることである。

　この議論自体は、約10年前の自民党主体の憲法改正の議論の盛んなときに語られたものである。したがって、その対象として改憲論がメインとなるが、彼のプリコミットメント理論を理解するためには必要なので、愛敬の議論を続けて紹介することとする。

　このような一般的な意味でなら、「プリコミットメント」なるものを、「継続的な合理性を獲得する主要なテクニック」[41] として個人も国家も採用していることは誰も否定しないだろうとしている。このようにして、愛敬は元来、倫理・道徳・法の領域を問わず、諸規範の分析と説明の枠組みであったプリコミットメントを実定憲法解釈の手法として採用した。すなわち、彼はプリコミットメント論を媒介にして、立憲主義（≒硬性憲法）と民主主義（≒国民主権）の統合として現行憲法を再構築しようとする。「プリコミットメント論によって憲法を正当化する議論の多くは、民主主義を単なる多数決とは理解せず、熟慮と討議の過程（deliberative democracy）と理解している」「プリコミットメント論は、「硬性憲法＝立憲主義」を「持続可能で討議的な自己統治＝民主主義」を可能にする装置・技術と解することで、立憲主義と民主主義を調和させる」[42]。

では、国民の多数意思をもってしても容易く改定されない憲法の条規、すなわち民主主義や国民主権を根拠にした憲法改正をも制約するという憲法論的なプリコミットメントとは一体どのようなものなのか。それは、立憲主義やそもそも硬性憲法の本性とどう違うのか。そして、改憲派からの「現行憲法＝不磨の大典」批判への再批判、「時代に合わせた憲法の改正を求める国民主権論からの改憲論」への反論として本章で展開されるプリコミットメント論とはいかなる内容を備えているのだろうか。

　問題は、憲法のある規定を、事前に自己の行為の可能な範囲に制限を設けるプリコミットメントとして理解することで、民主主義や国民主権の理念をも凌駕する効力が当該の憲法規範に付与されるとなぜ言えるのかという一点に収斂する。換言すれば、憲法９条は民主主義と国民主権を根拠とした国民の改正意思に再考を促すに足るプリコミットメントとなりえるのか否か、憲法９条を制定した「前世代」の意思が「現世代」の改正要求を阻むことをプリコミットメント論が正当化できるか否かである。

　これに対して愛敬は、一般的なプリコミットメント論を実定憲法解釈の手法に「読み替え」ることにより、自身の「憲法解釈の方法としてのプリコミットメント論」の妥当性を説明しようと試みる。それによれば、この「読み替え」の前に立ちはだかる最初の難局は、前世代の意思が現世代の改憲の欲求をなぜ阻止できると言えるのか、という問題である。

　以下、愛敬の説明を引用する。

　「この難局を抜ける一つの方法は、憲法を単なる自己統治に対する制約としてではなく、より持続可的で討議的な自己統治を可能にする手段・制度として描写することである」。前世代（X）が設定した憲法によって現世代（Y）の「より善い自己統治」が可能になると説明できれば、「少なくともYが自己統治（＝民主主義）の価値を根拠にして、憲法を攻撃することはできなくなるからである」[43]。なぜならば、「憲法的自己拘束を規範的議論として利用する以上」、持続的統治を困難にする行為をプリコミットメント戦略により事前に聖域化することが妥当であることは「特定の政治的・社会的条件

の下でおこなわれた「憲法制定＝プリコミットメント」の「良し悪し」を判断できるはず」[44] だからであり、「ある憲法規定が自己拘束的か否かはその憲法規定が現時点における持続的で討議的な自己統治を促進する装置・技術として説明ないし正当化が可能かという点に依存するとの立場」[45] は十分な根拠をもって成立する。

　つまり、誰が憲法を制定したとしても、ある規定が現世代の「持続的で討議的な自己統治を促進する」ならその憲法制定は自己統治ということである。たしかに、ある憲法規定を「現時点における持続的で討議的な自己統治を促進する装置・技術」と捉えるならば、その規定を制定した前世代の意思が現世代の改憲の欲求を阻止することは合理的であろう。

　愛敬のプリコミットメントとしての憲法理解からは、「前世代」を 1946 年11 月 3 日に生存した日本人だけではなく絶対平和主義と親和性のある憲法価値の創造に寄与した人類史上の総ての人々と読み替えることはおそらくそう困難なことではない。プリコミットメント論を援用して、彼は「現時点における持続的で討議的な自己統治を促進する憲法規定」の聖域化を行い、その聖域を与件として個々の憲法の規定を解釈するという考え方を「憲法解釈の方法としてのプリコミットメント論」と命名する[46]。このように、立憲主義と民主主義の統一体としての実定憲法をこのプリコミットメント論と整合的に再構築する構想を立てて、返す刀で「時代に即した改憲が必要」「改憲は国民主権の発動である」と改憲を迫る改憲派を批判するのである。

　「特定の条項が 50 年の時代を経て現実と合わなくなった場合、その条項を改正することは当然ありえていい」「この場合、特定の条項がどのような意味で「時代遅れ」になり、……どのような内容の改正が必要か、という実質的な議論をすべきである。「50 年前の世代が現代の世代を拘束するのはおかしい」といった類いの一般論は不要である。」「このような議論は「プリコミットメント論の立場からみれば、民主主義の本質を十分に把握していない（…）為にする議論」である」[47]。

長谷部恭男の議論

このプリコミットメント論は、憲法の役割を示すための概念として憲法学を中心に重要な地位を占めつつある。その代表的な論者が、上述の長谷部である。つまり、長谷部によれば「民主国家において、主権者であるはずの人民の政治的な決定権が憲法によって制限されているのも、そうして制限を課された政治権力の方が、長期的に見れば、理性的な範囲内での権力の行使をおこなうことができ、無制限な権力よりも強力な政治権力でありうる」からである[48]。民主主義において、権力者もしくは多数派は、権力の誘惑に負けてそれを濫用したり、悪用したりする可能性がある。それゆえに、憲法によって政治権力を事前に制限しておくことで、結果として権力の濫用を防ぎ、長期的な国民の利益の実現を図ることができる。その意味で、このような自己拘束的行動は合理的である。ただしこの文脈では、長谷部教授が説く国家の貨幣鋳造権の自己拘束と、プリコミットメント論は必然的に結びつくものではない。

ここで補足しておかなければならないのは、長谷部は「公共の福祉」との関係で、権威の正当化根拠をジョゼフ・ラズの説明を借りて行っている点である[49]。すなわち、「主権者」あるいは「立法者」などの「権威」の側が自己拘束されるのではなく、人々の側が、なぜ国家の法令に従わなくてはならないかという、逆側からの説明を行っている点である。

まず、その要件として長谷部はラズの「依存テーゼ（dependence thesis）」を挙げる。「権威が命ずるよう行動しなくてはならないのは、権威に命じられたか否かにかかわらず、そうするべき独立の理由があるからである」[50]。

第二に、長谷部はラズの「通常化テーゼ（normal justification thesis）」を挙げる。「そのような独立の理由の存在にもかかわらず、なお権威の存在に意義があるのは、各人がそれぞれ独自に彼（女）に妥当する理由に合致した行動をとろうとするよりも、むしろ権威の命令に従った方が、その独立の理由によりよく合致した行動をとることができるからである」[51]。

そして、長谷部はこの要件はさしたる異議なく承認されるとする。その理由として、彼は以下のように述べる[52]。

「英会話の教師の言う通りに表現し、発音すべきなのは、教師の指示に従うことによって、生徒が独自に調査し練習するよりも効率的に、正しい英会話を習得すべき独立の理由……があるからである。国家が典型的な権威の一種である以上、もし国家に従うべき正当な理由があるとすれば、やはり国法に従うことによって、人々が本来とるべき行動をよりよくとることができるという理由であろう」[53] と。

阪口正二郎の議論

前章の最後で、プリコミットメントを前の世代が後の世代を拘束するという考え方があるということを示した。これに対して、阪口はこの「プリコミットメント」の「プリ」という言葉を「時間的に先行しているという意味ではなく、論理的に先行しているという意味である」とする[54]。

しかしいずれにせよ、プリコミットメント論も憲法制定の意義を完全に正当化できるわけではない。阪口は、その理由を大きく３つに分類する[55]。

その第一の理由の中で、彼は以下のように言う。

「憲法典を制定した多数派は、たとえ彼らが後に少数者の地位に転落しても多数者を縛り続けることができる。」

そして、第二・第三の理由との関係で大略以下のように指摘する。

憲法が革命といった体制変動など動乱の状況で制定されることが多いことを考えると、憲法を制定した人々が冷静で合理的な判断を下すことができ、後の世代の人々は日々の政治的駆け引きに惑わされ短期的な利害にもとづいた判断しかできないという考え方は必ずしも正しくはない。現在の世代が過去の世代に拘束されていることが「自己統治」と言えるのかという問題も、プリコミットメント論では解決されない、と。

佐々木くみの議論

おそらく、日本でアメリカのプリコミットメント理論の一番詳細な、かつ的確な問題点を剔出・俯瞰したうえで理論的分析を行っているのは、佐々木

くみの「憲法におけるプリコミットメントの意義（一）（二・完）」であることは間違いない。しかし、佐々木の論文を述べることはこの論文では紙面上の制約もあり、さらに敢えて行うならばその Epigonen になる虞があるので、あえて自己抑制させて頂くことにする。ただし、上述の論文はこの研究を志すものには必読の論文である。ここでは、彼女が「集団へのプリコミットメント理論の応用の問題」、「主体の不在」および「外的因果関係の不在」に分けて、議論を展開していることのみ指摘するに留める。

（4）　再び、ホームズの議論へ

　これに対して、ホームズは「積極的立憲主義」という立場から、国民が「立憲主義の制約に従うことで初めて民主主義が創出され、民主主義が安定的に維持される」と説明し、われわれはより良い自己統治を実現するために過去の世代の拘束に従うとしている[56]。

　「憲法制定者は単に人民による統治を生み出そうとしたのではなく、……永続するような人民による統治を生み出そうとした。憲法制定者は、後の世代の人々がそれに続く世代の人々を最大限に拘束することがないようにするために後の世代を最小限に拘束する権限を有していたのである。……このように見れば、マディソン的なプリコミットメントは、原理的に見て民主的でもあり、多数決主義的でもある。すべての将来の多数者に権限を付与するためには、当然、憲法はある特定の多数者の権限を制約しなければならない。したがって、リベラルな憲法は主としてメタ拘束から成り立っている。すなわち、決定する権限を有する者は自らの決定と可能な修正に晒されなければならないというルールと、各世代の人々が後の世代の人々から選択をなす権限を取り上げる能力を制限するルールからリベラルな憲法は成り立っている」。

　敷衍するならば、ホームズの「積極的立憲主義」は以下の機能を強化することとなる。まず、ホームズは憲法上のプリコミットメントを、未来の世代を隷属化させるものではなく、むしろ解放するものと見做す。たとえば、そ

れが権力分立と結びつくならば、権力分立によって各権力が専門化され、それによって各権力の遂行能力が向上し、様々な社会問題に適切に対応できるようになると積極的に評価する。第二に、この積極的立憲主義に立脚すれば、憲法が権力を制限するだけではなく、権力の制限によって新たな可能性を開き、それに加えて権力を創設し組織することも可能となる。

たしかに、ホームズはここではプリコミットメントという用語を使っているが、この箇所はボダンの説明の章ではなく、アメリカ建国の父たちを取り扱った、その後の章である。したがって、彼が長谷部のボダンの国家の貨幣鋳造権の自己抑制を、その前の章で説明しているとは必ずしも言えないように思われる。ここに、歴史的に遡及した理論上の「読み替え」がある、と言えよう[57]。

3　ジャン・ボダンの国家の貨幣鋳造権の自己抑制

（1）　前史

まず、ジャン・ボダンの国家の「貨幣鋳造権の自己抑制」に至るまでの、前史的流れを押さえておくこととする。

ヨーロッパでは不安定な王権の下で鋳造権が諸侯に委譲される場合も少なくなく、貨幣発行利益を確保のためにしばしば額面を水増しした貨幣が発行されて貨幣相場は悪化した。こうした状態が解消されるには、フランスのニコラ・オレーム（Nicole Oresme 1323-1382）による『貨幣論』（1355 年）における批判（貨幣の新規発行などの操作は、不安定な貨幣価値を安定させる場合にのみ許されるとする）を経て、絶対王政期以後に諸侯の没落に乗じて鋳造権を回収する必要があった[58]。

この不安定な王権の下での鋳造権の諸侯への委譲は、1356 年のカール 4世の「金印勅書（Goldene Bulle)」の第 10 条の中で規定されたと考えられる。しかし、この「金印勅書」の研究までは、現段階のわたしの能力では限界があるので、以下、横川大輔「14 世紀後半における「金印勅書」（1356

年）の認識―カール4世の治世（1378年まで）を中心に―」を参考にして検討することとする[59]。まず、不安定な王権、ここでは帝権については、その前文において天使の反逆、アダムの堕罪、トロイあるいはローマの内乱などの不和の不利益についての考察がなされている。このことは、帝国においても神聖ローマ皇帝が選帝侯によって同様の憂き目にあってきたことを示している[60]。たしかに後世、「金印勅書」の神話化がおこなわれ、それは「帝国基本法」の一つとみなされ、帝国の終焉まで、ほぼそのまま有効とされてきた[61]。しかし、現実においてはカール4世の時代においても決して安定的な帝権が確立されていたわけではない。なぜならば、「金印勅書」は、その制定直後においては驚嘆するほど関心を持たれていなかった、と見るのが正しいからである[62]。そうであるからこそ反対に、「金印勅書第二部」は「第一部」を補完し、カール4世と諸侯の関係は、カールが古代ローマ帝国の後継者であり、選帝侯はその皇帝の「分肢（Glied）」に過ぎないとされたのである[63]。いずれにせよ、「金印勅書」の本体は1条から23条までからなる第一部であり、しかも、その内の1条から7条までは選帝侯の地位、選挙あるいは権利についてである[64]。そうして、やっと税金や貨幣について関係すると思われる規定が、8条から10条で現れてくる。具体的に言えば、8条が「ベーメン王国と、そのレガリアの免属について」、9条が「金、銀、その他の金属の採掘について」そして10条「貨幣について」である[65]。

　ここで、注目すべきなのは佐々木の提示したプリコミットメントの「主体」の問題である。とりわけ、「金印勅書」10条の貨幣鋳造権においてカール4世は神聖ローマ皇帝であるのみならず、ベーメン王という選帝侯の一人であることから、自己拘束を受けるということである[66]。すなわち、神聖ローマ皇帝である自分が、ベーメン王である自分を自己拘束することになる。

（2）　価格革命と貨幣数量説

　新大陸の発見は、ヨーロッパに価格革命をもたらした。価格革命とは、大

航海時代以降の世界の一体化にともなって、16世紀半ば以降、アメリカ大陸から大量の銀・銀が流入し、かつては緩やかな結びつきであったヨーロッパ等各地の商業圏がネットワークを築き、大幅な需要が発生したことである。そして、全ヨーロッパの銀価が下落し、大幅なインフレーションがみられた。これにより、16世紀の西ヨーロッパは資本家的な企業経営にとってはきわめて有利な状況が発生し、好況に沸き、商工業のいっそうの発展がもたらされた。しかし反面、固定した地代収入に依存し、何世代にもおよぶ長期契約で土地を貸し出す伝統を有していた諸侯・騎士などの封建領主層にはまったく不利な状況となる。このような中で、封建領主のいっそうの没落を加速した。まさに、『ドン・キホーテ』の時代に突入したのである[67]。

　ところで、ボダンの「貨幣数量説」の先駆者として、ニコラ・オレームの『貨幣論』（1355年）が挙げられることが一般論でも論じられることが多い。しかし、価格革命の震源地でもあるスペインにおいても、16世紀サラマンカ学派の神学者アスピルクエタやセリョリゴなど[68]は、新大陸からの金銀流入と物価上昇を結びつけて捉え、今日でいう「貨幣数量説」に到達していたと評価されている。いずれにしても、ボダンの時代までには絶対王政の確立、そしてこの価格革命の進展に伴う封建諸侯の没落に乗じて、彼らの持っていた貨幣鋳造権を国家が回収する必要があった[69]。

（3）　ボダンの貨幣数量説の登場

　ボダンの貨幣数量説は、それに先立つ国王顧問官・財務官であるマレストロワ（Malestroit）の建白に対する反論に由来する。とは言え、一足飛びにボダンの主張をあげるのではなく、その歴史的背景、とりわけなぜ、マレストロワが『貨幣問題に関する逆説』を建白したのかを概観する必要があろう。上述の記述と重複することになるが、16世紀の後半に価格革命がフランスにも波及し、農産物を中心とする物価騰貴の急激な上昇が見られるようになった。ここに、物価騰貴の問題が破産状態の国王の財政や、無秩序な貨幣制度の問題と結合して重要な政策問題となった。このような状況の中で、

マレストロワは財務官として以下の2つの逆説を持ち出すことによって、民衆の無秩序な意思によってもたらされた貨幣相場の引き上げを、この無秩序な貨幣制度の改革によって引き下げようとしたのである。まず、彼の第一の逆説は、物価の尺度は金銀の量であり、金銀の量との関係でみればすべての物価は少しも騰貴していない。第二の逆説は、計算貨幣が現実の流通貨幣の2/5に下落し、反対にその逆は2.5倍上昇したので、計算経済で固定した額を受け取る王室、固定地代で受け取る貴族らの実質所得が減少したにすぎない[70]。

これに対して、後に Les six Livres de la Répulic に組み込まれることになる、『物価騰貴とその治療法に関してパリのパルルマンの弁護士ジャン・ボダン氏がマレストロワ氏の逆説に対してなした反論』を1568年にボダンは著したのである[71]。物価騰貴自体は否定できない事実であり、マレストロワのような価格相場の引き上げだけでは説明できないとする。では、その真の原因は何か。これに対して、彼はその「原因は金銀の豊富さにある」とし、そのために「(海外植民地から流入した急激な)金銀量の増加は、その軽視をもたらし、評価される物の重視をもたらした」とする[72]。その対処療法として、彼は王令を発して同業者の独占を禁止し、宮廷においては国王が率先して範を示すことで、貴族の浪費をやめさせ、ひいては一般民衆も贅沢をしなくなるよう嚮導することを提案する[73]。第二に、彼は、自由貿易を主張し、国内に十分あり、外国が欲しているワイン、塩、小麦に輸出関税をかけ、より少ない輸出で同等の金銀を手に入れ、国内での供給を増やすことで、価格を下げることを提案する[74]。そして、第三に銅と銀の合金であるビヨン貨などの粗悪貨幣を追放し、純粋の金、銀、銅の貨幣を鋳造することにより、「貨幣の均質化」を実現し、物価の安定化を図ることを提案する[75]。とりわけ、最後の提案は、ブタの貯金箱のたとえ[76]にも似て、国家の「貨幣鋳造権」のプリコミットメントの問題と繋がってくる。ここで、箇条書き的に整理をしておくこととする。

① 貨幣創造についての政府特権の起源

近世初頭に、ジャン・ボダンが統治権の概念を発展させたとき、彼は貨幣鋳造権を統治権の最も重要かつ本質的な部分として取り扱っている。この特権は最初から、それが公衆にとって利益であるという理由で主張され認められたものではない。それは単に政府、ここでは国王の権力の本質的な要素として主張され認められた[77]。

② 金属の重量と純度についての政府証明

ボダンは以下のように国家の任務としての貨幣政策を説明する[78]。

「政府が引き受けてもよいと了解されていた任務というのは、もとより最初は、貨幣を造りだすというよりも、広く貨幣として役立っていた素材、これはずっと昔から三つの金属、すなわち、金、銀、そして銅だけであったのだが、その重量と純度を証明するということにあったのである。これは均一の度量衡を確立し証明する任務とやや似たものと思われていたのである。

金属片はそれらが特定の権威者の刻印をもつときにのみ正式の貨幣とみなされたのである。そしてこの権威者の義務は、鋳貨にその価値を与えるために、鋳貨が正式の重量と純度をもっていることを証明することにあると考えられていたのである。」

③ 後世への波及

しかしながらボダンの理論によって、中世の時代、貨幣に価値を与えるのは政府の行為であるという迷信が生まれてしまった。この「valor impositus（君主により決定された価値）」というドグマは、主に法律上のドグマに受けつがれ、それはよりわずかな貴金属の量を含んでいる鋳貨に、同一の価値を付与しようとする「君主たちのいつも変わらぬむなしい無駄な試み」を、ある程度正当化する根拠となった。20世紀の初め、この中世的ドグマはドイツのクナップ[79]によって復活させられた。彼の『貨幣国定論』はいまなお現代の法理論にかなりの影響を与えている。

もし許されていたならば、「民間企業が良質でかつ少なくとも信頼に足る鋳貨を供給することができたであろう」ことは疑うまでもない。なぜなら

ば、実際それは時におこなわれたのであり、あるいはおこなわれるように政府によって権限が与えられていたからである。しかし、均一かつ識別可能な銭貨を供給するという技術上の任務が、依然として重大な困難を示すものであったから、その限りで、貨幣鋳造権は少なくとも政府が行う有用な任務とされた。政府は、少なくとも人々が自らの提供する貨幣を使用する以外方途がなければ、この任務は有用であるだけでなく、また大いに有利になされうることに気付いた。貨幣発行特権（seignorage）、すなわち、採鉱費用を償うために課せられる手数料は大変に魅力ある収入源であることが分かり、そしてそれはすぐに鋳貨を製造する費用をはるかに越えて増額されていった。そしてまた新しい貨幣を鋳造するために政府の造幣所で余分な金属を保有しつづけるということから、次のことを実施する一歩手前まで来たのである。それは、流通している鋳貨をより少ない金・銀の含有量をもつ各種の呼称の貨幣に改鋳するために回収するということであり、中世の時代にますます広範に広まっていった。しかし、貨幣発行にかかわる政府の機能がもはやある金属片の重量および純度を単に証明するという機能ではなく、発行されるべき貨幣量を計画的に決定することを含むようになった。これ以降、政府はこの任務に全く不適任なものとなった。そして「政府は常に、またいたるところで信頼を濫用し人々を欺いてきた。」

（4）　再びボダンの主権論を巡って

　ここまで、ボダンの国家、すなわちその主権者である国王の貨幣鋳造権を概観してきた。しかし、本当にホームズ、あるいは長谷部が説くようにボダンの貨幣鋳造権のプリコミットメントの議論において参照に値する素材足るのか、疑問がなくはない。Les six Livres de la République の記述によれば、「国家とは、複数の家および、それらに共通するものについての主権的効力を伴う、正しき統治である」とされる[80]。もし仮に、この「正しき統治」という箇所を正直に理解するならば、国家は「正しき統治」あるいは「理性による響導」をおこなわなくてはならず、国家が絶対・永遠・最高の主権で

あったとしても、国家には内在的制約が課せられることになる[81]。このコンテキストで、『物価騰貴とその治療法に関してパリのパルルマンの弁護士ジャン・ボダン氏がマレストロワ氏の逆説に対してなした反論』[82] を読むならば、ボダンの貨幣政策は、国家の「貨幣鋳造権」のプリミットメントと読むことが可能である。しかし、ここで話が終わらないのは、ラテン語版の国家の説明によれば、この「正しき統治」あるいは「理性による嚮導」といった「倫理的」制約が見られなくなることである[83]。まず一つ目として、これが問題として残るであろう。

第二に、「貨幣鋳造権」のプリコミットメントを国家が認める根拠を考えるならば、ボダンが考えていた「国家像」は、国王が主権的権力を有しつつ、家父長のような存在と観念される「家産国家」であったということである[84]。すなわち、日本と違って、欧米社会においては父親が財布を握っていることからも分かるように（一般に、Cést lui qui tient les cordons de la bourse（ou gère le budget familial）と言われる）。家父長がパターナリスティクに財産の管理を行うということである。それであるからこそ、同書においてボダンは、王令を発して同業者の独占を禁止し、宮廷においては国王が率先して範を示すことで、貴族の浪費をやめさせ、ひいては一般民衆も贅沢をしなくなるよう「嚮導」すること提案したのではないだろうか[85]。あるいはこのことによって、絶対主義王政はいうほど強固ではなく、身分制社会が完全な形では解体されていなかったからこそ、「家父長権（status familiae）」[86] の自己抑制することで、国王は臣民の服従を獲得することができたのではなかろうか[87]。このように考えると後年、ロックへとつながる彼の「父権的国家論批判」は「一筋縄」なものではない。

第三に逆説的ではあるが、ボダンは、立法権を国王の第一の属性とすることで、国王は自己が制定した法律に拘束されないとするが、これは他者によって制定された法律に制定されることを禁止したのであり[88]、自発的に自制することまでは禁じていないと読むことも可能である。

いずれにせよ、ホームズの指摘するように、主権者は自分に課した約束に

は拘束されないと説いたボダンが、同時に主権者は自身に制限を課すべきで
あり、そのような憲法上の制約こそが主権者の意思や権力の「表象」である
と主張していた[89]、との指摘はそう簡単に原典から読み解くことはできな
い。たとえてみれば、この立場は「能ある鷹は爪を隠す」である一方で、
「張子の虎」にもなりかねない。

おわりに

　本来、わたしの研究領域はドイツ国法学であり、フランス語の文献を読む
のに相当苦労した[90]。そのために、本文内容には思わぬ誤読があるかもしれ
ないと思われる。とは言え、今回、この論文を書くにあたり、相当勉強に
なった。その際、興味を持ったのは、国家のプリコミットメント理論が、現
在のフランス国法学で議論されているのか、ということである。また、執筆
に先立ち、研究報告大会で、果たしてボダンの主権概念は、主権概念たり得
るのか、との佐々木有司会員からの質問があったが、それにこたえることが
できなかった[91]。これらは、今後の課題とさせて頂きたい。ただありきたり
の回答になるかもしれないが、「読み手」の側からすればボダン段階では
「主権」と「主権者」の混同がおこなわれている[92]。示唆するに留めるが、
ボダンが souveraineté と majestas の区別、あるいは「ディアコスメーシス
(διακόσμησις)」と status の区別を厳密に行っているのかは再検討する必要
性はあろう。少なくとも、ボダンがどんな君主も主権者として容認していた
のではなく、「暴君」に対しては「権力執行者 (magistrat)」に抵抗を認め
ていたことは重要である[93]。ただし、ボダンは政体論の観点から、事実的手
段としての抵抗権の行使を否認するのであるが。ましてや国民主権下におい
ては、主権者の集合性が問題となり、そこに民主制のハードケースが発生す
るのとは、これとはまた違った意味で問題である。その意味で、聖ヴァルテ
ルミーの大虐殺 (1572 年 8 月 24 日) 以降の国家主権の制限で変化をあまり
見ないのが貨幣鋳造権である。ところで、本当にボダンと、このプリコミッ

トメントの問題の接続は、学問的に有効なのであろうか。少なくとも、それは佐々木くみが指摘する「外的因果過程の不在」の問題には、ボダンは答えてくれるように思える。なぜならば、ボダンは神の不可知論に立ってはいたが、「怒りの神（ira dei）」を信じていたのであるから、外的基準を立法者たる「主権者」に求めることができるからである。しかし、現代の憲法学者は、「価値や価値観の多様性・多元性そして通約不可能性が現代社会の否定できない事実」を出発点として、議論を進めなければならない。本質的な、極めて哲学的な問題に突き当たることになる。最後に、佐々木くみの博士論文以降、わが国のプリコミットメント理論の紹介は低調であると思われる。否、ボダン、ホームズの議論はホッブズ的な社会契約論とは、違った議論であるからこそ、学問的な面白さがある。本稿が、さらなる議論のたたき台となり、議論の活発化につながれば幸いである。

〈注〉

1　貨幣数量説については、とりあえず平山健二郎『貨幣と金融政策　貨幣数量説の歴史的検証』（東洋経済新報社、2015 年）、特に第二章「貨幣数量説の歴史的発展」を参照。

2　佐々木くみ「憲法学におけるプリコミットメントの意義（一）」『法学』第 71 巻第 1 号（2007 年）78 頁。

3　長谷部恭男『憲法とは何か』（岩波新書、2006 年）81-82 頁。

4　長谷部は「プレコミットメント」としているが、以下、「プリコミットメント」の語で統一する。

5　長谷部は「ボーダン」としているが、以下、「ボダン」の語で統一する。

6　同上・85-86 頁。

7　「裁判官の正統性と民主主義」『法律時報』第 69 巻第 6 号 55-57 頁。

8　佐々木・前掲論文注（23）、116 頁。

9　むしろ、学説の多くは広義のコミットメントと、狭義のプリコミットメントの表記を使い分けていない、と言えよう。

10　Stephen Holmes,Passion and Constraint：On the Theory of Liberal Democracy (Chicago University press,1995), Ch.5,esp.p.151.

第 7 章　ジャン・ボダンの国家の貨幣鋳造権といわゆる"プリコミットメント"理論について　247

11　明石欽司「ジャン・ボダンの国家及び主権理論と「ユース・ゲンティム」観念（一）─国際法学における「主権国家」観念成立史研究序説─」『法学研究』第 85 巻第 11 号（2012 年）5 頁。

12　Les six Livres de la République,Paris,1583（I,x,242-244）.

13　Les six Livres de la République（Ⅰ 201）. なお、川出良枝「ボダン─主権者と政体論」川出良枝編『岩波講座　政治哲学 1　主権と自由』（岩波書店、2014 年）103 頁参照。

14　川村晃一「憲法の政治経済学」川中豪編『新興民主主義の安定』調査報告書アジア経済研究所 2009 年、51 頁。

15　同誌は、慶應義塾大学メディアセンターの電子ジャーナルで閲覧した。

16　James M Buchanan "The Domain of Constitutinonal Economics" Constitutional Political Economy1（1）：p.1-18.

17　Brennan and Hamlin, "Constitutional Political Economy：The Political Philosophy of Homo Economics?" Constitutional Political Economy3（1）p.280-303.

18　Id p.287.

19　佐々木・前掲論文 71 頁以下。

20　Laurence H.Tribe,American Constitutinal Law11（2d ed.,1988）.

21　F.A.Hayek,The Constitution of Liberty180（1960）.

22　Cass R.Sunstein,Constitutionalism and Secession,58U.Chi.L.Rev.641（1991）.

23　Thomas C.Schelling,The Strategy of Conflict（1960）；Schelling,Choice and Consequece：Perspectives of an Errant Econmist（1984）；Schelling,Enforcing Rules on Onself,1 J.L.Econ. & Org.357（1985）；Schelling,Strategities of Commitment：And Other Essays（2006）.

24　Stephen Holmes,Passion and Constraint：On the Theory of Liberal Democracy（Chicago University press,1995）, Ch.5,esp.p.148.

25　佐々木・前掲論文によれば前者の「時」を T1、後者の「時」を T2 と表現している。

26　Jed Rubenfeld,Freedom and Time：A Theory of Constitutional Self-Government（2001）, p.138-141. なお、ジェド・ルーベンフェルドの理論については、横大道聡「ジェド・ルーベンフェルド　憲法思想の新たなる時代の幕開け?」駒村圭吾・山本龍彦・大林啓吾編『アメリカ憲法の群像　理論家編』（尚学社、2010 年）275-297 頁参照。

　　わたし自身は上述の著作以外に、Rubenfeld,Revolution by Judiciary（2005）

を通読した。

27 Rubenfeld, id. p.140-141.

28 Rubenfeld, id. p.86.

29 Rubenfeld, id. pp.175-176.

30 この時間軸についての問題は、上述の文献とは別に、長谷部恭男「われわれ国民は、国会における代表者を通じて行動し、この憲法を確定する。長谷部恭男『憲法の境界』（羽鳥書店、2009 年）3-25 頁参照。

31 Stephen Holmes,Passion and Constraint：On the Theory of Liberal Democracy (Chicago University press,1995), Ch.5,esp.p.146-147.

32 Holmes, id. p.135.

33 カール・シュミット（著)/阿部照哉・村上義弘（翻訳)『憲法論』（みすず書房，1974 年）189 頁. Carl Schmitt, Verfassungslehre, Berlin, 1928, S. 158f. Vgl. Volker Neumann, Carl Scnmitt als Jurist,Tübingen,2015,S.119,133f.,145.

34 Robert Alexy, GRUNDRECTE,DEMOKRATIE UND REPRASENTATION, DER STAAT 54 (2015), S.201-212. 本題ではないので簡潔に述べると、アレクシーは国民と議会の緊張関係を「熟議民主政」を以て説明する。そうすることによって、民主政は「決定（Entscheidung)」だけではなく、「議論（Argument)」を包括したものになる。このようにして、彼は「決断主義モデル」の有する問題点を回避しようとする。特に、ドイツ連邦共和未来においては連邦憲法裁判所があるだけに、彼の国においてはこの問題は重要である。なぜならば、「国民の名において」（基本法 20 条 1 項）に基づいて、連邦憲法裁判所が判決を下すことは、「純粋な裁判官王国」に堕する危険性を孕んでいるからである。

35 長谷部恭男発言、長谷部恭男・金泰昌編『公共哲学 12 法律から考える公共性』（東京大学出版会，2004 年）309 頁、246 頁、250 頁参照。

36 Birgit Reese, Die Verfassung des Grundgesetzes　Rahmen-und Werteordnung im Lichte der Gefährdung durch Macht und Moral, Berlin 2013. レーゼは、本のタイトルと章立てが逆になっているが、彼女は「価値秩序」の代表的論者としてアレクシーを挙げ、そしてその後で、「枠秩序」の代表者としてベッケンフェルデを挙げ、両者の比較検討をおこなっている。

37 日比野勤「基本価値論争をめぐって―現代西ドイツ国法学界管見―」芦部信喜先生還暦記念『憲法訴訟と人権の理論』（有斐閣，1985 年）843 頁以下。

38 Reese,a.a.O.,S78.

39 三宅雄彦『憲法学の倫理的展開』（信山社、2011 年）98 頁。

40 愛敬浩二「憲法によるプリコミットメント」『ジュリスト』No.1289（2005 年）
2 頁．そこで参照されているのが、John A. Robertson, "Introduction：'Paying
the Alligator'：Precommitment in Law, Bioethics and Constitutions" Texas Law
Review, vol.81（2003), p1729-30.

41 愛敬浩二『改憲問題』（ちくま新書，2006 年）102 頁。

42 愛敬・前掲書 111-112 頁。

43 愛敬・前掲書 104-105 頁。

44 愛敬・前掲書 109 頁。

45 愛敬・前掲書 111 頁。

46 愛敬・前掲書 111 頁。

47 愛敬・前掲書 114 頁。

48 長谷部恭男『憲法とは何か』（岩波新書、2006 年）82 頁。

49 長谷部恭男「国家権力の限界と人権」樋口陽一編著『講座・憲法学　第 3 巻
権利の保障』（日本評論社，1994 年）49-50 頁。

50 長谷部・前掲論文49頁。ラズについては、J.Raz.Authority　and　Justification,
Philosophy and Public Affair,vol.14（1985）pp.3ff.

51 長谷部・前掲論文 50 頁。ラズについては、Raz.ib.pp15-18.

52 長谷部・前掲論文 50 頁。ラズについては、Raz.ib.pp18-19.

53 とは言え、この説明はわたしにとって必ずしも納得のいくものではないのであ
るが。(2015 年の安保法制論争における同氏の「法律家共同体のコンセンサス」
のオルタナティブな受け入れ論につながると思われる。)

54 阪口正二郎『立憲主義と民主主義』（日本評論社，2001 年）240 頁。

55 阪口正二郎「テロという危機の時代における『立憲主義』の擁護」川岸編『立
憲主義の政治経済学』171-172 頁。

56 Stephen Holmes,Passion and Constraint：On the Theory of Liberal Democracy
（Chicago University press,1995), Ch.5,esp.p.162.

57 実は、この部分こそが前述の「阪口はこの「プリコミットメント」の「プリ」
という言葉を「時間的に先行しているという意味ではなく、論理的に先行してい
るという意味である」とする」という指摘との対比で重要である。

58 ここまでの、議論は通常の西洋経済史の教科書のレベルで語られるところであ
る。しかし、ニコラ・オレームの『貨幣論』の翻訳自体はまだなされていない。
参考として、ヨハンネス・ラウレス著『スコラ学派の貨幣論』（有斐閣，1937
年）の第一部を参考にした。

59 横川大輔「14 世紀後半における「金印勅書」(1356 年) の認識—カール 4 世の治世 (1378 年まで) を中心に—」『北大法学論集』第 63 巻第 2 号 (2012 年) 1-59 頁. なお、池谷文夫『ドイツ中世後期の政治と政治思想』(刀水書房，2000 年) 参照。

60 横川・前掲論文 5 頁。

61 横川・前掲論文 2 頁。

62 横川・前掲論文 3 頁。

63 横川・前掲論文 16 頁。

64 横川・前掲論文 6-7 頁。

65 横川・前掲論文 7-8 頁。

66 横川・前掲論文 6 頁。

67 長谷部恭男『憲法とは何か』6-7 頁. これについては、さらに以下の長谷部の解説が有用。「それでもやはり立憲主義は人の本生に反する。というより、そもそも、近代世界が人間の本生に反している。『遠山の金さん』や『水戸黄門』の描く「分かりやすい」世界に生きたいというのが、普通の人の切なる願いである。ドン・キホーテが信じたように、中世騎士物語さながらに、誰が「正義の味方」で誰が「悪の手先」か一目瞭然であってほしいと誰もが願っている。問題は、人々の価値観・世界観が、近代世界では、お互いに比較不可能なほどに異なっているということである」(長谷部・前掲書 15 頁)。より詳しくは、長谷部『比較不可能な価値の迷路』(東京大学出版会、2000 年) 参照のこと。

68 両者については、飯塚一郎『貨幣学説前史の研究』(未来社，1969 年) を参照. なお、サラマンカ学派については、松森奈津子「サラマンカ学派—「野蛮人」と政治権力」川出良枝編・前掲書 51-71 頁参照。サラマンカ学派とは、トマス主義を受け継いだ 16-17 世紀の神学者・法学者の総称である。松森によれば、ボダンは宗教権力を含むすべての権力から干渉されない主権概念の立場から、この学派と対立した。

69 ただし、これを国家の「暴力独占」として、ホッブズ以降の「社会契約論」で理解することには問題がある。清末尊大によれば、「ボダンの『国家論』を社会契約論以降の目で理解しようとするから混乱し、矛盾を言い立てたり、意味不明のことを言うことになるのである」(清末尊大『ジャン・ボダンの危機の時代のフランス』(木鐸社、1990 年) 174-175 頁。)

70 清末尊大「ジャン・ボダンの生涯 (二)」『北大法学論集』第 26 巻第 3 号 (清末尊大「ジャン・ボダンの生涯 (二)」『北大法学論集』第 26 巻第 3 号 (1976

第 7 章　ジャン・ボダンの国家の貨幣鋳造権といわゆる"プリコミットメント"理論について　251

年）68-69 頁。

71　その経緯について、清末・前掲論文 68-69 頁．追加版は、LIVRE Ⅵ．CHAP.
　　Ⅲ．Les six Livres de la République, Paris, 1578. すなわち、LIVRE Ⅵは、1578 年
　　版に新たに組み込まれたこと、を意味する。

72　Bodin, LIVRE Ⅵ．CHAP. Ⅲ．pp.9-10. 清末・前掲論文 70 頁参照。

73　Bodin, LIVRE Ⅵ．CHAP. Ⅲ．p.32. 清末・前掲論文 71 頁参照。

74　Bodin, Repblique Ⅵ，2,p.877. 清末・前掲論文 71-72 頁参照。

75　Bodin, Repblique Ⅵ，2,pp.41-53. 清末・前掲論文 72 頁参照。

76　愛敬浩二『改憲問題』（ちくま新書，2006 年）102 頁。

77　Les six Livres de la République, Paris, 1583（I,x,242-244）.

78　Les six Livres de la République, Paris, 1583（I,x,242-244）．ボダンによれば、
　　「貨幣鋳造権は、「貨幣鋳造についての法律を制定し得る者（Ibid.,I,x.242）として
　　の主権者に属するものとされ、「貨幣［鋳造］が主権に基づく権利の一つである
　　ならば、度量衡もそうである」（Ibid.,I.x.244）とされている」（明石欽司・前掲論
　　文 27 頁参照）。

79　G.F.Knapp, Staatliche Theorie des Geldes, Berlin, 1905.

80　Les six Livres de la République, Paris, 1583（I, ⅲ., p.122）.

81　明石・前掲論文 7 頁参照．明石の指摘で参考になるのは、ボダンが「主権者対
　　従属者という近代的な二項対立的構造による国家の理解をも示しているものと解
　　される」としている点である（7 頁）．しかし、ボダンが神の不可知論を採って
　　いたとしても、この統治の主体者の倫理意識は従属者に向けられているのではな
　　く、神に向けられているのである。あるいは、国家に向けられている、と言えよ
　　う。これこそが、ボダンの熱烈なナショナリストの側面を示している。

82　J.Bodin, Responses aux paradoxes du sieur de Malestroict, 1568. これは、ボダ
　　ンがマレストロワの Les paradoxes sur le faict des Monnoyes, 1566 に対して攻撃
　　を加えた書である。

83　I.Bodinus,De repuplica libre sex（1586），I. ⅷ. p.78.

84　Les six Livres de la République,Paris,1583（I, ⅱ, pp.8-10et 16, I，ⅰ，p. 1et I.
　　ⅷ. p.122, I．ⅱ. p.16 et Ⅵ. ⅳ. p.948, I, ⅵ, p.68, Ⅳ．ⅰ. p.503-542）.

85　Bodin, LIVRE Ⅵ．CHAP. Ⅲ．p.32. 清末・前掲論文 71 頁参照。

86　石川健治『自由と特権の距離―カール・シュミット「制度体保障」論・再考』
　　（日本評論社、1999 年）103-113 参照。

87　阪口・前掲書 243 頁．おそらく、この歴史解釈は論者によって分かれるところ

である。「父権的国家論」を批判しつつ「家父長権」を承認できるかどうかは、批判の対象となることは自覚している。

88　Les six Livres de la République,Paris,1583（Ⅰ. ⅷ. p.131, p.135, Ⅰ. x.214.）

89　Stephen Holmes,Passion and Constraint：On the Theory of Liberal Democracy（Chicago University press,1995), Ch. 5, esp. p.152.

90　実は、ここでは引用しなかったが、この論文を執筆するに当たり、新潟大学名誉教授の山下威士先生からボダンのドイツ語版文献を頂いた。ここに改めて、お礼申し上げます。

91　おそらく、佐々木会員の質問は成瀬治「主権国家と家父長権—ジャン・ボダンにおける「市民」の概念」成瀬治『近代市民社会の成立—社会思想史的考察』（東京大学出版会、1984 年）で成瀬が提起した次のことを、問うものであったとおもわれるが、それにこたえ得るフランス語文献読解能力がない。二宮啓之によれば、以下のように要約される。「成瀬氏により抽出されたボダンの統治構造論は、全体としての主権的な「国家」と、これを構成する主要な分岐としての「家」との間に、家長＝自由な臣民＝市民によって構成される多様な職業身分団体は＜ college ＞と、慣習法を絆とする地域共同体＜ cite ＞とを内包するものであった。そして、成瀬氏は、主権者たる臣民の「正しい統治」、いいかえれば統治の「正当性」自体が、究極のところ、身分的諸権利の容認において根拠づけられていたのではないかと示唆する。実際、成瀬氏が引用するボダン自身の言葉によれば、「すべての職業身分団体や共同体を除去すること、それは、国家を破滅させ、野蛮な暴政に化すること」なのであったから。」（二宮啓之「成瀬治「ジャン・ボダンにおける「国家」と「家」」」『二宮啓之全集 第三巻』（岩波書店、2011 年）189 頁。）

92　以下の阪口の指摘は参考になる。「ボダンが擁護しようとしたのはあくまで主権それ自体あるいは国家そのものであって、国王ではない。実際ボダンは、国王が手に入れたばかりの権力を乱用して、主権を台無しにすることを何よりも恐れていた。」（阪口・前掲書 243 頁）。

93　川出・前掲論文 101 頁。

第8章　憲法と法貨
——アメリカのグリーンバックの合憲性を
めぐる司法と政治の関係——

大　林　啓　吾

はじめに

　今日、アメリカドルは金融市場に大きな影響力を持ち、圧倒的なプレゼンスを示しているが、初めからこのような存在だったわけではない。ドル紙幣が法貨（法定通貨）[1]として登場したのは南北戦争（1861～1865年）のときであり、当時は不安要素の多い通貨であった。なぜなら、それは戦争資金を賄うために緊急に発行された臨時通貨であり、しかも戦争のゆくえ次第ではどう転ぶかわからない代物であったため、その信用は高くなかったのである。加えて、憲法が連邦政府に紙幣発行を認めているかどうかについても争いがあり、憲法に適合するかどうかもあやしかった。

　そのため、南北戦争が終了すると、この紙幣の合憲性が裁判で争われるようになった。実は、これらの裁判をめぐる政治的背景を分析していくと、司法と政治の交錯を垣間見ることができる。というのも、ドル紙幣を発行した人物とその合憲性を判断する人物が同一であり、その人物が下した判決に納得がいかない大統領は新たな裁判官を追加し、翌年には判決が覆るというような事態が生じたからである。

　アメリカでは、このときの問題に限らず、通貨制度をめぐって司法と政治が対立・妥協を繰り返してきたという歴史がある。しかも、必ずと言ってい

いほど、そこには憲法問題が登場する。そのため、アメリカの通貨制度を理解するためには、そこで惹起された憲法問題を中心に、司法と政治の関係を考察する必要がある。

本章では、アメリカにおける法貨の形成につき、そこで登場する憲法問題を中心に、司法と政治の関係を考察しながら、その内実を明らかにする。まず、建国当初の通貨制度を概観し、次に南北戦争中に紙幣がどのように登場したのかを考察し、その憲法問題をめぐる司法と政治の動向を検討する。

1 アメリカ憲法と通貨

（1） 憲法規定

アメリカ憲法の規定は、連邦と州の関係に重点が置かれていたこともあり、連邦議会の権限や州政府の権限を定める条項に付随する形で通貨に関する定めがある。そのため、統一的な通貨制度、法貨の形成、紙幣の可否などに関する直接の規定はなく、以下のように複数の条文で散発的に通貨に関する規定が存在する。

憲法1条8節1項は次のように規定している。すなわち、「合衆国議会は次の権限を有する。合衆国の債務を弁済し、その共同の防衛と一般的福祉のために、租税、関税、輸入課徴金及び消費税を賦課し徴収すること」[2]。また、同条2項「合衆国の信用により金銭を借り入れること」[3]、同条5項「貨幣を鋳造し、その価値及び外国貨幣の価値を規律し、度量衡の標準を定めること」[4] の規定がある。さらに、憲法が連邦議会の権限として列挙した事項につき、必要かつ適切な権限を行使できるとする規定がある。これは、いわゆる必要かつ適切条項（同条18項）と呼ばれるもので、「上記の権限、及びその他この憲法により合衆国の政府またはその部門もしくは公務員に付与された一切の権限を行使するために、必要かつ適切なすべての法律を制定すること」[5] と定めている。

したがって、連邦議会は、課税権、金銭借用権、貨幣鋳造権を有し、債務

弁済の責務を負い、それらの権限や政府の権限を実施するために必要かつ適
切な法律を制定することができる。だが、これだけでは、どのような通貨制
度を設けることができるのかがはっきりしない。貨幣鋳造権が付与されてい
るものの、紙幣を発行することができるのかが不明である。この点につき、
5 項の「貨幣を鋳造すること」の原文は to coin money であることから、こ
の規定では硬貨のみを対象としており、紙幣が想定されていない可能性があ
る。それは、その他の条文を見ると一層明らかになる。憲法 1 条 10 節 1 項
は、「いかなる州も、……貨幣を鋳造し、信用証券を発行し、金貨及び銀貨
以外のものを債務弁済の法定通貨とし……てはならない」[6] と規定している。
ここでは、金貨と銀貨以外の貨幣を法貨としてはならないとしているため、
連邦議会の貨幣鋳造権も硬貨のみを想定していたと指摘される[7]。

　これに対して、憲法起草者は連邦政府の紙幣発行を認めていたとする見解
もある。ナテルソン（Robert G. Natelson）によれば、憲法制定時における
coin は gold や silver などの形容詞がつく言葉として使用されることが多
かったが、to coin money にはそれがついていないため、金貨や銀貨以外の
物質による貨幣を鋳造することが意図されていたとする[8]。

　また、連邦議会は債務弁済の責務を負っているものの、信用証券や紙幣に
ついての規定がないため、これらを発行して弁済することができるかどうか
という問題もある。この点についても、憲法 1 条 10 節 1 項が州に信用証券
の発行や硬貨以外の債務弁済を禁じていることと重ね合わせてみると、連邦
政府も信用証券や紙幣による債務弁済ができない可能性がある。他方で、ナ
テルソンによれば、そもそも憲法が州の紙幣発行を禁止したのは州間で貿易
戦争が生じてしまうことを懸念してのことであり、連邦にそれを当てはめる
のは誤りであるとし、憲法は連邦政府が紙幣を発行することを認めていると
いう[9]。

　このように、憲法条文からは通貨制度の姿が明らかではないため、紙幣発
行が可能かどうかについては各機関の憲法解釈に委ねられていると解されて
きた。

実際、現在の状況をみればわかるように、当初流通していた金貨や銀貨を目にすることはほとんどなく、代わりに連邦準備制度理事会（Federal Reserve Board：FRB）の発行する紙幣が大量に市場に流通している。そのため、「連邦政府の三権が通貨条項を乗り越える形で重要な役割を担ってきた」[10] といえる。以下では、紙幣に関する憲法起草者の議論を振り返りながら、どのように紙幣中心の通貨制度が形成されていったのかを見ていくことにする。

（2）　紙幣に関する憲法起草者の意図

建国当初、大陸政府は運営資金の不足から法貨として紙幣を発行する必要性を感じていた[11]。しかし他方で、市場は法貨としての紙幣の価値に疑義を呈しており、そう簡単に紙幣を発行できる状況ではなかった。というのも、独立戦争の際、大陸政府は大陸通貨（continental currency）を発行したものの、十分な信用を得られず、銀と兌換できることが前提とされた。しかも、価値が大幅に下落し、通貨として流通しなくなった。その結果、金や銀の硬貨のみが通貨としての価値があると考えられるようになり、紙幣に対する警戒心が強まっていたのである。

そうした経緯もあり、憲法会議では信用証券に限り発行できる権限を連邦議会に付与してもいいのではないかという意見が登場し、信用証券が憲法草案に盛り込まれた。しかし、モリス（Goveuverneur Morris）は、紙幣はどのような形であれ禁止されなければ政府の存在に対する批判が増えるとし、ウィルソン（James Wilson）も紙幣を否定することが政府の信用につながるとして、信用証券について否定的な意見を述べた[12]。その一方で、限定的に信用証券の発行を認めておいた方がよいのではないかという意見もあった。マディソン（James Madison）は、緊急時には信用証券の発行を認めるべきであるとの立場をとり、ランドルフ（Edmund Randolph）も将来のために信用証券の発行をすべて禁止することには反対する立場を表明した[13]。もっとも、信用証券の発行に懐疑的であるという点では否定派と変わりな

く、最終的に草案から連邦議会の信用証券発行権限の言葉は削除されること
で一致した。こうした状況から、憲法起草者は、連邦政府が信用証券を紙幣
として発行することには否定的であったことをうかがうことができる。

　その後、連邦政府はハミルトン（Alexander Hamilton）財務長官の指揮
の下、1791 年に第一合衆国銀行を設立し[14]、大陸通貨が事実上兌換不能に
なっていた状態を打開しようと試みた[15]。しかし、それに対しては中央政府
の権限を拡大することになるとの懸念が強く、そもそも憲法に合衆国銀行を
設立する規定がないのだから憲法違反の疑いもあると批判された。反対論が
強かったこともあり、第一合衆国銀行は大陸通貨の問題や独立戦争の戦費支
払の問題が解決しないまま 1811 年にその根拠法が失効した。その後、米英
戦争の戦費調達に迫られたマディソン政権において、1816 年に第二合衆国
銀行設立に関する法律が制定され、翌年に開業した[16]。第二合衆国銀行は、
1819 年の McCulloch v. Maryland 連邦最高裁判決[17]でその存在について合
憲の判断が下されるが、それに反発したジャクソン（Andrew Jackson）大
統領が連邦議会の延長案に対して拒否権を発動したため、1836 年に失効し
た。

　このように、アメリカの財政状態は不安定な状況が続き、実質的な通貨制
度の運営は、州および州に許可された民間銀行が担うこととなった。州は、
金貨や銀貨と兌換可能な法貨を発行することを民間銀行に認め、民間銀行が
紙幣を発行するという状況になったのである。

　もっとも、依然として連邦政府の財政は厳しい状況にあり、そうした状況
のまま南北戦争に直面することになった[18]。ブキャナン（James Buchanan,
Jr）政権は南北戦争が始まる前であるにもかかわらず、多額の負債を抱えて
おり、ディクス（John A. Dix）財務長官は州が連邦政府の債務保証をする
法案を出してほしいとシャーマン（John Sherman）連邦議会議員に要請し
たほどであった。その後、リンカーン（Abraham Lincoln）が大統領に就任
した頃には、連邦政府は 764 万ドルもの負債を抱えていた。そうした状況下
で財務長官に就任したのがチェイス（Salmon P. Chase）であった。

2 チェイス長官の逡巡

(1) グリーンバック

チェイスは、熱心な反奴隷派であり、当初は民主党の中の反奴隷派を支持し、ジャクソニアンデモクラシー以来の硬貨政策（中央銀行が紙幣を発行することに反対）を支持していたとされる[19]。その後、チェイスは弁護士として成功すると、奴隷反対の立場を強くする共和党を支持するようになり、オハイオ州で上院議員や知事を務め、一時は大統領選への立候補も取りざたされるようになった。もっとも、リンカーンが大統領に就任すると、チェイスは財務長官就任の打診を受ける。しかし、連邦政府の財政は債務超過が続いている上に、南北間の緊張が高まり莫大な戦費が予想される中で財務長官を引き受けるのは苦労することが目に見えていた。そのため、チェイスは財務が専門外であることを理由に難色を示していたが、リンカーン大統領は正式なチェイスの受諾のないまま指名し、早々に上院の承認を得てしまった[20]。

こうしてやむなく財務長官に就任したチェイスは、早速財政のやり繰りに追われることとなる。就任からまもなくして南北戦争が始まり、チェイスは1億5千万ドルをニューヨーク、ボストン、フィラデルフィアの銀行から借用した[21]。さらに、課税による財政対策も考慮し、所得税の増額では翌年度の歳入になってしまい戦費の確保に間に合わないことから、連邦議会に財産税を課すことを要請した。

こうした財政逼迫の中、手っ取り早く財源を確保する方法が紙幣の発行であった。紙幣を法貨として発行することで、大量かつ迅速な財源を確保することができるからである。チェイスは、州法に基づく銀行の紙幣発行が憲法に反しないと考えられている以上、金貨および銀貨以外の法貨を負債の支払いに充てても憲法に反しないという見解を持つようになった[22]。チェイスは、法貨の発行にもはや躊躇していられない旨の手紙をスポルディング（Elbridge Spaulding）連邦議会議員に送っている[23]。すでに1861年から紙

幣を発行する法律が制定され、チェイスはそれに従って紙幣を発行していたが、それが法貨（legal tender。ここでは紙幣を法定通貨とすること）であることを宣言したのは 1862 年 2 月 25 日に制定されたリーガルテンダー法（Legal Tender Act）[24] であった。1862 年 6 月 25 日、政府は 1 億 5 千万ドルの法貨を発行し、それを国内における税金、債務、借金の支払いに充てることができるとした。これらの紙幣は裏面が緑色だったので、グリーンバック（greenback）と呼ばれる。

なお、法貨の発行と同時に、新たな通貨システムに対応する機関として、あらためて国家銀行制度（National Bank System）を創設する必要性が生じてきた[25]。そこでチェイスは連邦議会に国家銀行制度の整備を要請し、1863 年から順次国家銀行制度に関する法律が制定されていった[26]。

（2） Hepburn v. Griswold 判決

もっとも、グリーンバックの価値は市場において一時金貨の半分の値にまで下がったとも言われており[27]、それに対する信用度はそれほど高くなかった。とりわけ、グリーンバックを発行する法律が制定されてからならともかく、制定前に締結されていた契約についてもグリーンバックで受け取らなければならないかどうかという問題が生じ、それに伴う形でリーガルテンダー法の合憲性が問われる事件が起きた。

1860 年 6 月 20 日、ヘップバーン（Susan Hepburn）は 1862 年 2 月 20 日に 1 万 1250 ドルを支払う約束手形（promissory note）を発行した。先述したように、1862 年、連邦議会はリーガルテンダー法を制定し、同法 1 条は、「本法に基づいて発行された紙幣は、すべての税金、国内債務、権限行使、借金、及び合衆国に対して支払いを負うあらゆる種類の請求の支払いに使うことができる……また同紙幣は合衆国内における、すべての借金の支払いにおいても合法的な通貨及び法貨とみなされる」[28] と規定しており、この紙幣を各種支払いに充てることができるとしていた。

ヘップバーンはそれに基づいて 1 万 2720 ドルの法貨（紙幣）で借金を支

払おうとしたが、受取人グリスウォルド（Henry Griswold）はそれを拒否した。グリスウォルドは、本件契約は法律制定前に締結されたものであり、法貨を受けとらなければならない義務はないとして訴訟を提起した。これが1870年のHepburn v. Griswold連邦最高裁判決[29]である。

チェイス長官の法廷意見[30]は、リーガルテンダー法が制定前の契約にも適用されることを意図していたとし、「我々が直面している問題は、契約時に、法律に基づき金又は銀の硬貨で支払われるとされた債務の支払いについて、連邦議会が法貨に関する権限に基づき紙幣を発行する権限を有するかどうかである」[31]として、同法の合憲性について以下のような判断を行った。

この問題を考えるためには、憲法が紙幣を発行する権限を連邦議会に付与しているかどうかを検討しなければならない。憲法は、明示的に当該権限を連邦議会に付与していない。そのため、連邦議会が紙幣を発行する黙示的権限を有しているかどうかが問題となる。これについて法廷意見は政府の法貨発行権限に言及しながら判断した。法廷意見によれば、「すべての他の価値をはかることによって価値の基準を設定する権限、言い換えれば、何が合法的な金銭および法貨であるかを決める権限は、本質的に、必要な政府の権限であることは疑いない。それはあらゆる国において政府によって行使されるものである。合衆国では、それが価値ある金属に関するものである限り、その権限は硬貨を発行する権限によって連邦議会に与えられている」[32]という。しかし、それが紙幣を発行する権限をも含むかどうかは別問題である。そのため、法廷意見は、「それは明らかに硬貨を発行する権限と同一ではない」[33]とした上で、「紙幣を法貨とする権限と通貨として使われている紙幣を発行する権限も同じではない」[34]とする。かつて連邦議会は通貨として紙幣を発行していたことがあったが、それは法貨として紙幣を発行する権限として認められていたわけではなかった。また、州は金と銀の硬貨以外の通貨を発行することが憲法によって禁じられており、全国レベルでの紙幣発行が認められていない可能性もあるが、他方で、政府には戦争の遂行、通商規制、金銭の借入を行う際に紙幣を法貨として用いる権限があるという主張も

なされてきた。そのため、「もし、それが禁止されていなかったり、憲法の文言又は精神と矛盾していなかったりする場合には、法貨を発行する行為は合憲と判断されなければならない」[35] とし、以下のような判断を行った。

　まず、戦争遂行の手段として発行できるかどうかであるが、連邦議会は戦争宣言や金銭借入等に関する権限があることからすれば、戦争のために法貨として紙幣を発行することができるという見解がある。このように考えることが正しいかどうかは、本来であれば司法ではなく、連邦議会が判断すべき問題であるが、この判断を連邦議会に委ねてしまうと政府に無制約の権限を認めるのと同じことになってしまうので、その合憲性については司法が判断する必要がある。

　南北戦争中に何回か発行された法貨は相当な金額にのぼっている。歴史をみると、政府が発行した紙幣は通貨として用意されてきた。硬貨と兌換できなくても、それを使用する価値があったのである。それは法貨の質によるものではなく、通貨の信用によるものであった。しかし、このような紙幣の目的は事前の契約に対して適用しなくても達成することができる。

　そこで、制定前の契約にも適用するという方法が憲法の精神に反しないかどうかを考える必要がある。本件では、憲法は州が契約を阻害してはならないという契約条項（1条10節1項）[36] と、正当な補償なしに公共の用のために私有財産を剥奪されないという補償条項（修正5条）[37]、適切な手続なくして財産を奪われないというデュープロセス条項（修正5条）[38] が関係する。契約条項の対象は州であるが、契約条項の精神は立法府全体に及ぶものである。そして、「明白な権限に基づかない法律は、それが不可避的にかつ直接契約の債権債務関係を阻害する場合、それは憲法の精神に矛盾することは疑いがない」[39]。補償条項とデュープロセス条項は同じ修正5条に規定されており、連邦政府にも適用される。紙幣の発行は特定の個人の財産に対して向けられたものではないため、このような場合には正当な補償の対象にならないが、法律制定以前に契約していた借金の支払いにおいて法貨のドルの支払いを認める法律は連邦議会の黙示の権限行使として適切な手段ではなく、

「そのような法律は憲法の精神に矛盾するものであり、憲法によって禁止されているものである」[40]。したがって、本法は「制定前に契約された借金に適用されない」[41]とした。

　以上の法廷意見の判断枠組は、連邦議会の権限逸脱の問題を判断する際の一要素として憲法上の権利の問題を絡ませているので、いまいち要を得ないところがある。判決結果自体も、法令違憲の判断を行ったのか、それとも適用違憲にとどめたのかが判然としない。少し強引にまとめると、連邦議会が必要かつ適切条項に基づき黙示の権限を行使するためには、憲法の精神に矛盾してはならないのであるが、契約条項、補償条項、デュープロセス条項の観点からすると法律制定前の契約にも紙幣での支払いを要求することはそれらの条項を阻害する側面があることから、そのような権限行使は憲法の精神に反する、としたものといえる[42]。

　これに対してミラー（Samuel F. Miller）裁判官の反対意見は、McCulloch v. Maryland 判決等を引用しながら連邦議会の適切な権限行使であったとしている[43]。チェイス長官は反対派の説得を試みたとされるが[44]、それに成功しなかった。もし、ここでそれに成功していれば、翌年に覆されることもなかったので、チェイス自身本判決の危うさに気づいていたからこそ、反対派の裁判官の説得を試みたともいえるだろう。

（3）　グリーンバックをめぐる司法と政治——チェイスの動向

　本件では、チェイス長官が財務長官時代にグリーンバックを発行していたこともあり[45]、忌避することも予想された。しかし、チェイス長官は忌避するどころか、自ら法廷意見を執筆し、違憲判決を下した。これをどのように考えればいいだろうか。

　まず、チェイスは、財務長官時代にグリーンバックに賛成していたのかどうかを考える必要がある。これについては、当初、チェイスは紙幣発行に反対しており、特に兌換不可能な紙幣を刷ることに反発していたという指摘がある[46]。そして最終的には戦時の政府の財政維持のために紙幣発行を決断し

たといわれる。

しかしながら、チェイスがどこまでグリーンバックに反対していたのかは定かではない。チェイスが1ドル紙幣の肖像画になっていることからすれば──単に発行責任者として採用されただけかもしれないが──それほど強く反対していなかった可能性もある。

とはいえ、少なくともチェイスが財務長官就任以前はグリーンバックに反対していたことを踏まえると、チェイスは財務長官としての役割と連邦最高裁長官としての役割を分けていた可能性がある[47]。財務長官としては、政府存続のために紙幣発行が必要であり、合憲であると考えていたが、法律制定前の契約に適用できるかどうかという運用上の問題が生じた以上、連邦最高裁長官としてはそれを認めるわけにはいかないと判断したのではないかということである。

実際、判決文をよく読むと戦時という限定付であるものの、グリーンバックを発行すること自体は可能であると考えているようにも見える。つまり、本件は制定前の契約に適用することが違憲なのであり、それ以外については合憲と考えていた可能性もある[48]。

しかし、法制史で著名なホワイト（G. Edward White）によれば、チェイスはグリーンバックそのものが違憲であると考えていた可能性があるという[49]。なぜなら、法律そのものに法制定前の契約に適用されるかどうかについて直接言及する規定がないにもかかわらず、同法が法制定前の契約にも適用されるという解釈を行った上で違憲判断を下したからである。制定前の適用を認めない判断をしたいのであれば、制定前の契約には適用されないという限定解釈も可能だったはずである。このような合憲限定解釈を行えば、法令自体は合憲のまま、制定前の契約に適用されないという結論を維持することができる。それでも、チェイスがそのようなアプローチをとらなかったのは、やはり法令自体を違憲と考えていたというわけである。

チェイス長官の態度転換は司法と政治の関係にも影響を与えた。当時は、再建の真最中であり、グリーンバックの合憲性は政治にも大きく関わってく

るからである。実は、グリーンバックの問題が裁判の俎上に乗る前から、連邦議会は司法制度改革に着手していた。1866 年、連邦議会は、1866 年巡回区控訴裁判所法（Judicial Circuits Act of 1866）を制定した[50]。連邦議会は、南部に厳しい処分を求める強硬派により、南部の巡回区控訴裁判所の数を減らし、さらに中道的態度をとる A・ジョンソン（Andrew Johnson）大統領が新たな連邦最高裁裁判官を任命するのを阻止するために連邦最高裁の人数を 10 人から 7 人に減らす法律を制定したのである。ただし、現職裁判官が退職するまではそのままの人数が維持されることとなった。その後 1969 年までに 2 人の裁判官が辞職したため、Hepburn v. Griswold 判決は 8 人の裁判官で審理された。ところが、判決の前年、1869 年 4 月 10 日に 1869 年裁判所法（Judiciary Act of 1869）[51] が制定された。これにより、連邦最高裁の人数は 9 人に増えることとなった。1869 年 3 月 4 日に A・ジョンソン大統領が退任した直後に制定されたこともあり、A・ジョンソン大統領に新たな連邦最高裁裁判官を指名させないために法律が制定されていたことがよくわかる。

　こうした状況で下されたのが Hepburn v. Griswold 判決であったため、それも政治の影響を受けることとなる。判決同日（1870 年 2 月 7 日）、グラント（Ulysses S. Grant）大統領は増えた裁判官席を埋めるべくブラッドリー（Joseph P. Bradley）（新規）とストロング（William Strong）（グリア裁判官の後継）を指名したのである。両名はグリーンバック合憲派であり、かれらの連邦最高裁入りは、グリーンバックの合憲性をめぐる裁判に大きな影響をもたらすこととなった[52]。

3　翌年の先例変更

（1）　Legal Tender Cases 連邦最高裁判決

　Hepburn v. Griswold 判決の翌年、同様のケースが 2 つ連邦最高裁に上がってきた[53]。両方ともグリーンバックの合憲性を争う事件であったことか

ら、連邦最高裁は1つの事件として判断を下すことにした。それが、1871年の Legal Tender Cases 連邦最高裁判決[54] である。Hepburn v. Griswold 判決は5対3でグリーンバックを違憲としたが、合憲派の裁判官が2名任命されたため、この問題をめぐる判断は覆る可能性があった。

　法廷意見を制したのは、数で勝るようになった合憲派であった。ストロング裁判官が法廷意見を執筆し、ブラッドリー裁判官をはじめ、ミラー裁判官、デイビス裁判官、スウェイン裁判官らがそれに加わった。他方、チェイス長官はネルソン裁判官、クリフォード裁判官、フィールド裁判官らとともに反対意見に回った。

　この事件では、再度、連邦議会は法貨を発行する憲法上の権限を有するかどうか、グリーンバックが合憲であるとしてもそれは法律制定前の契約にも適用されるかどうかが争われた。

　法廷意見は、連邦議会に法貨を発行する憲法上の権限がないとすると、政府は自己保存の手段をなくしてしまうとする。また、法貨が発行されている以上、それを用いて契約の支払いをすることが期待されているのであって、それを使った支払いができないということになれば、政府は不正義をなすことになってしまう。このように、法廷意見は法貨を認めないと不都合が生じてしまうとした上で、憲法上の問題について判断する。

　まず、連邦議会が法貨を発行する権限については McCulloch v. Maryland 判決を参照する。法廷意見によれば、「連邦最高裁は、McCulloch v. Maryland 判決において、全員一致で、連邦議会が合衆国銀行を作ることは権限を逸脱していないと判断した。だからこそ、連邦議会の法律により、合衆国に対する負債は他の債権者への負債への支払いよりも優先されるのであり、連邦最高裁はそのような法律も憲法によって認められると判示したのである（Fisher v. Blight, 2 Cranch, 358）。このことは、建国初期の頃から、ある問題について連邦議会の法律が必要になったとき、連邦最高裁および連邦議会が憲法の付与した権限をどのように解釈するのかを示している」[55] という。McCulloch v. Maryland 判決は必要かつ適切条項によりそのような権限

を認めたのであり、Hepburn v. Griswold 判決もその点には同意している。そのため、本件において法貨が違憲であるとするならば、連邦議会の適切な手段ではなかったことを明らかにしなければならない。「適切であったかどうかを調べることは、法貨に関する法律が制定された時期、そして政府が直面していた状況を考えることが重要である。当該法律が合法的な権限の行使として制定され、他の状況下では不適切であったかもしれないが、緊急時においてそれが適切であったことは否定しえない」[56]。そのため、法貨を発行する法律を制定したことは本件では必要な行為であったとして、その合憲性を認めた。

次に問題となるのが、本法制定以前になされた契約にも本法が適用されるか、換言すれば、法貨による支払いが要求されるかという点である。法廷意見は、契約の債権債務関係が侵害されたかどうかはその内容次第であるとした上で、「金又は銀を支払うこと、当該契約がなされた時の法律によって認められていた金銭の種類を支払うこと、市場において同等の本質的な価値を持つ金銭を支払うことが義務ということではない」[57] とする。そして、「金銭を支払う契約の債権債務関係は支払いがなされる時に法律が金銭として認めているものを支払うべきである」[58] とし、「あらゆる金銭を支払う契約は、通貨に対する政府の憲法上の権限に不可避的に服するのであり、その権限がいかなるものであれ、当事者の債権債務関係はそれへの照合が想定される」[59] とした。「したがって、本件の法貨に関する法律が契約の債権債務関係を阻害するという主張はとることができない」[60]。

そうなると、「……連邦議会の法律は本法制定の前後のいずれかの契約に適用しても合憲であると判断できる。そのように判断するにあたり、我々はHepburn v. Griswold 判決で判断されたことの大部分を覆す。Hepburn v. Griswold 判決は、裁判官の間で判断が分かれ、当時の法律が定める連邦最高裁の人数よりも少ない裁判官が判断したものである。他の先例は裁判官全員が出席する法廷で判断されてきたものであり、それらは最大限の配慮がなされるべきである」[61] として、Hepburn v. Griswold 判決を覆し、本法制定

前の契約に本法を適用しても合憲であるとした。

（2） Legal Tender Cases 連邦最高裁判決の意味

このように、Legal Tender Cases 判決は、グリーンバックの合憲性を正面から認めた。連邦議会は必要かつ適切条項に基づき法貨を発行することができ、今回法貨を発行した法律は緊急時において必要な措置であったことから憲法に反しない。そして、法律制定前に締結された契約の債権債務関係の支払いについてグリーンバックを使用させることも憲法に反しないことが示された。

これまで金と銀の硬貨のみが正式な通貨であり、民間銀行が発行する兌換可能な紙幣のみが信用されてきたが、本件で初めて連邦政府が発行する兌換不能な紙幣も法貨として通用することが法的に認められた。そして本件が債権債務関係の支払いについて、支払い時に政府が通貨と認めているものを使用することを認めたことも重要である。金銭の支払いで認められる通貨は、支払時において認められている法貨であることが示されたからである。

もっとも、本件は Hepburn v. Griswold 判決を 1 年あまりで覆したため、その正当化が重要になる。1 年程度で合憲性の判断が覆るような事情を見出すことは難しいため、先例の憲法解釈自体が誤りであったことを述べる必要がある。これについては、必要かつ適切条項の解釈を中心に先例と異なる判断を行ったわけであるが、これだけでは支払時の法貨の通用可能性の判断についても覆すことは難しい。

そうであるとすれば、Hepburn v. Griswold 判決を覆す別の理由を提示しなければ、単に裁判官に変更が生じたから変更されたとみられ、司法が政治的影響を受けたことを認めることになってしまう。

そこで法廷意見が連邦最高裁の人数に言及しながら全員参加の先例的価値を高める一方でそうでない先例の価値を相対的に低く見積もることで対応した。つまり、Hepburn v. Griswold 判決は法律の定める人数（9 人）に満たない状態（8 人）で判断したものであるため、先例的価値が低いのであり、

全員が揃って判断した本件はそれを覆すことができるとしたわけである。

　もっとも、本件は、連邦議会が緊急時において紙幣を発行する必要性が認められるとしたため、平時においてはそれを発行することが認められない余地を残した。そのため、南北戦争後に負債を償還した後も紙幣を発行し続けることを定めた1878年通貨法（The Currency Act of 1878)[62]はその合憲性が争われることとなった。

4　法貨の合憲性の確定

（1）　Juilliard v. Greenman 連邦最高裁判決

　それが、1884年の Juilliard v. Greenman 連邦最高裁判決[63]である。すでに時代はチェイスコートからウェイト（Morrison Waite）長官率いるウェイトコートに移っていた。

　本件は、綿花の売買契約が問題となった事件である。原告は綿花を5122ドル90セントで被告に売り渡す契約を締結し、綿花を引き渡す際に現金で支払うこととなっていた。ところが、引き渡しの際、被告は22ドル50セント分を金貨、40セント分を銀貨、残りの5100ドルを法貨で支払おうとしたため、原告が法貨の受け取りを拒否した。原告は被告が硬貨で支払わないのは契約違反であるとして被告に対して訴えを提起した。

　グレイ（Horace Gray）裁判官の法廷意見[64]は、本件の問題は法貨の合憲性であるとし、1878年に発行された法貨の合憲性について判断を行った。法廷意見によれば、憲法8節3項が連邦議会に付与した信用に基づく借用権限は政府の責務を果たすために必要な権限であるとする。そして、政府は借金を返済するために紙幣を発行することができる。その紙幣は、私人の借金の支払いとしても使用することができる。このような紙幣を発行する権限は、ヨーロッパやアメリカにおいて主権に属するものと考えられている。つまり、連邦議会は、借用権限に基づき法貨を発行することができるのである。その上で、「もし、憲法全体の公正かつ公平な解釈に基づき、連邦議会

に与えられたと思われる特定の権限又は権威は、私人の財産又は契約が影響を受けるかもしれないことがその権限又はその行使に対する憲法上の異議とはならない」[65] として、憲法全体を解釈して法貨発行権限が連邦議会に認められるかどうかを検討する。

法廷意見の憲法解釈によると、連邦議会は、憲法により、債務を弁済し、その共同の防衛と一般的福祉のために租税を賦課徴収する権限、信用に基づき借用する権限、硬貨を鋳造する権限が認められており、それらの権限を行使するために法貨を発行する権限が認められる。そしてそれは必要かつ適切な権限であり、そうした黙示の権限は McCulloch v. Maryland 判決によってすでに認められているとする。

ただし、1878 年通貨法が平時に制定されていることから、平時においても法貨を発行することが認められるかどうかという問題が残る。これについて法廷意見はそのような判断は政治問題（political question）であるという。法廷意見によれば、戦時や平時など特定の状況下において法貨が必要であるかどうかの判断は連邦議会が判断する問題であり、司法が口を出す問題ではないというのである。そして、McCulloch v. Maryland 判決を引用しながら、憲法が直接禁止していなければ、連邦議会が必要と判断したことについて司法は判断すべきではないとし、結果的に 1878 年通貨法は合憲となった。

なお、チェイスコート時代にグリーンバック違憲派に組した裁判官はフィールド裁判官を除いてすべて別の裁判官に変わっており、本件ではフィールド裁判官の反対意見があるだけであった。

（2） Juilliard v. Greenman 連邦最高裁判決

Juilliard v. Greenman 判決は、連邦議会にグリーンバック発行権があることを認めた上で、平時におけるグリーンバックの発行の可否の判断を政治部門に委ねることで、事実上グリーンバックの合憲性を認めたといえる。これは、紙幣発行の問題を平時／戦時の判断に転換することで、政治の問題に置き換えたものである。紙幣を発行するたびにその合憲性を司法に判断されて

いては通貨が不安定なものになってしまうことから、通貨の安定化という観点からすれば、政治の問題としたことに一定の意義を見出すことができるだろう。

ただし、司法が自発的に政治部門の手に委ねたというよりは、政治が連邦最高裁裁判官の構成に横槍を入れながら、背後でそうなるように糸を引いていたといえる。つまり、裁判官の数を操作しながら徐々に裁判官の顔ぶれを変えていき、最終的には違憲派の裁判官を1人まで減らすことで、ここまでこぎつけたのである。Juilliard v. Greenman 判決が平時においても連邦議会が紙幣を発行することができると明言するのではなく、あえて政治問題の法理を持ち出したことも、そうした背景を裏付けるものである。なぜなら、司法が平時における紙幣発行を正面から合憲と判断してしまうと、結局、司法が紙幣の合憲性を決めることになり、将来別の状況で通貨問題が出てきた場合にも司法がこれを決めることになりかねないからである。そして、その時々の裁判官の考え方次第で、合憲／違憲の判断が左右されかねない。そこで、ここでは政治問題の法理を持ち出すことで、この問題を最終的に決定するのは政治部門であるとし、将来別の状況が生じた場合にもこの種の問題を政治の手に委ねるとしたわけである。

おわりに

今では当たり前のように見かけるドル紙幣であるが、その発端は南北戦争時に発行されたグリーンバックであり、その地位が憲法上認められるに至るには司法と政治の交錯があったことに括目すべきである。そうした動態的憲法秩序は今後の動向を見る上でも重要な視点になる。

現在、アメリカの通貨制度は FRB が担っている。FRB は、金融危機に対応するために 1913 年の連邦準備法（Federal Reserve Act）[66] に基づいて設置された機関であり、連邦準備制度（Federal Reserve System）を運用している。

ドル紙幣の発行は FRB が統括する連邦準備銀行（Federal Reserve Bank）が行っている。FRB の理事の多くは大学教授、銀行総裁、金融関係の企業、金融関係の行政機関出身者などが多く、専門的見地から判断することが求められている。FRB はドル紙幣の発行量を調整してドル紙幣の信用性の確保に努めていることもあり、現在のように流通が維持されているといえる。

ただし、連邦議会のドル紙幣発行の合憲性が認められてきたとはいえ、現在のような連邦準備制度が憲法に適合するかどうかは別問題である。連邦準備制度も金融危機というある種の緊急事態において設置されたことからわかるように、グリーンバック同様、必要に迫られて設けられたものである。Juilliard v. Greenman 判決が状況判断を政治部門の手に委ねた以上通貨制度の枠組は政治部門に委ねられているともいえるが、通貨制度自体の合憲性の問題以外にも、FRB のような独立行政機関の手に委ねることが合憲なのかどうかは別途検討の余地があろう[67]。

このように、アメリカの通貨制度は憲法問題を中心に司法と政治が絡み合いながら憲法秩序に組み込んできたことが特徴である。換言すれば、かかる動態的憲法秩序は今後も揺れ動く可能性をはらんでおり、つねに司法と政治の動向に目を配る必要がある。

〈注〉

1　法律によって強制的に通用させられた通貨のことを法貨という。

2　高橋和之編『新版　世界憲法集』〔第 2 版〕［土井真一訳］（岩波書店、2012年）58-59 頁。（以下、『世界憲法集』とする）。

3　『世界憲法集』・前掲注（2）59 頁。

4　『世界憲法集』・前掲注（2）59 頁。

5　『世界憲法集』・前掲注（2）60-61 頁。

6　『世界憲法集』・前掲注（2）62 頁。

7　甲斐素直「南北戦争後の憲法秩序──チェイス第六代長官の時代」日本法学79 巻 1 号（2013 年）129-130 頁。

8　Robert G. Natelson, *Paper Money and the Original Understanding of the Coinage*

Clause, 31 HARV. J.L. & PUB. POL'Y 1017, 1060-1079 (2008).

9　*Id.*

10　Ali Khan, *The Evolution of Money: A Story of Constitutional Nullification*, 67 U. CIN. L. REV. 393 (1999).

11　*Id.* at 398-401.

12　*Id.* at 404-405.

13　*Id.* at 405.

14　The Bank Bill of 1791 (1st Congress Chapter X, February 25, 1791 and 1st Congress XI, March 2, 1791).

15　William J. Kambas, *The Development of the U. S. Banking System: From Colonial Convenience to National Necessity*, 28 RUTGERS L. REV. 4 (2004).

16　The Act of 10 April 1816, ch. 44, 3 Stat. 266.

17　McCulloch v. Maryland, 17 U.S. 316 (1819).

18　Roger D. Bridges, *Salmon P. Chase and the Legal Basis for the U.S. Monetary System*, 39 N. KY. L. REV. 737 (2012).

19　*Id.* at 738-739.

20　チェイスは、1861 年 3 月 7 日に財務長官に就任した。

21　Bridges, *supra* note 18, at 742.

22　*Id.* at 743.

23　*Id.* at 745.

24　The Legal Tender Act of 1862, 12 Stat. 345.

25　Michael T. Caires, *Legal Tender and National Banking in the Civil War ERA*, 29 CONST. COMMENT. 511, 521-523 (2014).

26　The National Bank Act of 1863, 12 Stat. 665.

27　Jenny Wahl, *Give Lincoln Credit: How Paying for the Civil War Transformed the United States Financial System*, 3 ALB. GOV'T L. REV. 700, 739 (2010).

28　12 Stat. 345.

29　Hepburn v. Griswold, 75 U.S. (8 Wall.) 603 (1870).

30　ネルソン (Samuel Nelson)、グリア (Robert C. Grier)、クリフォード (Nathan Clifford)、フィールド (Stephen J. Field) の各裁判官が法廷意見に賛同した。

31　75 U.S. at 610.

32　*Id.* at 615.

33　*Id.* at 616.

34　*Id.* at 616.

35　*Id.* at 617.

36　『世界憲法集』・前掲注（2）62 頁。「いかなる州も、……契約上の債権債務関
係を害する法律を制定し……てはならない」。

37　『世界憲法集』・前掲注（2）77 頁。「何人も、正当な補償なく、私有する財産
を公共の用のために徴収されない」。

38　『世界憲法集』・前掲注（2）77 頁。「何人も、法の適正な手続によらずに、生
命、身体または財産を奪われない」。

39　75 U.S. at 623.

40　*Id.* at 625.

41　*Id.* at 626.

42　Gerard N. Magliocca, *A New Approach to Congressional Power: Revisiting the
Legal Tender Cases*, 95 Geo. L.J. 119 (2006). 法廷意見は権利侵害を正面から認め
たというよりも、権利行使を阻害するような黙示の権限行使は許されないとした
といえる。

43　75 U.S. at 626-639 (Miller, J., dissenting). スウェイン（Noah H. Swayne）裁判
官とデイビス（David Davis）裁判官が同調した。

44　James A. Thomson, *Not a Trivial Pursuit: Salmon P. Chase and American
Constitutional Law*, 23 N. Ky. L. Rev. 285, 323 (1996) (book review).

45　当時の 1 ドル札はチェイス財務長官の肖像画が掲載されていた。

46　James A. Dietz, *Personal Policy and Judicial Reasoning: Salmon P. Chase and
Hepburn v. Griswold*, 21 N. Ky. L. Rev. 235, 239-240 (1993).

47　Randy E. Barnett, *From Antislavery Lawyer to Chief Justice: The Remarkable
But Forgotten Career of Salmon P. Chase*, 63 Case W. Res. L. Rev 653, 690-691
(2013).

48　Ajit V. Pai, *Congress and the Constitution: The Legal Tender Act of 1862*, 77 Or.
L. Rev. 535 (1998). なお、遡及効の問題については、憲法 1 条 9 節 3 項の遡及処
罰の禁止は民事には及ばないと解されていたと指摘される。

49　G. Edward White, *Reconstructing the Constitutional Jurisprudence of Salmon P.
Chase*, 21 N. Ky. L. Rev. 41, 96-98 (1993).

50　The Judicial Circuits Act of 1866, 14 Stat. 209.

51　The Judiciary Act of 1869, 16 Stat. 44.

52 David M. Levitan, *The Effect of the Appointment of a Supreme Court Justice*, 28 U. TOL. L. REV. 37, 52 (1996). 新しい裁判官の任命が大きな影響をもたらした典型例であるとされる。

53 本件は Knox v. Lee 判決と Parker v. Davis 判決の併合審理である。

54 Legal Tender Cases, 79 U.S. 457 (1871).

55 *Id.* at 537.

56 *Id.* at 540.

57 *Id.* at 548.

58 *Id.* at 548.

59 *Id.* at 549.

60 *Id.* at 549.

61 *Id.* at 553-554.

62 The Currency Act of 1878, May 31, 1878, c. 146, 20 Stat. 87.

63 Juilliard v. Greenman, 110 U.S. 421 (1884).

64 ウェイト、ミラー、ブラッドリー、ハーラン (John M. Harlan)、ウッズ (William B. Woods)、マシュー (T. Stanley Matthews)、ブラッチフィールド (Samuel Blatchford) の各裁判官が法廷意見に同意した。

65 110 U.S. at 448.

66 The Federal Reserve Act of 1913, ch. 6, 38 Stat. 251.

67 Michael Wade Strong, *Rethinking the Federal Reserve System: A Monetarist Plan for a More Constitutional System of Central Banking*, 34 IND. L. REV. 371, 390-391 (2001).

第9章 イギリスのピックス裁判にみる貨幣鋳造の法的規律
——金属貨幣をめぐる国王大権と議会制定法——

岩 切 大 地

はじめに

　本章は、イギリスにおける貨幣（コイン）の規格を確認するための手続であるピックス裁判（trial of the pyx）について、それが今でも行われていることの意味を探ることを目的とする。貨幣鋳造権が憲法的には国王大権として位置付けられてきたことに鑑み、これに対する制約の歴史的経緯を検討することからアプローチする。

　イギリス憲法の教科書を開くと、貨幣鋳造権（coinage）は、かつて国王大権の一種だったという文脈で登場する[1]。法形式的にいえば、国王大権とは、議会制定法（法律）の根拠なく行政府（「女王陛下の政府（HM Government）」）が命令等によって判断できる権限または事項を指す。もちろん、近代イギリス憲法の基本原理は議会主権原則なので国王大権も法律に服従するべきことになり、従来国王大権の対象だった分野について議会が新たに法律を制定すれば国王大権の領域はその分縮減することになる（そして基本的にはその後復活しない）。したがってこの説明によれば、国王大権とは残余的な権限にすぎないということになる[2]。イギリス憲法史は「クラウンの国王大権が、主権的機関としての民主的に選挙された立法府の優位的な権限に服属させられる歴史」とも言われる[3]。貨幣鋳造権も国王大権に含まれ

ると考えられてきたが、後述のとおり、19世紀以降この権限は法律に明記されるようになり、以来ほとんどは制定法上の権限となった。この事実を踏まえたとき、改めて先に掲げたイギリス憲法教科書の記述を振り返ってみると、そこには歴史的経緯の説明以上のものがあるのだろうか？

　別の憲法論の文脈でも貨幣鋳造権の言及がある。それはイギリスの成典憲法議論の中においてである。イギリス議会の庶民院の政治・憲法改革委員会は、2014年に『新しいマグナカルタ？』と題する調査報告書を公表したが、そこで示された新成典憲法案の1つは、議会の権限として「貨幣鋳造、法貨、公定歩合および信用、金融および保険」を挙げていた[4]。この憲法案が想定する議会は立法権を制限されたものではないにもかかわらず、特に議会に留保されるべき権限の1つとして貨幣鋳造権が登場するわけである。ここには歴史的モニュメント以上の意味があるだろうか？

　イギリス憲法にはとかく古式ゆかしい事柄が登場するが、それは歴史的経緯が憲法規範の内容と密接に結びついているからである。本章は、我々外国人の目からすれば骨董趣味的にも映るかもしれないピックス裁判の趣旨あるいは潜在的意義につき、憲法的観点からその解釈を試みるものである。以下では、第1節でまずはピックス裁判を含め貨幣鋳造に関する一切の事項を定めた現在の法律（1971年貨幣法）を概観する。次に第2節では、国王大権の問題を法形式的に議会制定法で定めるか否かの問題、換言すれば誰が決定するかという問題として捉えた上で、貨幣鋳造に関するする事項が法律事項となっていく歴史的経緯を瞥見する。そして第3節では、国王大権の問題を法あるいは法則に拘束されない裁量的権限の問題、換言すれば何を決定するのかという問題として捉えた上で、貨幣発行に対する実質的な規律が何を基準にしてなされてきたのかを確認する。その上で、ピックス裁判の意義は、貨幣の創造という政治的権限が法的規律に忠実かつ正確に従属していることを顕示することにこそあると主張する。

　なお、用語についてであるが、「イギリス」は連合王国を指すものとする。「ピックス裁判」という訳語については、これが実質的には現代的な意味で

第9章　イギリスのピックス裁判にみる貨幣鋳造の法的規律　277

の裁判には該当しないものの、立法・行政・司法の不分明な中世に由来し、陪審や評決など裁判の体裁がとられている行事であることから、あえて直訳で表記することとする。

1　1971 年貨幣法の規定

（1）　貨幣に関する現行法の規定

硬貨鋳造を規定する現行の法律は 1971 年貨幣法（Coinage Act 1971）である。1971 年貨幣法は、それまでの貨幣関連法律をまとめた立法である。以下ではこの法律を概観するにあたり、便宜上、第 1 に貨幣の規格と法貨に関する規定、第 2 に貨幣製造の権限に関する規定、そして第 3 に貨幣の品質検査に関する規定に分類しておく。

第 1 の貨幣の規格と法貨に関する規定をみていくと、まず本法が対象とする貨幣（coin）とは、造幣局で製造され（1 条 1 項）、あるいは造幣局の権限に基づき製造された貨幣を指す（11 条）。

貨幣の種類について、1 条 2 項は、金貨と洗足式銀貨[5]（coins of silver of the Queen's Maundy money）に関して、附則 1 で定める額面・重量・品位であるべきことと、重量・品位についても附則 1 で定める公差（remedy）の範囲内で許容されるべきことを規定する。附則 1 が定める額面と重量は、金貨が 5 ポンドで 39.94028 グラム、2 ポンドで 15.97611 グラム、1 ポンド（ソブリン貨）で 7.98805 グラム、1/2 ポンド（半ソブリン貨）で 3.99402 グラムであり、銀貨が 4 ペンスで 1.88506 グラム、3 ペンスで 1.41379 グラム、2 ペンスで 0.94253 グラム、1 ペニーで 0.47126 グラムである。金の品位は 11/12 の純金と 1/12 の合金（すなわち 916.66‰）、銀の品位は 37/40 の純銀と 3/40 の合金（すなわち 925‰）とされ、純度の公差はそれぞれ 2/1000 と 5/1000 である。なおここでのペニーは 10 進法化されて以降の新ペニー（ポンドの 1/100）である。

法律自体で額面・重量・品位が直接定められているのは以上の貨幣だけで

ある。その他の貨幣のうち、まず附則1に定められた額面以外の金貨と洗足式銀貨につき、本法3条（後述）に基づいて制定される布告がその重量・品位および公差を定めることとし（1条3項、公差については5項、7項）、金貨・洗足式銀貨以外の貨幣も同様に、その重量・金属比率・寸法および公差を布告の規定に委ねている（1条4項、公差については5項、7項）。

　法貨（legal tender）の定めは2条にある。まず金貨は、いかなる量での支払いでも法貨であるが、ただし附則1に規定する金貨については附則1の定める重量（たとえばソブリン貨では7.93787グラム）、その他の金貨については布告によって定められた重量を下回った場合には、法貨ではなくなる（1項）。金貨以外の貨幣については、布告で特別の定めがない限り、額面10ペンスを超えるニッケル銅貨・銀貨は10ポンドまで、額面10ペンス以下のニッケル銅貨・銀貨は5ポンドまで、青銅貨は20ペンス未満までの支払いに限り法貨である（1A項）。その他の硬貨については布告が定める（1B項）。なお、10進法計算単位の導入（1971年2月15日）以前の硬貨については、1969年10進法通貨法（Decimal Currency Act 1969）に基づき制定される布告によって指定された額面（旧6ペンス貨は2.5ペンス、旧1シリング貨は5ペンスなど）をもつものとして、また10進法導入以前の洗足式銀貨はその額面のまま、法貨規定が適用される（2項）。また、本法3条に基づく布告によって回収の対象とされた貨幣は、本法2条にいう「貨幣」には含まれないため（3項）、法貨ではなくなる。

　第2の貨幣製造および発行の権限についてであるが、まずこの法律が前提にしているのは貨幣の全般を規律するのは本法（議会制定法）であるという立場である（後述3条1項g号）。その上で、3条1項は、国王に対し枢密院の助言により布告を制定する権限を授権している（つまり実質的には内閣への授権）。国王の布告は12項目に対して発出することができる。その項目は以下の通りである。造幣局で製造される硬貨の額面の決定（a号）、硬貨の意匠の決定（b号）、本法附則1で規定する以外の金貨・洗足式銀貨の量目・品位・公差の決定（c号）、金貨・洗足式銀貨以外の硬貨の量目・金属

比率・公差の決定（cc 号）、附則 1 で定める金貨の重量とは違う重量の金貨についての規定（cd 号）、あらゆる硬貨の寸法の決定（d 号）、金貨・洗足式銀貨以外の貨幣の金属合成比率の決定（dd 号）、一定の日付・額面の貨幣または布告で定める日以前に発行された貨幣の回収（call in）（e 号）、金・銀・ニッケル銅・青銅以外で造幣局によって製造された貨幣を流通させるべしとの命令（f 号）、ある貨幣に使用制限量を付けて（または付けずに）法貨とするとの命令（ff 号）、1870 年貨幣法の制定以前には国王大権に属し、かつ本法も 1870 年法も規定していない、貨幣鋳造に関する一切の事項の規制（g 号）、本条により制定された布告の廃止・改正（h 号）である。

　次に造幣局（Mint）に関する規定である。本法 4 条において、造幣局長官（master of the Mint）を務めるのは財務大臣（Chancellor of the Exchequer）であるが（1 項）、財務委員会[6]（Treasury）から副長官が任命され（2 項）、造幣局長官に賦課・授与・移転された一切の権限・義務は副長官によって行使される（5 項）。造幣局による金属購入費用は議会から支出され（6 項）、また購入された金属から製造した硬貨の支払いによって受領された金額、および造幣局長官・副長官・職員の資格で受け取った手数料は、国家統合基金[7]（Consolidated Fund）に支払われる（7 項）。

　続く 5 条は、1973 年政府事業基金法（Government Trading Funds Act 1973）によって削除された。制定当初、この規定はイングランド銀行による金地金の持ち込みによる手数料なしの貨幣鋳造を規定しており、さらに 4 項は「もし国王が布告によってそのように命じた場合」に、イングランド銀行以外の者による金地金の持ち込みを認める可能性を残していたのであった。

　金・銀・銅・青銅その他の金属または合金による貨幣の製造・発行は、財務委員会の権限によらない限り、できない（9 条 1 項）。なおこの規定において禁止されるのは「貨幣または貨幣の章標貨幣（token）として、もしくはその所持者がそこに記載された額面上の価値を要求する権利を認めるようなものとして」の金属片の製造・発行であるという点が興味深い。ここにおいて貨幣の定義らしきものを見出すこともできよう。これに違反した者は略

式起訴によりレベル2以下の罰金（500ポンド）が科される（2項）。

　貨幣の溶解・破壊は、財務委員会の許可がない限り違法である。対象となる貨幣は、その時点で連合王国において流通している貨幣に加え、1969年5月16日以降に流通を停止された貨幣である（10条1項）。この違反者は、略式起訴で400ポンド以下の罰金、正式起訴で罰金または2年以下の拘禁刑が科される。（2項）。また財務委員会からの許可の条件に違反した者には、レベル5以下の罰金（5,000ポンド）が科される。ただし、その条件違反行為がその者の合意・黙認によって生じたと証明する（に足る証拠を提示する）ことが抗弁となる（3項）。これら違反行為のために用いられた物件は没収され（4項）、法人も処罰の対象となる（5項）。

　第3に貨幣の品質検査に関する規定である。まず6条は、金貨・銀貨・白銅貨の品位を確認するための標準金属板（standard trial plates）について、国務大臣（この場合はビジネス・イノベーション・技術大臣（Secretary of State for Business, Innovation and Skills、以下BIS大臣））がこれを作成させなければならないと規定する（1項）。貨幣の品位確認のために用いられる金属板・書籍・書類は国務大臣が保管し、金属板の品質全般はBIS省のエイジェンシーである国立度量衡規制局（National Measurement and Regulation Office）が責任を負う（3項）。金属板の成分も法定されており、本法附則1の金貨に対しては11/12金と1/12の合金、その他の金貨には布告で定める品位、銀貨には純銀、白銅貨には純銅と純ニッケル、その他の金属貨または合成貨に対しては布告の定める品位、となっている（2項）。

　また貨幣の重量についても、造幣局長官は国務大臣の保管する標準重量（standard weighs）の複製を作成させ、少なくとも年に1回は、これを標準と比較しなければならないとしている（7条）。

　そして8条がピックス裁判に関する条文である。裁判の目的は「造幣局から発行された貨幣が本法に従っていることを確認する」ことであり、造幣局製造貨幣の発行されたすべての年に少なくとも1回は開かれることとされる（1項）。裁判に関する事項は枢密院令（orders in council）によって制定さ

れるが、法が枢密院令に対し明示的に委任する事項は次のa号からf号である。すなわち、裁判の日時・場所について（a号）、裁判のために使用する貨幣の選定について（b号）、シティの金匠組合（mystery of goldsmiths of the City of London）またはそれ以外の適格な自由人（competent freeman）のうち6人以上の陪審員の召喚について（c号）、裁判における陪審員、財務省とBIS省の担当官の出席、および選定された貨幣、標準金属板および標準重量の提出について（d号）、主宰者の指名、陪審員の宣誓および貨幣検査の方法を含めた、裁判実施手続について（e号）、そして評決（verdict）の記録と公表、その記録の保管および（もしあるならば）評決の結果とられるべき手続について（f号）である。

（2）　ピックス裁判の手続

そこで次に、現行の1998年ピックス裁判令（The Trial of the Pyx Order 1998）に沿って、裁判の手続を概観する[8]。なおこの枢密院令は制定後、2005年と2012年にそれぞれプラチナ貨幣とキログラム貨幣の発行に合わせた改正がなされている[9]。

裁判の前提として、造幣局副長官は裁判に用いる硬貨を選定する（3条1項）。その基準は、金貨2,000枚につき1枚（a号）、プラチナ貨150枚につき1枚（aa号）、洗足式銀貨150枚につき1枚（b号）、洗足式銀貨以外の銀貨3,000枚につき1枚（c号）、金メッキ銀貨3,000枚につき1枚（d号）、白銅貨5,000枚につき1枚（e号）、ニッケル黄銅貨5,000枚につき1枚（f号）、その他の合成金属貨5,000枚につき1枚（g号）である。また発行枚数に関わらず、それぞれの額面の貨幣から10枚ずつを、またキログラム硬貨ではそれぞれの額面から3枚ずつを、任意に選定しなければならない（1A項）。選定された貨幣は種類ごとに箱詰めされ、封印される（2項）。ちなみにピックス（pyx）とはギリシャ語で箱を意味する言葉である[10]。

裁判の準備に関してであるが、財務委員会は裁判の日時と場所を令状によって決定する（4条1項）。令状の書式は枢密院令において定められてお

り（附則1）、この令状は国王収入管理官（Queen's Remembrancer）に対して発出される（4条2項）。なおこの役職は裁判官の官職であり、高等法院女王座部の主任主事裁判官（Senior Master）が務める。開廷場所は枢密院令でシティの金匠会館（Goldsmiths' Hall in the City of London）と定められ、もしここでの開催が不可能であればシティの別の場所が指定される（3項）。財務省はまた、裁判の日時・場所についてBIS省へ通知し、標準金属板と標準重量の提出を求める（4項）。さらに造幣局副長官その他裁判に必要な者に対して通知する（5項）。また、財務委員会は金匠組合（Goldsmiths' Company）の理事長・理事（Prime Warden and Wardens）に対し、組合から陪審員を選ぶよう求めるための書面も発出する（6項）。

そして裁判が始まる。裁判を主宰するのは国王収入管理官である。裁判に当たり陪審員は裁判官の面前で、1998年枢密院令附則2で定める通り宣誓を行わなければならない（5条1項）。もっとも金匠組合の試金部（Assay Office）が貨幣を溶解し成分の検査も必要であるため裁判は1日では終わらないが、裁判を一旦中断する権限も裁判官にある（5条3項）。

裁判が始まると、まず陪審員は、提出された箱の中の貨幣の枚数が、造幣局職員の申し立てる数と合っているか確認する（6条）。その上で、各種類の貨幣について、それぞれ以下のように検査を行う。

金貨（キログラム金貨を除く）については、陪審員はまず各種金貨の箱から、陪審員が必要と考えるだけの枚数の貨幣をそれぞれ取り出し、それらを一括して量目を秤量し、標準重量からの公差の範囲内にあるかどうかを確認する（7条a号）。次に秤量した金貨を種類ごとに分類し、それぞれを溶解して地金にして、標準金属板と比較してその品位が法定の公差の範囲内であるかどうかを試金する（b号）。秤量の前に箱に残された金貨についても、一括して量目が計量され（c号）、またさらにそこから個別の硬貨が計量され試金される（d号）。

プラチナ貨については、陪審員はまず箱から貨幣をすべて取り出し、一括して量目を秤量する（7A条a号）。次に種類ごとに分類し、それぞれから

第9章　イギリスのピックス裁判にみる貨幣鋳造の法的規律　283

必要な枚数の貨幣を選び溶解し、品位を測定する（b号）。洗足式銀貨についても同様に、陪審員は箱からすべてを取り出し、一括して量目を秤量し（8条a号）、必要な枚数の硬貨を選び溶解し、品位を測定する（b号）。

　洗足式銀貨またはキログラム銀貨以外の銀貨については、陪審員はまず、それぞれの額面ごとに箱に入れられた貨幣の総重量が1kgを超えているか否か、そして500gを超えているか否かを確認し（9条1A項）、1kgを超えた場合は980gから1kg分の硬貨のまとまりをいくつか作ってそれらの重量が公差の範囲内にあるかどうかを計量し、また箱に残った貨幣もまとめて計量する（2項）。箱に入った硬貨の総重量が1kg以下の場合には、その全体を計量し（3項）、総重量が500gを超える箱からは500g以上の貨幣を取り出して試金し（4項）、総重量が500g以下の箱からはすべての貨幣が試金される（5項）。試金をするときは標準金属板との比較の上で構成が公差の範囲内であるか否かを判定する（6項）。

　キログラム金貨・キログラム銀貨の場合は、それぞれが1つずつ秤量の対象となり（9A条a号）、試金は一部のみが対象となる。金貨の試金では標準金属板との比較で品位が公差内にあるか否かが、銀貨の試金では標準金属板との比較で比率が公差内にあるか否かが判定される（b号）。

　金メッキ銀貨に対しては、洗足式銀貨以外の銀貨と同様の方法で計量されるが（10条1項）、試金をするときは、金メッキ部分以外の銀の構成が公差内にあるかどうかが確認され、金メッキ部分の重さが確認される（2項）。

　白銅貨について、まず額面ごとに箱に入れられた貨幣の総量が1kgを超えるか否か、1kg以下の場合にはそれが500gを超えるか否かを確認し（11条1項）、1kgを超える箱からは標準重量に基づき可能な限り1kgに近いだけのまとまりを取り出して計量し、また箱に残った貨幣をまとめて計量する（2項）。1kg以下の場合にはすべてをまとめて計量する（3項）。試金は500gを超える場合には500g分の硬貨が、500g以下の場合にはすべての硬貨が対象となる（4、5項）。試金に際しては標準銅板と標準ニッケル板と比較して、全体として構成が公差の範囲内であるか否かが確認される（6項）。

またそれぞれの額面ごとに 10 枚が選ばれ、その直径が公差の範囲内であるか否かが確認される (7-9 項)。

ニッケル黄銅貨についても、量目と直径の計測は白銅貨と同様である (12 条 1-5 項、7-8 項)。試金では、標準銅板、標準ニッケル板、標準亜鉛板と比較して、その合成が公差の範囲内であるか確認される (6 項)。バイメタル硬貨 (白銅とニッケル黄銅、2 項) についても、同様に量目と直径が計測され、試金も白銅部分とニッケル黄銅部分と別々に行われる (13 条)。

以上の検査を行った上で、陪審団は評決を出すことになる (14 条)。評決において認定すべき事項は同条 a から q 号まで多岐にわたるが、基本的には、上述の検査での確認事項となっていたすべての金属の品位 (または構成)、すべての貨幣の重量、および白銅貨その他硬貨の直径について、その検査結果を、法定標準からの差を明示しながら報告すべきことが規定されている。評決書には陪審員の全員が署名し、国王収入管理官に手交される。このとき、裁判官は評決の全部または一部の音読を命ずることができる。国王収入管理官は評決書に署名し、自ら保管するが、その複写は財務委員会に提出される。財務委員会は提出された評決書の複写を BIS 省や造幣局副長官に送付し、またこれを公表する (15 条)。

(3) 1971 年法における貨幣製造の実際

① 現在通用している貨幣の種類とその法的根拠

現在の貨幣 (通常に流通しているもの) と 2014 年 3 月 31 日時点での流通枚数は次のようになっている。1 ペニー貨が約 112 億枚、2 ペンス貨が約 65 億枚 (以上は 1992 年まで青銅貨、1992 年以降は銅メッキ鉄貨)、5 ペンス貨が約 38 億枚、10 ペンス貨が約 16 億枚 (以上白銅貨、2012 年以降は銅メッキ鉄貨)、20 ペンス貨が約 27 億枚、50 ペンス貨が約 9 億枚 (以上白銅貨)、1 ポンド貨が約 15 億枚 (ニッケル黄銅貨)、2 ポンド貨が約 4 億枚 (ニッケル黄銅と白銅のバイメタル貨) となっており、額面の総額は 40 億ポンドと

試算されている[11]。これらの貨幣はすべて、額面・素材・重量・寸法すべて、1971 年法 3 条の布告に基づいて発行されている。また以上の貨幣のうち 1 ポンド貨と 2 ポンド貨は布告により量に制限なく法貨とされており[12]、その他の貨幣の使用制限量もそれぞれ布告によって規定されている。

　造幣局においては、貨幣を通用貨幣と記念貨幣に区別して製造しているようであり、1971 年法附則 1 の掲げるソブリン金貨も記念貨幣に含めている[13]。1971 年法の規定する金貨・洗足式銀貨以外の記念貨幣も頻繁に鋳造され（2015 年には王族生誕記念、チャーチル没後 50 年記念、バトル・オブ・ブリテン 75 年記念、第一次世界大戦 100 年記念、ワーテルローの戦い 200 年記念、マグナカルタ 800 年記念、エリザベス 2 世史上最長統治記念など）、それぞれの発行と同時に布告も頻繁に発出されている。その中には、ソブリン金貨や洗足式銀貨の品位・比重から離れた金貨・銀貨（純度 999.99‰の金貨・銀貨など）もある。これらの記念貨幣も法貨ではあるが、当然のことながら一般流通を前提にしておらず、製造枚数も限定され、造幣局から販売されている。販売額に関しては法律にも布告にも規定は存在しない。

　つまり、現在通用している貨幣はすべて布告が規定するものであり、また記念貨幣の種類もほとんどは布告が定めるものである。以上のことを踏まえると、1971 年法が行っていることは、結局のところ行政府に自由な貨幣の製造・発行を認めることであったということができよう。

　実は、1971 年法のもともとの規定は、その附則 1 第 2 部において、10 ペンス貨と 5 ペンス貨を白銅貨、2 ペンス貨、1 ペニー貨そして半ペニー貨を青銅貨とし、さらにそれらの重量・金属合成・直径を決定していた。しかしこの規定は 1983 年通貨法（Currency Act 1983）によって削除された。その改正の趣旨は、「歴代政府の下でのインフレによって、特に日常的な使用に際して重いといった貨幣に関する諸問題が生じている」ので、これに迅速に対応できるようにすることである、と当時の政府から説明されている[14]。この改正によって、実用的な貨幣はすべて政府への委任の対象となり、法律事項としてわずかに留保されたのは古来の重量・品位・額面に従った金貨・銀

貨のみとなったわけである。

② 近年のピックス裁判の実例

　現在政府のウェブサイトで 2014 年のピックス裁判の評決書が公表されている[15]。この評決は、2013 年 1 月 1 日から 12 月 31 日までに発行準備が済んだ貨幣を対象に 2014 年 2 月 14 日に実施された裁判についての、同年 5 月 2 日付けのものである。結果は、すべて全体として公差の範囲内と認められるとするものであり、16 名の陪審員による署名が付けられている。注目すべきは、本文全体で 11 頁の分量の評決書のうち、貴金属貨幣（すなわち記念貨幣）に関する記述が 8 頁以上にわたっている点であろう。そして現在通用している貨幣のうち、試験の対象となるのは白銅貨である 20 ペンス貨以上の額面の貨幣のみであり、銅メッキ鉄貨であるそれ以下の額面の貨幣は検査対象となっていないのである。なおこの点、ピックス裁判の手続を定める現行の枢密院令の前身である 1975 年枢密院令においても[16]、青銅貨は検査の対象となっていなかった。

　これら事実は、ピックス裁判を実施することの意義にも関わってくる。貴金属貨幣に対する検査だけに着目すると、見ようによっては、ピックス裁判とは結局のところ、"株式会社"造幣局の商品の品質確認を税金を元手にして行う[17]、貴金属製品という高級品を需要する一定層の顧客に向けたカスタマーサービスの一種であるといえなくもない。政府として「造幣局の仕事の正確さについて、金匠組合の専門家による独立した外部チェックを行う」ことがピックス裁判の意義として説明されているが[18]、その顧客は誰であるのかが重要である。あるいはこれとは別に、ピックス裁判の意味を、その実用性ではなく伝統の保存という機能に求めることも可能である。実際のところ貨幣の正確さは「おかしな格好をした人間[19]の力を借りなくとも電子的に簡単に」計ることができるとしても、「そのような伝統がなければ、そこは貧しい場所ではないだろうか」というわけである[20]。いずれにしても、ピックス裁判というサービスないし伝統的儀式の背後に何らかの公共的意義を見出

すのが本章の目的である。

③　造幣局の今

　ちなみに造幣局（Royal Mint）は、2009 年以降イギリス会社法にいう従属会社（subsidiary company）となり、財務委員会が 100％の株主となっている。それ以前には、1975 年に、1973 年政府事業基金法に基づいて設置された造幣局事業基金（The Royal Mint Trading Fund）により運営される組織となっていたが（実質的な公営会社[21]）、2009 年にこの基金が株式会社造幣局に帰属することとなった。財務委員会と造幣局とは毎年の貨幣鋳造について契約を交わし、これに基づき鋳造が行われる（財務省の側の担当部局は貨幣発行政策を担当するエイジェンシーである債務管理局（Debt Management Office）である）。5 カ年の契約で設定された価格を財務省は造幣局に支払い、これをもとに造幣局が貨幣製造を行い、製造した貨幣を商業銀行の求めに応じて供給する[22]。1971 年法にいう副長官は、造幣局の経営責任者（Chief Executive of The Royal Mint Limited）がこれを務め、これが日常的な経営管理を行う。造幣局の運営は経営責任者を含めた取締役会（Board of Directors）が担い、そのうち議長（Chairman）は財務大臣に責任を負い大臣との連絡を行う。造幣局事業基金の運用については財務大臣が政府事業基金法上の責任を負い、基金の会計監査官は議会に責任を負う。その他、貨幣・メダルその他の意匠の決定に際しては、財務省の諮問的非政府機関（advisory non-departmental public body）である造幣局諮問委員会（Royal Mint Advisory Committee）が意見を述べる。以上が現在の造幣局と関連組織のしくみである[23]。

　なお、古くは、政府・財務省から造幣局に対しては、造幣局証文（Mint indenture）という名称の指示ないし命令により、製造貨幣の重量・品位・額面・意匠が決定されてきた。またそれと同時に、造幣局の鋳造師の組合の身分保障や造幣局の法人化とその特権保護は憲章（royal charter）によってなされてきた。1462 年 2 月 20 日のエドワード 4 世による憲章により法人化

され、監督官（warden）、長官（master）および検査官（comptroller）の三役で構成される造幣局委員会（Mint Board）によって運営されてきた造幣局は[24]、1544年ヘンリ8世による造幣局一元化（教会が有していた諸造幣局の閉鎖）を経て[25]、憲章を通じて、法人としてあるいはそこに所属する様々な職種（鋳造師、国王付試金者、長官付試金者、出納役、彫刻役、運搬役、書記官、監督官付ソリシタ等々）として特権を保護され、また証文を通じてこれら職種がそれぞれの職業を行うに当たっての私的な収益を確保することが保障されてきたのであるが（そして歴史的にはこの私的収益は貨幣製造に際して国王が取得してきた鋳造税（シニョレッジ）に加えて賦課された手数料であったわけであるが）、19世紀の改革によりこれらは最終的に廃止されることとなった。具体的には、1817年証文（最後の証文）や造幣局委員会が1851年枢密院令によって廃止され、1870年には造幣局書記官は公務員試験合格者によって採用されることとなり、また職員に対する固定給が1923年には確立されたのである[26]。証文方式の廃止後、貨幣製造に対するコントロールは財務委員会覚書によってなされることとなった。

（4）　日本との比較

　さて、論点を明確にするためにも、貨幣法について日本法と簡単に比較してみたい。日本における貨幣法は「通貨の単位及び貨幣の発行等に関する法律」（昭和62年法律42号）であるが、この法律は題名の通り、まず通貨単位を円と定義し（1条）、その上で貨幣の種類（500円から1円まで）を規定している（5条）。これに対してイギリスの法令では、通貨の計算単位の定義は、1982年通貨法（Currency Act 1982）1条の「連合王国における通貨の名称はポンド・スターリングおよびポンド・スターリングの1/100であるペニーすなわち新ペニーとする」という規定にみることができる（この法律にはこの条文しか実質的には存在しない）。ただしもしこの規定の重点がペニーの10進法化に重点があるものと解するならば、1971年法におけるソブリン貨に関する規定の中に計算単位を定義するという機能を見出すことも可

能であろう。そして現在の 1971 年貨幣法が、具体的な貨幣の種類について
は（少なくとも現実的に流通する貨幣については）何ら規定を有していない
という事実は、この法律がソブリン貨という具体的な物質の上に計算単位を
定義しようとしているのではないかという推測を補強しよう。

　次に、日本でも貨幣の規格を確認するため「製造貨幣大試験」という手続
が毎年実施されているが、これには法律上の根拠がなく、財務省の内部規定
によって運用されている。大試験では記念貨幣のほか、500 円貨（ニッケル
黄銅）、100 円貨（白銅）、50 円貨（白銅）、10 円貨（青銅）、5 円貨（黄銅）、
1 円貨（アルミニウム）が対象となり、それぞれの量目が検査される。日本
における貨幣検査の趣旨は次のように説かれたりする。すなわち、貨幣が
「全て本物であること、そして本物であることについて利用者が少しも疑い
を持たないで済むような状態に保たれていること」という貨幣に対する信頼
を維持する必要があり、その一環として、個々の品質がバラバラで日常の取
引の中でいちいちそれが本物であるかどうかを確認しなければならない事態
を防ぐために「一つ一つの貨幣の品質が一定しており、また、容易に複製
（偽造）できないものである必要」があるため、これを発注者である財務省
としても確認する機会をもつ、これが製造貨幣大試験である[27]（なおこの試
験の名称に「大」が付く理由は、この検査が「造幣局が日々行う検査のほか
に、年に 1 回公開の場で行うものであることから」といわれる[28]）。大試験
では貨幣金属の品位の検査は行われない。当初の内部規定（製造貨幣大試験
規則（大正 6 年大蔵省訓令））では、金貨・銀貨に対する試金は行われるが、
白銅貨・青銅貨は量目の検査だけであった[29]。本位貨の存在しない現在、製
造貨幣大試験の目的が前述の通りであれば、確かに品位検査は量目検査に
よってその目的が達成できるであろう（ただし寸法が検査項目に入っていな
いのは不明である。金本位の時代に検査されていた品位と量目の項目うち、
金本位制の廃止により品位検査を行わなくなったということだろうか）。こ
れに対し、イギリスのピックス裁判は法律上の根拠を有し、すべてではない
がある程度の範囲の貨幣の金属品位ないし金属比率が検査される（これに加

えて白銅・黄銅貨は寸法も）。このことから、イギリスのピックス裁判は、日本における貨幣検査の目的として示されている貨幣の規格を維持すること以外の目的ないし機能が、国家による貨幣検査という手続そのものに含まれているということを示唆しているように思われる。

2　貨幣鋳造の法定

　さて、国王大権の説明の1つは、これを議会制定法の残余と位置付けるというものである。これによれば、国王大権の問題とは法律の根拠を要するか否かの問題であり、つまり誰が決定する権限を有するかの問題である。イギリスでは議会主権原則の確立により、理論上、国王（政府）に固有の不可譲の権限はもはや存在せず、議会と政府の権限をどのように配分するかは議会に委ねられている。国王大権の1つである貨幣鋳造権についていえば、1971年法が示すところは、この権限がすべて議会に留保されるということである。そこで、以下ではこのような法律化・法定化の経緯をたどってみよう。

（1）　1870年貨幣法

　さて前述の1971年法は、そもそも1870年貨幣法とこれに関連する法律を統合する法律である。1971年法が廃止している（基本的には置き換えている）法律を列挙すると、1870年貨幣法、1891年貨幣法、1920年貨幣法、1925年金本位法（Gold Standard Act 1925）の一部、1931年金本位（修正）法（Gold Standard（Amendment）Act 1931）の一部、1946年貨幣法、1967年十進法通貨法（Decimal Currency Act 1967）の一部、1969年十進法通貨法の一部である（1971年法附則2参照）。金本位法に関する事項も含めて、1971年法が行っていることは、それまでになされた1870年法への諸改正をまとめることである。そこでこれら改廃された法律をたどってみよう。

　これらの法律のうち本体となるのが1870年法である。この法律はまず、附則1において、鋳造される貨幣の種類とそれぞれの重量・品位・公差を規

定しており、さらにこの法律の規定するもの以外の貨幣を新たに鋳造する場合にも、その貨幣は 1870 年法の定める額面と重量の比率に比例した重量と品位を有していなければならない、と規定していた（1 条）。まさに貨幣の価格は金属の価格だった。なお、1870 年法が定めた銀貨重量の公差は「過度に縮小されたもの」だったので[30]、1891 年法により銀貨重量の公差が緩められた（1891 年法附則）。1870 年法で定められた金貨・銀貨の重量・品位・公差は、現在の 1971 年法附則 1 における金貨・洗足式銀貨のそれと同じである。ソブリン金貨は量目 123.27447 グレイン（7.98805 グラム）とされているから、これを計算してみれば、金は 1 トロイオンス（480 グレイン）あたり 3 ポンド 17 シリング 10.5 ペンスの価格となる（10 進法化以前）。つまり、後述するように 18 世紀に固定されて以来のポンドの価格がここに表示されているのである。さらに 1870 年法は青銅貨（ペニー、ハーフペニー、ファージング）の重量も規定している。

　なお銀貨に関しては、1870 年法ではクラウン貨（額面 5 シリング）の重量は 436.36363 グレイン（28.27590 グラム）とされており、これは銀 1 トロイポンドあたり 66 シリングの価格を意味する。19 世紀を通じて銀の市場価格は、1840 年代のゴールドラッシュを契機に上昇を続けるものの[31]、おおむね 1 トロイポンドあたり 60 シリング台であったが[32]、1920 年ごろには銀の価格が 89 シリング 6 ペンスまでに高騰したため、これに対応すべく 1920 年法が制定された。これによって、銀の品位は含有量 925‰という従来のスターリング水準から落とされて 500‰とされた[33]。第二次世界大戦後にはアメリカへの銀返済の必要性等から、いよいよ銀貨に代えて白銅貨が導入されることとなった。これを行ったのが 1946 年法である。この改正法によって、スターリング品位（925‰）の銀貨は、製造枚数が限られ儀式のために用いられる洗足式銀貨という形でのみ残されることとなり[34]、これが 1971 年法に引き継がれていく[35]。

　1870 年法では金本位制が前提とされている。この法律において金本位制は、通貨単位であるポンドを 916.66‰あるいは 22 カラットの金 123.27447

グレインに固定する点をはじめ（附則）、1 ポンド貨幣あたり約 1 グレイン
を喪失した軽量貨を法貨としない点（4 条、最小軽量貨を 122.50000 グレイ
ンとしている）、軽量貨を切断し廃貨にすることを義務付ける点（7 条）、何
人も造幣局に金地金を持ち込み、手数料なしで試金・鋳造ができる権利を付
与する点（8 条）にみることができる。当然、これらの規定は金本位制に関
する他の法律の諸々の規定、すなわち 1819 年の法律（いわゆるピール法）
10 条の金貨・銀貨自由溶解を認める規定や[36]、1833 年イングランド銀行法
（Bank of England Act 1833）6 条の銀行券の兌換に関する規定、さらには
1844 年銀行勅許法（Bank Charter Act 1844、いわゆるピール銀行条例）4
条のイングランド銀行への金地金持込みに関する規定も前提にしている[37]。
これら規定は、標準重量よりも 3 グレインまでの範囲で軽量となったソブリ
ン貨を政府が額面価格で買い取る制度によって補足された（1891 年法 1
条）。しかし第一次世界大戦後の 1919 年には金輸出が国土防衛規則（De-
fence of the Realm Regulation）、その後 1920 年金銀（輸出統制）法（Gold
and Silver（Export Control）Act 1920）によって規律されるようになり、
金本位制は一時的に停止された。1925 年には金本位制に復帰したが、1925
年金本位法はイングランド銀行のみによる地金の持込みと鋳造を許し、また
銀行券の金貨との兌換を認めず（1 条）、ただ銀行が金を 3 ポンド 17 シリン
グ 10.5 ペンスの通貨と引き換えることを認めるという内容であった（2 条）。
1928 年には通貨・銀行券法（Currency and Bank Note Act 1928）により銀
行券が制限なく法貨とされた。まもなく金本位制からの再度の離脱が 1931
年法金本位（修正）法によってなされ、1925 年法 2 条の効力が停止された。
第二次世界大戦後は、ブレトンウッズ体制の下で金＝ドルとの関係でポンド
が固定され、2 回の切り下げを経て、1973 年の変動相場制へと続いていく。
さらにそもそも、金貨の鋳造はすでに 1917 年には中止されていた[38]。した
がって、このような状況の変化にも関わらず 1971 年法が 1870 年法の金貨に
関する規定を受け継いでいるということに着目すると、貨幣法における金貨
に関する規定は、現実的にはもっぱら記念硬貨のための意味、あるいは何ら

かの象徴的意味しか有していないということができよう。

　その他、1870年法を現行の1971年法と比較すると、政府の権限（布告制定の対象範囲）の点でも興味深い違いがみえてくる。1870年法は金本位制を前提としているため、特に金貨の規格は細かく設定されており、その分、政府の布告制定権は大幅に狭まっている（ソブリンの額面と重量に比例する額面と重量をもったもの以外の製造ができないなど。11条4号）。その他、1870年法11条が布告に委ねている事項を見てみても、金・銀・青銅以外の貨幣の発行ができるが、その支払いを5シリングまでに限定すること（6号）、外国の貨幣を法貨とすることができるが、その額面価格は1870年法の定める重量・品位に比例して固定されなければならないこと（7号）が注目される。つまり、1870年法においては、ポンド・シリング・ペニーという計算単位を一定品位の金属の重量と結びつけ固定することが法律事項として留保されていることがわかる。

　これに対し、1870年法と1971年法との比較でほとんど変化のないものがある。それがピックス裁判と標準金属板・標準重量に関する規定である。ただし標準金属板については、1971年法には金属板の金属比率が規定されているのに対し、1870年法には金属比率の規定は存在せず、ただこれを貿易委員会（貿易省）が保管すべきことを規定するのみであった。1870年以降のオーステンらによる冶金学の進展の結果、標準金属板は純金属であるべきであるという考え方が確立したため[39]、1971年の法律では金属板を（金を除いて）純金属とするという規定となった。還元すれば、冶金学によるこの発展の以前では、標準金属板の金属比率は貨幣の品位と同じだったので、標準金属板の比率を法定する必要は特になかったものと思われる。

（2）　貨幣法における重量・品位・額面法定の由来

①　1816年リバプール法とソブリン貨

　さて、1870年貨幣法をさらにさかのぼってみよう。そもそも1870年法

も、その長文題名が示す通り、「貨幣鋳造と造幣局に関する法を統合および修正する」ための法律であったわけであり、その規定の多くもまた従来の法令をまとめたものであった。

　金貨に関しては、1816年の法律が元になっている[40]。長題を「新たな銀貨を規定し、王国の金貨と銀貨の通用を規制する法律」、時の首相の名をとって通称リバプール法と呼ばれるこの法律は、金貨のみを法貨とし（銀貨は40シリングまで）、そして金貨の重量と品位は、この法律制定当時における政府と造幣局との証文（indenture）に規定されている通りであるものとし、さらにかかる重量・品位が「現在使用されている額面の金貨に関しては、王国における合法な金貨の基準であり、またそうであり続ける」ことと、他の額面の金貨を発行する場合には、同一の品位の金から、現在の額面に比例した重量で鋳造されるべきことを宣言している（11条）。ここにいう証文で定められた金貨とは、ギニー金貨（額面21シリング）である。そしてこの規定に基づき、新たな金貨が発行された。それが1817年7月5日に公表されるソブリン金貨（20シリング＝1ポンド）である。この金貨は、それまで流通していたギニー金貨の重量（129.4グレイン）に比例して、ギニー貨の20/21の重量である5ペニーウェイト3.2740グレイン（123.2740グレイン）の「標準金（standard gold）」（すなわち品位22カラットの金）として法貨となると布告された[41]。ソブリン貨を基準とするという1870年法の法制は直接にはここに由来する。

　なお、1816年法は、その長題の通り、銀貨についても多くを規定しており、旧銀貨の額面での回収や新銀貨を純分925‰の銀1トロイポンドあたり66シリングで鋳造すること（うち4シリングは手数料として造幣局が取ること）を定めていた。これまでは銀は1トロイポンドあたり62シリングが鋳造されていたので（これによれば銀3トロイオンス17ペニーウェイト10グレインの量が1ポンドの価格に相当する）、リバプール法により銀貨が切り下げられたことになる。これによって銀貨は補助貨幣ととなり[42]、すでに1774年の軽量銀貨に関する法律において額面価格での銀貨での支払いが25

ポンドまでに限定されていた（25 ポンド以上の支払いは 1 オンスあたり 5 シリング 2 ペンスの重量計算による）ところではあったが[43]、1816 年法では前述の通り 40 シリングに限定されることとなった。なお、銀の自由鋳造は 1870 年法に廃止されるまでは制度として残っていたが、このしくみは忠実に実行されなかったという。具体的には、旧銀貨から新銀貨への交換は 2 週間という短期に限定されたこと、当時の銀の市場価格が 1 オンスあたり 4 シリング 11.5 ペンス（1 トロイポンドあたり 59 シリング 5 ペンス）だったため造幣局へ銀の持込みの殺到が予想されたのに、造幣局の開放日時の声明が結局発表されなかったことが指摘されている[44]。銀地金は、イングランド銀行を通じて、あるいは市場を通じて買い付けられた[45]。

　なお、リバプール法が制定された時期は、ナポレオン戦争が終結し、イングランド銀行ほかの発行する銀行券の金貨との兌換を再開する準備時期であった。1819 年ピール法が 1823 年に予定した兌換再開は早まり、1821 年に実施されている[46]。これまでの期間にイングランド銀行が発行した章標貨幣であるドルが流通したが、これも法律に基づいたものだった。

②　金属重量と額面価格の法定

　さて、前述のソブリン貨の発行を宣言する布告は、1774 年の標準重量に関する法律に言及していた。この法律は、造幣局に対してギニー貨（金貨）およびシリング貨（銀貨）それぞれの標準重量とその複製を作成することを命じ、それについて枢密院の承認を得させた上で、毎年造幣局内においてそれら標準重量の確認を行うことを定めるものであった[47]。この規定自体はその後の 1870 年法にも現行法にも引き継がれていくが、重要なのは、貨幣鋳造に際して議会の決定を介在させずに政府と造幣局との間で作成されてきた造幣局証文における貨幣の重量を、議会がその時点での重量に法律で固定したという点にあるだろう。貨幣の重量法定はここに起源を有する。ソブリン貨の発行も、この法律を文言通り適用した結果ではないが、政府はギニー貨の標準重量から額面に比例した重量をソブリン貨に与えているわけである。

もう1つ重要なのは、1774年法は貨幣重量の定義を与えたという点であろう。つまりこの法律は貨幣金属重量の度量衡の決定という側面も有する。

金貨重量の法定は、その通用限度となる最低重量の法定にも関係するが、最低重量の具体的な数値の法定は比較的に時代が下って、1870年法が制定されてからのことであるように思われる。それまでは、改鋳に際して廃貨とする際の重量の基準がその時々に示されてきた。たとえば「事実上の金本位制の受容を意味した」との指摘もされる[48]、1774年のギニー貨の改鋳に際しては、1773年のある法律は一定限度以上に軽量となったギニー貨を廃貨とすべきことを規定し[49]、1774年の別の法律は廃貨のための手続を規定したが[50]、結局のところ最低重量の数値を規定したのは、ギニー貨の回収を命ずる同年6月24日付けの布告であった[51]（1772年12月31日以降鋳造のギニー貨は128グレイン、1760年から1772年に鋳造のギニー貨は126グレイン、1760年以前のギニー貨は123グレインより軽いギニー貨は廃貨とされた）。改鋳のための手続の法定も1891年貨幣法（Coinage Act 1891）によってなされ、この法律が「量目の喪失が3グレインを超えないかぎり、すべての軽い金貨を額面で買い入れる権限」を政府に与えることで「軽量貨をたえず回収し、置きかえるための有効な用意」がなされることとなった[52]。

貨幣の額面価格の法定に関しては、1774年以前に議会による措置がなされていた。1717年1月13日に庶民院は決議を行い、当時発行されていたギニー貨を額面21シリング以上での取引を禁止する布告を発出するよう国王に対して請願したのであった。政府はこれを受け入れ、同年12月2日付の布告でその旨を命じた[53]。この布告以降、21シリングのギニー貨が次第に本位貨として受け入れられるようになったといわれている。

ギニー貨を21シリングという額面価格に決定するまでにはいくつかの経緯があった。もともとギニー貨の発行が開始されたのは1663年であり、アフリカ会社が輸入したギニア産出の金から作られたことからその通称が付けられた金貨で、1トロイポンドの金から44ポンド10シリングの割合で、1枚129.4グレインとして製造された[54]。価格は20シリングである。しかし発

行以来、「奇妙なことであるが」ギニー貨のみが額面以上での取引の禁止から免除されていたため[55]、1690 年ごろまでは 21 シリング 10 ペンスまでの価格で取り引きされており[56]、さらに 1694 年以降は高騰し、最大で 30 シリングまでに跳ね上がった状態にあった[57]。これは銀の価格から比べて金の価格が過大評価されているということを意味し、したがって金の国内流入と銀の国外流出を加速させるものであるため、議会と政府は 1696 年以降にギニー貨の通用を 22 シリングあるいは 21 シリング 6 ペンスまでに限定する試みをいくつか行った[58]。対仏戦争の後、議会の決議と、当時造幣局長官を務めていたアイザック・ニュートンの銀貨流出防止に関する報告書も踏まえ[59]、前述のようなギニー貨の額面設定が 1717 年になされたのであった。

　ギニー貨の額面設定には、銀貨の額面設定と金銀比価とが密接に関連している。銀貨の額面価格は、前述のリバプール法において 1 トロイポンドから 66 シリングを鋳造する（うち手数料 4 シリング）ものとして法定された。これが 1870 年法の規定につながっていったのであるが、これ以前に銀貨の額面価格を法定した例は特に存在しない。間接的には、前述の 1774 年の軽量銀貨に関する法律が、25 ポンド以上の支払いの場合は銀貨を重量で 1 オンスあたり 5 シリング 2 ペンスとして計算するようにした規定は存在する。ただこれは銀貨を 1 オンスあたり 5 シリング 2 ペンスで鋳造しているという実行を反映させた規定であり、議会制定法としてこの価格を決定したというわけではない（もちろんこれに固定したという意味はある）。銀貨のこの価格を初めて設定したのは、時代をさかのぼってエリザベス治世最後の 1601 年ことである。この時の銀貨の切下げは「銀が本位にとどまっている時期の最後の切下げ」といわれることになる[60]。エリザベスの切下げ以降、1817 年リバプール法まで銀貨価格の同一水準が議会制定法による正式な承認なしに維持されたのだが、その背後にはジョン・ロックの経済学が存在していたことはつとに指摘されている。これについては後に触れることとしたい。

　なお、貨幣の額面価格に間接的に影響を与えるものとして、貨幣鋳造税が存在する。広い意味での貨幣鋳造税は、国王の取り分である鋳造税（シニョ

レッジ）と造幣局の費用ないし手数料を含むが、その金額は、少なくとも地金を造幣局へ持ち込む商人にとっては貨幣の額面に影響する。この点、はやくもチャールズ2世時代の1666年に「貨幣鋳造促進に関する法律」が制定され、これによってシニョレッジも手数料も廃止された[61]。

以上、重量と額面の決定に対する議会の関与は近代初期からみられつつ、1870年法において本格化したと言える。そしてその契機はギニー貨の比率を固定することだったと確認できた。

③　品位の法定

1816年リバプール法11条はその後の金貨の額面・重量・品位を固定させたが、品位を具体的な数値で示したわけではなかった。そして翌年のソブリン貨布告においても、品位は「標準金」と表現されるのみであり、具体的な数値は表示していない。銀貨についても、1870年法まではその品位が「スターリング銀」としてしか言及されていない。もちろん、標準金とは22カラット（916.66‰）であり、スターリング銀とは11オンス2.25ペニーウェイト（925‰）という共通了解が存在していたからであるが、それが数値として法律の明文に現れるのは1870年法からである。

標準金属板に関しては、1866年の「度量衡基準および貨幣鋳造法（Standards of Weighs, Measures, and Coinage Act 1866)」は度量衡基準器の保管について規定しているが、これに加えて金貨・銀貨の純度を測定するために用いられる標準金属板についての規定も初めてこの法律によって法定された。ただしここにも金属板の金属比率は規定されていない。

ごく間接的には、銀貨の鋳つぶしを阻害する目的で、銀地金・銀製品の品位を銀貨よりも高い958‰（ブリタニア基準）に設定し、さらにその品質にホールマークを付けるよう義務付ける法律が1696年に成立したことがある[62]（1720年まで）。しかしこれも銀貨の品位を法定したものとはいえない。ただし時代をさかのぼると、エドワード3世時代の食糧調達官法（Statute of Purveyors 1350）があるが[63]、これは貨幣の品位のみならず重量を固定す

る法律であった。いわく、「現在通用している金貨および銀貨は、重量でも合成においても切り下げられてはならない。適切な方法が見つかり次第、これらはスターリングにおけると同様の古来の状態に置かれる。」このうち重量に関しては、その後エドワード4世が1464年に公然と重量切下げの布告を発布し、議会がこれを追認したという経緯があるが[64]、この布告は品位については述べていない。その後品位を定める法律は存在しない[65]。

　金銀の品位は、ヘンリ8世のいわゆる大悪鋳の時代（1542年以降）を除けば歴史的には安定していた。金貨の品位は、1344年のノーブル貨発行以来、長らく23カラット3.5グレイン（993.75‰）であり、これが「古来の標準金」の品位と呼ばれてきたが、ヘンリ8世時代の1526年に八重バラのクラウン貨が22カラットとして発行され、その後ジェイムズ1世によりイングランド・スコットランド共通のユナイト貨が22カラットで発行されて以来、22カラットの標準金（クラウン金）が定着していった[66]。なお大悪鋳期のただ中である1546年には20カラット金貨も発行されたが、ヘンリ8世の死去に伴い発行は中止された[67]。

　銀貨のスターリング品位は古くからの了解事項であり、やはり大悪鋳の期間を除いては一定している。ヘンリ8世とエドワード6世の時代には、12オンス中4オンスあるいは3オンスの品位の銀貨が発行されたのであるが、エリザベスの1560年改鋳によりスターリング品質に回復した。なお、エリザベスは治世最後期にアイルランドで250‰銀貨を発行している[68]。ここからは、イングランド議会の管轄外においては貨幣金属品位に対する広範な裁量があったことがうかがえる。

　以上、品位については実体的制約の意識が強く、法律により数値的に明示されたのは1870年という遅い時期であった。品位の法定には、議会によるその正統化という意義を見出すことが可能であろう。

（3）　ピックス裁判の法定

ピックス裁判が法律に明記されたのは1870年法によってはじめてである。

この法律により、ピックス裁判の手続が枢密院令によって明示されるように
なった。この法律以前には、貨幣の選定から判定基準の使い方まで、造幣局
証文や国王令状という形で大まかに定められていたにすぎなかった。

　ここで簡単にピックス裁判の歴史を確認しておく[69]。イングランドにおい
て造幣局がロンドンに一極集中したのは 1279 年であり（ただし 1553 年まで
はカンタベリにも存在した）、これ以前には 1179 年ヘンリ 2 世により、1248
年ヘンリ 3 世によって貨幣の検査が行われていたが、その目的は各地の造幣
局が全体として水準を満たしているか否かを確認することにあったという。
現在に続く形式が行われるのは 1279 年のエドワード 1 世命令による。これ
により、ピックスに箱詰めされた貨幣を国王評議会（King's Council）の面
前で検査する手続が取られるようになった。品位を確認するための金属板は
財務省（Exchequer）において保管された。1475 年からは金匠が陪審員と
なり金貨・銀貨の試金を大臣の前で行うようになり、1534 年には 16 名の金
匠のほか、金精製者に加え、反物・食料品商人、公証人、雑貨商人の同業者
組合からそれぞれ 1・2 名が陪審員となった。しかし 1580 年には再び金匠の
みが陪審員を務めるという形に戻った。

　エリザベス 1 世の時代には、大法官が金匠、造幣局長官・監督官、財務省
職員を召喚し、星室裁判所において枢密院顧問官の面前で検査が実施される
ようになった。この際、過去の評決記録を持参し、裁判を記録するために出
席したのが国王収入管理官であった。造幣局と財務省は、両者の間で分割さ
れた（indented）契約書を持ち寄るほか、造幣局はピックスを、財務省は金
属板を持参する。試金は別室で行われた。ジェイムズ 1 世の時代にはさら
に、スコットランドとの同君連合を確実にしたいという国王自身の関心が貨
幣に向けられ、国王の面前でピックス裁判が行われた。その後、共和政時代
を経て王政復古となるが、王政復古後に高官らの関心は薄れたようだと指摘
されている。それは手続の変化にも現れており、大法官が関係者を召喚する
形は残るものの、裁判の主宰、大臣の出席、国王収入管理官の参加すらすべ
て代理者によって行われた。18 世紀になるとすでに、ピックス裁判という

もの自体が古めかしいものであるとみなされるようになり、枢密院顧問官の出席者数は財務大臣を含めて5名へと減っていった。1842年には財務大臣の居室変更に伴い、試金のための場所を確保する必要から、ピックス裁判の開催場所が金匠会館へと変更された。

しかし、19世紀中頃に行われた造幣局改革の結果、ピックス裁判の意義が改めて着目されるようになり、このことが1870年法による制定法化へつながっていった。このときに、現在のような手続が整備されるに至った。

さて、エドワード1世の命令やその後の造幣局証文ではピックス裁判は当初より年に4回開催するべきこととなっていたが、実際のところはかなりまばらであった。1279年のエドワード1世命令から1558年のエリザベス即位までに19回しか開催されていない。その後エリザベス統治の45年間には11回、ジェイムズ1世から1647年まではほぼ毎年、共和政時代は2回、1660年から1814年までは35回、1815年から1870年までは18回であった。

ピックス裁判において造幣局に不利益な評決が出された例がいくつかある。1318年に銀貨の品位が低かったとして、公差範囲内であったにも関わらず、長官が6週間の収監を命ぜられた。1349年にはイタリア出身の長官が、やはり金貨の品位が低かったとして、彼が鋳造した金貨に不足分の金額として93ポンド13シリング3ペンスの罰金が命ぜられた。1534年の裁判では、22カラット金貨の合金として加えられる銀の含有量が少ないとの評決が出たが、合金に関する造幣局の裁量が維持された。その他、1710年にも1つの例があるが、それは後述する。また1968年議会の大臣答弁では、財務大臣ロイ・ジェンキンスが「1926年に1度」ピックス裁判の評定で規格外が認定された事例があると述べている[70]。

以上の通り、ピックス裁判の起源は古いものの、今のような形が整えられ法定化されたのは比較的最近のことである。金本位制の最盛期にこれが完成したことは、貨幣鋳造権の法律事項化の完成を意味していた。ピックス裁判は、法律の下の「正統」な貨幣鋳造権を確保するための装置であった。

3 貨幣鋳造権の実体法

さて前節では国王大権の論点を議会制定法という法的根拠の有無の問題として捉え、貨幣鋳造の権限が制定法化されていく過程をみてきた。本節では、貨幣鋳造に対する実体法上の規律がどのようになされてきたのかを検討する。

（1） 国王大権としての貨幣鋳造権

伝統的に貨幣鋳造権には様々な権限が含まれており、それら種類は現在の1971年法3条の規定にも反映されている。国王大権としての貨幣鋳造権が認められていた時代以来、貨幣鋳造権には、国王・宮廷が造幣局証文を通じて品位・重量・額面を設定することができる権限のほか、鋳造した貨幣の回収、すでに鋳造された貨幣の額面の変更（貨幣の価格の刻印がなされるのは19世紀以降である[71]）、外国貨幣の法貨化その他の権限が含まれた。金銀などの金属のみが貨幣（money）であるという伝統的な理解を前提とする限り、この権限行使についての疑義が生じそれを規律する必要性が問題となったとき、そのポイントは要するに、貴金属を計算単位で表示する際にその数値はどのように設定されるべきであるかであった。そしてこのポイントは、金属品位・重量・額面をどの水準に設定するかという諸問題へと各論化されてきた[72]（焼酎の水割りが居酒屋で紛争の種になるのも、原酒の薄さ、量の少なさ、価格の高さによることが多いわけであるが、これと同様と考えてよいだろう）。では金属品位・重量・額面の「正しさ」や正当性の基準とは何か、そしてそれはどのように争われてきたのか。

さてこれを考える前にまずここでは、伝統的に国王大権とされてきたものとしての貨幣鋳造権の法的背景をまずは簡単に確認しておきたい。

① ブラックストーンに代表される伝統学説

まず、伝統的な議論を確認しよう。たとえばブラックストーンにおいて[73]、貨幣鋳造権が国王大権に分類される理由は、国王の商業規制権限の一種に含まれるからである。ブラックストーンによれば、国王は商業の調停者（arbiter of commerce）であるため、この地位に基づく権限を有する。その権限は第1に市場開設、第2に度量衡の設定、そして第3に「商業の媒体」である貨幣に「権威を与えこれを流通させる」権限である。そして貨幣に対する権限についての特記事項として3つを挙げる。第1が「素材（materials）」、第2が「刻印（impression）」、そして第3が「額面（denomination）」である。

素材については、クックの議論に従い金および銀のみが貨幣になるべきであるとされ、刻印については国王のみがその権限の源泉である旨が強調される。ブラックストーンはここでヘイルを引き、歴史的に主教が鋳造所を持っていたとしても、それは鋳造費用を徴収する特権を付与したに過ぎず、鋳造の権限はあくまで国王に由来すると述べる。要するに、刻印に関する議論は貨幣鋳造権の所在の単一性・不可分性を示すために用いられている。

そして額面の決定に関する注釈の中で、ブラックストーンは金属品位・重量・額面の問題を扱っている。ブラックストーンによれば額面の決定は「国王の胸の中」にあるが、しかし「価値を決定するためには、重量・金属品位もともに考慮に入れられる」と指摘し、この趣旨で外国の貨幣を法貨とする際にもその貨幣の品位と重量に照らしてイギリスの貨幣と同様に扱うべきであると述べている。ここにおいては金属量と額面価格とが比例的関係であるべきことを示唆しているにとどまり、具体的に額面価格を設定する法的制約には触れていない。これに対し、品位の決定はエドワード3世の制定法（1350年食糧調達官法）があるため「スターリング品位」を上下させるべきではなく、この点には国王大権は及ばないとし、この点でヘイルの説との相違がある旨を記している。その他ブラックストーンは貨幣を廃貨にする権限をいつでも行使できるとしている。

さてまず素材についてであるが、ブラックストーンに引用されているエドワード・クックは、鉱山事件（Case of Mines）を引き[74]、この判決が金銀を産出する鉱山が国王に属することの根拠として国王の貨幣鋳造権を挙げていたことに注意を促している。その上で、クックは金属を法的・真正金属（金、銀）と非法的・不真正金属（銅、錫、鉄、鉛、オリハルコン）に分類し、金銀のみが支払いのための金銭となり、また金銀のみが価値基準となると述べている[75]。金銀に固有の価値があり、これは普遍的であるから価値基準にも交換手段にもなるというのがブラックストーンやクックの説明であったが、他方でこの考え方と、貨幣の額面とそれに基づく通用を国王大権が決定するという立場とは衝突するのではないだろうか。名目主義（nominalism）に関連するこの問題については後に検討する。

次に額面の変更についてであるが、ブラックストーンではヘイルが品位を国王大権で変更できるとする考え方を示しているとして紹介されていた。ただし、17世紀の法律家マシュー・ヘイルがその著書で述べているのは「貨幣の額面価格の引き上げ、つまり実際のところは貨幣の価値の引き下げ」が国王大権に含まれると述べているのであり[76]、また金属品位も別枠で議論をしているので、必ずしも品位引き下げを認めていたと解釈できるわけではないものと思われる。むしろ、国王大権を広範に認めているかのように解されているヘイルですらも、額面価格の変更という権限は「控えめに」行使すべきであるとしている点が注目される。このような、貨幣の額面（重量含む）変更の権限に対する法的・政治的な自制の要請はしばしばみられるところであり、たとえばエリザベス時代に活躍した、グレシャムの友人でもあるトマス・スミスも同様の議論を展開している[77]。

② 名目主義

法的な貨幣の定義として、「債務の最終的弁済と商品への完全な支払いにおいて、それを例示する人の属性や信用に関わらず、およびこれを受け取る者の意図がこれを消費するかあるいは債務の弁済・商品への支払いのために

他者へ支払う以外の使用をするかに関わらず、平等に受け取られる、共同体を通じて人から人へと自由に流通するもの」というものがある[78]。金銭債務の弁済の手段であるという点に１つのポイントがあるのであるが、ここには債務の量が貨幣の計算単位で表示されるということと、貨幣がどれだけの購買力を持っているかという異なる要素が含まれている。この点、国王大権としての貨幣鋳造権という考え方は、国王あるいは政府・国家が貨幣（貨幣（money）の乗り物となる貨幣（coin））の価値・購買力を決定することができるということを意味し、そしてそこで決定された額面に基づき、債務の量を表示する金額に相当する貨幣を支払うべきことを帰結する。

　たとえば後日に 100 ポンドを支払という契約を結んだ直後、国王の布告により銀貨における銀含有量が減少させられたとしても、銀で 100 ポンドに相当する分量（in specie）ではなく額面上 100 ポンドに当たる分量（in tail）の銀貨を支払えば契約は履行されたことになる。これが名目主義であり[79]、この原則はコモンローでは 1605 年の混合貨幣事件（Case of Mixt Monies）によって確認された[80]。

　名目主義の帰結は、次のようなことになるだろう。「貨幣（money）に関する法は貨幣制度を定義できるし計算単位を定義できる一方で、この法は「貨幣」それ自体の定義を制限することができないし、流通している貨幣の量を直接に制限することもできない[81]。」名目主義は「貨幣および金銭債務の法的概念から、現実の購買力の評価を放逐」した[82]。名目主義は貨幣（coin）の「内的価値」（金属の重量に比例する価値）と「外的価値」（付加された価値）とを峻別し、後者のみを貨幣の価値と結びつけた（そして紙幣あるいは電子マネーの時代には、「内的価値」という視点自体も存在しなくなる）。したがって名目主義のもとでは貨幣を創造する権限に対する直接的な法的規律は、通貨単位の用意以外には存在しないことになる。

　この点、伝統的議論が貨幣の素材を金・銀に限定したことは、広範な権限である貨幣鋳造権に対する制約となった。金・銀が重視されてきたのは、（いかに法的に禁止されていようとも）それが溶解可能で、かつ価値観の異

なる世界中の地域でも共通の尺度となったからである。そして貨幣への信頼が十分でなければ貴金属でそれを担保するほかなく、貴金属を一定程度含有させるという枠組みの中での貨幣発行が求められたのである。そしてそれは貨幣の計算単位を一定の金属の重量と完全に結びつけるという試みに至る。

③　1ポンド＝スターリング銀3オンス17ペニーウェイト10.5グレイン

　1696年の大改鋳に際してジョン・ロックが主張したのがまさに、貨幣を銀の重量に結びつけるべきだということであった。当時、銀地金の価格は高騰し、銀貨はますます流通せず（溶解して銀地金にした方がよかった）、流通している銀貨もほとんどが盗削により摩損し、完全な銀貨は退蔵されていた。政府は当初、ほとんどが摩損しているクラウン銀貨（額面5シリング）を5シリング6ペンスに引き上げる計画を立てていたが、名誉革命の擁護者ロックがこれに反対し、また国王も価格標準の変更に反対し、「いわば国王の貨幣鋳造高権のごとき介入も手伝って[83]」旧平価の維持が決定された。

　ロックにとって銀地金の高騰は「まやかし」に過ぎなかった。というのも、銀の価値は銀地金であろうと貨幣の形であろうと不変であるはずだからである。銀塊と銀貨の違いは、ただ単に、後者は公的な印をつけて取引に便利なように一定量を確認できるようにすることにあるに過ぎない。銀こそが計算単位であり、世界中での取引の媒体となる。銀の高騰という問題は現状の銀貨がほとんど盗削されているから発生するであり、つまり本来満たすべき重量を満たさない貨幣が、盗削された分を反映しないで発行当時の額面のままで取引されていることが問題なのである。盗削された銀貨の額面によって、その価格の銀地金を購入できるはずがない。盗削された銀貨は重量での取引にのみ用いさせるべきである[84]。

　ロックとその論争者の名前をとって「ロック＝ラウンズ論争」と呼ばれるこの論点は、経済学史的にも激しい議論の対象となっており、本稿にはその評価をすることは手に余る[85]。他方でロックの主張が貨幣鋳造権に対する大きな制約となったことは以上のことからも確認できる。1ポンドとはスター

リング銀 3 オンス 17 ペニーウェイト 10 グレインのことであり、貨幣の額面と重量はこれに比例していなければならない、というのである。「ロックが鋳造重量に結び付けたこの尊厳は新しいものであった[86]。」この立場は金本位制につながり、「1819 年と 1844 年において、ピールはロックからえた教義によって、貨幣単位は地金の確定重量であり、それは変更されてはならないのだという立場にきっぱりと立っていた。」「ロックの影響を大きく受けて、〔金〕1 オンスにつき 3 ポンド 17 シリング 10 1/2 ペンスは、われわれがけっしてその価格から離れてはならない、また、離れてもつねにこの価格に復帰せねばならない金の魔法の価格とみなされるようになった[87]。」

　他方で、ロックの議論は、貨幣ないし通貨単位が自然法により定められているという論法を採っており、これによっていかなる人為的介入も拒否するというものであった。いわば正解テーゼである。そして外的価値のみを持つ貨幣の時代になったとき、あるいは金属というそれまでの貨幣の乗り物が他のものに移り変わったとき、新たな形態の貨幣を導くのは経済法則しか存在しないということになる。「マネーと経済的価値に関するロックの概念は、市場に干渉しないことを合理的な人間の倫理上の義務として扱う許可を経済学者に与えるものだった。むしろ、そうすることを経済学者に強制する命令だと言える。これこそが、ロックの貨幣観がもたらした最も有害な帰結だった」という評価もされることになる[88]。

　ロックの議論の経済学的意義がいかなるものであったにしろ、法的には、名目主義という自由裁量権に対する「科学的」な制約根拠を与えた意義がある。金銀のきらめきという「神聖さ」は「科学的」合理性を得たのである。

（2）　貨幣鋳造権に対する技術的規律

①　金属品位に対する規律とその実施

　金属品位に関しては、「古来の標準」が正しさの根拠とされてきた。金については古来の標準 23 カラット 3.5 グレインであり、そしてこれが意味す

るところ、金はつまり純金であるべきだという信念であったが（純度 0.5 グレインは鋳造者の収益）、前述の通り 16 世紀以来 22 カラットの品位が定着している。これはヘンリ 8 世の悪鋳政策の結果というよりは、22 カラット金と 2 カラット合金の組み合わせの方が丈夫な貨幣になるという科学技術的理由であったと言われる。したがって金貨の品位に関しては、その比率の慣行の古さというよりは、それが一定し安定しているべきであるという要請への考慮が働いていたのではないかと思われる。

これに対し銀貨の品位が 925‰であるべきだという考え方はウィリアム 1 世の征服に先立つものであり、「スターリング」という言葉がイングランドの通貨単位を指すのみならず銀の品位を指すほどに定着している。いわゆる「ノルマンの軛」に先立つ（とされる）伝統は、近代初期にはとかくイギリス憲法にとって根本的価値とみなされる傾向があったが[89]、スターリング銀もこのような位置を与えられた。そしてこのいわば「神聖さ」という正当性の感覚は、銀の品位のみならず銀の重量・額面に対しても向けられた[90]。

したがって金属品位に対する正当性の基準が（安定性によるのであれ神聖性によるのであれ）確立していた以上、金属品位についての規律は科学技術上のものとなっていく。つまり正確さの要請である。この要請がピックス裁判でもテーマとなった例があるので、以下でその事例を振り返る。

1710 年のピックス裁判では、金貨が 1‰だけ品位不足だと指摘されたが、これに対しては造幣局長官アイザック・ニュートンが反論をしている。反論の趣旨はこのようなものだった。1707 年にスコットランドと合併後、イングランドの品位水準に統一するために新たに作られた 1707 年の金属板は、実際のところ高すぎる品位だったと。ロンドン造幣局では 1688 年作成の金属板を基準に鋳造を行っていたが、1710 年のピックス裁判では 1707 年金属板が使われたのである。ニュートンによれば、1660 年金属板こそ 916.6‰の正しい品位だったのであり、1688 年金属板は 918.4‰、1707 年金属板は 921.0‰であったのだという。ニュートンと造幣局の主張が通り、その後 1829 年まで、1688 年金属板が標準として用いられていった。現在の再調査

によれば、1688 年金属板は 914.2 または 914.5‰、1707 年金属板は 916.8 または 916.9‰だったとの報告があり、結局 1707 年金属板はわずかに標準品位を超えていたということが分かっている[91]。ニュートンがいうには、科学技術の進展により従来 24 カラットと呼んでいたもの以上の純度が実現できるようになったが、貨幣には慣行上の「22 カラット」が用いられるべきである、というわけである。実質的にはこの主張の「経済的影響はギニー貨の額面価格を 1 ペンス切り下げるのと同じであった[92]」。

② 貨幣の規格化

金属本位制の時代、特にロックの考え方に依拠した場合、貨幣の金属量は額面にぴったりと一致していなければならない。しかし理論上はそのようにいえても、その近似的状態を実現するにはそれ相応の技術が必要であった[93]。当初貨幣は、地金から手で金属を取り出し、それをハンマーで叩いて鋳造されたのであるが、それでは大きさもまばらであった。ギニー貨の時代にもその事情は変わらなかったようであり、鋳造直後、これを受け取った商人はさっそく大きい金貨だけ選び、それらを再度造幣局に持っていった。すぐに戻ってくるギニー貨（come again guinea）と呼ばれたようである。しかし次第に機械による鋳造が浸透していくようになっていった。

新たな機械の導入は、貨幣鋳造権を取り巻く外的背景、すなわち人々による盗削の対策にもつながっていった。17 世紀後半から縁付貨幣が製造できるようになり、これによって盗削は困難となっていった。

このような正確さの追及は造幣局の法的位置付けの変化にも関係したと思われる。造幣局は中世以来、特権により一定程度独立した組織であり、その特権の一環として、また自身の存続のため、鋳造貨幣から自らの稼ぎとなる手数料を取ることが認められていた。しかし 1666 年鋳造促進法の制定以来、造幣局の手数料が税金から支払われることに始まり、次第にその独立性を失っていき、あるいはその経済政策的意義を失っていって[94]、その代わりに技術的精度を高めていったとみることが可能だろう。中世的枠組みらしく、

貨幣製造権と造幣局特権はセットであったわけであるが、貨幣製造への規律が高まれば高まるほど、造幣局が官僚化あるいは専門化していったという解釈も成り立つであろう。

おわりに

第3節で扱った論点が示唆しているのは、「「本物」の貨幣としての金貨のたんなる「代わり」として導入された紙幣が、その金貨になり代わってみずから「本物」の貨幣となってしまうという「奇跡」」が起こって久しい今日[95]、もはや貨幣（コイン）鋳造は政治経済的な問題にはならず、むしろ中央銀行による「外的価値」の決定にこそ論点が集中するということであろう。これは本稿の考察の対象外ではあるが、ただしイングランド銀行という制度設計を国王・政府と金融業界との「大和解」として理解し、まさにロックがその連合からの脅威を感じたからこそ金属本位を説いたその相手である2者を「「議会の中の国王」という巧みな政治的概念の金融バージョン」とみる興味深い説明を前にしたとき[96]、従来の貨幣鋳造権に対する議会の制約が一応全イングランドの意思を体現すべき議会が決定するべきだという大義名分によるものであったことを踏まえると、「金融バージョン」議会に対しても代表論や選挙制度が必要なのではないかと思わなくもないが、少なくとも中央銀行の独立性の論点はかつての貨幣鋳造法定主義の論点の後継者であるといってもよいかもしれない。

ピックス裁判の背景にあるのは貨幣鋳造権の議会制定法化と物質的準拠という方式による実質的統制である。金本位制の時代に国王大権（あるいはその後継）に課されていたのは、民主化が進みつつある議会の制定法に従いつつ、金属本位制的な厳密な要請を正確に満たすことであった。言い換えれば、絶対王政時代には法を乗り越える権限だと主張された国王大権が今や議会に対して忠誠を示し、しかも最新技術を駆使した正確な技術によってそれを示す場所、それがピックス裁判であったといってよいだろう。金本位制が

廃棄された今日でも同様の手続が取られているからこそ、その頑固なまでの順法精神という印象が強くなる。そしてピックス裁判のこのような役割は、現在の新たな貨幣創造権に対する安定した法的・政治的規律が確立するまでは、少なくとも残されることであろう。

　なお、本稿では銅貨についてほとんど触れることができなかった。内的価値論が崩壊するのは銅貨から始まると指摘されている点や[97]、民間による発行も広く認められていた点は、本稿の目的に照らしても重要な論点ではあるが、紙幅の都合上、その検討は他日に期したい。

〈注〉

1　たとえば AW Bradley & KD Ewing, *Constitutional and Administrative Law* (16th edn, Pearson 2015) 259.

2　国王大権については、さしあたり拙稿「大権の改革――「憲法改革議会」」倉持孝司ほか（編）『憲法の「現代化」――ウェストミンスター型憲法の変動』（敬文堂、2016）234 頁以下。

3　*R v Secretary of State for Home Department, ex p Fire Brigade Union* [1995] 2 AC 513, 552 (Lord Browne-Wilkinson).

4　Political and Constitutional Reform Committee, 'A new Magna Carta?' (2014-15 HC 463) p 305.

5　洗足式とは復活祭の前の聖木曜日に行われる儀式であり、イエスが弟子の足を洗ったことを記念して行われる。イギリス王室ではこの日に国王の施し（royal bounty）を実施しており、その際に配布されるのが洗足式銀貨である。

6　制定法における「The Treasury」の言及は「the Commissioners of Her Majesty's Treasury」すなわち第一財務卿（First Lord of the Treasury）、財務大臣および財務政務官（Junior Lords of the Treasury）の合議体を意味する。1978 年解釈法（Interpretation Act 1978）附則 1 参照。それぞれ実質的には、首相、財務大臣および与党幹事である。

7　おおむね国庫に相当。「1781 年創設；租税収入・手数料収入など英国の国庫収入のほとんどすべてが繰り入れられ、ここからすべての公的支出がなされる基金」小山貞夫（編著）『英米法律語辞典』（研究社、2011）222 頁。

8　SI 1998/1764.

9 SI 2005/254, SI 2012/2746.

10 その他、聖体を納める容器も「ピックス」である。

11 The Royal Mint, 'Mintage Figures' < http://www.royalmint.com/discover/uk-coins/circulation-coin-mintage-figures > .

12 £1 貨の布告は 1983 年 4 月 22 日付。£2 貨の布告は見つけられなかったが、制限なく法貨とされているようである。

13 The Royal Mint, 'Annual Report 2014-15' (2015) 20.

14 HL Deb (3 March 1983) vol 439 col 1218 (Lord Lyell).

15 HM Treasury, 'Trial of the Pyx 2014 : verdict of the jury' (GOV.UK, 9 June 2014) < https:// www.gov.uk/ government/ publications/ trial-of-the-pyx-2014-verdict-of-the-jury > .

16 The Trial of the Pyx Order 1975, SI 1975/2192.

17 1968 年の議会答弁では年間 700 ポンドの費用がかかっているとされている。HC Deb (23 July 1968) vol 769 col 74WA.

18 Ibid, col 75WA.

19 造幣局はピックス裁判について動画を作成し、これをユーチューブにもアップしている。The Royal Mint, 'What is the Trial of the Pyx?' YouTube (2014) <https://www.youtube.com/watch?v = UZQfA2cRHJs > .「おかしな格好」とはかつらを着用した裁判官ほかを指しているものと考えられる。

20 Mike Rendell, 'Trial of the Pyx' (London Historians Website, Sep 2011) <http://www.londonhistorians.org/?s = articles > .

21 CE Challis, 'A New Beginning : Llantrisant' in CE Challis (ed), *A New History of the Royal Mint* (Cambridge UP 1992) 669.

22 The National Archives, 'Operational Selection Policy OSP 22 : The Records of the Royal Mint 1975-2002' (2005).

23 HM Treasury, 'Royal Mint Trading Fund : framework document' (2015) < https://www.gov.uk/ government/ publications/ royal-mint-trading-fund-frame work-document > .

24 John Craig, *The Mint: A History of the London Mint from A.D. 287 to 1948* (Cambridge UP 1953), pp 89-91.

25 Craig (n 24) p 112.

26 Craig (n 24) pp 317, 331.

27 松岡裕之「第 143 次製造貨幣大試験について」ファイナンス 50 巻 9 号 (2014)

第 9 章　イギリスのピックス裁判にみる貨幣鋳造の法的規律　3I3

10 頁。

28　松岡・前掲注（27）11 頁。

29　大蔵省造幣局（編）『造幣局百年史 資料編』（1976）、造幣局あゆみ編集委員会（編）『造幣局のあゆみ〔改訂版〕』（2010）参照。

30　A・E・フェヴァー（一ノ瀬篤ほか訳）『ポンド・スターリング——イギリス貨幣史——』（新評社、1984 年）330 頁。

31　John F Chown, *A History of Money: From AD 800*（Routledge, 1994）69.

32　Craig（n 24）p 354.

33　Craig（n 24）355. なお、1920 年法の法案審議中には「通貨への脅威が取り除かれるほどに」銀の価格が下落したという事実に対しては「ほとんど関心が払われず、誰も指摘しなかった」と述べられている。Ibid.

34　フェヴァー・前掲注（30）418 頁。

35　ただし 1870 年法では旧ペニー（1 ポンド＝20 シリング＝240 ペンス）の単位での額面貨幣の重量が規定されていたが、この重量の数値がそのまま 1971 年法洗足式銀貨（十進法化された新ペニー）のそれと同じになっている。

36　59 Geo 3 c 49（1819）.

37　これによればイングランド銀行は金地金 1 オンスを 3 ポンド 17 シリング 9 ペンスの銀行価格で購入することが義務付けられた。ただしこれは、1829 年以来政府がイングランド銀行に対してこの価格での購入を要請してきたことを法制化しただけであると指摘されている。それまでの銀行価格が 3 ポンド 17 シリング 6 ペンスだったところから 1829 年に価格を引き上げるきっかけとなったのは、「ロスチャイルドが直接造幣局に金を送り始めていたのである。そうする権利はなおあったとはいえ、これは長年を通じて、だれであれ、この権利を行使した最初の例であった。」フェヴァー・前掲注（30）289 頁。Craig（n 24）308.

38　フェヴァー・前掲注（30）368-370 頁。

39　Craig（n 24）339-340. なお 1700 年代初頭にニュートンも同様の指摘をしていた。EGV Newman, 'The Gold Metallurgy of Isaac Newton'（1975）8（3）Gold Bulletin 90, 95.

40　56 Geo 3 c 68（1816）.

41　フェヴァー・前掲注（30）228 頁。なお 7 月 1 日付けのこの布告は、ロンドン・ガゼット誌（官報に相当）にはこの 7 月に 4 回にわたり掲載されている。

42　この法律によって「銀貨は、代替貨幣あるいは章標貨幣（representative, or tokens for, money）と宣言されることとなった。」ただしリバプール法の法案審

査段階では、銀を本位とすべきと考える議員の反対もあった。Craig（n 24）284-5.

43　14 Geo 3 c 42（1774）.

44　フェヴァー・前掲注（30）229頁。

45　Craig（n 24）287.

46　1 & 2 Geo 4 c 26（1821）.

47　14 Geo 3 c 92（1774）.

48　Chown, 66.

49　13 Geo 3 c 71（1773）.

50　14 Geo 3 c 70（1774）.

51　ただし布告は、改鋳を求める議会両院による決議における最低重量についても言及している。London Gazette（21 June 1774）.

52　フェヴァー・前掲注（30）184、331頁。

53　London Gazette（14 December 1717）.

54　フェヴァー。前掲注（30）113-114頁。

55　楊枝嗣朗『歴史の中の貨幣――貨幣とは何か――』（文眞堂、2012）79頁。

56　フェヴァー・前掲注（30）137頁。

57　フェヴァー・前掲注（30）147頁。

58　フェヴァー・前掲注（30）169頁。

59　ニュートン報告書を再掲するものとして、Isaac Newton, 'Sir Isaac Newton's Report on the Gold and Silver Coin in 1717'（1848）11 Numismatic Chronicle and Journal of the Numismatic Society 181.

60　フェヴァー・前掲注（30）102頁。

61　18 Cha 2 c 5（1666）. ただし銀貨については1816年リバプール法まで。

62　8 Wil 3 c 8（1696）.

63　Statute of Purveyor, 25 Ed 3 stat 5 c 13（1350）.

64　「1ポンドの金属から鋳造される貨幣の量は、金銀両者とも25パーセントだけ増加した。…議会は論評することなくこれを認めたようである。」フェヴァー・前掲注（30）52頁。

65　ただし金・銀製品の品位に関しては多くの法律が制定された。

66　フェヴァー・前掲注（30）103-104頁。

67　フェヴァー・前掲注（30）74頁。

68　Graig（n 24）129.

第9章　イギリスのピックス裁判にみる貨幣鋳造の法的規律　315

69　以下の記述は基本的に Craig（n 24）ch 13 に依拠している。

70　HC Deb（23 July 1968）vol 769 col 73.

71　D Fox, 'The Case of Mixt Monies：Confirming Nominalism in the Common Law of Monetary Obligation'（2011）70 Cambridge LJ 144, 151.

72　中世後期のフランスでは、「重量の変更 mutacion du poid」、「品質の変更 mutacion de la matiere」、「名称の変更 mutacion de l'appelation」と呼ばれた。Chown, 11.

73　1 Bl Comm 276 ff. なお下記サイトの 1893 年フィラデルフィア版（George Sharswood ed）を参照した。< http://oll.libertyfund.org/titles/2140 > .

74　*R v Northumberland*（1568）Plowd 316.

75　2 Co Inst 574 ff. なお下記サイト掲載の 1797 年版を参照した。< http://www.constitution.org/coke/coke.htm > .

76　DEC Yale（ed），*Sir Mathew Hale's The Prerogative of the King*（Selden Society 1976）299-305.

77　Sir Thomas Smith（Mary Dewar ed），*De Republica Anglorum*（Cambridge UP 2009）.「グレシャムの法則」のオリジナルがスミスであると指摘するものとして、Murray N Rothbard, 'Sir Thomas Smith：Mercantilist for Sound Money'（2010）Mises Institute Website < https:// mises.org/ library/ sir-thomas-smith-mercantilist-sound-money > .

78　*Moss v Hancock*［1988］2 QB 111, 116, cited in Charles Proctor, *Mann on the Legal Aspect of Money*（7th edn, Oxford UP 2012）12-13.

79　日本における名目主義については、古市峰子「現金、金銭に関する法的一考察」金融研究 14 巻 4 号（1995）参照。

80　*Gilbert v Brett*（1604）Davis 18. この判決については David Fox, 'The Case Study：The Case of Mixt Monies' Cambridge Legal Studies Research Paper 70（2014）.名目主義に関するコモンローについては Proctor（n 78）Part III.

81　Proctor（n 78）42.

82　Fox（2011）166.

83　楊枝・前掲注（55）52 頁。

84　John Locke, 'Further Considerations Concerning Raising the Value of Money' in John Lock, The Work of John Locke in Nine Volums（12th edn, Rivington 1824）vol 4, 86 ff. 下記サイトより閲覧< http://oll.libertyfund.org/titles/763 > .

85　ロックをはじめとする旧平価維持派は金貨の流通とイングランド銀行の信用創

造を計算に入れていたと指摘するものとして、楊枝・前掲注（55）83 頁。

86　フェヴァー・前掲注（30）165 頁。

87　フェヴァー・前掲注（30）166 頁。

88　フェリックス・マーティン（遠藤真美訳）『21 世紀の貨幣論』（東洋経済新報社、2014）221-222 頁。

89　「ノルマンの軛」と「古来の憲政」の関係については、Martin Loughlin, *The British Constitution: A Very Short Introduction*（Oxford UP 2013), ch 2.

90　「なるほど、ノルマンの征服から 1342 年までは 1 ポンドの銀と 1 ポンドの貨幣が、現実には同じものではなくても人びとによって同じものとみなされており、「イングランドの古来の正しい標準」であるスターリング銀の純度だけでなく、鋳貨の重量もまた神聖なものとみなされていた。」フェヴァー・前掲注（30）164 頁。

91　EGV Newman, 'The Gold Metallurgy of Isaac Newton' (1975) 8(3) Gold Bulletin 90, 95.

92　Craig (n 24) 217.

93　以下は Craig (n 24) 212 ff..

94　Samuel Knafo, *The Making of Modern Finance: Liberal Governance and the Gold Standard* (Routledge 2013) 111.

95　岩井克人『貨幣論』（筑摩書房、1993）130 頁。

96　マーティン・前掲注（88）200 頁。

97　Craig (n 24) 352.

第10章 明治初年期における"紙幣"の法秩序
——断罪無正条条例の規範形成機能——

高 田 久 実

はじめに

　明治政府による新貨幣発行の創業時に、旧幕下の「三貨」や藩札に代表される地域通貨などが人々の間では依然として流通しており、そのような状況を指して「宝貨錯乱」[1] といわれるほど、様々な種類の貨幣が用いられていた。中央集権を目指す明治政府にとって通貨高権の確立は重大な課題であり、それを達成するために法制度が整えられていくなか、貨幣体系が次第に変容していく過程が明らかにされている[2]。そもそも、紙幣は、素材自体の価値ではなく、それに託される信用によって貨幣としての価値を獲得することから、法定されずとも、人々の経済活動上に流通することが比較的に可能となりやすいと考えられる。その一方で為政者の側にとっても、準備のしやすい貨幣として有用である。このような性質に鑑みれば、紙幣とは製造、発行、使用する主体がそれぞれに認識する通貨の範囲をより明確に理解することができる貨幣であるといえよう。先に述べたように、幣制の整備は中央集権国家の避けることができない課題であり、「宝貨錯乱」ともいうべき状況から、明治政府が法制度上で"紙幣"の具体的内容を定めていった過程を知ることは、わが国における通貨と法の関係を理解するために重要であると考えられる。

　このような問題意識のもと、本章では明治初年期に運用された律に起源をもつ刑罰を定めた法規（ここでは「新律綱領」、「改定律例」、およびそれら

に関連して発せられた刑事罰を規定する法令を指し、以下では"律系刑法"とも呼称する）に着目したい。樹立して間もない明治政府は王政復古をスローガンとして種々の政策を実行したことから、その頃に定められた法や制度には律令に由来する名称や仕組みがみられる。令の代表的な例としては、明治2年に定められた「職員令」[3] と、それを端として内閣制の成立まで存続した太政官制を挙げることができるだろう[4]。その一方、刑事法にあたる律に関しては、上述した新律綱領と改定律例[5] が運用された。もっとも、こうした"律令"の外観が用意されながらも、制度設計のモデルは次第に西洋のそれにシフトしていくこととなり、明治15年に施行された旧刑法典および治罪法典は、フランス法を主な参考として作られたわが国における"西欧近代"的な法典の嚆矢とされる[6]。もっとも、刑事法分野を除く体系的な法の整備は、明治23年の憲法典、同31年の民法典および同32年の商法典の施行まで待たなければならず、それ以前は主としてその都度に策定された法令が用いられていたといわれる[7]。このような状況における律系刑法とその他の法分野の関係を検討すれば、明治10年代に行われた明治政府による法秩序の形成過程を理解する端緒を得られると考えられよう。

以上のような分析視角のもと、法典として準備された律系刑法における"紙幣"の法的評価を検討し、「宝貨錯乱」の状況の中から通貨をめぐる法秩序が形作られていく様相を明らかにすることを通し、わが国における法制度としての"通貨"について考察を試みたい。

1 「宝貨」としての紙幣

（1） 律系刑法における「偽造宝貨」

先に述べた通り、王政復古を掲げた明治政府は、律令を意識した法整備を行っていく。刑事法に関しては、治安維持などのために比較的早くから仮刑律を明治政府は用いていたが、それは部内的な刑事準則ともいうべきものであったため[8]、新たに統一的な刑事法を定めることを目指し、明治2年には

第 10 章　明治初年期における"紙幣"の法秩序　319

編纂事業が着手される。その成果が、同 3 年 12 月に制定された新律綱領であり、さらに 3 年後の同 6 年には改定律例が定められた[9]。これらは律に系譜をもつことから、互いに補いあいながら現行法として同時に効力を有するという、律系刑法に特徴的な運用がなされた。また、これらの法典を修正、追補する法令も相次いで出され、刑事処罰の機能を果たした。これらの律系刑法が規制対象とする「紙幣」を探すと、改定律例第 251 条「凡紙幣ノ字様ヲ挑剜シ成片ヲ補輳シ筆画ヲ描改シ真ヲ以テ偽ニ作リ行使スル者ハ懲役五年」[10] と、明治 6 年 6 月 28 日太政官第 231 号布告「凡紙幣ニ印スル漏印及ヒ倒用スル者ハ一張ニ懲役十日三張毎ニ一等ヲ加ヘ罪懲役七十日ニ止ル若シ検査官吏朦朧交収スル者罪亦同」[11] という規定が現れる。両者はともに改定律例の偽造宝貨条例に関する条文であるが、同例は「偽造宝貨」すなわち「宝貨」の偽造を処罰することを目的としている[12]。つまり、「宝貨」の一種として「紙幣」が位置付けられ、それを偽造した場合は刑事罰が下されるのである。

　そもそも「偽造宝貨」とは、貨幣の偽造を刑事規制のもとに置く処罰の根拠である[13]。新政府は慶応 4 年から貨幣の偽造に関する法令を発していたが、その具体的な刑事処罰が明示されたのは、明治 3 年 7 月 2 日に府藩県へ宛てられた偽造宝貨律といわれている[14]。民部省の発案に基づく同律は、梟などの極めて重い法定刑を設定しているうえに、府県による即決処断を許していた。さらに、明治 2 年から着手された編纂事業の成果として新律綱領が同 3 年 12 月に定められるものの、民部省と刑部省の対立などを理由として、新律綱領には貨幣の偽造に関する具体的な規定は置かれず、偽造宝貨律がそのまま運用されることとなった[15]。その後、明治 6 年に改定律例が施行されたことに伴って偽造宝貨律は消滅し[16]、その代わりとして改定律例に定められた改正偽造宝貨律と偽造宝貨条例が貨幣偽造に関する刑事処罰として機能することになる[17]。なお、そこでの最高刑は斬とされたが、以後も寛刑化をたどり、明治 10 年 3 月 2 日太政官第 25 号布告によって法定刑が全体的に引き下げられた際には、その最高刑については懲役終身となり[18]、同 15 年の

旧刑法典施行によって消滅するまで運用されることとなる。

　以上のような経緯をもつ「偽造宝貨」に規定された内容を見ると、まず、偽造宝貨律については、冒頭の条項において、「宝貨」を「偽造シ已ニ行使」した者を梟とし、その「従」、「匠人」、「情ヲ知テ買使スル者」はそれぞれ「斬」、「雇人雑役ニ供スル者」は徒刑３年と定められている。これを基本的な形式として、続く各条では減等となる類型が置かれる[19]。そして、改定律例においては、第249条の改正偽造宝貨律によって偽造宝貨律の法定刑を全体的に引き下げるとともに、第250条から第258条の偽造宝貨条例で処罰の対象となる行為の種類を増やしている[20]。このように行為や主体については複数の類型が定められている一方で、偽造の対象については原則として「宝貨」と統一的に表記されている。すなわち、偽造宝貨律においては、「匠人」の説明として「贋金銀楮幣及ヒ作具ヲ製造スル者」との割注が付されるとともに、末条に「府藩県通行ノ貨幣亦同シ」とあるものの、同律を消滅させたとされる改定律例を見れば、第250条に「金銀貨幣」と、先に挙げた第251条に「紙幣」がある他は、一貫して「宝貨」という言葉が使用されているのである。改定律例のこれら２条は、「宝貨」を変造ないし加工する方途を具体的に示したものであり、「宝貨」の具体的な内容を示すことを主眼としたものではないと考えられる。先に示した明治６年６月28日太政官第231号布告もまた同様の趣旨であるといえよう。つまり、これらの規定からは「紙幣」が「宝貨」の一種として認められていることを読み取れるものの、先に述べた「宝貨錯乱」と形容される当時の状況を考慮したとき、具体的にいかなる「紙幣」が「宝貨」とされたのかは不明瞭であるといわざるをえない。そこで、次節ではこのような「宝貨」と認められた紙幣の内容、すなわち偽造した場合に処罰の対象となる紙幣について、これらの刑事処罰が運用される側面から分析を試みたい。

（２）　伺・指令と大審院判決に見る「宝貨」と「紙幣」

　前節で確認したように、「偽造宝貨律」、「改正偽造宝貨律」、「偽造宝貨条

例」で定められた偽造の対象は基本的に「宝貨」という表現の下に規定されていた。しかし、明治初年には様々な種類の貨幣が用いられていたことは先に指摘した通りである。そこで次に、刑事処罰が実際的にどのように運用されたのかを検討し、「宝貨」にあたると判断された具体的な紙幣を明らかにしたい。なお、ここで行う検討の対象としては、中央集権を目指す政府の意図を知るよすがとして司法省の認識を理解するため、当時に行われていた「伺・指令裁判体制」[21] を背景に府県や各裁判所から提起された法の適用に関する疑義とそれに対する司法省からの回答[22] と、自律的な判決形成の権限を与えられながらも、いまだに司法卿から「教導」される関係にもあった大審院[23] が示した判決[24] を取り上げることとする。

　以上のような前提のもと、「宝貨」にあたるとされた紙幣の具体的な名称が判明する事例をまとめた表を次に掲げる。明治6年および明治7年においては、明治政府が発行した紙幣に加え、「所限リ預リ手形」や「元前橋藩通用一貫文銭切手」、「旧藩札」など、江戸期から使用されていた紙幣が「宝貨」として認められている。残念ながら、明治8年および同9年における紙幣偽造に関する事案は管見の及ぶ限りでは発見できなかったものの、明治10年以降は明治政府が発行した紙幣と「銀行紙幣」が主として「宝貨」とされるようになったことを看取できる。このような傾向は、明治7年から同8年は、円建てが国民的に定着する一方[25]、それ以前には政府発行紙幣のみならず、地域通貨としての紙幣が広く用いられていた[26] という見解に整合的だといえよう。また、詳しくは後述するが、明治13年に見える「銀行紙幣」とは国立銀行によって発行された国立銀行券と考えられ[27]、同年以降に当該紙幣の偽造が目立つようになることは、明治5年に制定されていた国立銀行条例が同9年に改正されたことにより[28]、国立銀行が相次いで設立され、明治10年以降に国立銀行券の流通高が増加したこと[29] に矛盾しないと思料される。国立銀行券の発行権が明治政府によって把握されていたことから国立銀行券を集権的な貨幣と捉えるとき[30]、紙幣に関し、中央集権を志向した統一的な法的判断が遅くとも明治10年以降に形成されたと考えることができ

表 1　伺指令・大審院判決における宝貨と紙幣

	紙幣	指令・判決の日付	典拠
明治6年	「元飯田藩通行ノ楮幣・所限リ預リ銭手形」	1月22日指令19号	1巻350頁
	「元前橋藩通用一貫文銭切手」	1月31日指令30号	1巻558頁
	「金札」	2月13日指令39号	1巻753頁
	「金札」	2月13日指令39号	1巻756頁
	「贋札二百五十円」	7月15日指令後6号	2巻142頁
	「金札」	7月20日指令後10号	2巻228頁
	「知事大参事取計ヲ以管内限リ融通ニ発行」の「元江刺県楮幣」	8月3日指令後22号	2巻497頁
	「銀札」	8月3日指令後22号	2巻499頁
明治7年	「旧藩札二擬シ」	1月22日指令15号	4巻287頁
	「摺札ヘ大蔵省ノ厘印ヲ捺押」	4月10日指令68号	6巻416頁
	「旧藩札銭厘ノ印顆ヲ偽造シテ自己ニ捺押シ真札ト並ヘ行使」	4月23日指令75号	6巻551頁
	「旧藩札」	11月15日指令192号	11巻248頁
明治8年			
明治9年			
明治10年	「五円ノ紙幣ヲ十円」	10月7日指令録36号	続編242頁
	「楮幣」「十銭札」	12月27日指令59号	続編245頁
明治11年			
明治12年	「紙幣」	10月22日判決443号	6巻527頁
明治13年	「大蔵省御発行ノ拾銭紙幣」	1月28日判決44号	9巻167頁
	「銀行紙幣」	4月15日判決184号	10巻275頁
	「銀行紙幣」	4月15日判決185号	10巻278頁
	「銀行紙幣」	9月3日判決504号	13巻36頁
	「銀行紙幣」	9月3日判決505号	13巻38頁
	「銀行紙幣」	9月3日判決506号	13巻40頁
明治14年			

※貨幣偽造に関する伺・指令および大審院判決のうち、偽造紙幣の具体的な名称が明示され、「宝貨」の内容を把握できるものを抽出した。頁番号は、当該伺・指令と判決が掲載された最初のページを記載。

※伺・指令は、日本史籍協会編『司法省日誌』一－二十巻（東京大学出版会、1983－1985）と、大阪裁判所編纂『刑事類纂』丙編・続編（明治11年）を典拠とし、指令の日付・番号を付した。なお、明治6年から9年を前者、明治10年は後者を典拠とした。

※大審院の判決は、『司法省蔵版明治前期大審院刑事判決録』第1巻－第18巻（文生書院、1987－1988）を典拠とし、判決日と判決番号を付した。

第 10 章　明治初年期における "紙幣" の法秩序　323

よう。

　ところで、関連法令や法制度の整備をもって明治 7 年から同 8 年に明治政府の貨幣制度がひとまず成立し、そこからさらに、貨幣の計算単位の統一、政府・中央銀行への貨幣高権の統一、流通貨幣から本位貨幣への兌換保障などを経て、明治 12 年から同 18 年ごろに近代的統一貨幣制度が確立したとの指摘がある[31]。すなわち、明治政府は一旦、貨幣制度が成立した後も、より強固な中央集権を目指して政策を重ねたのであり、そのような背景を考慮すれば、司法領域についても考察をさらに試みる必要があろう。このような問題意識のもと、明治政府が認めた以外の "紙幣" に関する規範上の評価を次に検討したい。上述の通り、刑事規制の上では遅くとも明治 10 年に明治政府の管理下にある紙幣のみを「宝貨」に限定し、偽造した場合には処罰の対象にすることとされ、明治政府の管掌する紙幣が、司法上で保護すべき紙幣として主要な地位を獲得したと考えられる。そして、後で詳しく述べるように、これ以降は、"紙幣" に類するものをめぐる法的評価の再編が行われながら、明治政府の紙幣を頂点とした規範的な構造が整えられていくのである。その際、当時において唯一の体系的な法の集合体として運用されていた刑事法規範がその下地として利用されたと推察できる。以上の問題設定をもとに、中央集権化の途上における法秩序の形成を明らかにすべく、検討を試みたい。

2　"紙幣" をめぐる律的法秩序

（1）　国立銀行条例と律系刑法の連接

1　明治 9 年国立銀行条例における「国法」の具体化

　これまでの検討により、遅くとも明治 10 年以降に明治政府発行紙幣と国立銀行券が「宝貨」とみなされ、それらの偽造については「偽造宝貨」が成立して律系刑法により処罰されていたことが確認できた。換言すれば、これらの紙幣は当時運用された律系刑法によって保護されていたのである。とり

わけ、明治13年以降の大審院では国立銀行券の偽造事件が目立っていた。国立銀行券と偽造の関係を示す明文としては、明治9年8月1日太政官第106号布告で改正された国立銀行条例（以下、明治9年国立銀行条例と呼称する）の第89条と第90条を挙げることができる[32]。第89条では国立銀行券の偽造と変造を禁じたうえで、それぞれに関する補助や教唆、通用などもしてはならないとし、違反した者は「国法ニ従テ之ヲ罰スヘシ」と第90条で定めている。国立銀行券の偽造が「偽造宝貨」として処罰されていたことを考えれば、第90条の「国法」とは当時に現行法として運用されていた律系刑法を意味していると推断できよう。この他に「国法」という言葉が用いられている規定として[33]、次に掲げる明治9年国立銀行条例第88条が見られる[34]。

　　　　此条例ヲ遵奉シテ創立シタル国立銀行ヲ除クノ外何人又ハ何会社ヲ論セス凡テ紙幣又ハ望次第持参人ヘ支払フヘキ約束手形又右類似ノ証書其他政府発行ノ貨幣同様ニ通用スヘキ諸手形又ハ切手ヲ振出シ其引受ヲナシ之ヲ製シ之ヲ発行スルヲ禁ス若シ此等ノ数件ヲ犯ス者アルニ於テハ何人ヲ論セス皆ナ国法ニ従テ之ヲ罰スヘシ

　この規定では、国立銀行以外が「紙幣」、「望次第持参人ヘ支払フヘキ約束手形」、「右類似ノ証書」、「其他政府発行ノ貨幣同様ニ通用スヘキ諸手形又ハ切手」を作成、発行することを禁じ、違反者は「国法」によって処罰することが定められている。そして、この明治9年国立銀行条例第88条中の「国法」については、「刑律ニ依リ処分スル義」であるかと司法省が明治13年9月17日付けで尋ねたところ、同月29日付けで「他ノ法律ニ該犯罪ヲ罰スルノ法律ナキ已上ハ其見解ノ通ト思考ス」という判断が太政官によって示されている[35]。山梨県令から電報で質問された司法省が太政官に判断を仰ぎ、このような回答がなされたのであるが、前述の明治9年国立銀行条例第89条および第90条を併せて考えれば、「刑律」とは律系刑法を意味していると思

料される。以上から、明治9年国立銀行条例と律系刑法が結びつけられていることが確認できよう。

これまでの考察を改めてまとめれば、明治9年国立銀行条例第90条に規定された偽造を処罰するための「国法」とされる「刑律」の具体的な規定は、改定律例の改正偽造宝貨律、偽造宝貨条例であることを導くことができる。その一方、結論を先取りすれば、明治9年国立銀行条例第88条に違反した場合には改定律例断罪無正条条例第99条が適用されていたことが確認できる。すなわち、明治9年国立銀行条例中の各規定に応じた「刑律」がそれぞれに適用されていたのである。

律系刑法に特徴的な性格として、2個の法典が現行法として同時に効力をもつという運用方法を先に挙げたが、その他にも不応為条と断罪無正条条が、西洋で生まれた罪刑法定主義と比較される文脈で言及されることが多い。不応為条とは、法に正条はないが、為すべからざることを為した者を処罰する定めであり、断罪無正条条とは、正条が無い行為が行われた場合に、これに類似する他の律を援引して適用することを認める援引比附を規定したもので、それぞれ中国律の伝統的法様式に基礎づけられた規定である[36]。そもそも、律とは、皇帝の名のもと、人間関係において為されるべき行為を余すことなく網羅したうえで、社会に生じる為すべからざる行為をすべて捉えて刑罰の対象とすることを根本的な理念とする。もっとも、すべての事象を予想し、また律の下で捉えることは現実的に不可能といわざるをえない。そのような隙間をうめ、律の機能を貫徹させるために生まれたのが上述の不応為条と断罪無正条条であり、犯罪と刑罰の均衡を正しくならしめるため、官吏が正条に基づいた量刑操作を行える仕組みを用意し、それをもって律の適正な運用を確保した[37]。

明治初年期の律系刑法にも、これらの系譜をひくと見られる規定がある。つまり、新律綱領の名例律断罪無正条[38]と雑犯律不応為[39]、改定律例の名例律断罪無正条条例[40]、雑犯律不応為条例[41]がそれである。ところで、その中の改定律例断罪無正条条例第99条（以下、改定律例第99条と呼称する）に

は、「凡律例ニ罪名ナク令ニ制禁アリ及ヒ制禁ナキ者各所犯ノ軽重ヲ量リ不応為違令違式ヲ以テ論シ情罪重キ者ハ違制ニ問擬ス」[42] として不応為、違令、違式、違制の関係が示されている[43]。不応為を除くこれらは、新律綱領雑犯律違令[44]、改定律例雑犯律違令条例[45] 第287条違制、第288条違式において、それぞれ「令」、「制」、「式」に違反する者を処罰することが定められ、法定刑については原則として、違令が笞40[46]、違制が懲役100日、違式が懲役20日とされている。すなわち、ある法規に違反した者を処罰することがこれらの規定の趣旨であり、具体的には「制」が「詔勅」、「令」が「院省使ヨリ公布スル所ノ諸公告」、「式」が「府県ヨリ下布スル諸規則」に該当することが司法省の明治8年3月10日付けの指令で示されている[47]。もっとも、同指令の末尾に「事理重キ者ハ院省使ノ布令ト雖モ違制ニ問擬スルコトモ之レアル可シ必意事件ノ軽重ニ依テ分擬スルヲ要ス」と断られているように、必ずしもそれと完全に合致した運用がなされていたわけではなく、むしろ諸規則の実効性を担保したり、個別の事件に適切な刑罰の加減を行うために用いられていたことが指摘されている[48]。以上をふまえ、前述の明治9年国立銀行条例第88条をめぐる議論と「刑律」の関係について考察を試み、律系刑法と"紙幣"の関係を検討したい。

2 明治9年国立銀行条例第88条と断罪無正条条例の協働

明治9年国立銀行条例第88条により、国立銀行以外が「紙幣又ハ望次第持参人ヘ支払フヘキ約束手形又右類似ノ証書其他政府発行ノ貨幣同様ニ通用スヘキ諸手形又ハ切手」を発行することは禁じられ、これに違反した者は「刑律」で処罰されることと同13年9月に示されたことが前節で確認できた。そこで、以下では「刑律」にあたるとされた具体的な条文を明らかにすべく、検討を試みたい。

明治9年国立銀行条例第88条の「国法」が「刑律」であることは山梨県令からの電報に端を発したことは先にもふれたが、さらにその具体的な条文を尋ねる次のような伺が続けて山梨県令から出された[49]。

第 10 章　明治初年期における"紙幣"の法秩序　327

　　　国立銀行条例ノ儀ニ付伺

　去ル八月二十七日電報ヲ以テ国立銀行条例第八十八条ニ国法ニ従テ罰スベシトアリ右国法トハ何レノ法律ヲ指シ候哉伺出候処右ハ刑律ニ依リ処分スル儀ト可心得旨御指令有之然ルニ猶退テ該条成文ニ依テ案スルニ紙幣又ハ望次第持参ノ人ヘ支払フベキ約束手形又ハ右類似ノ証書其他政府発行ノ貨幣同様ニ通用スベキ諸手形又ハ切手ヲ振出シ云云ト有之候テ其犯情自カラ同一ナラズ或ハ紙幣又ハ政府発行ノ貨幣同様通用スベキ諸手形ト望次第支払フベキ約束手形ヲ発行スルモノ等ノ区別ニヨツテ刑ノ適用モ亦自カラ相変リ罪ノ軽重ニ差等可有之歟ト被考候処其各種ノ内私社又ハ私立銀行等ニ於テ石銅板活板等ヲ以テ国立銀行紙幣ニ類似セル形チノ預リ手形ヲ製シ而シテ半円一円二円三円ト各種ノ金員ヲ記載シ何人ニテモ此手形持参ノ者ヘ正通貨ト引換可相渡ノ約束文ヲ明記シ其社長或ハ頭取ノ氏名ヲ以テ預ケ主ヘ宛タル手形ヲ振出シ預ケ主又ハ該社モ自カラ之ヲ受授シ普通紙幣ノ如ク使用シ一般ニ流通スルモノアリ右ハ何等ノ刑ヲ適用スベキ哉為心得此旨相伺候条至急御指揮之レアリ度候也

　　　　明治十三年十月六日　　　　　　　山梨県令藤村紫朗
　　　　　　司法卿田中不二麿殿

　この伺は、明治 9 年国立銀行条例第 88 条の違反者が「刑律」で処罰されることを確認したうえで、同条で禁止される対象が複数の種類に及んでいることから、それぞれに均衡する刑の適用が必要であると述べる。そして、「私社又ハ私立銀行等ニ於テ石銅版活板等ヲ以テ国立銀行紙幣ニ類似セル形チノ預リ手形」を「普通紙幣」のごとくに用いてる事例への対応を尋ねている。

　これを受け取った司法省は太政官へさらに指示を仰いだが、その際に自らの意見を付し、「国立銀行紙幣類似ノ手形ハ其性質模擬品ナルモ偽造トハ為

スコトヲ得ス依テ律例正条ナキ者ニ付改定律例第九十九条ニ照依シ処分可然哉」[50] として、改定律例第99条の適用を提案している[51]。当初の太政官法制部は、司法省の見解を否定し、「改定律例第九十九条ニ依テ問擬ス可キモノニアラス何トナレハ該条ハ総則ニシテ刑ヲ適用スルノ本条ニ非ス且不応為違式ヲモ列記」したものであるので、「該犯ハ禁令ヲ犯シタル者ナルカ故ニ新律綱領違令律及ヒ改定律例第二百八十七条ニ依テ処断スヘキモノ」として、「新律綱領違令律及ヒ改定律例第二百八十七条」すなわち違令および違制による処罰を指示した。しかし、回答案に記された適用条文の部分には朱筆で上から線が引かれたうえ、「其見解ノ通」と朱書きの訂正がなされ、さらにその罫紙の欄外には、「司法省見解ノ通テテ到底同一結果ナルヲ以テ答弁ヲ要セス」と書かれている[52]。

太政官による回答の日付けは明治13年11月18日とされており、ここにおいて、明治9年国立銀行条例第88条の違反者に対しては改定律例第99条を適用することが、政府部内の意見としてまとめられたことが看取できよう[53]。

（2） 明治9年国立銀行条例第88条および断罪無正条条の射程

1 「人民私ニ発行シタル切手」への法的評価

明治9年国立銀行条例第88条の違反者には「刑律」のうち、改定律例第99条を適用することが政府内でまとめられたことにより、国立銀行条例に基づいて発行される国立銀行券という紙幣の保護が律系刑法によって担保されたと考えられる。国立銀行券を模したときに「偽造宝貨」が成立するということは、国立銀行券が「宝貨」であり、かつその作成が特定の者にしか許されていないということであるから、その管掌権ないし国立銀行券に対する人々の信用という側面において、国立銀行券が保護されていることを意味する。また、国立銀行券に類する形式や機能をもつものを作成、使用されたときに刑事処罰が行われるのであれば、"紙幣"としての機能を有するものが国立銀行券に限定されているということとなろう。換言するならば、国立銀

行券の範囲が法的に画定されることを意味し、その根拠として改定律例第99条が用いられた。つまり、国立銀行券と、貨幣機能をもつそれ以外の紙片の境界線が明治9年国立銀行条例第88条と改定律例第99条によって設けられたともいえよう。以上のようにして"紙幣"としての国立銀行券が政府内の法的判断上に画定されたのであるが、さらにその枠外の規範的範囲、すなわち明治9年国立銀行条例第88条に基づいて処罰される対象が問題とされることとなるので、以下で検討を試みたい。なお、ここで取り上げる事案は[54]、明治14年4月13日石川県令千坂高雅から司法省へ出された「私ニ発行シタル切手処分ノ儀ニ付伺」に端を発し、最終的には、司法省から指示を仰がれた太政官の作成による回答が指令として石川県令へ示されることとなった。その際、太政官は判断を形成する参考とするため、司法省を介して石川県から調査書を提出させている。

　石川県令による伺の主旨は、「小銭払底ニ付便宜ノ為メ一種ノ小銭切手ヲ製造シ商売上釣銭ニ代用シタル者」がおり、「此切手ハ自然ニ民間ニ融通シテ紙幣同様ノ効力」をもっているので、「相当処分（銀行条例第八十八条ニ依リ雑犯律ノ違令ニ照ラシ処分ス可キ見込ニテ求刑ス　※括弧内は本文では割注：筆者）スル」ことを予定しているため、その際に付随する追徴金や損害の賠償に関する取扱いについて指示を仰いだものである。その文面の最後には実際に使用されていた7種類の切手が甲号から庚号の記号をふられ、参照として添付された[55]。伺を受理した司法省は、さらに太政官へ問い合わせたが、同省が論点としたのはまさにその切手の種類であった。すなわち、司法省は、明治14年6月29日付けで太政官へ宛てた伺において、「右甲号札面ニ「金五円融通」ト記載アル切手ハ国立銀行条例第八十八条ニ依リ処分ス可キ者」であるが、その他の乙号から庚号は[56]「元来物品ヲ預リシ切手ニシテ始ヨリ金円ヲ融通スルノ情質ニ非サルヲ以テ証券印税規則中諸酒食類米油醤油其外諸品売買切手等」と同じなので、明治9年国立銀行第88条で処分するものではないとの意見を付してその当否を尋ねた[57]。つまり、司法省は、券面の表示から読み取れる機能を考慮し、乙号から庚号は明治9年国立

銀行条例第88条で対応するのではなく、むしろ証券印税規則[58]によって包摂するものとして認識したうえで、石川県令がそのような区別をせずにすべてを明治9年国立銀行条例第88条違反として取り扱おうとしたことに異を唱えたことが看取できる。

司法省からの伺を受けた太政官は、司法省権大書記官鎌田景弼を介して千坂からさらに調査書を提出させ、判断形成の参考とした。それをふまえたうえ、「乙号ヨリ庚号ニ至ル六種ノ切手モ民間ニ融通シ紙幣同様ノ効力ヲ有ス」のであれば、「始ヨリ酒醤油等ノ売買切手ト其性質ヲ同フセス流通ヲ主トシタル者ナレハ甲号切手ト同ク銀行条例第八十八条ニ依テ改定律例第九十九条ニ問擬スルヲ至当ト存シ候」[59]と述べ、明治14年9月16日付けで「甲号ヨリ庚号マテ都テ国立銀行条例第八十八条ニ依テ処分ス可キ儀ト可心得事」との判断を司法省へ示した[60]。つまり、太政官は司法省の意見を否定し、「民間ニ融通シ紙幣同様ノ効力ヲ有」して「流通ヲ主トシタル者」はすべて、明治9年国立銀行第88条に違反すると判じたのである。

2　国立銀行条例の改正と「切手」に関する政府解釈の変更

「人民私ニ発行シタル切手」が「流通ヲ主トシタル者」である場合はすべて明治9年国立銀行条例第88条に基づいて改定律例第99条で処罰することが太政官によって示されたことにより、司法省の想定よりも広い適用の範囲が明治9年国立銀行条例第88条に用意されたといえよう。司法省は、特定の宛名などが掲載されず、「札面ニ「金五円融通」ト記載アル切手」は明治9年国立銀行券第88条の違反とし、一方で「元来物品ヲ預リシ切手ニシテ始ヨリ金円ヲ融通スルノ情質ニ非サル」ものは「証券印税規則中諸酒食類米油醤油其外諸品売買切手等」に分類し、明治9年国立銀行条例第88条の射程外であると区別した[61]。つまり、関連ないし隣接する他の法との関係を考慮しながら、国立銀行条例第88条と改定律例第99条によって、「紙幣」の規範的な範囲を画定しようとする姿勢を司法省に見出せよう[62]。これに対して太政官は、「民間ニ融通シ紙幣同様ノ効力ヲ有」して「流通ヲ主トシタル

者」は一律に国立銀行条例第 88 条違反としたわけだが、そこでは他の法規との権衡や関連性は考慮されておらず、むしろ国立銀行券の専一的な「流通」を保全するという経済実体を主眼とした姿勢を読み取ることができるのではないだろうか。

ところで、このような「切手」に関し、明治 8 年の段階で政府が示した法解釈の指針を、同年 6 月 7 日付けで大蔵省から太政官に提出された「紙幣類私造等之者御処分之条件律令中へ御増補相成度儀ニ付伺」とその回答の中に確認することができる[63]。大蔵省による伺の主旨は、「律令江御増補可相成条件」として、次に示す 3 者に対する処罰を「律令」へ追加することを提案したものである。その 3 者とは、第 1 に「諸紙幣及諸公債証書類ノ原版ヲ彫刻スル者又ハ之ヲ売買スル者又ハ之ヲ所持スル者」、第 2 に「諸紙幣及諸公債証書類ニ用ユル字及模様ヲ漉込タル紙品或ハ之ニ類似スル紙品ヲ偽造スル者又ハ之ヲ売買スル者又ハ之ヲ所持スル者」、第 3 に「通用切手ニ用ユルカ為メ官許ヲ得ス濫ニ紙幣ノ種類ヲ私造スル者又ハ之ヲ売買スル者又ハ之ヲ行使スルモノ又ハ之ヲ所持スル者」であったが[64]、先に結論を述べれば、明治 8 年 8 月 9 日付けで「伺之趣当分別段律例ニ増加ニ不及候事」と太政官が回答し[65]、大蔵省の希望は却下される[66]。そして、そこで示された理由に「切手」に関する政府の解釈が示されているので、これまでの論考と併せて検討を試みたい。よって、以下では主に第 3 条に着目して考察を進めることとする。

大蔵省の意見書は、第 3 条について、「官許ヲ不得濫リニ紙幣類ヲ私造致シ候者御処分之正条律令中へ御掲載無之而ハ是亦不都合ニ被存候」であるので、「末条犯違之者御処分之法御増補相成度」と述べている[67]。第 1 条と第 2 条に関しては「偽造宝貨律初条ニ右之意味含蓄有之儀ニモ相見候得共詳悉不致候而者不都合」と述べられていることを併せて考えると[68]、第 3 条の客体は「宝貨」ではないとしたうえで、ほしいままに作成、売買、行使することを禁じて刑事処罰の対象として明文化することを提案していることがわかる。これに対して太政官は、「今刑律ノ不備不権衡ナルハ唯此一事ノミニ止ル」ものではなく、「第一第二条ハ詐為官文書律及ヒ偽造宝貨律」で対応が

可能であり、「第三条ハ不応為ノ重キニ問擬候テモ強テ差支」無いと確認し、明治8年8月9日付けで「伺之趣当分別段律例増加ニ不及候事」と指令に及んだ[69]。このように、「通用切手ニ用ユルカ為メ」に「官許ヲ得ス漫ニ」用いられる「紙幣ノ種類」に対しては「不応為ノ重」が妥当するとの判断が太政官によって明治8年に示されたのである[70]。

　ここで、国立銀行条例の改正を想起したい。前述の通り、同条例は明治5年11月15日太政官第349号布告として発せられたのち[71]、銀行設立や銀行券発行の要件を緩和するために明治9年に抜本的に改正された。もっとも、本章で取り上げた明治9年国立銀行条例第88条については、その規定内容から見るとき、明治5年の国立銀行条例第22条に該当すると考えられる[72]。ただし、これまで述べてきたように明治9年国立銀行条例第88条においては同条違反を「国法」で処罰することが規定されているが、明治5年国立銀行条例第22条では単に禁止を掲げるのみに止まり、違反者に対する処罰は規定されていない[73]。すなわち、明治5年国立銀行条例が現行法として効力を有した明治8年の段階で、「通用切手」の使用に対し、「凡律令ニ正条ナシト雖モ情理ニ於テ為スヲ得応カラサルノ事ヲ為ス者」に適用される不応為条が示されたことは合理的な判断であるといえよう[74]。翻れば、先に検討した「人民私ニ発行セシ切手」の事例において改定律例第99条が適用されたのは、明治9年の改正によって国立銀行条例が自身の中に「国法」による処罰を明文化したためであるからに他ならない。以上の考察からは、同時代の法令と働き合いながら、明治初年期の律系刑法が自らのもつ刑事法としての機能をもって明治政府の政策に寄与するとともに、"紙幣"の法的範囲を定めながら、その法秩序を形成していった様相を見ることができるのではないだろうか。

おわりに

　明治初年期に、法制度としての通貨が整えられていく過程を明らかにする

ため、刑法典に類する機能をもって運用された律系刑法を通し、"紙幣"を
めぐる法的判断を考察してきた。律系刑法上の「紙幣」が偽造罪の客体とし
て規定されたことから、「偽造宝貨」の事例を分析し、明治7年までは近世
以来の紙幣が「宝貨」に包含されていたものの、遅くとも同10年以降は政
府が管掌する紙幣のみが「宝貨」であるという判断が形成されたことが明ら
かになった。そして、とりわけ明治13年以降に多く見られた国立銀行券に
着目し、明治9年国立銀行条例と律系刑法の関係を検討し、改定律例断罪無
正条条例第99条が用いられながら国立銀行券を中心に据えた紙幣秩序が整
えられていく過程を整理した。その際、司法省は関連法規との調整を考慮し
て法適用を試み、その一方で太政官は紙幣の専一的な流通を安定させること
を図っていたと推察できることを併せて指摘した。

　明治9年国立銀行条例第89条および第90条ならびに第88条に関する検
討で確認したように、第89条と第90条で処罰する国立銀行券の偽造は、大
きな議論がなされた形跡もなく、律系刑法の「偽造宝貨」によって処罰され
た。これに対し、国立銀行券に類する機能をもつものが問題となった場合に
は改定律例断罪無正条条例第99条に依拠された。そもそも、"偽る"という
ことは、当事者間の合意や、社会・国家的制度ないし規範から外れたものを
作ることである。換言すれば、何らかの規範・ルールが存在しなければ"偽
る"ということは生じ得ない。つまり、偽造とは、前提となるべき規範ない
し事物が存在してはじめて成立しうるものであると考えたとき、まさに明治
政府が前提とした紙幣とは、自らが管掌する紙幣であったといえよう。これ
に対し、それ以外の紙幣に類するものが作られたときは、それはもはや偽造
とはされず、改定律例断罪無正条条例第99条によって処断されたのである。
すなわち、明治政府が自身の管掌する紙幣を法制上の保護の中心に位置付け
たうえで、それに類するものを周縁として位置付けてその法的評価を整理
し、貨幣制度を築いていった様相を見ることができよう。そして、その過程
では、改定律例に設けられた断罪無正条条例第99条と、金融政策上で出さ
れた明治9年国立銀行条例がまさに両輪として機能したのである。そもそ

も、中国律の背景には、法とは、すべて皇帝の手に在り、官僚の専断的な裁判を防ぐための準則であるとの思想が存在し、このために極めて具体的かつ固定的な法定刑を定める法様式が律である[75]。そして、刑罰の適正な処断を実現するためにその硬直性を緩和することを、あくまで律の規定を根拠として行うために不応為条と断罪無正条条は用意された[76]。明治15年に日本銀行条例が制定されると[77]、明治16年には国立銀行がもっていた銀行券の発行権が否定されたうえで[78]、明治17年「兌換銀行券条例」に基づいて翌年から日本銀行券が発行されることとなるが[79]、そのように統一的な銀行券が明確に定められる以前において、「宝貨錯乱」といわれる状況から、明治政府が保護すべき紙幣の範囲が、太政官制のもとで発せられた法令と改定律例断罪無正条条例第99条によって次第に画定されていく様相は[80]、西欧近代的な法制度が本格的に移入される以前のわが国における法秩序の成り立ちを示す一例として捉えられると考えたい。本稿で確認した事例は量刑操作を主眼においた法適用であったとも思料されるが、その結果として、明治9年国立銀行条例を拠り所としながら律系刑法が"紙幣"の法秩序を形成したと見ることができるのではないだろうか。

　前述のように、明治初年期には王政復古というスローガンのもと、律令制を意識した制度設計が試みられ、新律綱領・改定律例は律の機能を果たすものとして創り出された。令に関しては体系的な法制度として職員令や太政官制も実施はされるものの、むしろ政策上でその都度出される法令とその改廃を繰り返して、明治政府は自らの基盤を形成していく[81]。そのような背景をふまえるとき、断罪無正条条例がその周縁の規則群と働き合いながら運用された様相からは、律系刑法が同時代的な法令との関係のなかで法秩序を形成するとともに、国家刑罰規範としての自らの中心性を獲得していく過程が垣間見えた[82]。もっとも、今回の検討は政府部内の紙幣をめぐる法秩序の形成過程に焦点を絞ったものであるため、今後は、在地における法規範上の"紙幣"の在り方を明らかにしていかねばならない。また、新律綱領・改定律例に代わって効力をもつこととなるわが国最初の西欧近代的な刑法典のもとで

第 10 章　明治初年期における"紙幣"の法秩序　335

本稿で検討した法秩序が再編される様相についても別稿にて検討の対象としたい。

〈注〉

1　「貨政考要」（大内兵衛・土屋喬雄編『明治前期財政経済史料集成第 13 巻』改造社、1934）、72 頁。

2　近年の代表的な成果として、小林延人『明治維新期の貨幣経済』（東京大学出版会、2015）など。

3　稲田正次『明治憲法成立史上巻』（有斐閣、1960）、62-71 頁。鈴木安蔵『太政官制と内閣制』（昭和刊行会、1944）、34-41 頁。石井良助『明治文化史第 2 巻法制編』（洋々社、1954）、88-91 頁。菊山正明『明治国家の形成と司法制度』（御茶の水書房、1993）、72 頁。笠原英彦『明治国家と官僚制』（芦書房、1991）、36-58 頁など。

4　復古的な律令制にとどまらない"司法"機関の制度設計に関する近年の報告として、山口亮介「明治太政官制復古と刑法事務課・事務局、刑法官、刑部省の形成」（『北九州市立大学』42 巻 2・3・4 合併号、2015）、232-288 頁。

5　新律綱領と改定律例については、以下を参照。小早川欣吾『明治法制史論公法之部（下巻）』（厳松堂書店、1940）、978-999 頁。小早川欣吾「新律綱領及び改定律例の編纂過程と其の判決に就いて」（『続明治法制論考』山口書店、1944）、1-156 頁。石井良助『明治文化史第 2 巻法制編』（洋々社、1954）、270-289 頁。小林好信「明治維新と刑法の撰定―新律綱領並に改定律例を中心として―」（『法学論叢』48 巻 5 号、1943）、128-135 頁。手塚豊「新律綱領編纂関係者考」（同『明治刑法史の研究（上）』、慶應通信、1984）、31-48 頁。手塚豊「新律綱領の施行に関する一考察」（同前）、49-74 頁。手塚豊「新律綱領・改定律例注釈書」（同『明治刑法史の研究（上）』同前）、179-196 頁。水林彪「新律綱領・改定律例の世界」（石井紫郎・水林彪編『法と秩序　日本近代思想大系 7』岩波書店、1992）、454-548 頁。藤田弘道『新律綱領・改定律例編纂史』（慶應義塾大学出版会、2001）など。

6　明治 15 年に施行された刑法典ついては、以下を参照。吉井蒼生夫「近代日本における西欧型刑法の成立と展開」（同『近代日本の国家形成と法』日本評論社、1997）、83-116 頁。「ミニシンポジウム「近代日本の法典編纂――八八〇年刑法（旧刑法）を再読する―」」（『法制史研究』47 号、1997）、139-176 頁。岩谷十郎

「刑法典の近代化における「旧なるもの」と「新なるもの」」（同『明治日本の法解釈と法律家』慶應義塾大学法学研究会、2012）、257-270頁など。

7　石井良助『明治文化史第2巻法制編』（洋々社、1954）25-36頁、岩谷十郎「明治太政官期法令の世界」（同『明治日本の法解釈と法律家』慶應義塾大学法学研究会、2012）、3-63頁。

8　仮刑律については、手塚豊「仮刑律の一考察」（同『明治刑法史の研究（上）』慶應通信、1984）、3-29頁。

9　新律綱領・改定律例の編纂については、藤田弘道『新律綱領・改定律例編纂史』（慶應義塾大学出版会、2001）を参照。

10　内閣記録局編『法規分類大全第54巻刑法門（1）』覆刻版（原書房、1980）、302頁。なお、以下では同書を『法規分類大全第54巻刑法門（1）』と表記する。

11　『法規分類大全第54巻刑法門（1）』、363-364頁。

12　『法規分類大全第54巻刑法門（1）』、301-302頁。

13　「偽造宝貨」と明治15年に施行された刑法典における「貨幣ヲ偽造スル罪」の関係について、拙稿「明治期の貨幣偽造に関する刑事規制の立法と運用―旧刑法における「法の継受」の位置付け―」（『法学政治学論究』105号、2015）、35-66頁。

14　『法規分類大全第54巻刑法門（1）』、123-124頁。

15　霞信彦「通貨偽造は『梟』（その一）、（その二）」（『書斎の窓』449号・450号、1995）、4-5頁、2-3頁。霞信彦「通貨偽造は「梟」」（『矩を蹈えて』慶應義塾大学出版会、2007）、33-40頁。

16　『法規分類大全第54巻刑法門（1）』、123頁。

17　『法規分類大全第54巻刑法門（1）』、301-302頁。

18　『法規分類大全第54巻刑法門（1）』、335-338頁。

19　『法規分類大全第54巻刑法門（1）』、123-124頁。

20　『法規分類大全第54巻刑法門（1）』、301-302頁。なお、第255条には「偽貨」という言葉が用いられている。

21　霞信彦『明治初期 伺・指令裁判体制の一掬』（慶應義塾大学出版会、2016）を参照。

22　明治6年から同9年の指令については、日本史籍協会編『司法省日誌』一－二十（東京大学出版会、1983-1985）から引用する。『司法省日誌』の性格については、以下の文献を参照。霞信彦「「司法省日誌」考―第一期刊行分を素材として―」「司法省日誌記事をめぐる一試論」（同『明治初期 伺・指令裁判体制の一掬』

慶應義塾大学出版会、2016）、1-63 頁。沼正也「家族関係法における近代的思惟
の確立過程（その一）」、同「司法省指令の形成をめぐる明法寮の役割」（同『財
産法の原理と家族法の原理（新版）』三和書房、1980）、210 頁註（1）、682 頁。
また、明治 9 年以降の指令は大阪裁判所編纂『刑事類纂丙編』、『刑事類纂続編』
（明治 11 年）を典拠とする。なお、特に断らない限り、『司法省日誌』から引用
する場合には東京大学出版会による覆刻版を用いることとする。

23　岩谷十郎「訓令を仰ぐ大審院」（同『明治日本の法解釈と法律家』慶應義塾大
学法学研究会、2012）、67-136 頁を参照。

24　大審院の判決は、『司法省蔵版明治前期大審院刑事判決録』第 1 巻-第 18 巻
（文生書院、1987-1988）から引用する。なお、特に断らない限り、大審院判決を
引用する際は文政書院による復刻版を用い、『大審院刑事判決録』と表記するこ
ととしたい。

25　山本有造『両から円へ』（ミネルヴァ書房、1994）、276 頁。

26　小林延人『明治維新期の貨幣経済』（東京大学出版会、2015）、323-326 頁。

27　「銀行」という名を掲げたいわゆる私立銀行ないし銀行類似会社も存在した
が、銀行券の発券業務を認められていたのは国立銀行だけであるとともに、「私
社又ハ私立銀行」よる紙幣類似品の発行ないし流通は改定律例第 99 条で処罰さ
れたことから、ここで偽造罪の対象とされているのは国立銀行券であると解する
ことができよう。詳しくは本章の 2 で検討を試みる。

28　明治 9 年 8 月 1 日太政官布告第 106 号（内閣官報局『法令全書明治九年』、81-
111 頁）。なお、細則として国立銀行成規も併せて定められた（同書、111-146
頁）。

29　山本有造『両から円へ』（ミネルヴァ書房、1994）、40-41 頁。

30　小林延人『明治維新期の貨幣経済』（東京大学出版会、2015）、6、26-27、333
頁。

31　小林延人『明治維新期の貨幣経済』（東京大学出版会、2015）、6、332-335 頁。

32　『法令全書明治九年』、104-105 頁。

33　明治 9 年国立銀行条例では第 88 条と第 90 条の他に、「国法」という言葉が第
50 条と第 85 条にも見られるが、本稿の目的を鑑みて、これらに関する詳しい考
察は稿を改めて試みたい（『法令全書明治九年』、94、103 頁）。

34　『法令全書明治九年』、104 頁。

35　国立公文書館所蔵『法制局文書』「刑法説明録三」（2A/34-6/2077）「第二十一
号司　銀行条例中第八拾八条国法云々ノ儀」。

36 不応為条と断罪無正条条については先学によって数多くの業績が積み重ねられ
ているが、本稿の目的を考慮して、ここでは明治期の律系刑法に関連する先行研
究を掲げることとしたい。小林好信「明治維新と刑法の撰定——新律綱領並に改
定律例を中心として—」(『法学論叢』48 巻 5 号、1943)、128-135 頁。同「新律
綱領並に改定律例の歴史的使命」(『法学論叢』50 巻 5・6 号、1944)、117 頁。小
野清一郎「旧刑法とボアソナードの刑法学」(同『刑罰の本質について・その他』
有斐閣、1955)、433-435 頁。佐伯千仞・小林好信「刑法学史(学史)」(鵜飼信
成他編『講座・日本近代法発達史第 11 巻』勁草書房、1967)、220-222 頁。佐伯
千仞「元老院の不応為律廃止論—明治初年における罪刑法定主義—」(『立命館法
学』75・76 号、1967)、1-13 頁。吉川経夫「日本における罪刑法定主義の沿革」
(東京大学社会科学研究所編『基本的人権 4 各論 I』東京大学出版会、1968)、
9-10 頁。岩崎二郎「罪刑法定主義と不応為及び援引比附」(『神奈川法学』5 巻 2
号、1969)、1-31 頁。後藤武秀「明治初期における不応為条の適用件数につい
て」(『敦賀論叢』創刊号、1987)、84-88 頁。同「新律綱領「不応為」条の一考
察—明治六年より同九年に至る事例分析を通して—」(手塚豊編『近代日本史の
新研究 IV』北樹出版、1987)、237-268 頁。同「新律綱領下における情状酌量」
(『法学新報』102 巻 11・12 号、1996)、301-321 頁。岩谷十郎「不応為条廃止論
考」(同『明治日本の法解釈と法律家』慶應義塾大学法学研究会、2012)、
177-216 頁。

37 中村茂夫「不応為考—「罪刑法定主義」の存否をも巡って—」(『金沢法学』26
巻 1 号、1983)、20 頁以下。滋賀秀三『清代中国の法と裁判』(創文社、1984)、
74-85 頁。

38 『法規分類大全第 54 巻刑法門 (1)』、157 頁。

39 『法規分類大全第 54 巻刑法門 (1)』、189-190 頁。

40 『法規分類大全第 54 巻刑法門 (1)』、284 頁。

41 『法規分類大全第 54 巻刑法門 (1)』、305 頁。

42 『法規分類大全第 54 巻刑法門 (1)』、284 頁。

43 明治初年の律系刑法が中国律の系譜にあり、それを象徴する定として不応為条
と断罪無正条条が存在することは周知である。ただし、中国律のもつ理念や原
理、法体系までも新律綱領が導入されたわけではないことを考慮し、両者の相違
性も指摘されている(奥村郁三「新律綱領と明律」、同『日本史上の中国—金
印・那須国造・飛鳥・新律綱領・令集解』阿吽社、2015、167-231 頁)。また、
違式と違令については、「律逸文、雑律には違令条はあるが違式条は存在しない

第 10 章　明治初年期における "紙幣" の法秩序　339

けれ共」、「違式の語は我が王朝期の律に見ゆる違式罪より出るもの」とされる一方で（小早川欣吾『明治法制史論公法之部（下巻）』厳松堂書店、1940、1055頁）、諸律を参考として「違式」の名が決められたことも指摘されている（後藤武秀「新律綱領「違令条」、改定律例「違式」条および「違制」条の一考察―『司法省日誌』の分析を通して―」『東洋法学』35 巻 2 号、1992、96-97 頁）。また、違制については「いかなる経緯により設けられたかは明らかではない」ものの、仮刑律（明治元年二月事編纂）・雑犯・制旨及令違条にある規定がその典拠として推測されている後藤武秀「新律綱領「違令条」、改定律例「違式」条および「違制」条の一考察―『司法省日誌』の分析を通して―」『東洋法学』35 巻 2 号、1992、97 頁）。これらのような先学の成果を参考にしつつ、明治初年期のわが国で運用された律系刑法について検討を試みたいと考える。

44　『法規分類大全第 54 巻刑法門（1)』、189 頁。

45　『法規分類大全第 54 巻刑法門（1)』、305 頁。

46　明治 5 年 4 月第 113 号布告により、新律綱領に定められていた笞刑と杖刑はその回数を日数に換算して懲役刑に改められることになるが（『法規分類大全第 54 巻刑法門（1)』、198-200 頁）、本稿では新律綱領の明文に従い、表記する。

47　『司法省日誌』十五、381-383 頁。

48　後藤武秀「新律綱領「違令」条、改定律例「違式」条および「違制」条の一考察―『司法省日誌の分析を通して』―」（『東洋法学』35 巻 2 号、1992）、131-132 頁。

49　国立公文書館所蔵『法制局文書』「刑法説明録三」（2A/34-6/2077）「第三十号司　私社銀行等ニテ紙幣ニ類似手形ヲ製スルノ儀」。

50　先の注 27 で指摘したように、ここにおいて「私社又ハ私立銀行」が国立銀行紙幣に類似の機能をもった「預リ手形」を作成、流通させた場合には「偽造宝貨」はもはや成立しないと明言されていることから、「偽造宝貨」の事例を抽出した 322 頁の表中にある「銀行紙幣」は、「私立銀行」ではなく、国立銀行のそれを意味すると考えられる。なお、私立銀行に関する法制史からの言及として、福島正夫・拝司静夫「金融法（法体制確立期）」（鵜飼信成ほか編『講座日本近代法発達史 6』勁草書房、1959）94-96 頁などを参照。

51　前掲「第三十号司　私社銀行等ニテ紙幣ニ類似手形ヲ製スルノ儀」。

52　前掲「第三十一ノ号司　私社銀行等ニテ紙幣ニ類似手形ヲ製スルノ儀」。

53　大審院による明治 13 年 10 月 25 日判決第 735 号「不応為ノ件」では、明治 9 年国立銀行条例第 88 条違反に雑犯律違令が直接適用されている（『大審院刑事判

決録』第 14 巻、175-179 頁)。当該事件は、「空品相場ヲ為シタル」科と「通貨
ニ代用スル預リ手形ヲ発行シタル科」の二罪の科刑に関し、上告がなされたもの
である。本稿が着目すべき後者についての口供をみると、複数名で「仲買問屋ナ
ルモノ開業」し、「朱ニテ買ノ文字アル印影及ヒ仲買問屋ノ朱印ヲ押捺シタル紙
製ノ小札ニ五銭預リト記シタルモノハ手付金過銭又売買計算上過銭ヲ相渡ス時ニ
当リ小銭払底ナルニヨリ預リ手形トシテ相渡来リタル残余ノ紙札ニテ右使用セシ
モノハ通貨ノ代用ヲ為サシメタルモノニテ日々之ヲ発行致候事」とある。これに
対して原審たる長崎裁判所所管内久留米区裁判所は、「国立銀行条例第八十八条
ニ依リ雑犯律違令重キニ問ヒ各懲役四十日」を申しつけ、大審院もその判断自体
については否定していない。この事例では改定律例第 99 条の適用を介さずに、
雑犯律違令が直接に適用されてはいるが、本文で確認した太政官による回答が示
された明治 13 年 11 月 18 日の以前である明治 13 年 10 月 25 日付けで該判決が示
されているとともに、雑犯律違令を下した原裁判所が下級の裁判所であり、大審
院での主たる争点は二罪の科刑であったことを考慮すれば、本文での検討と矛盾
するものではないと考えられる。むしろ、国立銀行条例第 88 条違反に対して、
改定律例第 99 条が包摂している「違令」が処断されたという点に着目し、論考
を進めたい。

54　『公文録明治十四年第二百四巻明治十四年九月司法省 (一)』「人民私ニ発行セ
　　シ切手処分ノ件」(2A/10/3109)。なお、国立公文書館所蔵『法制局文書』「刑法
　　説明録十一」(2A/34-6/2077) には、石川県令からの伺、参照条文および指令、
　　太政官法制局の回答案が「第十三号司　人民私ニ発行シタル切手処分ノ儀」と題
　　されてまとめられている。

55　前掲「人民私ニ発行セシ切手処分ノ件」。

56　なお、「乙号「金何銭何品右代価受取物品何時ニテモ此証引換可相渡」己号
　　「若シ物品御都合ニ依リ御不用ナラハ此切手何枚ヲ以テ何銭相渡」度ノ類として、
　　券面の表示を説明している。

57　前掲「人民私ニ発行セシ切手処分ノ件」。

58　明治 7 年 7 月 29 日太政官第 81 号布告「証券印税規則」を指していると考えら
　　れる (『法令全書明治七年』、69-84 頁)。同規則は第 1 類諸証書、第 2 類証書、
　　第 3 類証書を設け、それぞれの印税額を定めており、「切手」は第 3 類証書に分
　　類される。「切手」は「諸酒切手」、「食類切手」、「米醤油油其外諸品売買切手」
　　の 3 種に分けられており、これらが司法省の伺が言及している「切手」であると
　　考えられる (同書、74-75 頁)。

59 前掲「人民私ニ発行セシ切手処分ノ件」。

60 前掲「人民私ニ発行セシ切手処分ノ件」。

61 このような司法省の判断と親和性があると推察できる事例として、大審院の明治14年8月3日判決第1006号「酒切手ヲ製スル件」(『大審院刑事判決録』第17巻、226頁)と、同年9月17日判決第1102号「酒預リ切手ヲ製シタル件」(『大審院刑事判決録』第17巻、282-283頁)を挙げたい。なお、両者は事件の概要および法適用がほぼ合致しているので、ここでは先に出た明治14年8月の「酒切手ヲ製スル件」に言及する(以下、引用はすべて『大審院刑事判決録』第17巻、226頁による)。

　原審の松本裁判所は、「小銭払底ニシテ自己営業取引上釣銭ニ差支明治十四年一月二十八日金五銭分酒配符ト題シタル酒預リ切手ヲ製シ爾来釣銭ノ都合ニ依リ右切手ヲ使用」した者を「酒切手ハ製ス可ラストノ法律ナク其銭ノ都合ニ依リ右切手ヲ使用セシハ受授者双方ノ承諾ニ出タルモノニシテ苟モ之ヲ強ルノ意アルニ非サレハ不応為ノ限リニ非サルモノト認定ス依テ之ヲ法律規則ニ照シ罪ノ問フヘキナシ」として無罪とした。これを批判してなされた上告の主旨は、「被告カ私擅ニ製造シ通用セシメタル所ノ酒配符札ナルモノ」は、「其通貨ト効力ヲ同フスル一種ノ融通札」であり、「被告ハ官許ヲ得スシテ私擅ニ右融通札ヲ製造シ而シテ之ヲ通用」させたので「不応為条不応為重キニ問ヒ懲役七十日ニ処断」するべきとの求刑である。

　以上のような経緯のもと、大審院は原裁判所と上告を共に否定し、「改定律第九十九条」に基づく「違式ノ軽」を下した。その理由は、当該「酒切手」は、「金五銭ヲ実名指ニ立タリ故ニ尋常菓子或ハ魚類ヲ実指名ニ立タル預リ切手ト其性質ヲ異ニスル」ものであるとともに、「文中酒配符ト」あるので「融通札ト其性質ヲ同フセサル」ものであることから、「切手ノ文面金銭ヲ実名指トナシ而シテ酒配符トアリテ此切手ヲ交換スルノ事物明瞭」でなく、預り切手とも融通札とも異なるので、原裁判所と上告を支持することはできないと述べた。そして、大審院自らの判断として、そのようなものを作成、使用したことに対して、「名例律断罪無正条条例第九十九条」に基づいて「違式ノ軽」を適用したのである。確かに、結果としては本文での事案と同じ改定律例99条が適用されている。しかしながら、大審院は流通性などを勘案するのではなく、その形式から読み取ることのできる当該切手の機能が不分明であることを理由に改定律例99条から「違式ノ軽」を適用したのであり、その際に明治9年国立銀行条例第88条へ言及しない。本文での確認と同様に、当該切手の形式とそこから看取される機能に着

目し、それが不明瞭であることをもって、国立銀行条例第88条の適用外と判断
し、このような判断を形成したといえるのではないだろうか。

62 もっとも、「紙幣」、「切手」、「手形」に関する法規範上の区別についてはさら
なる考察が必要と考える。たとえば、明治15年に制定された為替手形約束手形
条例に関する元老院の議論において、内閣議員として参加していた鶴田皓は「既
ニ前年信濃越但馬等ニ在テハ紙幣ノ乏キニ由テ該地ノ富民等私ニ此切手ヲ製シテ
授受シタルヲ以テ贋札ナリシトテ之ヲ司法省ニ訴ヘタル者アリ然レトモ是レ固ヨ
リ切手ニシテ贋札ニ非サレハ他ニ之ニ該ツヘキ法律ナキニ依リ此等ノ例証アルヲ
以テ参事院ニテモ種々審議ノ末斯ノ如ク決定シタリト雖モ実ハ十分経験ノ上ニ非
サレハ其利害未タ判然セス」と発言している（『元老院会議筆記前期第十三巻』、
元老院会議筆記刊行所、1967、898頁）。また、鶴田は「其第八十八条ヲ以テ国
立銀行条例ヲ除クノ外ハ諸手形類ヲ作ルコトヲ禁退セリ」などと述べ、国立銀行
条例と為替手形約束手形条例の関係に言及している（同前、1114-1115頁）。こ
のように、各種の法制度が次第に整えられいくなかで行われた隣接領域との調整
については稿を改めて検討することとしたい。

63 『公文録明治八年第二百七巻明治八年八月大蔵省伺二』「紙幣類私造等ノ者処
分ノ儀律令中へ増補伺」（2A/9/1591）。なお、国立公文書館所蔵『法制局文書』
「刑法決済録四」2A/34-5/2019）には「第二十六号大　紙幣類私造等ノ者御処分
ノ条件律令中へ御増補相成度儀」として、法制課による元老院への回付決定、大
蔵省の伺が綴じられている。

64 前掲「紙幣類私造等ノ者処分ノ儀律令中へ増補伺」。

65 前掲「紙幣類私造等ノ者処分ノ儀律令中へ増補伺」。

66 当該意見書は太政官に提出されたものの、明治8年6月17日に「右ハ新法設
立ニ関スル事件ニ付元老院会議ニ付セラレ可然哉」として元老院に回付された形
跡があるが、残念ながら未だ元老院での審議内容を示す史料を発見するに至って
いないため、調査を継続して別稿にてさらなる考察を試みることとしたい。

67 前掲「紙幣類私造等ノ者処分ノ儀律令中へ増補伺」。

68 前掲「紙幣類私造等ノ者処分ノ儀律令中へ増補伺」。

69 前掲「紙幣類私造等ノ者処分ノ儀律令中へ増補伺」。

70 伺の受理の日付は明治8年7月20日であることから法制課の名で元老明治14
年「人民私ニ発行セシ切手」はともに、法制部作成の文書が綴じられている。作
成主体は異なるものの、ここでは「切手」という客体に関する政府内の法規範形
成の過程を考察するため、検討の素材として取り上げた。なお、「法制局文書」

については湯川文彦「明治太政官制下における法制・行政・記録―「法制局文書」の検討から―」（『東京大学日本史学研究室紀要』14 号、2010）、137-164 頁に詳しい。

71 『法令全書明治五年』、287-310 頁。なお、細則として「国立銀行成規」が同時に定められている（同書、310-348 頁）。

72 明治 5 年国立銀行条例第 22 条の規定は次の通りである（『法令全書明治五年』、307-308 頁）。

　　　　第二十二条　此条例ノ外他ニ金券又ハ紙幣ノ類ヲ発行スル銀行ヲ禁止スルコトヲ明ニス
　　第一節　此条例ニ従テ国立銀行創立ノ事ヲ制定シタル後ハ何レノ人何レノ方法ヲ不論他ノ処置ヲ以テ紙幣金券及通用手形類ヲ行フコトハ都テ之ヲ禁止スヘシ
　　第二節　故ニ従来官許ニテ金券通用手形ノ類ヲ発行シテ営業スル銀行又ハ商会ト云トモ速ニ共通用ヲ止メ之ヲ正金ニ引換ルノ処置ヲナサシムヘシ
　　第三節　為替両替預リ金貸付等都テ銀行ニ類スル業ヲ営ム者ハ向後紙幣頭ノ承認ヲ得サレハ其営業ヲ為スヘカラス故ニ従来其業ヲコトトスル商会又ハ銀行等ハ其地方官庁ヲ経テ在来営業ノ次第ヲ悉ク紙幣寮ヘ申牒シ其指令ニ従テ報告書ヲ差出ヘシ
　　　　但向後設立ノ分ハ勿論其前ニ紙幣頭ノ承認ヲ受テ営業スヘシ

73 なお、他にも「国法」を明言している明治 5 年国立銀行条例の規定も見える。すなわち、第 25 条「銀行ノ役員奉務上ノ禁令ヲ明ニス」の第 2 節と（『法令全書明治五年』、308 頁）、第 27 条「紙幣偽造ノ禁令ヲ明ニス」の第 4 節（同前、310 頁）を挙げることができ、これらと明治 9 年国立銀行条例の関係については他稿で検討を試みたい。

74 なお、「小札鮮ニテ小民共売買向過銭取引不自由ニ相成」って用いられた「預リ代札」と（『司法省日誌』二、84 頁）、「当時村方小札乏ク日々ノ取引上ニモ差支不得已一時融通ノ為銘々名印ノ預切手ヲ以テ釣銭等」として「通貨ニ代用」した「銀札預切手」に対し（『司法省日誌』三 294 頁）、それぞれ「不応為軽」という指令が示されている。これらの法的判断との関連との関連も別稿で詳しく述べたいと考えている。

75 滋賀秀三『清代中国の法と裁判』（創文社、1984）、80 頁。中村茂夫「不応為考―「罪刑法定主義」の存否をも巡って―」（『金沢法学』26 巻 1 号、1983）、27

344

頁。

76 滋賀秀三『清代中国の法と裁判』（創文社、1984）、74-85 頁。中村茂夫「不応
為考―「罪刑法定主義」の存否をも巡って―」（『金沢法学』26 巻 1 号、1983）、
20 頁以下。

77 明治 15 年 6 月 27 日太政官第 32 号布告（『法令全書明治十五年』、21-24 頁）。

78 明治 16 年 5 月 5 日太政官第 14 号布告（『法令全書明治十六年』、23-26 頁）。

79 明治 17 年 5 月 26 日太政官第 18 号布告（『法令全書明治十七年』、38-41 頁）。

80 もっとも、「「新律綱領」が、「援引比附」を規定していることは疑いのないと
ころにしても、これと併せて施行されたとされるところの「改定律例」中に規定
される「不応為」、「違令」、「違式」、及び「違制」と果たしてどのような関係に
立つものであったかについては、未だ資料が不十分である」（岩崎二郎「罪刑法
定主義と不応為及び援引比附」、『神奈川法学』5 巻 2 号、1969、21 頁）と指摘さ
れるように、律系刑法における改定律例断罪無正条条例の位置付けや機能につい
ては、さらに考察を重ねることとしたい。なお、奥村郁三「新律綱領と明律」
（同『日本史上の中国―金印・那須国造・飛鳥・新律綱領・令集解』阿吽社、
2015）、67-231 頁も参照。

81 「治安維持のために刑法典の編纂が急務であるとともに、他面、復古の思想に
もとづいて、律令が重視され、しかも、令は職員令等を除くと、社会の情勢があ
まりにも異なるので実施し難い面が多いのに対して、律（江戸時代以来、明律の
研究が盛んに行われた）の方は多少の改訂を加えれば、容易に実施しうること、
これが律系統の法典がまず編纂された原因であろう」との指摘がある（石井良助
『明治文化史第 2 巻法制編』洋々社、1954、271 頁）。岩谷十郎「明治太政官期法
令の世界」（同『明治日本の法解釈と法律家』慶應義塾大学法学研究会、2012）、
51-54 頁。

82 「明治五年の初め、廃藩置県が実質的に完了し、全国は府、県の二本立てに統
一され、中央集権が一応整備した時から、明治十五年一月、旧刑法が施行される
前までの時代」は、「従前から施行されていた新律綱領がようやく全国にゆきわ
たり、また明治六年七月から施行された改定律例と並行して、明治十四年末ま
で、両者が全国的統一刑法典としての役割を十分に発揮した時代」であり、「明
治政府の許可にともなう行政機構の確立、あるいは司法機関の整備が一応完了し
た」という指摘がある（手塚豊「国家的刑罰と非国家的刑罰―明治前期の場合に
関する―未定稿―」同『明治刑法史の研究（上）』慶應通信、1984）、197-219
頁）。これを鑑みて、今回の考察をふまえながら、明治 15 年以降についても検討

を試みたい。

第11章　貨幣とは何か
——私的／非政府のコミュニティにおける "お金"——

林　康　史

はじめに

　本章は、貨幣、就中「政府」以外の組織により発行された貨幣あるいは貨幣擬きについての研究ノートを再構成したものである。本章では預金通貨には言及しないので、特に断わりのない限り、通貨という単語は用いず、貨幣という用語を統一的に用いることとする。本章でいう「貨幣」は硬貨のみを指すものではなく、紙幣および紙幣に類するものも含む、世間一般に使用するモノとしての形を有する "お金／マネー" の意味である。なお、「私的／非政府のコミュニティ」の定義に関し、「政府」は、中央銀行を含む政府（通貨当局）あるいはそれに準ずる組織をいい、構成員に対して法を用いて貨幣の通用を強いることのできる立場の団体をいう。つまり、本章で取り上げる貨幣の発行者は、広く、種族社会／私的組織／民間企業／地方政府／NGO であり、簡単にいえば、国家以外の団体および集団すべてである。また、それらが組織立っているかどうかも問わない。

　発行された貨幣が流通する場としての市場に関しては、市場の存在しない社会から市場経済社会までの市場化の度合いを意識しながら考察を加えることとしたい。

1　貨幣の誕生

（1）　貨幣の自然発生

　まず、貨幣の誕生について考え、次に、さまざまな貨幣の特徴や機能を考察する。貨幣の誕生は、当然ながら実際に目にすることができないし、同時代の文献も十分ではなく、腐食を考えると資料にも偏りがあろう。ここでは、考察の素材を得るため、例示的な小説二篇を紹介することとしたい。一つは、原始のお金の誕生を描いた清水義範「事の初め」（短編集『お金物語』[1] 所収）で、一つは、20 世紀初頭に小学生が仲間内で発行を始めた貨幣（こども銀行券）を取り上げた谷崎潤一郎「小さな王国」（短編集『小さな王国』[2] 所収）である。その後、キャンディなどの代用貨幣、ヤップ島のフェイ（石貨）を例に考えたい。いずれも、政府とは無関係に、あるいは、自然に発生するものである。

　①　原始マネー――「事の初め」
　「事の初め」は、原始社会で物々交換が始まった時代が舞台であり、市場が成立した後に貨幣が誕生するという設定になっている。物語は次のようなものである。

　　海の民、山の民、里の民は、自分たちの生産物以外のものも食したいと、物々交換を始める。あるとき、交換において等価の合意が成立しなかったが、山の民は自分たちの生産物の不足分を後日に清算することの証拠に珍しい穴開き石を海の民の族長に渡すことで取引が成立した。「物々交換の不均衡調整用の覚えの品」はやがて物々交換の不均衡の調整としての機能だけでなく、その覚えの品のみで財が獲得できる「交換権利保有証拠金」となる。お金という概念の誕生である。穴開き石・子安貝・芋の蔓は、三種族間で流通するようになるが、生産量の変動でカネの基準が混乱

し、三種族による会議の結果、カネ市場が作られ、相手の民の物価に合わせる変動相場制が採用される。カネころがしで儲ける者、また、ニセガネも発生する。飢えもなくなったかわりに、カネの貯蔵を目的とする者も出来し、カネ貸し、ギンコ〔銀行〕も誕生し、モノを生産することなく遊んで暮らす人間も出て来る。「何の恨みもない相手を、カネ盗るために殴ったり殺したり」し、個人間でなく、部族間での争いという侵略戦争も危惧される事態となる。「しかし、今さらカネの使用をやめにするというわけに」もいかず、「カネが独り歩き」していることを族長たちは嘆くのだった。

この短編の落ちを紹介することは控えるが、貨幣や銀行は「原始時代の経済情勢を一変」させていく。

この物語における貨幣は、記帳の代わり（代用商品）として発生し、すぐに通貨交換（いわば外国為替）の市場が形成されるが、信用のみのうえに立脚した制度となっている[3]。

② 貨幣もしくはこども銀行券の誕生―「小さな王国」

「小さな王国」は、谷崎には珍しく社会事象に着目した異色の作品と位置づけられている[4]。20世紀になって、貨幣の概念がすでにある時代が背景であり、貨幣の誕生とは言えないが、貨幣経済社会における「並行」貨幣発生の顛末を描いており、自然に発生する貨幣について考察する材料を提供している。

　貝島昌吉はG県M市の小学校で尋常五年級を受け持っていたが、転校してきた一人の生徒が領袖となり学級を統べるようになる。その転校生を利用した貝島の学級操縦策は成功したかに見えた。全級が礼儀正しく規律的になったのである。しかし、あるとき、自分の息子の金まわりのよさを問いただした貝島は統率の背景を知る。大統領〔転校生〕による統制の故であり、それは次第に複雑化し、いろいろな役人が任命されるようになっ

ていたのである。お札を発行しようという副統領の建議から、大蔵大臣が任じられ、五十円以上十萬円までの紙幣の印刷が行われた。紙幣は、大統領の判を捺されてから効力を生ずる。すべての生徒は役の高下に準じて大統領から俸給の配布を受け、その札を使用して取引が始まる。やがて親からの小遣い銭はすべて物品に換えて市場に運ばないといけないという法律が設けられる。市場では多種類の物品が取引されており、彼らが欲しいと思うものは、市場でほとんど用が足り、やむをえない日用品の購入以外は、大統領の発行する紙幣以外の金銭を絶対に使用させないことにしたのである。みんなが大統領の善政（？）を謳歌した（家庭の豊かな者は売り手にまわり、買い取った者は再びその物品を転売するので、次第に共和国の人民の富は平均されていった）。また、この貨幣制度だけは、先生に見つかると叱られるという心配から、先生には知られないように注意しようという約束があった。

この小説も落ちの詳細を紹介することは控えるが、やがて貝島も生徒らの仲間になりかけるというところで物語は終わる。この作品に描かれた貨幣については付記することはないが、貝島に問い詰められた息子が「にせのお札」だと返答するのも興味深い。当然ながらこども自身は紙幣が“こども”銀行券であることは認識しているのだが、通常の紙幣の役割を果たしてもいるのである。大統領の発行する紙幣以外の金銭を絶対に使用させないということは、法定通貨のもつ強制通用力の強制停止を意味し、クローニーあるいはコミュニティの構成員にとっては自分たちの貨幣が法定通貨以上の存在になったことを示唆している（それゆえ、存在を知られると叱られるという懸念があった）。強制通用力あるいは準強制通用力を付与しなくとも、法定通貨ではなく、彼らのコミュニティの貨幣こそが好んで使われるという状況はありえよう[5]。

このテキストは、いわゆる貨幣経済社会における「並行」貨幣が準法定通貨としての役割を担わされる可能性を示唆している。

第11章　貨幣とは何か　351

　なお、もし「こども銀行券」を受容する店であれば、貝島も商品を購入で
きたであろう。受容しない店でも、間違えて交換が成立した場合は民事の問
題だが、その「こども銀行券」が日本銀行券と類似性が高いと、通貨偽造の
問題も出てくる。

③　代用貨幣（トークン）

　代用貨幣システムの成立過程は法文化の視点からは非常に興味深い。代用
貨幣は、英語ではトークン（token）、フランス語ではジュトン（jeton）と
呼ばれる。トークンは、もともと象徴・しるしの意味であり、証拠品・記念
品、また、公共サービスや商品との引換券の意味をもつ。ちなみに、代用貨
幣には、貨幣に近い形状[6]のものが多い。

　トークンは収集対象分野の一つであるが、コイン（硬貨）収集とは別に、
そもそもコインではないメダル類の収集家の収集対象である。このことから
もわかるように、一般の概念としてもトークンはコインであってコインでな
い。代用貨幣は、貨幣の代用として使用されるもので、（ⅰ）貨幣の代用と
しての使用意図がないか、あるいは一般には意識されていない場合と（ⅱ）
貨幣の代用を意図して発行される場合とがある。

　（ⅰ）には、公衆電話用のトークン（メダル）、地下鉄の切符（コイン型
乗車券）等がある。これらはインフレーションが昂進したときに代用貨幣と
して使われるようになる。従前と同様の使用が可能な場合は、購買力の調整
が行われ、インフレ調整後の価値をもつこともある。第二次世界大戦時のド
イツの捕虜収容所における配給タバコの例が有名である[7]。現在でも、ベト
ナムやインドネシア、ブラジル等で釣銭の代わりに渡されるキャンディ等の
例がある[8]。カジノのチップの転用も知られている。代用貨幣のなかでも特
にこの自然に流通するトークンは、貨幣が機能的な概念であることがよくわ
かる。

　（ⅱ）の例である、南アフリカのオレンジ自由国で1874年に発行された
ストラッチャントークン[9]は地域の公認通貨であるが、通常であれば、政府

からは許認可は得られない。前記の「小さな王国」のこども銀行券も、このような代用貨幣の例である。なお、いわゆるトラックシステムを採用し、地域に支配力を有する農園主や企業が発行するものについては、第2節で改めて述べる。

また、(イ)代用貨幣が法定あるいはそれに準ずる貨幣と並行して流通する場合と(ロ)当該の代用貨幣以外に貨幣が存在しない場合がある。ブラジル等での釣銭代わりのキャンディ等は(イ)の例であり、ドイツの捕虜収容所における配給タバコは(ロ)の例である。

ここで、通貨代用証券[10] について述べておく。会計上、通貨代用証券は、すぐに換金できることから現金として扱われる。ただ、通常は、輾転流通しないことから、貨幣には含めないが、場合によっては貨幣として扱われる。例えば、投機王リバモアを描いた1923年の小説『欲望と幻想の市場』には、1000ドル札、500ドル札、100ドル札の代わりに、イエローバックが流通していたことが描かれている[11]。代用貨幣は、小銭の代用として登場するばかりではない。

④　ヤップ島のフェイ（石貨）

ミクロネシア連邦カロリン諸島のヤップ島はフェイ（石貨）の島として知られる。フェイは石灰岩を円板状に切り出したもので、運搬のための丸い穴が真ん中に穿たれている。ウィリアム・ヘンリー・ファーネスが1910年に著した『石貨の島』で知られるようになったフェイだが、ケインズはファーネスを引用し、以下のように紹介している[12]。

　　彼らはこの交換の媒体をフェイ（fei）と呼ぶ。それは、大きくて、硬く、厚い石の輪で、直径は1フィートから12フィートのものがあり、中央に穴が開いていて、その大きさは石の直径により異なる。重みに十分に耐えるだけの大きさと強さをもった棒をその穴に入れることで、運搬の手助けとした。これを石の「コイン」と呼ばせていただくが、これらはヤッ

プ島で作られたものではなく、初めは、南へ400マイルほど行ったところにあるパラオ諸島のバベルトゥアプ島で切り出されて、成形され（略）カヌーや筏で持ち込まれた。（略）石が大きいほど価値も高い。しかし、重んじられたのは大きさだけではなく、フェイが作られた石灰石が上質で、白く、きめが細かいものが最も価値が高いとされた。パラオからもたらされ巧みに形作られた大きな石であればどんなものでもフェイとして受け入れられたわけではない。フェイは、石灰石のなかでも特定の種類と品質のものであることが不可欠だった。

　この石貨の特筆すべき特徴は、所有者が石貨を実際に所持する必要はないという点である。フェイの価格に関する交渉がまとまっても、フェイは大きすぎて都合よく動かすことはできないため、新しい所有者は所有権の通知のみで満足し、交換を示す印さえすることなく、コインは前所有者の土地にそのまま置かれる。

　（ある家族は、数世代前の祖先が運搬途中に嵐に遭い、海底に沈んだが）石を失った事故はとるにたらないことであり、全て、適切な形で海に沈んだので、沖合、200〜300フィートの海の深さが市場価値に影響を与えるべきでないということが認められた。そのため、その石の購買力は所有者の家の横に置いてあるのと同じ価値で通用しており（略）

この文の直後に、ケインズは引用していないが、ファーネスは「見ることも触ることもないが、印刷された証書といった強固さで取引」[13] されると述べている。

フェイは現在も使われている[14]。フェイの価値は、それを獲得し所有するまでの交渉・争い・時化といった苦労・犠牲の対価で決まる[15]ともいう。例えば、1872年から1901年に、アイルランド系アメリカ人デーヴィス・オキーフが機械で切り出して機帆船で持ち込んだオキーフ石貨は大きくても価値はない。

フリードマンもケインズが引用したファーネスとほぼ同じ個所を引用し、

紹介しているが、フランス中央銀行のドルと金の兌換のエピソードを付記している[16]。

　　（ドイツ政府は道路の補修を酋長に命じ、無視され続けていたが、過料として、政府が差し押さえた印に、フェイに黒いペンキで×を描いたところ、補修は進み、政府は職員を派遣し、×を消したとたん）自分たちの資本ストックの所有権を取り戻し、富に包まれた。（略）

　1931年から1933年にかけて、フランス中央銀行は（略）アメリカで保有しているドル資産と金の交換をニューヨーク連邦準備銀行に持ちかけた。そして、大西洋を横断する金の搬送を避けるために、金をアメリカのニューヨーク連銀に開設してあるフランス中央銀行名義の口座に移管してほしいと依頼した。この求めに応じた連邦準備銀行は金貯蔵庫に係員をやると、然るべき数の金塊を別の棚に移し、フランス所有というラベルなり封印なりを貼った。

　フリードマンは、この二つの例に本質的な相違点はないとし、「貨幣をめぐる諸問題を考える上で、外見、幻影、それに疑いを挟む余地のないような、いわば信仰ともいうべき「神話」がいかに重要であるかを論証している」[17] と述べる。

　ケインズとフリードマンがともに、ヤップ島のフェイのシステムに貨幣の本質を見ていることは非常に興味深い。貨幣は、商品ではなく、強固な信用を基礎とする代替物（トークン）にすぎないと捉えている。フリードマンは、さらに、信用というよりも共同幻想と考えており、それが両者の金融システムの機能の基本的な理解の相違になっているのかもしれない。

（2）　種族社会と文明社会の貨幣の相違、変容

　ヤップ島のフェイについて笑い話がある。ハワイ銀行がヤップ支店を開いたときに、最初の預金者は酋長だった。「わしらにはドルはないからね。い

ちばん価値のある石貨を持って行ったよ。そしたら支店長は、びっくりしたけど、預かってくれたね。そのかわり利息はつかないよ、っていっていたけど」[18]

　貨幣の機能については、第1章で整理されているように、一般的に貨幣には、交換、価値尺度、価値貯蔵の3機能があるとされ、加えて、決済機能を追加的にあげるというのが一般的である[19]。また、金融機関の信用創造機能を通して実現されるのだが、貨幣が有する付随的な機能として、利子が生じるという「価値増殖機能」をあげる場合もある（3（2）で後述）。

　これらの機能のうち最も重要なものは交換（決済）機能であり、他の機能は、決済できるという前提条件がないなら、機能不全に陥る可能性があろう。ちなみに、例えば、ヒックスは、当初は3機能を取り上げていたが、後年、価値貯蔵機能はあらゆる財についていえるという理由で貨幣のもつ機能から外している。

　フェイに金利は付与されないというのはユーモア溢れるジョークだが、古来、少なくともヤップ島では金利という概念がなかったことを示唆している。

　ヤップ島のフェイやポトラッチの銅板等は、種族社会の貨幣として研究がなされてきた。一方で、人類学者のダルトンは、それらが文明社会の貨幣と

図1　市場の発展段階と貨幣

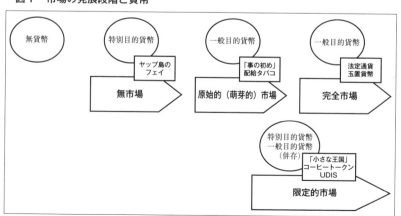

の異同発見に偏っていると述べ、一般目的貨幣（汎用貨幣、全目的貨幣）と、限定目的貨幣（特定目的貨幣）に分けている[20]。

前者は交換機能が中心で、市場経由であり、後者で交換されるのは、限られた財である。

図1は、厳密なものではなく、境界はファジーである。また、ヤップ島では、フェイが使用されるのは婚資、葬儀費用などの相互供与の提供手段であり、一般的な取引による債券債務は繰り越されて相殺されるのであり、フェイは使われない[21]とあるが、現在は少し様相が違うかもしれない。不動産の売買、祝い事、家屋建設の大工代金などには、米ドルと併用して使われるという[22]。本の出版年は前後しているが、マーティンの情報は古いのかもしれない。そうであるなら、ヤップ島では、文化変容が起こっている可能性が高い。

貨幣経済の浸透が、市場のない、あるいは、未発達の社会に文化変容を起こすのであれば、文化変容によって、貨幣の概念も変わってくるのであろう。貨幣に対する信用の概念や度合いも変化する。

なお、図中に例示したコーヒートークン、UDIS、玉置紙幣については後述する。

2　企業支配下における貨幣

代用貨幣については、第1節 (1) ③で、ストラッチャントークンを除いて、貨幣でなかったものが貨幣として自然に流通する例を中心に述べた。ここでは、地域に支配力を有する農園主や企業が、トラックシステム（現物給与制）[23] を採用し、その一環として発行する、いわば意図的な代用貨幣について、いくつかの例を見ていきたい。

(1)　コーヒートークン[24]
中米コスタリカでは、エンコミエンダ制が導入されていたが、未開拓の土

地が多く、牧畜とカカオ栽培が細々と行われる程度であったが、やがて、コーヒー栽培が盛んとなり1838年の建国前には輸出商品となっていた。ラティフンディオ（大農園）は出現しなかったが、有力なコーヒー生産者が何百というコーヒー農園を支配していくという形で、コーヒー・オリガルキー（寡頭支配層）が形成されていく。コーヒー・ブームのなかで、19世紀末ごろには、輸出の90%がコーヒーという経済状況となる[25]。

　コスタリカにおけるコーヒートークンの使用は、大規模なコーヒー農園が拓かれた後にコーヒー生産が拡大するとともに、地理的にも拡大した。農園主への信用を背景に、農園主の法貨での支払いの代替として、1840年にセントラルバレー地方で始まり、他の地方にも広がっていった。20世紀の最初の四半世紀には、北部太平洋沿岸地域と北部平野部にまで拡大し、畜産などにも使用された。コスタリカにおいてコーヒートークンが普及したのは、小額の貨幣需要があったということと、多くの大規模なコーヒー農園主が政治的に力をもっており、トークンの発行は違法であったものの、政府が黙認していたからであるという。

　中南米の経済の特徴は、資本蓄積が貧弱で、技術力や生産性も低く、第一次産品に依存するモノカルチャー経済であり、所得格差が大きく、社会的流動性を欠くことである[26]。政治的には、少数の家族がオリガルキーとして特権的な支配階級を形成[27]しており、トークンの違法発行を禁じえなかったという背景がある。

　20世紀後半までには、貨幣不足の問題が解決され、トークンの使用量も減少していった。今日も、トークンは、週末の賃金支払い時までに、摘み取ったコーヒーの量を備忘する目的で少数の農家では使用されているとのことである。

（2）　大東島の物品引換券[28]

　歴史的に企業城下町は各地に存在するが、大東諸島のように無人島を島ごと一企業が開拓し、そのまま支配した例は類を見ない。北大東島、南大東島

は、那覇港から東方約 400 キロの海上に位置しており、5〜15 メートルの険しい岸壁に囲まれ、絶海の孤島というにふさわしい。

大東島の古名"うふぁがり"は「大きい東の島」の意味で、沖縄の人たちの間で島の存在は知られていたが、1820 年に、ロシアのポナフィディンが再発見し、そのときの艦名をとって「ボロジノ諸島」と名付けた。1879 年に沖縄県が設置され、1885（明治 18）年に正式に日本の領土となる。1900（明治 33）年、八丈島出身の玉置半右衛門の率いる開拓団が上陸し、大東諸島の開拓が開始され、1903（明治 36）年には製糖を開始している。

1916（大正 5）年には、南大東島の人口は 3000 名弱で、県別の居住者は沖縄が 1450 名ほど（男女比は 10：1）で東京が 1350 名ほど（男女比は 1：1）となっている。男女比からも推察されるが、八丈島の出身者は家族をともなっての居住で、沖縄出身者は単身の出稼ぎが多かった。居住者は、玉置商会の従業員、「親方」や「島民」と呼ばれる八丈島出身の小作農、「仲間」と呼ばれる沖縄本島出身の出稼ぎ農業労働者の 3 つの階層に分かれていた。島には市町村は設置されず、糖業地として玉置商会が行政運営を行った。戸籍や住民票は出身地に残したままで、島での住民登録はできず、結婚や出生、死亡等は玉置商会に委託して八丈島などの役場に届け出ることになる。移動も自由ではなく、会社の「渡島承認証」「退島許可証」が必要だった。郵便配達も教育も島内の商店も医療も玉置商会が行い、警察官も請願巡査[29]だった。

1905（明治 38）年には、早くも、いわゆる玉置紙幣が発行されている。「移民」した者は、玉置商会から農具や牛馬を貸与され、生産した砂糖の販売は玉置商会に委託し、その代金は歩合で清算し、代用貨幣（紙幣代用券）を受け取った。島内の売店も商会の経営であったから、島内では日本銀行券を目にすることもなく、こどもたちの多くは代用貨幣を本物の貨幣と思っていたという。

島から出るときに玉置商会の事務所で代用貨幣を日本円に交換できることになっていたが、実際には島には日本銀行券はなく、沖縄本島の馬天港（現

南城市）にある会社の提携先の商店での交換だった模様である。

　1916年に東洋製糖に売却され、1927年には東洋精糖が大日本製糖に吸収合併され、大東諸島は一企業によって支配され続けることになる。

　2014（平成26）年から15（平成27）年にかけて南大東村商工会が「プレミアム商品券」として地域通貨ボロジノを発行する（500ボロジノ、1000ボロジノの2種）が、島の古老には嫌な思い出だから見たくないという感想もあったという。玉置紙幣等の代用貨幣は、結果として、貨幣のもつ、いわゆる物神性を利用して労働者を支配していた可能性はある。

　南大東村立ふるさと文化センターで代用貨幣の実物を見せてもらったが、玉置商会の「南北大東島通用引換券」壹銭はコピー、東洋精糖の「物品引換券」五拾銭は実物、大日本精糖の「物品引換券」五銭はコピーだった。玉置商会の「南北大東島通用引換券」は裏面ナシとのことであったが、コピーであったため、実際のところは不明である。なお、北大東の民俗資料館には、東洋精糖の「物品引換券」五拾銭、大日本精糖の「物品引換券」五銭が残っている。

　玉置商会の「南北大東島通用引換券」は、縦10.5センチメートル、横8.5センチメートルで、中央に金額があり、その上部にアルファベットのTの文字があり、それを挟むように、「南北大東島」「通用引換券」の文字がある。但し書きには「表面の金額正に相預り本券引換に大東島事務所経由東京合名会社玉置商会にて現金相渡可申候。本券に依り大東島内各販売店に於て必要の物品と引換購入することを得るもの也」とあり、下部には合名会社玉置商会、また、明治四十四年とある。

　興味深いことに、1941（昭和16）年から会社は物品引換券を回収し、日本銀行券に切り替えることにした。その背景は社史にも記述はなく、現段階ではよくわからないものの、当時すでに現物給与とその代用貨幣の前近代性は企業間でも認識[30]されており、制度変更した可能性もあるが、おそらくは、国家による統制が厳しくなっていくなかで、シニョレッジ[31]を獲得していることの問題を考えたか、または、貨幣システムは統治機構であるという

認識のもと、自らの代用貨幣の発行を憚った可能性が考えられる。

また、1918（大正7）年ごろに、北大東島で、この代用貨幣を偽造した事件が起こっている。犯人は逮捕され、退島処分になったというが、当時の資料は未見である。代用貨幣偽造の罪状等[32] については、今後の課題としたい。

3　強制されない地域性の高い貨幣

（1）　地域通貨と自国通貨の不存在—エクアドルとエルサルバドルの UDIS と米ドル

いわゆる地域通貨は、法定通貨（Legal Tender）と同時並行的に流通する並行通貨（Parallel Currency）を指す。法律によって強制通用力が付与された、汎用性の高い米ドルや日本円などの法定通貨とは異なり、地域通貨は"限定的な"一般受容性によってのみ流通し、その流通範囲は市町村レベルに限られる。

ここでは、エクアドルとエルサルバドルで流通する地域通貨を簡単に紹介する[33]。いずれの地域も、通貨呼称は UDIS であり、地元の協同組織金融機関である信用協同組合が、オランダの NGO/NPO ストロから無償供与された紙幣を発行し運営していた。

エクアドルとエルサルバドルの両国は、2000 年代初頭に、通貨制度が「制度としてのドル化」（de jure dollarization）に移行しており、従来の意味での自国通貨は存在しなくなっていた。UDIS の導入に際し、自国通貨がない国が選ばれた可能性はある[34]。

①　地域通貨の機能

日本円や米ドルといった法定通貨の場合には、貨幣のもつすべての機能を兼ね備え、支払手段としての汎用性が認められている。しかし、UDIS は国家によってその価値が保証されているわけでなく、利用可能な場所や取得

表1　UDIS の機能の比較

	交換（決済）	価値尺度	価値貯蔵	価値増殖
法定通貨	○	○	○	○
エクアドルの UDIS	○	△	△	×
エルサルバドルの UDIS	○	△	△	○

できる財サービスも限られることになる。

　エクアドルの UDIS は、交換、価値尺度、価値貯蔵の機能を限定的とはいえ有しているが、中央政府が UDIS での預金の受け入れを禁じており、価値増殖機能[35] はない。価値増殖機能がないということは、米ドルとの比較において金利は「相対的」に低いということを示しており、貯蓄へのインセンティブは低くなる。つまり、補完通貨の特徴とされる「マイナス金利」を実質的に実現しているともいえ、交換を促す効果がある。

　エルサルバドルでも、米ドルが一般に受容されており、米ドルとの比較でいえば UDIS は信用力の点で劣る。エルサルバドルでも UDIS は、限定的に3つの機能を有しているが、エクアドルとは異なり、価値増殖機能も備えている。

　なお、貨幣保有動機は一般に3つあげられるが、これらの動機といった観点から UDIS を見ると、いざというときのために貨幣を保有しておきたいという予備的動機、資産として貨幣を保有しておきたいという資産保有動機（投機的動機）は UDIS には生じず、通常の取引のために貨幣を保有しておきたいという取引動機のみ存在するように仕組まれているといえる。

　②　地域通貨の法定通貨に比しての有益性

　法定通貨が貯蓄にまわると、その流通量は低下する。景況感が悪化しているとき、地域通貨の導入は、法定通貨の流動性の低下を補完する役割がある。ゲゼル（Silvio Gesell）は、貯蓄に対して保有コストを設定するマイナス金利というアイディアを提示した。1930 年代の地域通貨は、実際に名目

金利のマイナスを指向した。地域通貨に保有コストを設定すると、時間ととも
もに劣化する貨幣ということになり、地域通貨の保有者は保有コストが生じ
る前に使ってしまうほうが得なので、貯蓄が抑制され、法定通貨よりも流通
しやすくなり、流通速度は速くなる。法定通貨に対する"悪貨"としての役
割を地域通貨が担うこととなる[36]。

金利差は相対的なものであり、現在の地域通貨は金利が付与されないのが
一般的である。

エルサルバドルでは信用協同組合がUDISでの預貸業務を行って信用創造
していたが、エクアドルでは金利の付与は禁止されており、UDISは保有す
る動機が弱い。常識的に考えれば、時間とともに劣化する貨幣は強制通用力
をもたせないと流通しないのではないかと思うかもしれないが、それは逆で
ある。

要するに、貨幣の貨幣たる根拠は強制通用力ではなく、一般受容性による
担保ということになる。一方で、トートロジーのようだが、貨幣への信用は
貨幣の機能を果たしているかどうかによる。

③　地域通貨をめぐる法律

地域通貨は1980年代から90年代にかけて、世界各地で導入されたが、そ
の多くは十分な成果をあげられず、自然消滅する形で活動を停止したものが
多い。この両国のUDISも例外ではなかった。エクアドルでは、2013年6
月に起こった理事長のマネーロンダリング事件により発行体の信用協同組合
は清算させられ、開始後2年ばかりでUDISのシステムは崩壊した。エルサ
ルバドルでは、UDIS紙幣が市場で流通せず、使用後すぐに信用協同組合に
還流したためにシステムは機能せず、信用協同組合が取引を停止し、実質的
な運営が行われなくなり、2008年から5年ばかりで流通しなくなった。

日本の地域通貨も同様である。日本では、紙幣類似証券取締法、銀行法、
出資法などの適法性の問題があり、諸外国よりも地域通貨は発行・流通し難
い状況となっている。例えば、ロンドンの一地区で流通している地域通貨ブ

リクストンポンド（B£）では、法定通貨と地域通貨との交換は、相互に可能なシステムであるが、こうした方式を日本で導入しようとする場合には、出資法に抵触する可能性が高い。ただ、かつては日本では無期限の地域通貨の運営はできなかったが、2007年の前払式証票の規制等に関する法律（現行法：資金決済に関する法律）の施行によって規制が緩和された。

　法定通貨が絶対であるという“法定通貨”対“地域通貨”の構図は単純すぎるといえよう。地域通貨は補完通貨の域を出ない制度である。しかし、法定通貨の存在価値（レゾンデートル）が盤石でないなら、政府や中央銀行の立場からは、地域通貨に対する態度を厳格にし、より厳しく管理しなければならないということになる。

　あるいは、法定通貨が強固か脆弱かに係わらず、貨幣の発行と流通は国家の政治機構の一部であり、貨幣または貨幣紛いの発行と流通は、シニョレッジの掠奪というばかりでなく、貨幣発行は政府にのみ許された、いわば国家主権だとする立場からは国家に対する挑戦ないし反国家的行為とみなされてきた。

④　UDIS の終焉

　エクアドルのサンホアキン郡で流通していた UDIS は、流通開始から2年弱で停止した。UDIS は国家による強制的な停止命令によって運営主体そのものが清算されたが、メディアの報道では地域通貨に対する評価については言及されておらず、確認することはできなかった。

　地域通貨が停止する理由は、国家、中央銀行による命令によって強制的に停止させられる場合と、地域通貨の利用が停滞して持続が困難となり、活動を停止する場合の2つがある。強制的に停止させられる場合は地域通貨の適法性が問題となるが、利用の停滞から活動停止する場合は地域通貨の利用が拡大していかない実態による。

　世界各国の地域通貨は、適法性、利便性の両面で試行錯誤を続けてきた。それぞれの国・地域による差異は小さくはなく、地域通貨の流通形態、流通

範囲、仕様用途、換金制度などは多様である。これは国によって異なる適法性の枠内での実現と、受け入れられやすい運営システムを追求してきた結果であるともいえる。

これ以外にも、流通期間を定め、満期に清算して終了する場合や、偽造の横行や取引ルール違反の取締りの制度が機能せずに崩壊した事例もある。例えば、アルゼンチンの地域通貨 RGT は 2000 年代前半に大規模な事例として注目されたが、偽造に対する対策がなされず、全体のシステムを統括する仕組みが存在せず崩壊に至った[37]。

（2） 地域通貨と金利

地域通貨のなかで特筆すべきは金利との関係である。貨幣と金利について考える手掛かりとして、「時は金なり」という言葉を再考する。この言葉は、サミュエル・スマイルズ『自助論』（1858 年）にも出てくるが、一般にベンジャミン・フランクリン『若き職人への忠告』（1748 年）が出所とされている。「時間は、お金ほど大事だから、無駄にしてはいけない」という意味で、勤勉のススメとして理解されている。こうした比喩としての「お金」の役回りは、紀元前にもさかのぼることができるようである。もともとは、時間の浪費・高価な時間の出費ということを指しているのだが、費用というと金銭に換算したニュアンスをともなうのは古代から同じだったということだろう。しかし、フランクリンの場合、比喩としてではなく、貨幣は時間と等価だというのである。

栗山茂久は、フランクリンの時代のアメリカは貨幣が人々の生活に重きをなすようになった時代だとしたうえで、『若き職人への忠告』には、「時は金なり」「信用は金なり」「金は繁殖し子を生むものなり」の３点がセットで言及されていることから、この言葉は貨幣の性格を述べたものだったと論じている[38]。信用と時間が、貨幣の本質だとはいわないまでも、その特徴だと述べているわけである。

信用と時間の結びつき、つまり利息の存在は、もっと以前から言及されて

いる。例えば、イギリスの博物学者ジョン・レイの『イギリスの諺』（1670年）には、「金が金を生む」という言葉が紹介されている。古くから人口に膾炙していた言葉のようである。

　なお、現在、日本銀行の行っているマイナス金利であるが、その理解のために、ゲゼルの減価する貨幣という発想、また、フィッシャーが地域通貨で果たそうとした流通速度の加速[39]などが参考となる。

4　貨幣の法文化

（1）　非公式貨幣と慣習法[40]

　ここまで私的／非政府のコミュニティによる貨幣について見てきた。それらは法定通貨ではないという意味で非法定通貨と呼んでもよいのであるが、準法定通貨も存在し、それらの境界も曖昧であることから、非法定通貨とは呼ばず、非公式通貨と呼ぶこととする。例えば、スコットランド銀行（商業銀行）発行の紙幣は法定通貨ではないが、実際には法定通貨に準じて扱われることから、非公式通貨には含まない。法定通貨の概念には、通常、強制通用力が含まれ、わが国の硬貨は1回の使用につき額面の20倍を超えると、強制通用力はないが、これも非公式通貨には含まない。

　法定通貨は、排他的で独占的（非競争的）であるが、それらは近代になって誕生する。時代区分としては主権国家・市民社会・資本主義が形づくられる18世紀中葉以降である。本書の各章で述べられているように、近代的な通貨制度の成立は19世紀であり、イギリスを先駆けに、いわゆる先進国のなかで最も遅かったのが明治期のわが国である。通貨制度は近代的な法制度の整備の一環として行われたものであり、近代国家の国家法[41]のみが法定通貨に正統性を与えたのである。種族社会の貨幣と文明社会の貨幣との相違も法制度と切り離して考えることはできない。

　しかし、このことが非公式貨幣に法の裏付けがないことを意味するものではない。正統的な法体系からは逸脱したものであったとしても、事実として

非公式貨幣が流通するのは、慣習または慣習法[42]が存在するからである。本章で取り上げた原始マネー、こども銀行券、トークン、フェイ（石貨）、代用貨幣、地域通貨に共通するのは慣習または慣習法の裏付けであり、構成員の法意識がシステムを支えている。国家法の観点からは、これらの法意識やルールは慣習法であるから、基本的には克服されるべき、または、無視されるべきものである。

非公式貨幣を整理し理解するには、国家法の立場からではなく、"law in culture"の視座から考えることが必要であろう。非公式貨幣の基盤が慣習法だと考えれば、同じ時代の地域通貨でありながら、それに対するヨーロッパとアメリカの国家の対応が異なっていることも説明が可能となる。もちろん判例法国であっても、国家法が慣習法に正統性を与える余地は小さいのであるが、アメリカでの地域通貨に対する対応は、単にプラグマティズムによるというばかりではなかろう。以上のように考えると、一般受容性は慣習法に馴染むのであって、国家法が手当てした強制通用力とは無関係であることが理解できる。慣習法は確実性・実効性に乏しく、また、硬直的という印象をもつが、ヤップ島のオキーフ石貨や現代的な利用の例を考えると、法意識が変容すれば、慣習法も変化することがわかる。慣習法は社会システムの基礎を構成し、必ずしも論理的には見えないこともあるが、倫理的であり、状況の変化についての説明責任は問われない。その意味で、一次的規範であり、国家法に優先されることもある。

貨幣に関する法の研究には、慣習法を基礎としているという認識からのアプローチが必要であり、国家法の観点のみからの比較は危険であると考える。

（2）法定通貨の法制度の背景

ここで、法定通貨の偽造と独占的通貨発行の問題について触れておきたい。貨幣は誕生とともに偽造の歴史も始まるが、特に偽札が横行したことで知られるアメリカのフリーバンキング時代[43]を考えると、中央銀行が国民の

代理として貨幣を独占的に発行するのは妥当といえよう。ハイエクの貨幣発行自由論はメリットもあるものの、偽造も含む貨幣とその発行者に関する情報を受領者自身が収集し分析しなければならず、社会的コストは膨大に膨らむ。

外国貨幣の偽造は、「事の初め」でも他の部族のカネのニセガネづくりは犯罪とされ、実際にも「2年以上の有期懲役」（刑法第149条）である。詳細は第4章に譲るが、他国の通貨発行権益を保護するのは、経済学的には以下のような理由が考えられる。貨幣の国内的価値は対物価であり、国外的価値は対外国通貨の価値すなわち外国為替相場である。外国為替相場が成立するためには、両通貨が国際通貨の要素を具現している必要がある。すなわち、互いに外国貨幣に対して貨幣の機能を有しているということである。交換される通貨に偽造の虞があれば、交換は損なわれることになる。

おわりに

個人的な話で恐縮だが、為替ディーラーを生業としていたためか、貨幣に対する関心は昔から高かった。さまざまな文献を調べると、著者本人は目新しいことを指摘しているように思っているのかもしれないが、似た見解が昔からあったことに気づかされる。金融史の一頁として、ポルポト政権下のカンボジアで、貨幣制度を廃止したとき、どういうことが起こったのか、気になってもいた。。貨幣は、言語などとともにソフトローともいわれる。しかし、なぜソフトローなのか。2010年には、クレイグ・カーミン『欲望と幻想のドル』を翻訳し、中南米のドル化、北朝鮮によるスーパーノート（偽造米ドル）等について改めて考えさせられることとなった。これらは現実問題として起こっていることである。貨幣は今後、どこに向かおうとしているのだろうか。

人類学者のポール・ボハナンは、「人類学者は、法律家がするようにではなく、法学者がするように、法を研究する必要がある」と述べている。ま

た、（紛争を研究することで）「ある社会が当然のことと考えている公理を発見すること」だと述べている。本章で私が行いたかったことは、貨幣が法律で付与された強制通用力がどれほど実効性のあるものなのか、当該貨幣が一般受容性を獲得することに寄与しているのかの検討だった。そのためには、通貨当局以外の発行による貨幣を素描したいと考えたのである。

紹介したかった事例、言及したかった概念も十分にあげることができなかった。今後の課題としたい。

〈注〉

1　清水義範『お金物語』朝日新聞社、1991年。講談社文庫、1994年。

2　『中外』1918年8月号 初出（原題「ちひさな王国」）。『小さな王国』天佑社、1919年。本稿は『日本近代文学大系 第30巻 谷崎潤一郎集』角川書店、1971年を底本とした。

3　私のゼミナールの学生は卒業論文で「これは現代のグローバル経済の貨幣制度と類似」しており、「貨幣の使用範囲の拡大が〔混乱の〕原因であれば、それを縮小することはできないだろうか」「カネの独り歩きを防ぐべく、使用目的や流通量を管理する」ことの重要性を説き、また、（この小説に描かれた）「誕生したばかりの最もシンプルな貨幣は地域通貨ではないか」と考察する。

4　谷崎は「東京から北の方へ三十里ほど離れた、生糸の生産地として名高い、人口四五萬ばかり」のG縣のM市と詳細な説明を加え、直接的ではなく、しかし、前橋市を想起させるように記述することで、リアリティを付与している（単に谷崎が当時の夫人の故郷を借りて仄めかしたにすぎないのかもしれない）。そのような話法もあってか、吉野作造の『中央公論』の『時論』から「小学生の単純な頭脳から割り出された共産主義的小生活組織の巧みに運用せらるゝ事」や「現代人が何となく共産主義的空想に耽つて一種の快感を覚ゆるの事実」「今や社会主義とか共産主義とかいふ事は、理論ではない、一個の厳然たる時事」等々を引きながら、伊藤整は「谷崎潤一郎の全作品の中で最も特色のある現代社会の批判性を備へた作品と見ることが出来る」と述べている（中央公論社版『谷崎潤一郎全集』第6巻「解説」1958年）。また、伊藤は、その評論「谷崎文学の性格」（風巻景次郎・吉田精一 編『谷崎潤一郎の文学』塙書房 1954年）のなかで、この小説を参照し「谷崎潤一郎を『思想のない作家』と決定することに私は反対で

ある」と述べている。谷崎の作品群でのなかでの本作品の位置づけ（谷崎の着想の源泉）、また、本作品が発表される前年のロシアの十月革命の影響等々は、興味深い問題である。例えば、伊藤の「この作品は少年の世界に形を借りたところの、統制経済の方法が人間を支配する物語り」との解釈はマルクスのいう商品や貨幣の物神性を彷彿とさせるが、この作品が単純に共産主義を礼賛しているとばかりはいえないであろう。もっとも、ここでは思想を論じない。作家が並行貨幣の発生過程を想像したテキストとしてのみ取り扱う。

5　この問題は、いわゆるグレシャムの法則の妥当性の問題である。

6　その多くは硬貨の形状をしているが、紙幣状のものもある。代用貨幣の多くは硬貨の形状であるが、形状を真似たというものもあれば、利便性により形状が決定されたものもある。本稿では、代用貨幣という呼称を形状を問わず広義に用い、トークンは硬貨の形状と類似のものをいうこととする。

7　近年までアメリカの連邦刑務所内でもタバコが貨幣として使われていたというが、これも他に貨幣の流通はないケースと考えてよい。なお、2004年に、刑務所へのタバコの持ち込みが禁止されると、「鯖の缶詰」が貨幣の代わりに使用されるようになったという。タバコは喫煙（消費）という非貨幣需要があるが、鯖缶は実際には消費されないことから、鯖缶のほうが商品貨幣として優れていると考えられるが、鯖缶貨幣がタバコの禁止までは貨幣としては使用されなかったことは興味深い。ちなみに、韓国では、通常の生活の場面で缶詰が貨幣の代わりに使用されることもあったという。通貨発行権はもたないが、缶詰メーカーが通貨発行権益を享受することとなる。

　　ちなみに、ハンセン病療養所の特殊通貨は、隔離された社会での貨幣として生まれたものではなく、隔離を目的として発行された代用貨幣と言える。目的は、森幹郎が5つをあげているが、脱走防止・感染予防（いずれも隔離）、酒類の密売・賭博の防止・窃盗の予防（いずれも犯罪防止）にまとめられよう。森幹郎『証言ハンセン病』現代書館、2001年。なお、当時は特殊通貨の正当性に疑問があったので、多磨全生園における正式な文書への記載は極端に少ない。

8　ただ、これらの例のなかで、実際に口にしてしまい（消費してしまい）輾転としないのであれば、貨幣ではなく、単なる「金額調整用の商品」となる。

　　ある知人は、1984〜85年当時、イタリアの街角の個人商店のようなところで買い物をした際、釣銭にキャンディやガムが交ざっていたという。包み紙は手垢にまみれて黒光りするほど薄汚れており、人々の間を輾転流通してきたことがわかる。つまり、小銭の代わりに金額調整用の商品として使われていただけでな

く、小銭そのものとして、支払いにも使われていたということである。

9　The currency tokens of Strachan and Co.〈http://www.tokencoins.com/main.htm〉（2015 年 9 月 10 日アクセス）

10　他人振り出しの小切手、郵便為替証書、配当金領収証、支払期日の到来した公社債の利札、送金小切手など。

11　エドウィン・ルフェーブル（林康史訳）『欲望と幻想の市場』東洋経済新報社、1999 年、32 頁。アメリカの財務省が南北戦争中の 1863 年から 1933 年に発行した金証券（金預り証）はイエローバックと呼ばれ、存在しない高額紙幣の代わりとして流通した。これも代用貨幣の例である。イエローバックはグリーンバックの対語としての高額紙幣の代用証券であることを示す名称である。1870 年代、ドルはグリーンバックという俗称を得る。バックは裏（back）で、1974 年設立の BEP（アメリカ合衆国製版印刷局）が、模造を防ぐ目的で裏を緑色で印刷したことから、この名称が生まれた。当時、偽造はほとんど複写で行われており、白黒のフィルムだと、グリーンバックの色を再現することができなかった。ちなみに、アメリカの口語ではドルの代わりにバックが使われることも多いが、その場合のバックはアメリカの原住民が白人と商取引する際に貨幣の代用とした鹿の皮（buck）に由来する。

12　The Economic Journal 1915 年 6 月号初出。The Collected Writings of John Maynard Keynes, Economic Articles and Correspondence - Academic v.11, 1983, pp.406-409. これは、Furness, W, *The island of Stone Money*, 1910, pp.92-106 をまとめたものである。

13　Furness, W, op. cit., p.98.

14　不動産の売買、祝い事、家屋建設の大工代金などには、今でもドルと併用して使われるという。小林泉『ミクロネシアの小さな国々』中公新書、1982 年、39 頁。ただ、フェイが使用されるのは婚資、葬儀費用などの相互供与の提供手段であり、一般的な取引による債券債務は繰り越されて相殺されるのであり、フェイは使われない。フェリックス・マーティン（遠藤真美訳）『21 世紀の貨幣論』東洋経済新報社、2014 年、7 頁。

15　Furness, W, op. cit., pp.100-101. 記帳の役割はあっても、由緒来歴を有することから、価値尺度機能は相対的または曖昧となる。

16　ミルトン・フリードマン（斎藤精一郎訳）『貨幣の悪戯』三田出版会、1993 年、22-23 頁。

17　ミルトン・フリードマン、前掲書、24 頁。

第 11 章　貨幣とは何か　371

18　小林泉、前掲書、36 頁。

19　交換機能と決済機能を分けないという区分も多い。Charles Albert Eric Goodhart は、交換機能と決済機能を区別して、信用で交換はできるが、決済機能は貨幣のみが果たすとしている。信用は貨幣ではないが、貨幣は信用の一形態だといえるかもしれない。

20　George Dalton, "Primitive Money", *American Anthropologist*, vol.67, 1965, pp.44-62. 野口隆・大森元吉『文化人類学概論』法律文化社、1983 年、112-117 頁。カール・ポランニーの区分も同様と考えられる。

21　フェリックス・マーティン、前掲書、7 頁。

22　小林泉、前掲書、39 頁。

23　トラック（truck）は物々交換の交易品や賃金の現物支払いのことで、トラックシステムは現物給与制などと訳され、現物給与、（賃金の）現物支給制を指す。「賃金の全部または一部を、貨幣の代わりに現物あるいはそれに類する証券・金券・購入券などで支給する制度」である。その支払い時に使用されるのが代用貨幣である。

24　2014 年に訪問したコスタリカ中央銀行博物館等の資料による（中南米では、国家的な宝物の管理は中央銀行の役割となっている国が多く、中央銀行には、貨幣博物館ばかりでなく、先コロンビア期以降の遺物を収集展示する博物館があることが多い）。また、*José Ml. Castro González*, "Los boletos de café", 2012 〈http://investiga.uned.ac.cr/revistas/index.php/espiga/article/view/974〉（2015 年 9 月 10 日アクセス）

25　国本伊代「近代国家建設への道を拓いたコーヒー」『コスタリカを知るための 55 章』明石書店、2004 年、52-55 頁。ちなみに、中米で最初にコーヒーが栽培されたのはコスタリカである。

26　大原美範「ラテン・アメリカの経済 経済の特質」『地域研究講座 現代の世界 ラテン・アメリカ』ダイヤモンド社、1971 年、370 頁。

27　例えば、エルサルバドルの「１４家族」のように具体的な数値の少数の一族が国を支配しているといわれることがあるが、その数の家族名をあげられる者もおらず、客観的には事実とは言い難い。しかし、一部のオリガルキーに支配されているという面も否定できない。大農園主は政権の中枢の政治家の一族だったりするために、違法であってもトークンの発行を阻止することは難しい。

28　『南大東村史（改定）』1990 年、『具志川市誌』1970 年、『南大東村収蔵宝』南大東村立ふるさと文化センター、2014 年、等による。なお、林康史「南北大東

島の代用貨幣（仮題）」『経済学季報』（第 66 巻第 1・2 号）立正大学経済学会、
2016 年 10 月（予定）を参照。

29　1881（明治 14）年〜1938（昭和 13）年に、地方自治体や企業、個人の請願に
より配置された警察官。給与や派出所の経費すべてを請願者が負担した。

30　島の自然環境・経済基盤ばかりでなく、法定通貨を流通させず、代用貨幣のみ
を使用することで、自由な退島（脱走）の防止等、被雇用者の生活をもコント
ロールできるようになっていったと考えられる。この代用貨幣は、労働法の諸規
定の概念のなかで、賃金の支払い方法の保護に関してだけでも、通貨払いの原
則、直接払いの原則、全額払いの原則、等々を遵守していない。当時も、こうし
た民事における代用貨幣の正当性への疑問はあった。

　なお、沖縄で最初の労働争議は、賃金問題、水の使用制限をめぐって、1913
（大正 13）年、南大東島で起こっている。争議に参加した者は本島に送還となっ
た。

31　シニョレッジに関しては、日本銀行金融研究所・中央銀行と通貨発行を巡る法
制度についての研究会編「中央銀行と通貨発行を巡る法制度についての研究会」
報告書、2004 年、45-51 頁、87-102 頁等を参照のこと。

32　北大東島のケースでは、有価証券偽造罪が考えられるが、企業側の退島処分の
理由は別であった可能性もある。また、その際の保護法益は何であろうか。通貨
偽造、特に法定通貨以外の代用貨幣や地域通貨の偽造問題も興味深い。ケインズ
は「通貨を貶める以上に社会の既存の基盤を転覆させる、より巧妙で、より確実
な方法はない」『平和の経済的帰結』と述べている。国家が敵国の通貨を偽造す
ることはよくある。最近では北朝鮮のスーパーノートが知られているが、その偽
造の目的は、敵国の経済の混乱、シニョレッジの掠奪であるが、いずれも相手国
の国家主権へのブラフである。古くは、15 世紀のミラノによるベネチア紙幣の
偽造、ナチスドイツによるイギリスポンド偽造のクルーガー作戦とイギリスによ
るライヒスマルク偽造の応酬、アメリカによるキューバペソ偽造や北ベトナムド
ン偽造、等々がある。クレイグ・カーミン（林康史監訳）『欲望と幻想のドル』
日本経済新聞出版社、2010 年、67 頁、99-104 頁。代用貨幣や地域通貨の偽造に
ついての法理については議論がなされるべきであろう。

33　詳細は、林康史・歌代哲也・木下直俊「エクアドル・エルサルバドルの補完通
貨 UDIS」『経済学季報』（第 64 巻第 2・3 号）立正大学経済学会、2015 年 1 月、
61-97 頁を参照。

34　エルサルバドルは、通貨統合法第 3 条に「法定通貨は米ドルとする」と明記さ

れているが、憲法にはドル化以前も以後も法定通貨に関する規定はない。

　エクアドルでは、1998 年憲法第 264 条に「通貨の単位はスクレ」とあるが、法定通貨に関する規定はなく、2008 年の憲法では通貨に関する規定はなかった。ドル化を実施した際に制定された経済改革法には「中央銀行は硬貨鋳造を除き、新たにスクレ紙幣を発行することはできない。流通するスクレ紙幣を米ドルに交換する。為替レートは 1 ドル＝2 万 5000 スクレとする。米ドルを法的決済手段に義務付ける」と定められており、2000 年のドル化以降、法貨に関する根拠法も明示されないままに米ドルが使用されていた。2008 年 10 月に制定された憲法にも通貨についての条文はなかったが、第 5 章にあるように、2014 年、法貨は米ドルと規定された。2014 年 7 月 25 日、既存の 31 にわたる金融関連の法律群を廃し、新たに制定された「通貨・金融基本法（Codigo Organico Monetario y Financiero)」がエクアドル議会で可決され、強制通用力を付与する法貨は米ドルと規定された（第 92 条）。エクアドルの詳細については、第 5 章を参照願いたい。これら一連の法律の制定過程を見ると、エクアドルにおいては法の果たす役割が大陸また英米とは異なっていることがうかがわれる。

　UDIS に関していえば、エクアドルの NPO のコンサルタントは、ドル化とは無関係に、マイクロファイナンスの一環として、地域通貨の実験に適した場所を選定したと述べていた。ただ、法的に法定通貨が存在しないということは、地域通貨と法定通貨間の種々の軋轢の回避が容易であることから実験地として選定された可能性はある。また、制度としてのドル化が行われていたからこそ、報道メディアはコレア政権が脱ドル化を企図していると報道し、UDIS は政治論争に巻き込まれることになる。国民の間で広がった懸念を払拭するために政府は流通を禁止し、政府は 2011 年 5 月施行の大衆連帯経済・金融システム基本法（Ley Organica de la Economia Popular y Solidaria y del Sistema Financiero）第 132 条第 6 項に基づき、UDIS は再び支払手段としての使用・流通が認められた。

35　地域通貨は通常、信用創造されないので、価値増殖機能はないとされる。西部忠『地域通貨を知ろう　岩波ブックレット No.576』岩波書店、20 頁。ただし、エルサルバドルで流通する地域通貨 UDIS は、信用協同組合が UDIS での預貸業務を行っており信用創造していた。林康史・歌代哲也・木下直俊、前掲書、65 頁。

36　フィッシャーは、地域通貨（スタンプ紙幣）が“悪貨”であるからこそ法定通貨よりも流通速度が高いという。フィッシャーは、問答形式で以下のように説明している。「批判：グレシャムの法則は「悪貨は良貨を駆逐する」といっている。スクリプが本物のお金を置き換えるならば、それは悪貨であることを証明してい

る。」「回答：違う！グレシャムの法則がそのようにいわれる時、インフレの期間に適用できることを除いて誤って述べられている。流通しているはずのお金が循環していない時、それを動かしてその地域で循環させることは“悪貨”ではなく“良貨”だ」と。Irving Fisher, H.R. Cohrssen and H.W. Fisher, "Stamp Scrip", Adelphi Company, 1933, pp.57-58. フィッシャーは、恐慌からの脱却の手段として、地域通貨（スタンプ紙幣）に期待したのである。

37 アルゼンチンでの地域通貨の隆盛の契機となったのは、2001 年から 2002 年にかけてのアルゼンチン危機（通貨危機と債務危機）だった。デフォルト宣言、米ドルペッグ制の放棄とともに、コラリート（預金の引き出し制限）が行われ、私が調査に訪れた 2002 年 2～3 月には、反発した国民がカセロラソ（鍋釜叩き）のデモで対抗していたが、国民は自衛手段として地域通貨を発行し始めた。当時、その対応の素早さに驚かされたものだった。

38 栗山茂久「『時は金なり』のなぞ」橋本毅彦・栗山茂久編『遅刻の誕生』三元社、2001 年。

39 ケインズは、ゲゼルが流動性選好の観念を見逃しており理論的には欠陥があると述べている。ケインズ（塩野谷祐一訳）『雇用・利子および貨幣の一般理論』（ケインズ全集第 7 巻）東洋経済新報社、1983 年、354-358 頁。しかし、ゲゼルは理論を構築しようとしたというよりも、あたかも原始キリスト教やイスラム教のように、貨幣の増殖機能を否定しようとしたにすぎないと思われる。一方、フィッシャーは、地域通貨のマイナス金利を利用することで貨幣の流通速度を上げ、恐慌からの脱却を企図したのである。フィッシャー流に考えれば、地域通貨は恐慌時に咲く徒花であり、景気回復とともに役目を終えるか、効果のないまま雲消霧散するかということになる。

40 慣習法の概念に関しては、千葉正士「法学における慣習法の概念」『国立民族学博物館研究報告』第 8 巻第 1 号、1-17 頁を参照。

41 state law 制定法 Gesetz といってもよい。近代西欧法を指す。

42 customary law フォーク・ロー folk law といってもよい。この語の用例は多様であり、ここでは、非正統的な法の総称と考えることとする。

43 1837 年にアンドリュー・ジャクソン大統領が中央銀行である第二合衆国銀行の特許を取り消し、通貨発行等の中央銀行の機能の多くを州法銀行に継承させてから、統一通貨を定めた 1863 年の国法銀行法までをいう。700 以上の州法銀行が独特のデザインで紙幣を発行し、倒産した銀行の紙幣ばかりか、そもそも存在していない銀行の紙幣まで流通した。クレイグ・カーミン、前掲書、96-97 頁。

索　引

あ

アスピルクエタ　240
ESM（欧州安定メカニズム）　124
イエローバック　352
怒りの神　246
一身的要素　150
一般受容性　22,27,167,360,362,373
一般目的貨幣　355
印刷全紙　161
嘘の罪　134
売りに出す行為　151
SRM（単一破綻処理メカニズム）　125
FATF　50
欧州中央銀行（ECB）　30,122,135
オリガルキー（寡頭支配層）　178,181,
　　185,357,372
オレーム　238,240,

か

改正偽造宝貨律　319
外的因果過程の不在　246
価格革命と貨幣数量説　239
確定的故意　145
加重形態　149
価値増殖機能　355,360-361,373
家父長権の自己抑制　244
貨幣鋳造権　221,225,275-311
貨幣／通貨の機能　22-25,355

貨幣／通貨発行権益　192,195,197,198,
　　238
貨幣発行自由（化）論　29-30,60,366,
　　373
貨幣保有動機　361
カレンシー・ボード制　174
為替相場同盟　110
環境刑法　137
慣習法　366-367,372-373
完全変動相場制　169,176
既遂時期　146
偽造　373,374
偽造通貨発見枚数　153
偽造宝貨条例　319
偽造宝貨律　319
帰属所得　92
基本価値論争　231
強制通用力　167,179,183,350,362,366,
　　367,372-373
金印勅書　238
金本位制　29,170,171,289,290,291,310
銀本位制　170
金融資本主義　115
金利　355,361-362,364
クック　304
クナップ　242
グリーンバック　262-265,267,269,367-
　　368
グレシャム　11,304,315,366,371
クローリング・ペッグ　173,176

376　索引

契約条項　261

ケインズ　19,32-33,352-354,374

ゲゼル　32,193,361,364,374

決済業務等の高度化に関するワーキン
　グ・グループ　54

減価する紙幣　193

現金通貨　9,11

限定目的通貨　355

コア＝ペリフェリ問題　130

行使の目的　139

合成紙幣　143

構成要件的錯誤　144

コーヒートークン　356-357

国際金融のトリレンマ　169

国立銀行券　321

国立銀行条例　332

国家銀行制度　259

固定相場制　112,169,171,173

こども銀行券　349-351

500円硬貨の偽造　165

Constitutional Political Economy 誌
　　227

コンバーティビリティ・プラン　174

さ

最適課税論　91

裁判員裁判　155

資金決済に関する法律（資金決済法）
　　65,68-70,363

自己拘束の問題　229

自己取得　148

資産　80

事実としてのドル化　168,178

実刑判決　154

実行行為　142

シニョレッジ　169,170,186,243,288,298,
　　359,363

主観的構成要件要素　139

「主権」と「主権者」　245

シュミット　113,230

消極的一般予防的観点　157

証券印税規則　330

情報通信技術進展に係る環境変化法　68

所得概念論　88

処分権　146

シルクロード事件　62

信用貨幣　10

垂直型通貨同盟　123

スクレティサシオン　172

スターリング　288,291,298,299,308

スタンプ紙幣　191,202

正式なドル化　168

政治部門　270

政治問題　269

製造貨幣大試験　289

制度としてのドル化　168,169,360

責任の前倒し　158

世代交代の問題　228

積極的立憲主義　237

セリョリゴ　240

た

第一合衆国銀行　257

大東島　357-360

第二合衆国銀行　257

タイムスタンプ・サーバー　39

代用貨幣（紙幣代用券） 351-352,356-
　360,366238,240,367,372

大陸通貨 256

ダルトン 355

単一金融市場 115

断罪無正条条例 325

地域通貨 26,88,191,192,210,211,359,
　360-365

チェイス 258,262,263

知情交付 164

秩序違反法 160

中央銀行の独立性 181,310

長期経済停滞 121

通貨革命 21

通貨高権 135,317

通貨代用証券 352

通貨・銀行券法 19,292

通貨の単位及び貨幣の発行等に関する法
　律（通貨法） 18,24,52,70,75

通貨法（アメリカ） 268,269

通貨法（イギリス） 285,288

出会い系サイト 155,166

デュープロセス条項 261

ドイツ・マルク 119

ドイツ的原理 119

ドイツ統一 114

独占的通貨発行 373

トークン 351,356-357,369

トラックシステム（現物給与制） 356,
　371

ドル紙幣 253

な

Nakamoto, Satoshi 34

流山訴訟 84

ニュートン 297,308,309

ノルマンの軛 308

は

ハイエク 12,29-33,64,228,366,373

売春 154,166

ハミルトン 257

非公式貨幣／通貨 372-373

Peer to Peer 35

BitLicense 46

必要かつ適切条項 267

フィッシャー 217,365,374

フェイ（石貨） 352-356

ブラックストーン 303,304

フリードマン 353-354

フリーバンキング時代 373

プリペイド・カード 26

プルーフ・オブ・ワーク（POW） 39

ブロックチェーン 40

平行貨幣／通貨 207,210349,350,360

ヘイル 304

ポイントおよびマイレージ 27

法意識 373

法貨（法定通貨） 11,24-25,83,167,168,
　170,179,192,253,259,277,280,350,
　360,361,363,365-366,372-374

法律家共同体のコンセンサス 249

ホームズ 221,237

保護法益 135

補償条項　261

ま

Mt.Gox 取引所　22
マネーの語源　19
マレストロワ　240
見せ金　162
未必の故意　145
名目主義　304,305

や

有価証券等　82
ユーロ制度　110
預金保険機構　175,176,180

ら

ラズ　235
リーガルテンダー法　260
立法権者としての主権者に属する権利
　　226
流通速度　204,207,217
累積犯　138
ルーベンフェルド　228
連続犯　152
レント・シーキング　181,185
連邦準備銀行　271
連邦準備制度　270
連邦準備制度理事会　170,256
連邦準備法　270
ロースキー　46
ロック　306,307,309

[執筆者]（※は編者）
畠山久志　中部学院大学経営学部教授
浅妻章如　立教大学法学部教授
田中素香　中央大学経済研究所客員研究員・東北大学名誉教授
友田博之　立正大学法学部准教授
木下直俊　国際金融情報センター中南米部研究員・東海大学文学部
　　　　　非常勤講師
歌代哲也　立正大学非常勤講師
中野雅紀　茨城大学教育学部准教授
大林啓吾　千葉大学大学院専門法務研究科准教授
岩切大地　立正大学法学部准教授
髙田久実　中央学院大学法学部非常勤講師
林　康史＊　立正大学経済学部教授

[叢書刊行委員]（※は叢書刊行委員長）
高塩　博＊　國學院大學
岩谷十郎　慶應義塾大学
岩波敦子　慶應義塾大学
王　雲海　一橋大学
津野義堂　中央大学
森　征一　常磐大学
山内　進　一橋大学名誉教授

貨幣と通貨の法文化

法文化（歴史・比較・情報）叢書 ⑬

編者　林　康史

2016 年 9 月 20 日初版第 1 刷発行

・発行者──石井　彰　　　　　　・発行所

印刷・製本／新協印刷(株)

© 2016 by Society of the Study
　　　　of Legal Culture

（定価＝本体価格 3,600 円＋税）

ISBN978-4-87791-275-8 C3032 Printed in Japan

KOKUSAI SHOIN Co., Ltd.
3-32-5, HONGO, BUNKYO-KU, TOKYO, JAPAN.

株式会社 **国際書院**
〒113-0033 東京都文京区本郷3-32-6 ハイヴ本郷1001
TEL 03-5684-5803　　FAX 03-5684-2610
Eメール：kokusai@aa.bcom.ne.jp
http://www.kokusai-shoin.co.jp

本書の内容の一部あるいは全部を無断で複写複製(コピー)することは法律でみとめられた場合を除き、著作者および出版社の権利の侵害となりますので、その場合にはあらかじめ小社あて許諾を求めてください。

国際社会

奥村みさ

文化資本としてのエスニシティ
―シンガポールにおける文化的アイデンティティの模索

87791-198-0　C3036　　　　　　A5判　347頁　5,400円

英語圏文化および民族の主体性としての文化資本を駆使し経済成長を遂げた多民族都市国家シンガポールは、世界史・アジア史の激変のなかで持続可能な成長を目指して文化的アイデンティティを模索し、苦闘している。　　　　　　　　(2009.7)

渋谷　努編

民際力の可能性

87791-243-7　C1036　3200E　　　A5判　261頁　3,200円

国家とは異なるアクターとしての民際活動が持つ力、地域社会における NPO・NGO、自治体、大学、ソーシャルベンチャー、家族といったアクター間の協力関係を作り出すための問題点と可能性を追求する。　　　　　　　　(2013.2)

駒井　洋

移民社会日本の構想

906319-45-9　C1036　　　　　　A5判　217頁　3,107円

[国際社会学叢書・アジア編①] 多エスニック社会化を日本より早期に経験した欧米諸社会における多文化主義が今日、批判にさらされ、国家の統合も動揺を始めた。本書は国民国家の妥当性を問い、新たな多文化主義の構築を考察する。　(1994.3)

マリア・ロザリオ・ピケロ・バレスカス　角谷多佳子訳

真の農地改革をめざして―フィリピン

906319-58-0　C1036　　　　　　A5判　197頁　3,107円

[国際社会学叢書・アジア編②] 世界資本主義の構造の下でのフィリピン社会の歴史的従属性と決別することを主張し、社会的正義を追求した計画を実践する政府の強い意志力と受益農民の再分配計画への積極的関与を提唱する。　　(1995.5)

中村則弘

中国社会主義解体の人間的基礎
―人民公社の崩壊と営利階級の形成

906319-47-5　C1036　　　　　　A5判　265頁　3,107円

[国際社会学叢書・アジア編③] 他の国や地域への植民地支配や市場進出、略奪を行わない形で進められてきた自立共生社会中国の社会主義解体過程の歴史的背景を探る。人民公社の崩壊、基層幹部の変質などを調査に基づいて考察する。(1994.6)

陳　立行

中国の都市空間と社会的ネットワーク

906319-50-5　C1036　　　　　　A5判　197頁　3,107円

[国際社会学叢書・アジア編④] 社会主義理念によって都市を再構築することが中国の基本方針であった。支配の手段としての都市空間と社会的ネットワークが、人々の社会関係を如何に変容させていったかを考察する。　　　　(1994.8)

プラサート・ヤムクリンフング　松薗裕子／鈴木規之訳

発展の岐路に立つタイ

906319-54-8　C1036　　　　　　A5判　231頁　3,107円

[国際社会学叢書・アジア編⑤] タイ社会学のパイオニアが、「開発と発展」の視点で変動するタイの方向性を理論分析する。工業化の効果、仏教の復活、政治の民主化などを論じ、価値意識や社会構造の変容を明らかにする。　　　(1995.4)

鈴木規之

第三世界におけるもうひとつの発展理論
―タイ農村の危機と再生の可能性

906319-40-8　C1036　　　　　　A5判　223頁　3,107円

[国際社会学叢書・アジア編⑥] 世界システムへの包摂による商品化が社会変動を生じさせ、消費主義の広がり、環境破壊などの中で、「参加と自助」による新しい途を歩み始めた人々の活動を分析し、新たな可能性を探る。　　　(1993.10)

田巻松雄

フィリピンの権威主義体制と民主化

906319-39-4　C1036　　　　　　A5判　303頁　3,689円

[国際社会学叢書・アジア編⑦] 第三世界における、80年代の民主化を促進した条件と意味を解明することは第三世界の政治・社会変動論にとって大きな課題である。本書ではフィリピンを事例として考察する。　　　　　　　(1993.10)

| 国際社会 | 国際史 |

中野裕二

フランス国家とマイノリティ
―共生の「共和制モデル」

906319-72-6　C1036　　　　　A5判　223頁　2,718円

[国際社会学叢書・ヨーロッパ編①] コルシカを
はじめとした地域問題、ユダヤ共同体、移民問題
など、「国家」に基づく共存の衝突を描く。共和制
国家フランスが、冷戦崩壊後の今日、その理念型
が問われている。　　　　　　　　　　（1996.12）

畑山敏夫

フランス極右の新展開
―ナショナル・ポピュリズムと新右翼

906319-74-2　C1036　　　　　A5判　251頁　3,200円

[国際社会学叢書・ヨーロッパ編②] 1980年代の
フランスでの極右台頭の原因と意味を検証。フラ
ンス極右の思想的・運動的な全体像を明らかにし
て、その現象がフランスの政治的思想的価値原理
への挑戦であることを明らかにする。　（1997.6）

高橋秀寿

再帰化する近代―ドイツ現代史試論
―市民社会・家族・階級・ネイション

906319-70-X　C1036　　　　　A5判　289頁　3,200円

[国際社会学叢書・ヨーロッパ編③] ドイツ現代
社会の歴史的な位置づけを追究する。「緑の現
象」、「極右現象」を市民社会、家族、階級、ネイ
ションの四つの領域から分析し、新種の政党・運
動を生じさせた社会変動の特性を明らかにする。
　　　　　　　　　　　　　　　　　　（1997.7）

石井由香

エスニック関係と人の国際移動
―現代マレーシアの華人の選択

906319-79-3　C1036　　　　　A5判　251頁　2,800円

[国際社会学叢書・ヨーロッパ編・別巻①] 一定の
成果を上げているマレーシアの新経済政策（ブミ
プトラ政策）の実践課程を、エスニック集団間関
係・「人の移動」・国際環境の視点から考察する。
　　　　　　　　　　　　　　　　　　（1999.2）

太田晴雄

ニューカマーの子どもと日本の学校

87791-099-9　C3036　　　　　A5判　275頁　3,200円

[国際社会学叢書・ヨーロッパ編・別巻②] 外国生
まれ、外国育ちの「ニューカマー」の子供たちの
自治体における対応策、小・中学校における事例
研究を通して教育実態を明らかにしつつ、国際理
解教育における諸課題を検討し、多文化教育の可
能性を探る。　　　　　　　　　　　　（2000.4）

藤本幸二

ドイツ刑事法の啓蒙主義的改革と
Poena Extraordinaria

87791-154-5　C3032　　　　　A5判　197頁　4,200円

[21世紀国際史学術叢書①] Poena Extraordi-
naria と呼ばれる刑事法上の概念が刑事法の啓蒙主
義的改革において果たした役割と意義について、カ
ルプツォフの刑事法理論を取り上げつつ、仮説を提
示し刑事法近代化前夜に光りを当てる。（2006.3）

遠藤泰弘

オットー・フォン・ギールケの政治思想
―第二帝政期ドイツ政治思想史研究序説

87791-172-0　C3031　　　　　A5判　267頁　5,400円

[21世紀国際史学術叢書②] 19ないし20世紀初
頭の多元的国家論の源流となったギールケの団体
思想、政治思想の解明をとおして、現代国際政治・
国内政治において動揺する政治システムに一石を
投ずる。　　　　　　　　　　　　　　（2007.12）

権　容奭

岸政権期の「アジア外交」
―「対米自主」と「アジア主義」の逆説

87791-186-7　C3031　　　　　A5判　305頁　5,400円

[21世紀国際史学術叢書③] 東南アジア歴訪、日
印提携、日中関係、レバノン危機とアラブ・アフ
リカ外交そして訪欧、在日朝鮮人の「北送」など
岸政権の軌跡の政治的深奥を見極めつつ日本の
「アジアとの真の和解」を模索する。　（2008.11）

法

矢崎光圀／野口寛／佐藤節子編

転換期世界と法
―法哲学・社会哲学国際学会連合会第 13 回世界会議

906319-01-7　C3001　　　　　　　A5 判　267 頁　3,500 円

転換期世界における法の現代的使命を「高度技術社会における法と倫理」、「新たな法思想に向けて」を柱にして論じ、今日の「法、文化、科学、技術―異文化間の相互理解」を求める。本書は世界、法と正義、文化の深淵を示唆する。　　　(1989.3)

坂本百大／長尾龍一編

正義と無秩序

906319-12-2　C3032　　　　　　　A5 判　207 頁　3,200 円

自由から法に至る秩序形成過程を跡づけながら、正義という社会秩序の理念と社会解体への衝動との緊張関係という、社会秩序に内在する基本的ジレンマを追究する。いわば現代法哲学の諸問題の根源を今日、改めて本書は考える。　　　(1990.3)

水林　彪編著

東アジア法研究の現状と将来
―伝統的法文化と近代法の継受

87791-201-7　C3032　　　　　　　A5 判　287 頁　4,800 円

日中韓における西欧法継受の歴史研究および法の現状ならびに東アジア共通法の基盤形成に向けての提言を通して「東アジア共通法」を遠望しつつ、「東アジアにおける法の継受と創造」の研究、教育が本書のテーマである。　　　(2009.11)

後藤　昭編

東アジアにおける市民の刑事司法参加

87791-215-4　C3032　　　　　　　A5 判　271 頁　4,200 円

日・中・韓における「市民の刑事司法参加」を論じた本書は、①制度の生成、②機能、③政治哲学、④法文化としての刑事司法、といった側面から光を当て、各国の違いと共通項を見出し、制度の今後の充実を促す。　　　(2011.2.)

高橋滋／只野雅人編

東アジアにおける公法の過去、現在、そして未来

87791-226-0　C3032　　　　　　　A5 判　357 頁　3,400 円

グローバル化の世界的潮流のなかで、東アジア諸国における法制度の改革、整備作業の急速な進展を受けて、①西洋法の継受の過程、②戦後の経済発展のなかでの制度整備、③将来の公法学のあり方を模索する。　　　(2012.3.)

稲田俊信

商法総制・商行為法講義

906319-61-0　C3032　　　　　　　A5 判　195 頁　2,200 円

基本的事項を分かり易く説明し、どのような法的考え方が現代社会にとって有効か、また将来への先導制を有するものであるか、過去はどうであったかを考える。本書は「制度の維持」より「利用者の権利」を中心に叙述されている。　　　(1995.5)

山村忠平

監査役制度の生成と発展

906319-73-4　C3032　　　　　　　四六判　185 頁　2,600 円

監査役制度の制度的展開の基礎事情を説明する。監査役制度を商法の枠組みから論述し、背景の社会的要請をも検討し、併せてその延長線上に展望される監査役制度の発展の方向を示唆する。今日見直される監査役制度の新しい理論書。　(1997.3)

王　雲海

賄賂はなぜ中国で死罪なのか

87791-241-3　C1032　¥2000E　　A5 判　157 頁　2,000 円

賄賂に関する「罪と罰」を科す中国、日本、アメリカの対応を通して、それぞれの国家・社会の本質を追究する筆致は迫力がある。それは「権力社会」であり、「文化社会」あるいは、「法律社会」と筆者は規定する。　　　(2013.1)

加藤哲実

宗教的心性と法
―イングランド中世の農村と歳市

87791-242-0　C3032　¥5600E　　A5 判　357 頁　5,600 円

法の発生史をたどるとき、法規範の発生そのものに宗教的心性がかかわっていた可能性を思い描きながら、イングランド中世の農村および市場町の慣習と法を通しての共同体および宗教的心性を探る。　　　(2013.2)

法

菊池肇哉

英米法「約因論」と大陸法
―「カウサ理論」の歴史的交錯

87791-244-4　C3032　¥5200E　　　　A5判　261頁　5,200円

17世紀初頭に成立した英米法の「約因論」と17世紀以降成立した大陸法の「カウサ理論」における「歴史的比較法」の試みを通して、両者が深い部分で複雑に絡み合っている姿を学問的な「見通し」をもって追究した。　　　　　　　　　（2013.3）

小野田昌彦

法の条件
―法学新講

906319-43-2　C1032　　　　A5判　319頁　3,107円

近代市民法の思想的背景から説き起こし、20世紀における法の実態を鮮明にしながら、我が国の現行法制度の構造を浮き彫りにする。法現象の理論的淵源を論理的に追究する思考訓練の方法も示され、各種の国家試験にも有益である。　　（1993.12）

山川一陽

新民法のはなし

87791-228-4　C1032　　　　A5判　317頁　3,200円

初めて民法を学ぶ人のための入門書。民法が日常生活においてどのように運用され、どのような機能を発揮しているのか。事例を示しながら話しことばで書かれた民法全体を解説する「民法の本」である。　　　　　　　　　　　　　　（2012.3）

山川一陽編著

法学入門

906319-49-1　C1032　　　　A5判　361頁　3,689円

法の歴史を述べ、日本法の「法の十字路」としての性格を明らかにする。各種の基本法の必須事項を示した上で、実際の裁判がどのように行われるかを解説する。保健関係法を扱った「社会法」、国際私法についても説明が行われる。　　（1994.5）

山内　進編

混沌のなかの所有

87791-101-4　C3032　　　　A5判　283頁　3,800円

［法文化（歴史・比較・情報）叢書①］地域や集団の歴史的過去や文化構造を含む概念としての法文化における対立と交流を総合的に考察する。本書は「自己所有権」に基づく近代所有権思想に21世紀的問い掛けをする。　　　　　（2000.10）

加藤哲実編

市場の法文化

87791-117-0　C3032　　　　A5判　281頁　3,800円

［法文化（歴史・比較・情報）叢書②］市場あるいは交換や取引の背後にある法文化的背景、法文化的意味を探る本書は、地理的・歴史的な角度から、市場経済、市場社会などの概念が持つ深層の意味理解に向けて果敢な挑戦を試みた。　（2002.2）

森　征一編

法文化としての租税

87791-143-×　C3032　　　　A5判　229頁　3,200円

［法文化（歴史・比較・情報）叢書③］租税を法文化として捉え直し、租税の歴史の深層に入り込むことによって問題の根源を浮上させ、21世紀の租税の姿を描くべく法学としての租税の新しい地平を開拓する。　　　　　　　　　（2005.3）

森田成満編

法と身体

87791-149-9　C3032　　　　A5判　223頁　3,600円

［法文化（歴史・比較・情報）叢書④］生物進化と法、イスラム法での身体と内面、自己・所有・身体、王の身体・法の身体、犯罪人類学と人種、身体刑と生命刑の連続性と非連続性、清代の医療提供の仕組みなどを論ず。　　　　　　（2005.9）

津野義堂

コンセンサスの法理

87791-149-2　C3032　　　　A5判　239頁　3,600円

［法文化（歴史・比較・情報）叢書⑤］本書は、キケロー・古典期ローマ法・イギリス契約法・無名契約・引渡しの正当原因・典雅法学・ヘーゲルの契約論・婚姻・所有権におけるコンセンサスの意味を明らかにする。　　　　　　　　（2007.5）

法　　　教養

林　康史編

ネゴシエイション
—交渉の法文化

[法文化（歴史・比較・情報）叢書⑥] 法の実効性を支える法意識・コンセンサスをネゴシエイション・交渉の法文化の視点から捉え直す作業は、法意識・コンセンサスが情報の影響を受けやすいことから情報化時代における意義は大きい。

87791-190-4　C3032　　　　　　　　A5判　247頁　3,600円　　　　　　　　　　　　　　(2009.6)

佐々木有司編

法の担い手たち

[法文化（歴史・比較・情報）叢書⑦] 法の形成・運用に携わり、これを担う人たちを法文化現象として捉える本書では、地域的・時代的に種々の法文化における多彩な「法の担い手たち」を取り上げ、論じている。

87791-192-8　C3032　　　　　　　　A5判　313頁　3,800円　　　　　　　　　　　　　　(2009.5)

王雲海編

名誉の原理
—歴史的国際的視点から

[法文化（歴史・比較・情報）叢書⑧] 「名誉と不名誉の法的原理」の追究を通して、その裏に潜在している「文化的原理」および世界各地の「精神」を明らかにし、よりよく共存する世界の方途を思想する。

87791-207-9　C3032　　　　　　　　A5判　269頁　3,600円　　　　　　　　　　　　　　(2010.5)

眞田芳憲編

生と死の法文化

[法文化（歴史・比較・情報）叢書⑨] 「いのちの尊厳」をめぐり法文化論的探求をおこなう。いのちをめぐる、歴史の中の、医療技術・いのちの尊厳、家族崩壊の中での、それぞれの「生と死の法文化」を追究する。

87791-208-6　C3032　　　　　　　　A5判　255頁　3,400円　　　　　　　　　　　　　　(2010.6)

屋敷二郎編

夫婦

[法文化（歴史・比較・情報）叢書⑩] 変容する社会、国家を背景に見据えつつ、「夫婦」の法文化を法哲学・法制史学・比較法学・法実務などの多元的な学際的アプローチによって意欲的に探究する。

87791-234-5　C3032　￥3600E　　　A5判　333頁　3,600円　　　　　　　　　　　　　　(2012.8)

堅田　剛編

加害／被害

[法文化（歴史・比較・情報）叢書⑪] テーマの「加害／被害」の関係がなぜスラッシュなのか。公害事件など関係の逆転現象さえあるように見える事態がある。いま法的な責任の所在について足場を固める必要性を説く

87791-247-5　C3032　￥3600E　　　A5判　215頁　3,600円　　　　　　　　　　　　　　(2013.5)

小柳春一郎編

災害と法

[法文化（歴史・比較・情報）叢書⑫] 災害対応に当たって公的制度のみならず、歴史における災害、災害と民事法、災害と司法制度、国際的文脈での災害などさまざまな角度からの法的研究である。

87791-262-8　C3032　　　　　　　　A5判　223頁　3,600円　　　　　　　　　　　　　　(2014.11)

大学セミナー・ハウス編

大学は変わる
—大学教員懇談会15年の軌跡

大学と大学観の変貌を分析し、様々な課題に関する議論を通して新しい大学教育像を模索する。大学改革、一般教育、大学間交流、大学の国際化などを、高等教育関係の法規、省令、臨教審報告等を参照しながら論ずる。

906319-07-6　C3037　　　　　　　　四六判　324頁　2,718円　　　　　　　　　　　　　(1989.7)